# 述说鄂温克

SHU SHUO E WEN KE

乌热而图◎编著

远方出版社

图书在版编目(CIP)数据

述说鄂温克/乌热而图编著.—2版.—呼和浩特:远方出版社,2009.7
ISBN 978-7-80595-168-3

I.述… II.①乌… III.鄂温克族-概况—中国 IV.K282.3

中国版本图书馆CIP数据核字(2009)第124982号

述说鄂温克

编　　著　乌热而图
责任编辑　陈莎莎
封面设计　晓　乔
版面设计　韩　芳
出版发行　远方出版社
社　　址　呼和浩特市乌兰察布东路666号
　　　　　(电话 0471-4919981　邮编 010010)
经　　销　新华书店
印　　刷　内蒙古恩科赛美好彩色印刷公司
开　　本　880×1230　1/32
印　　张　13.25
字　　数　360千
版　　次　2009年8月第2版
印　　次　2009年8月第1次印刷
书　　号　ISBN 978-7-80595-168-3
定　　价　38.00元

# 再版序言

1995年,我编著了《述说鄂温克》一书。一晃十多年过去了,现在远方出版社准备将其修订再版,借此机会,我再说上几句话。当初,编辑这本书的目的明确,心情也很急切,是为了抢救鄂温克民族的历史文化信息,尤其是为了维护鄂温克民族记忆的连续性。现在看来,这一行动非常必要,也是很有价值的。在这十余年中,我所采访过的鄂温克族代表人物,已有近十位告别了人世,带走了他们所传承的民族知识、情感,以及独特的人生阅历。在他们中间,有我所敬仰的老前辈满都呼,他是我父亲的挚友;还有学识渊博的历史学家乌云达赉先生。尤其是乌云达赉先生的辞世,对鄂温克民族来说损失重大,他曾独步于鄂温克民族起源研究的历史学领域,在很长一段时间里无人望其项背。好在,《述说鄂温克》一书在这一方面有所弥补,及时地记录了他们的人生智慧,描述了其人生作为。如今,对鄂温克民族来说,这部书已经具有文献价值了。

时至今日,鄂温克民族的经济状态已有很大改观,这是有目共睹的事实,是改革开放的结果。但是,鄂温克民族文化的继承和发展问题,仍然是一个需要花大力气研究的重点课题。在民族语言、民间习俗、以及传统价值观的继承上，实际正面临着严峻的考验。好在，已有更多的人意识到这一问题的重要性，已经或正在准备加入到相关的行动中来，这是让人高兴的事情。

一个民族的事物不仅仅属于他们自己，而民族的文化更是如此。

乌热尔图

2009年6月27日

# 致读者

本书选择几十位鄂温克族代表性人物为采访对象，以自述方式追忆人生历程，以及与鄂温克民族整体相关的经历。无疑这将涉及几代人的情感、追求、理想、命运，时间跨度超出半个世纪。

编撰本书的原初立意是想以接近于真实的形式，把握一个没有文字，人口总数两万余人的生存群体近50年的演化轨迹，以便对其即将成为过去的一切保持记忆的清晰。

记忆的完整对自我尊重的民族来说至关重要。如果追溯历史的记忆，从古老的鄂温克以其具有共同语言、共同习俗、共同心理素质的群体形成之日，千百年来积累的生存经验、有关部族起源等久远信息，仅仅凭借一代又一代的口头述说顽强地存留下来。但那是一条脆弱的、锈蚀的链条，早已铸就了不可更改的缺陷，有关民族母体生成的轨迹仅以破碎的残片昭示后人，在苍茫时空中抛下了待解之谜。

历史意识的欠缺与失落，一度遮蔽了这一古老民族的视野。

富有生机的民族无不走过跌宕起伏的生命历程，在其立足的基点面对着未来。

繁荣也发展是当今的共同话题，是不同民族步入当代社会面临的最新挑战。迎接这一挑战尚需具备某些基本素质，诸如悠久的文化传统、民族的自信心与凝聚力。可以说，这一综合素质是考察民族现状、预测其未来的前提。

本书关注的是鄂温克民族整体的精神状态、历史意识、文化传统的继承以及民族语言的使用与保留等诸多问题。

具体地说，古老的鄂温克民族在社会一体化进程中，以“小聚居大分散”的人口分布特点，凭借原始的自然经济向现代社会跨进，期间不可避免地面临民族传统的衰微、民间习俗的消散，其甚至连保留母语的鲜活都将成为无法回避的难题。在这里从文化角度思索，某一民族文化特性的承袭与固守，其重要性并非仅仅作用于自身，从一个更大的范围来看，保持人类文化的多样性，完全符合更多人的更大利益，符合未来的多样化生存需求。

鄂温克作为一个生存共同体，经历了千百年的历史变迁，承受了若干次部族大迁徙，在冷酷的历史面前不只作为幸存者，而是以自身的文化特质长久地保持着活力。那么凝聚鄂温克民族的精神是什么？它存于有待破解的历史断层中，还是依附在飘忽不定的风俗民情里？这是我多年来探索的主题。细心的读者也许会从我所选择的十几位鄂温克民族代表性人物的人生经历中，感受或分辨出哪些行为属于政治的引导与驱动，哪些精神气度显露出鄂温克民族的原本之色。这一些,如果读者有所感悟,带给我的无疑是极大的欣慰。

乌热而图

1996年6月18日

# 目　录

# 追忆往事

**沙驼** 鄂温克族，武力斯氏，原籍莫力达瓦旗，1926年8月出生。1945年10月在讷河民主大同盟工作；1946书1月在嫩江省第二专员公署布西（尼尔基）工作大队当工作队员；1946年3月加入中国共产党；1946年4月任内蒙人民自卫军第5师政治部科长；同年被推选为内蒙古自治运动联合会纳文慕仁盟分会委员；1946年11月调齐齐哈尔东北军政大学第三支队学习、工作，是支队的内蒙古人民革命青年团书记；1947年1月任齐齐哈尔蒙古师范学校教务主任、代校长；1947年7月任内蒙古人民自卫军第5师教导团政委、党总支书记；1948年初任内蒙古人民解放军独立3团副政委、党总支书记兼政治处主任；1948年11月在内蒙古党校学习；1949年5月留校工作，任教育干事、教员、校总支委员、副处长、教研室主任；1952年12月任内蒙古东部区党校党委副书记兼副教育长、教育长、党委副书记；1956年1月任内蒙古党委宣传部学习室主任；1956年7月任内蒙古自治区党委宣传部理论教育处处长、内蒙古党委机关党委委员；1965年5月为内蒙古党委政治研究室负责人，9月任内蒙古党委《实践》编辑部副总编辑；1966年8月靠边站，受审查，被夺权；1967年7月任内蒙古自治区革委会筹委会接待组召集人；1967年12月在《实践》杂志社隔离，“管护”审查，后受命参加唐山学习班、内蒙古“五七干校”继续接受审查；1973年4月任内蒙古党校党的领导小组副组长、副校长；1981年12月任内蒙古师范大学党委副书记兼校长、书记；1988年5月任内蒙古自治区人大常务委员会副主任、党组成员。他从20世纪60年代初起当选为内蒙古自治区人民政协第三届委员，第四、五届常委。

沙驼同志在1993年5月换届时离开了内蒙古人大常委会的工作岗位，仍担任着不少社会职务。主要有：内蒙古自治区鄂温克族研究会名誉会长，内蒙古自治区科学社会主义学会会长，中国科学社会主义学会常务理事，内蒙古自治区人民教育基金会副会长，内蒙古自治区关心下一代工作委员会副主任，内蒙古自治区中华人民共和国史学会顾问，内蒙古自治区延安精神研究会特邀顾问，内蒙古自治区老年人体育协会常务副主席等。

他在20世纪50年代曾因提议统一鄂温克族名称和建立鄂温克族自治旗等问题，受到撤销党内外一切职务、留党察看两年、行政降两级处分，并被下放劳动多年。后于1962年12月甄别平反。

1995年8月、1996年4月初重新改写了录音整理稿。

因受篇幅所限，这里重点选用了他早期参加革命工作，以及在呼伦贝尔盟地区等活动经历的主要篇章。

（本文标题为编者所加）

去年初秋，乌热而图同志来呼和浩特到我家，告诉我他要请本民族的些老同志谈谈自己的生平，以出版一本访谈录形式的集子，其中包括我。

说起来，我原来并没有过叙述自己生平见诸书刊的打算。一方面，我虽然年已70，参加工作也逾半个世纪，在党的哺育下还算跟上了形势，未致落伍，可是并没有什么突出的、具有特色的经历写出来可资后人；另一方面，虽然有些亲身经历，写出来或许有利于地方史料的充实，或有助于澄清一些史实，但这样的事例毕竟不多，不是非以写生平才能解决的，本可不必发表个人的生平来占用纸和他人的精力。

话虽如此，但“恭敬不如从命”，我还是欣然同意，随即谈了20多个小时，任他录音。到了12月初，他寄来了由他亲手整理的3万字的“访谈录”给我，要我尽快过目修改后寄还给他。今年元月，他来呼开会期间又来找我询问情况。那期间，我虽然看过一遍整理稿，但因做过胆囊手术正在恢复期，根本无暇动手审理这件事。于是，跟他谈妥仍按访谈录的形式修改出来交给他，由他按出版要求增删定稿。我从3月初开始动手修改，形成现在拿出的这份东西。修改过程中，虽然并未展开细述，竟然比原整理稿增加了一倍的篇幅。其原因是，我想既然要出，就应起码交待出一个轮廓，给人以整体感，否则只能说是片断的回忆，而不是生平的叙述了。众所周知，我们这一代人所处的时代是集我国创业期、过渡期、转变期的不平凡的伟大时代，即使是一个平凡的人，投入这样一个时代所留下的“雪泥鸿爪”，也必然会折射出这“普照之光”的某些斑斓彩纹，这些或对愿意领略这一时代光辉的人，特别是后生们会有所裨益。

当然，回忆、自述的范围都是过去实实在在的经历，是不能再创造的，只能遵守“一是一，二是二”的原则。更何况自己的经历本身平实无华，且为避免增加过多篇幅未做细节描述，也未对事实进行分析和议论，读起来难免干瘪、枯燥，这是预求见谅的。至于其他种种，只有嘱望读到此篇的诸公予以评正了。

（1996年4月初）

# 我的童年

## 关于我的家世

我的籍贯是内蒙古呼伦贝尔盟莫力达瓦达斡尔族自治旗汗古尔河镇东坤浅村，属于鄂温克族武力斯哈拉，是当地的元站居民。

武力斯哈拉的人们，究竟是在什么时候移居到这里的，现在很难说得准。我小时候听老人们讲过坤浅已建村二三百年了。那么到现在，应该说至少也有三百年的光景。据现存的家谱记载，第一人德日布，是索伦、达斡尔的“乌黑尔达”，生有3男，也都曾有官职。如卜奎是“梅林”、“扎兰”；卜瑞是“吉穆丹”、西尔汗的“乌黑尔达”；呼尔根的记载缺失。他们也各有三五男儿，据传当时是居住在齐齐哈尔一带的。卜奎等逝世之后，其后人们迁移到坤浅、汗古尔河这一带，在方圆约10公里范围里分几处建了村，传到现在的就是东坤浅和东、西汗古尔河3个村庄。我们家直到本世纪20年代初，到我祖父逝世后止，都是在坤浅村居住的。

坤浅地处莫力达瓦旗的最南端，在嫩江中游北岸3公里，隔江往南就是拉哈了。原来嫩江渡口曾设在坤浅之南，所以这里曾是从查哈阳和平阳镇去拉哈站的要道，从习惯上称为江西，属西布特哈地区。北面的4公里处就是东、西汗古尔河，再往北直到诺敏河沿岸也都是鄂温克族村庄。西边进甘南县境内，也有过3个鄂温克族村庄，江南岸属讷河境地，稍偏西是占印村、杨树林等7个“嘎卜卡”村了。直到30年代这里还是以鄂温克族为主的。此后汉族移民多了，到1945年时汉族就占了绝对多数。后来鄂温克族居民陆续迁走，现在已成了一个汉族大村庄，而且村庄增加，坤浅村本身也称为东坤浅了。当时的坤浅，东部和南部河流纵横，村周围树木葱葱，从村外是只见树木，看不到房舍的。当时虽属农业区，但过去鄂温克族居民除自食的口粮和蔬菜外，很少扩大经营，主要劳力多是在渡口当船工摆渡或者上山伐木放筏子，因不善经营大都是在贫困线上挣扎。我父亲在祖父逝世后，携我祖母和两个小叔父，迁到了黑龙江省现讷河市鄂温克民族乡的杨树林村。我在 1926 年的阴历 8 月 15 日（按公历应是 9 月 21 日）出生在这里。

杨树林村，在坤浅的偏西南方向，距离约 15 公里，在嫩江南岸 5 华里处，当时是个纯鄂温克族村庄，属于东布特哈。原有 20 几户人家中，只有过一户姓谭的汉族人家，不久也迁走了；另外有两户达斡尔族，都是当地鄂温克族人的女婿或亲戚。所以这里的主语是鄂温克语，但大都也通达斡尔语。这个村鄂温克语称为有杨树的“嘎卜卡”，可是在外界就被通称为杨树林村了。该村东边、北边到西北环绕着小树林，虽叫成杨树林，实际除松柏外各种杂树都有，如山里红、山丁子、稠李子等树就很多；村西有个约两平方公里的小泡子，雨水大时形成大湖，是本地夏季游泳的场所。因为人们一般是不去几华里路外的嫩江游泳的。这个村也属农区，大部分人家都是以农为主的，但大户不多，村周围荒野连成片，也有不少榛子和酸枣树、早条子等灌木。我们家就在村东头小山丘下，自己盖了两大间茅草房，套有大院，并有两亩来的园地。但没有大田，大畜是时有时无，但最多未超过两头（含奶牛），吃粮靠从市场购买。当时我父亲在占印村（鄂温克语改为大“嘎布卡”）的北“巴音”（财主）家运货的“对子船”上当船工，人们称他为舵公或船达，往来于齐齐哈尔和嫩江（墨尔根）之间。一起过的两个叔父有时也到船上当船工，但多是为公家或私人揽放排木，宅旁园地则由我母亲等经营，另外还饲养些猪鸡等。在封冻季节，我父亲就在拉哈街的商号当店员，站栏柜，两个叔父则在外面找活打零工。总的说，虽然父辈们都很勤劳，船工的收入也比一般无地农民多，又没有嗜酒等习惯，但家境仍很不富裕，只能勉强过得去。而且由于是靠工钱度日，有时也出现接济不上的情况，不得不以东挪西借来维持。好在村中多数是亲友，我们家信誉也好，没有断炊挨过饿。我记事的童年就是在这种环境中度过的，以后也没有得到多少改善。

1940 年，在我上高小二年级时，我们家又迁回了莫力达瓦旗的坤浅家。一方面是因为从富裕（原叫宁年）到嫩江（站）的铁路修通运营后，货运的船主因水运货物减少而停止经营，我父亲等随之转到并基本稳定在坤浅的嫩江渡口做工，迁回来便于照顾；另一方面则是因为那时有了“兴安东省”地区按日伪搞“指定部落”，发放贷款，从黑龙江和黑河地区往回移达斡尔、鄂温克族人到本地各旗的机会。那时，许多都是整村迁移来建立了新村，不过“嘎卜卡”一带都没有动，只有我们一家分别报成三户参加，迁回了坤浅。当时卖掉在杨树林的房屋等，加上领取的贷款在坤浅购置旧房又盖了 3 间新茅草房。同时开始在原族籍地上由叔父们关照，租用牛犋开荒。直到我父亲在 1943 年逝世为止，每年开三四垧，共开了十来垧，种漫撒籽的地。从 1944 年起招佃户经营了两年。我父亲逝世后，我母亲带我弟弟们投奔到了我哥哥处。1945 年冬我大叔父去世，仅有的耕牛也被盗，就无力招佃户，土地也就给别人种了，没人种的撩了荒。这样，我们家实际上始终也没有转成农业户。1947 年土改时根据收入和生活来源情况定成了贫农成份。

## 初上私塾

30 年代初，当我开始记事的时候，正值“九一八”日本帝国主义入侵中国后的荒乱年代。虽然战争未波及到乡下，但红枪会、土匪四起，有那么两年曾接连不断地来骚扰。不过这一带还从未发生过杀人放火的事，而且不久就平静下来了。“陆军”（当地对东北军的称呼）也曾经来过两次，大概是从齐齐哈尔、富拉尔基一带退下来的。他们到来都是找“莫昆达”(村长)下令安排招待。至于日军则只见过他们乘卡车、摩托车路过,未进村停留过,但在这里连孩子也都知道是事变了。当时,村里流传很多有关马占山(都称马小个子)抵抗又动摇最后抗日的故事,一时盖过了这以前在村里蜚声蜚语的关于吴俊升(都称吴大舌头)的传闻。总之,我在杨树林村就未正面看到过日本人是什么样子。

由于家里父亲等成年累月地在外面做工,我和哥哥也常参加一些力所能及的劳动。如打柴、在园地除草、担水浇园、清扫庭院等家务。春末夏初,还去割旱条子,每积一车就拉到拉哈出售,接济家里一些零星费用。那时村里没有什么文化娱乐活动,只是冬季有来说书的、演唱的;春节妇女们集中起来跳舞;男孩子们有时组成对垒的两队打曲棍球(鄂温克语叫“背括”),或按《三国演义》等故事分成几个阵营做作战游戏;逢年过节时用桦树皮画成假面(鄂温克语叫“鄂立日登”)或扮成禽兽形象列队串户为老人们取乐。最平常的就是摔跤、拔河、拔杆了,夏季游泳、到秋季采集野果之类,也是不可少的娱乐活动。

这个村里没有学校,也没有商店,我的父辈中也没有上过学的。据我祖母说,我祖父通满文,清代封过“苏拉章京”(家谱里记载是“牛录章京”)。当时家里有不少手抄本满文书,如《三国演义》等。我父亲也懂满文,还识些汉字,自己能记账,会珠算,大概都是自学的。我母亲是甘南县梅斯勒的达斡尔人,她不识字,但会背诵满文的七步诗等和一些有关家训的格言、谚语。叔父们也都是文盲,只是会简单的珠算、加减乘除。有一年村里请来过一位教满文的,办过一夏天满文私塾,有五六个学生。除教字母,又教过《三字经》(满文)等。我因年纪小,没正式上过这个私塾,只是在室外“旁听”跟着学。人家布置背诵,我跟着背;布置制作油板(鄂温克语叫“萨木染”)学书写,我也依法炮制跟着来。为此我曾颇受村里长辈们的赞扬。这段“学习”对我以后理解汉文《三字经》

的内容和后来学蒙文字母都起到了一定的作用。不久之后，在我父亲的倡导下在我们家办起了汉文私塾。进塾的8个人，我和哥哥一起就读，免交一人的学费。办了两年，实学时间不过十来个月，每天也只是4小时左右。在这里，我背了好多书，如《三字经》、《百家姓》、《千字文》、《弟子规》、《名贤集》和《大学》、《中庸》、《论语》、《孟子》等。在这里尽管认了好多字，但因讲解很少，加之还不通汉语，理解得就很差，不过这也成了我学汉语的开始。另外，我父亲看学生们认了字连常用词汇都不懂，又从齐齐哈尔买回《庄农杂字》等书让老师教。我虽然背过“四书”，背得也相当熟练过，但几乎没有真正理解，倒是从《三字经》、《弟子规》、《名贤集》中接受了不少礼教的东西和懂得了不少古人发愤读书的典故。这一段学习算是我所受的启蒙教育。

那时候，鄂温克人家家户户都供佛像，并信仰萨满教。我们家也有过佛龛、佛屋（在地尽头垒起的小土屋），过年时烧香点蜡烛供奉，有时也请萨满跳“神”。但不知怎么回事，我虽跟着拜过可从未信过佛。有一次家里请人来画佛像，我问过画师，怎么你一画就成了佛？被他训斥一通，我就很不高兴。还有过一件事，说武力斯家族还得出一个萨满（原有一位，是我远方的大爷），且是应在了我父亲身上。在族里人们的压力之下，我父亲曾拜师学过一个冬天，但始终未得“神灵”附身，只好作罢。不过我父亲从未向家人解释过何以学不成，其他人也回避问他。我却从此更不相信什么佛和神灵了。

## 上官学堂

到了30年代中期之后，时局已变得平静，一些较大的村庄已开始出现官校。而在群众的眼里，私塾是不算学校的。我父亲在1936年春，就把哥哥和我送进了莫力达瓦旗新办不久的东汗古尔河初级小学，直接插入了二年级（该校最高年级）。所以把我们送到这里上学，主要是因为这里答应可以住校。加上这时我父亲已在坤浅和拉哈间的嫩江渡口摆渡船上做工，学校距渡口只有7公里，能予照顾。

当时这个学校共两个年级，就一个老师。住校就读的也只有4个人，跟老师同住一间房，自己起伙做饭，一切自理。老师是尼尔基人，叫戴锡昆，也是单身，自己做饭吃，对我们很好。他一个人既教语文，又教算术，还开音乐、手工等课。给我印象较深的是他经常说“学海无涯苦做舟”，这也就是他勉励我们用功读书的指导思想了。学校旁边，东西汗古尔河之间有一条小河，在游泳季节，中午晚上我们都到这里游泳，老师发现以后就不让了，我们只好借挖野菜或抓鱼，偷着去游泳。而一回来又准被他查出来说一顿。好在相互间都还能理解，未形成影响师生关系的矛盾。当然，我们挖野菜、抓到鱼总是同他分享的。我在这里只上了一年学。

第二年（1937年），我父亲同占印村的一个远表亲家说好，让我们寄住他们家里上学。这样，我们俩进入了占印村的初级小学，上了三年级，也是本校的最高班级。这里也是只有一个老师，只有语文、算术两门课，在一个教室分头讲课，是复式编制。这个学校，到当年的下学期改称国民学校，但也只是换了个牌子，其它都没有变化。这里的老师叫王远昭，有30多岁，吸鸦片，不怎么受学生尊重。这时杨树林村的甲长（叫杨邦寿，是百罗村的达斡尔人，杨树林村和百罗两个村合属一个甲）要抓我哥哥去当兵。那时我哥哥还只有16岁，伪满也未实行“国兵法”，是募兵制，摊谁就是谁，结果我哥哥离校跑到莫力达瓦旗，跟人上山烧木炭去了。当年偶然被敖匡海（达斡尔族，蒙名叫孟和巴雅尔）发现他有文化，能写会算，就让他上了布西农业学校。杨树林村的甲长到尼尔基要人时，让那里的人训斥为是胡闹，就不再追究了，我哥哥也就避免了被抓去当兵。布西农业学校尽管是官费，供食宿，但个人生活总是需要些开支，家里也难以供应。这样，当年冬天逢扎兰屯警察学校招生，他就入了警察学校，第二年回莫旗当了警察，一直到1945年的"八一五"最后闹到了监督警尉的警衔。

我在占印屯上了两年学。这里也不收什么学杂费，只是一个学期交一车柴。自己在星期天回去打柴，集起来送交就完事。我在这个学校同老师的关系没搞好，他总是找我的茬儿。因此，在四年级时，我闹过一次退学。原因是星期六作文课写作文，老师要求先打草稿，然后再誊在作文本上。而我因没有另外的纸张，动手直接在作文本上写起来，结果他不问情由，就说我不听话，摔起板子打我。我不让他，声明退学，返回亲戚家。这时恰好由齐齐哈尔师范毕业回来的表兄在家，硬把我送回了学校。老师一见他就点头哈腰，说："这孩子太倔，一吓唬就跑了。"表兄也跟他说好话，让老师多海涵。这样，这场风波就算完了，我也没退学。这时还发生了另一件事。北"巴音"的涂老六来给上日语课，教《日语速成读本》。开始时并不在意都跟着学，但后来是谁学不会就要打。同学们不让，后来他就不来上课了。我在这儿上学期间，农忙季节星期六不常回杨树林，而是跟着别人到附近打工，给地富家的苏籽地里拔草，干多半天能挣个二三角钱，可解决些买文具的费用。我在这里学到1938年末。

1939年初我上高小，进了莫力达瓦旗办的博荣国民优级学校。这个高小也是新招生，我是第一期，在学校住宿。当时住宿生共计不过10来人，多是汗古尔河和莫丁、西拉金村来的。我在这里上了两年学。这期间对我影响大的老师是谭文远，教汉语的。他是拉哈人，是齐齐哈尔师范毕业的。他当时也住在学校院里，课外给我们讲些《古文观止》、唐宋诗词等。他的"诗云"、"子曰"是随口就来，有相当的古文底子。大概是因为我背过"四书"，又好学，记忆力也较强，他很器重我。两年下来，我在这儿背过《古文观止》中的10来篇文章，背诵过几十首唐宋诗词，以及"古诗十九首”。他也讲《聊斋》,有的我在上学前听说书人讲过。但谭老师是既讲故事,又分析文章结构,讲得引人入胜。我感到从他这里学到的东西比从课本上学到的还要多。他嗜酒,但是越喝酒越能讲,也越愿讲。当然一个小学老师的薪水也不够每天喝酒,偶而醉一两次,也就得了个“谭醉鬼”的雅号。他对此是满不在乎的,说“酒中八仙”都是好人。我也从未见过他耍酒疯。我在校时他一喝酒就领我到校园后面的树林里,大讲李杜或高声吟咏起来。从他那里我得益最大的是,明白了我们都是中国人,中国又古又大,“天下兴亡,匹夫有责”。以前在我们家乡称清朝、“满洲国”都是满洲人的国家;民国,鄂温克语是“义日根固荣”,则既有“民国”之意,也常专指为汉人的国家。

我在这个学校期间,功课虽然一直属于优秀之列,但只是反映在考试成绩上,其它课程未给我留下什么深刻印象。如果说有什么新的收获,那是开始正式学习了日语和蒙语,因为我在初小时学过点日语,又有点满文的底子,又通达斡尔语,这两门课都未成为什么大的负担,同样取得了好成绩。另外,我在这里的两年间,为了练就“恒心”和锻炼身体,一直在练跑马拉松,每天约跑近 10 公里,常常在博荣到西拉金两个学校之间往返一次。在 1940 年莫力达瓦旗的运动会上,我参加过主要是成年人的混合马拉松赛跑,居然进了前十名,得了奖。这是我作为运动队员的唯一一次运动会,也是我在体育运动上得奖的绝无仅有的一次。

1940 年冬,当我要从国民优级学校毕业时,学校的老师,特别是谭老师都鼓励我升学,而且报考一个好学校。家里所有的人也都赞成我报考,声称只要我能考取,再困难也要供我读书。起初,我从家里的经济条件考虑,曾想过报考衣食全部官费、家里不需要花钱的王爷庙兴安军官学校。但是我父亲反对当兵,不同意我报考,所以我就报了也是官费的王爷庙兴安学院。这时我哥哥也报考了扎兰屯的师导特修科。这是二年制的初级师范学校,培养小学教师的。他说假如我考不上他就要上学,因为父母都不喜欢他当警察。那时,各类学校的考场都设在齐齐哈尔的师导学校等地方,我就跟我哥哥和很多报考的学生一起去齐齐哈尔应考了。这是我第一次乘火车,也是第一次去齐齐哈尔。我们在齐齐哈尔待了近一周,考试之余,逛了天齐庙和龙沙公园等处。后来,我和哥哥都接到了录取通知,但他只好放弃上学了。也许是为了安抚我,说他应考只是想试试自己的程度。

# 赴外地求学

## 在兴安学院

我在 1941 年 2 月去王爷庙入了兴安学院。

兴安学院,全称叫"王爷庙国立兴安学院",五年制。我从 1941 年初到 1944 年末,在那里共上了 4 年学。该院从 1940 年起,每期招 120 人,分为两个班。主要是兴安 4 个"省"和锦州、热河地区招的蒙古族学生。我们这一期有 5 个达斡尔族(包括海拉尔地区的)和我一个鄂温克族,当时都是报为蒙古族的。课程除了汉语文,音乐、美术样样都有;课本用的是日本国内高等学校(即高中)的教材,只是有少数课程;历史和国民道德等选用一些伪满的教材。蒙语文则没有什么固定教材,似乎是由老师随意选用的。除语法之外学过《联珠记》、《圣谕广训》之类。该院也比较注重数理化,农业课程也相当多,什么农学、畜产学、园艺学、肥料学等都有。除了蒙语之外所有课程都是用日语授课的。日语本身则多选用文选并注重语法课。院长是兴安南省(后来是兴安总省)的省长兼任,日常的行政和教学都是由日本人"主事"负责。老师大部分是日本人。有过两位汉族老师，一个是教数学的，一个是教农学的；蒙古族老师有过七八位，其中有3位是教蒙语文的。教务、训育、总务的头儿都是日本人。

兴安学院5年间免费发一次服装，每人一套单制服、一套棉制服、一件棉大衣及单、皮帽各一顶。学生全部住宿。宿舍称为“兴蒙寮”，分12个嘎查，一个嘎查约30人，不分年级打乱同住，共不足400人。原因是1939年之前招的学生少。每个嘎查都由五年级的学生中指定一人为嘎查达。另外，指定教师轮流担任全院的舍监，指导学生的日常生活。“兴蒙寮”的“寮训”是个“诚”字，下面是“质实、奉献、协同、勤勉”8个字，都是日语。“兴蒙寮”还有“寮歌”，共6段，实际也是兴安学院的院歌。每段的最后两句都是以“我等学院的健儿们，是全蒙古的先驱者”来结尾的。学校很重视操练，清晨和晚上各一次，各约半个小时甚至一个小时，包括星期天等休息日也不例外。每人配备一把铁锹，劳动、操练都要用，因此被外界称为“光锹队”。1941年6月间，溥仪到王爷庙所谓“御巡狩”时，还专门“视察”了兴安学院的光锹训练。每天6节课，有早晚自习共约3个小时。每天上课前还有全体教职员和学生的早会，这样包括操练每天至少都是10个小时，特别是管理上的严格是其它学校所少有的。平时不准离校，节假日准许外出时也都有时间限制。农业劳动是必修课，时间按季节和年级有所不同，农事季节每周平均可达3个小时。放羊、林场和畜舍值班是二、三年级的学生轮流担任的，不在这时间内。军训是每周平均一个小时，从一般训练到初步的作战队形训练（所谓散兵线的班排队形训练）都有，由一个日本人上尉（后升为少校）和一个助手，日本退伍中士负责。学院只有寒假，暑假是半天上课、半天在农田劳动。我在这里四年间，各门功课一直是名列前茅的，只是第一年因为蒙语是先学的差一点，以后各门考试成绩都保持了全优的水平。

从教育的角度讲，兴安学院的相当大部分教师是有真才实学的，教学也负责任。蒙古族教师的民族意识都很强，有两位很受学生欢迎。一位叫福兴阿，是日本广岛高师文理科历史系毕业的，在院里担任历史课，讲"东洋史"，也离题讲蒙古史。他是一个具有学者风度的人，讲授时不照课本而讲得引人入胜。我从他那里知道了"满铁"（"满洲铁路株式会社"），实际上就是日本在中国东北的"东印度公司"，同英国对印度的掠夺比较有过之而无不及。他讲成吉思汗的丰功伟绩，元初蒙军的英勇善战都给人留下深刻印象。他在1943年逝世，在追悼会上满礼堂的学生都曾痛哭流涕，泣不成声。再一个是道布钦巴拉珠尔，是建国大学第一期毕业后到兴安学院任教的。他本来是讲国民道德的，可是所讲的却都是日本帝国主义对东北的殖民统治等内容；他也轮着担任舍监，常听莫斯科广播。我从他那里知道了列宁格勒保卫战、斯大林格勒战役的情况及蒙古的乔巴山宪法等内容。他后来在解放战争中牺牲了。另外，我们班的级任老师昆布色旦也给我留下了深刻的印象，他是吉林师导大学毕业的，担任理化课。他强调蒙古族的衰败是因为懒惰和愚昧。不勤奋学习，掌握真本事，光喊振兴蒙古的口号是不行的。当时在兴安学院振兴蒙古的口号是公开的，甚至规定在晨操时全体手拉手连成一个大圆圈，在值班"嘎查达"的带领下用蒙语抑扬顿挫、有腔有调地举臂高呼："振兴我们蒙古的重任全担在我们的双肩上。"后来"蒙古"一词改成了"满洲国"，但随着喊的人高呼的依然是"蒙古"。他讲物理化学课很善于联系实际进行启发，一点不令人感到枯燥乏味，我也是从他那里知道了人是由猿猴进化来的。日本教官中有不学无术很可恶的，上课念讲义，且动辄训斥他不得意的学生是"犹太"或"八路军"，我就曾是其中之一。但不少教官教学认真，而且只管自己份内的事，不那么老是张牙舞爪训人。就是那"主事"，叫德宿太重，是东京帝国大学哲学系毕业的。他是个不折不扣执行日本帝国主义奴化教育方针的忠实走卒，但是他在具体事情上身体力行的毅力却很使人佩服。

如4年间他从未缺席过一次晨晚操。不过他的谬论也最多，比如宣扬中国（指关内）抵制日货是上面强迫的；意大利投降对德日没有损失，好像原来是两个大人领一个小孩，处处得关照他，现在可以甩开手干了等等。有一次我问过他什么是哲学？他说，哲学是最高的学问，各种学科所解释不了的问题，一用哲学的方法都可以解决。他的这些话使我对哲学发生了兴趣，当然兴安学院是没有哲学课的。有的日本教官也能跟学生平等相处，说笑辩论，理屈了就宣布“stop”（英语“停止”）了事，甚至说“墙上有耳”，不让讲了。学生却偏说墙壁没有嘴，愿意让他讲下去。我那时爱读传记和历史类的书，也读过老舍和巴金的一些作品。1942年夏，在王爷庙的朝鲜族中开展了改换为日本姓名的所谓“皇民化”运动，曾在学生中引起很大的议论，更增加了对日本帝国主义的仇恨。

尽管每天的学时很长，各项训练都非常严格，但伙食却很差，每月的标准12元，但不从个人收费。主食就是苞米、高粱米、小米，四年中似乎从没有吃过白面、大米。头两年粮食还无严格限制，后来就变成了8两、6两。为让学生吃饱，学校只好加成倍的土豆；肉腥也很少见，只是因为食堂养猪，偶尔能吃到一点。不过我在4年中从未生过病，只因父亲病重请过一次事假。但我到家时父亲已逝世了。

我在兴安学院4年中，参加过两次所谓“勤劳奉仕”（奉仕是日语，意思是服务、效力）。第一次是在1941年，到王爷庙北30来公里处的归流河日本开拓少年团帮助秋收。这个团有百来人，成员是日本内地来的少年，年龄跟我们相仿。住得很脏，生活很苦，吃的虽是大米饭，菜也就是酱汁汤（掺些小鱼、圆白菜）。在这里我第一次得知日本人并不全是一样的，也有受苦的群众。这次原计划干一周，结果因活儿很多延长了一周，到了仲秋节前夕，还要延期，学生就不干了，自动集合上车站。不让上车，就要徒步往回返。带队的教官（是训育主任，日本人）拦住不准走，大家就坐在打好包的行李上不睡觉，声明不让返校也不出工，弄得带队的无法，只好让我们乘车回了王爷庙。这算是我们跟学院当局“斗争”的一次小小胜利。

第二次是1943年夏去白阿线上五岔沟沟里，修护森林小铁路路基。全年级分散在几个路段上，分散居住和作业。每段五、六个人，在这里我第一次吃到橡子面。这个东西刚烙出来吃还可以，一凉了就成硬梆梆的了，很难吃。虽然无人监工，不很劳累，但深山老林里见不到别的人，大家都感到很苦，常常唱起悲伤的调子，如《渔光曲》等流泪。大约干了10天左右就完工返校了。另外，我们年级还去洮南和白城子接受过两次护（铁）路训练各一周左右。

兴安学院有在寒假到原籍的旗公署等机关实习的制度。我在兴安学院时，有三个寒假参加了实习，一次是在旗公署行政科的教育股，一次是在旗的“兴农合作社”，还有一次是在旗公署的开拓科，各实习了半个月，旗里承担食宿。实际上就是跟着上下班，分配啥做啥，是个临时雇员的角色。

1944年4年级的时候，我还被抽去参加过两次社会调查。一次是夏天，在我刚报考大学并通过了当地的审查和身体检查之后，“兴安总省”的社会调查科去索伦旗（现鄂温克自治旗）搞综合社会调查，抽我去当口头翻译。其起因可能是由于在这之前，从1943年开始，他们曾向我做过鄂温克语词汇的调查。办法是给一份拟好的日、汉、蒙3种语言的单词，让我在空格上用国际音标给填写鄂温克语单词，这时我刚好完成交了稿。加之这时我已通过了日语的二等“语学鉴定”，可算是通汉、日、蒙、鄂温克、达斡尔5种语言了。这次调查，他们有3个人，由他们的科长（日本人）带队，还有一个日本人和朝鲜人。其中朝鲜人是日本外国语大学毕业的，通蒙语文。除了在南屯达斡尔族中调查外，主要是到南、北辉河，锡尼河和乌兰哈日戈纳4个苏木向鄂温克、布利雅特调查。调查项目有历史状况、社会组织结构、风俗习惯和现实的生产生活情况,共搞了20多天。这是我第一次接触牧区的鄂温克族群众,也是第一次住蒙古包,了解牧区的情况,受益不少。回到海拉尔之后,我单独往回返,途中在扎兰屯下车,特邀在扎兰屯国民高等学校上学的宾巴和巴图贺什格到旅馆畅谈了一夜,游了吊桥,就返回了王爷庙。一回校就接到了建国大学的准考证。我报考大学有个客观上的压力,那就是日伪在1940年公布了"国兵法",由募兵制改为征兵制。当时是规定从年满19岁的青年中征集,第二年开始实施。如果我不升学,一毕业就得去当兵。而兴安学院是第四、五年级都可报考的。建国大学的笔试是在10月间进行,在兴安总省的考场就设在王爷庙兴安学院,我如期参加了笔试。

第二次参加社会调查是在拿到笔试合格的通知,并到长春接受了口试和第二次身体检查返回之后。放寒假之前,是"兴安总省"管畜牧业的单位(记不得叫什么了)抽调的。共抽了10余人,在巴希门仓率领下到了扎赉特旗。这次主要是调查牲畜头数情况,并为牛马烙印。这是很使群众反感的差事,同学们也和群众一样怀疑这是当局要采取什么措施的前兆。所以,只要群众隐蔽了牲畜的就概不追究。我在这里看到了真正的贫困人家。在挨户访问时,遇到一个妇女领着3个孩子围着火盆剥麻,几个孩子都光着身子围一个破被,妇女本人也衣不遮体。这是我在家乡从未见到的。看情形,我只问个好,根本不询问什么,就跑了出来。当然,我们家也算是贫困户,上兴安学院之前没穿过"三新"的衣服;家乡也有穷人,都没有到这份儿的,顶多是衣着破旧,补丁落补丁罢了。当我们返校时,已经放寒假了,建国大学的录取通知书也已发来。这样我没上五年级,提前一年离开了兴安学院。

## 半年的大学生活

1945年2月,我到长春上了建国大学。

建国大学的学制号称6年，实际是五年半，分前、后期。前期三年、后期两年半，毕业后要到大同学院接受三个月训练，合起来近6年。每期招生数目不等，我是第八期。这一期招了180人，其中日本国的100人，包括被占的朝鲜、台湾、伪满范围里80人。学生全部住宿，宿舍称为“塾”。第八期共6个塾，每塾约30人，不分民族统一混编，并按日文字母顺序安排铺位。每塾派一个教授或副教授任“塾头”，直接联系学生。后来还派过指导生。前期三个年级一个食堂，不分日中学生都是一个标准，共同进餐，既有苞米、高粱米，也有大米、白面，“节日”还改善伙食。每塾都有自习室，一个人一张一头沉的写字台及台前书架，还有存放个人杂物的“物置室”。学生全部享受官费，统一着装，除内衣等外都由学校供应冬夏制服、雨衣、棉大衣和鞋帽、劳动服及被褥床单等，又有几元零用钱(津贴)。整个条件比兴安学院好多了，也优越于其它大学。学生一进校，还每人发给一只军训用的步三八枪和刺刀，无子弹，平时就放在塾里枪架上，个人负责保养擦洗。正因为这样，塾生活中也能做到整齐划一，在外界颇有严格的军事化生活的名声。

建国大学在前期阶段不分科，除日语、汉语、外语和军事课之外，都是全年级统一授课。内容是各方面的“基础课”，还有高等数学、微积分；日、汉语按中日学生分班；有6门外语，英、俄、德、法、西班牙，还有蒙语也列为外语，按选报的语种分班。汉语讲的是《论语》，日语是语法和候文、俳句。外语我选的是俄语，因为我在兴安学院时自修过俄语会话，嫌讲授的内容过浅时，我也去听英语课，常常是二者对照着学习，是比较下功夫的。建国大学没有考试制度，据说是上课时出席了就算得分。但上课点名的值日生，一般是相互间照顾不划缺席的。实际上除外语外，上课的一般只有百分之七十左右；军训和剑道、柔道课是由领队教官直接管理，就无法虚报了，只好都出席。

我在本校只呆了半年，而且由于日本的败局日益明朗化，伪满已是气数将尽，从报考时就未想到过在这里能学到毕业。当时只是想利用这一不知何时就结束的学习机会多读点书，多吸收一些知识。我不仅半年中几乎未看过一场电影，而且经常是早起晚睡，节假日都多用于读书。有时在课堂上也自带书本去读，越是禁书，越是想方设法找来阅读。印象较深的有《马克思主义读本》、《思想读本》，艾思奇的《大众哲学》（汉文的）和伟人传等等；也读过一些文学作品，印象深的有高尔基的《母亲》和托尔斯泰的《复活》等，还有《社会科学辞典》也是我爱不释手经常逐条读的。那时，我在读借来的书时都做笔记，而且凡读过的书都记下书名留存；到苏联宣战时光书目就记下三页多，就是说至少读过二三十本书。反之课堂上的东西，留下的印象不多，只记得我对微积分下过点功夫，力求弄懂；外语则利用间隙时间背俄、英单词，劳动中常跟"白俄"同学凑到一起练习会话。此外，就是对有的教授的一些议论印象稍深。如主管农场的日本教授藤田曾联系战场上的所谓"神风号"以人相驳发议论，讲过"日本必败"；有个姓孟的汉族教授曾在课堂上发议论，预言第三次世界大战将会从朝鲜半岛引发等等。在中国学生单独上课的间隙，也曾有高年级的汉族同学过来发表简短的演讲或通报从外语广播等收听到的消息。我有时也到蒙族高年级同学处，询问一些情况，听他们谈论局势。那时，长春有过蒙族同学会，有过一次聚会和游园活动。校内的蒙族同学则聚会过好几次，聚起来就发议论，针砭时势，各开自己的"药方"。当时，大部分少数民族同学都很倾心于马克思主义学说，向往蒙古（外）的道路。当然，也有过逆音，讽刺这些人是因闻不到马克思放的屁味，嫌自己的鼻子不灵而打鼻子等。不过，当时普遍都很反感"张口天照，放屁大神"（在蒙日混合语中，这两句的字头是押韵的）。有的人也声言，要挎着"拉博尔"（Lover，英语"情人"之意）搞革命，称为粉红色的革命。汉族同学的多数也都很用心读书，且中国意识很强，唱起"不怕死，不爱钱，政府决不受人连"的歌词就格外表现出激奋。朝鲜族同学也很努力，同我邻铺的一位在日本成长的朝鲜同学就孜孜不倦地偷偷学朝语文，我也通过他学过几句朝语和“阿里郎”等朝鲜歌曲。相比之下，日本同学的情绪都很低沉，常哀叹“人生20岁”（这是当时日本学生被征入伍的时限），除了正常上课，没有一个早起晚睡勤奋读书的人。有时塾内中日同学之间，也出现一些辩论，主题是所谓“民族协和”、“日满平等”的问题，不过经常都是以各说各的不了了之。在长春，当美国总统罗斯福去世后颇喧闹过一阵，大街上挂出“落死夫呜呼哀哉”等大横幅；反之德国被打垮时却不声不响，给人以日本已临近末日的预感。所有这些，都曾激励过我抓紧时间发奋读书，包括中外史地方面的书。总之，这半年中我既有过“长夜漫漫”的感觉，也感到过岁月如梭、转瞬即逝之时间之紧迫。

建国大学因时而有教授、学生被逮捕的消息，所以中国学生就特别注意防范以检查内务为名进行搜查。各自寻找秘密存放禁书的地方，对自己其它存放的东西也都搞点暗记，以便一有所动就能察觉，并且相互传告。但是，半年中从未听说哪个塾发生过公开搜查的事情。学校似乎也没公布过什么禁书，但大家认为凡图书馆停止外借的就是禁书了，如《马克思恩格斯全集》、文集之类，当时都已停止外借。所以读太犯禁的书，大家一般都是到空闲的教室去阅读的，较一般的有时也在自习室偷着阅读。有一次晚饭后，我在自习室聚精会神地阅读《马克思主义读本》时，不知何时进来人，从我背后发出“啊，读马克思咧”的声音，着实吓了我一跳。我回过头一看是住在我对面的品部和彦同学，就骂他像个小偷。他看我生气了，就吱吱呜呜、腼腆地退走了。后来，我就留意观察他是否向塾头儿打了报告，发现他一如既往地跟我攀谈才消除了疑虑。还有一次我在熄灯时间过后在自习室阅读《孙文传》（汉文的）时，指导生（后期二年的日本学生）进来到我旁边问在读什么。当时我的案头还放着一本托尔斯泰的《战争与和平》，我就说在读小说啊！他看我正读的《孙文传》，就说孙逸仙是中国的伟人，喜欢吧？我说我什么传记小说都爱读。搭讪过去后，我也未感到过他打过报告。不过，从此以后就更加警惕了。

另外，我们这个年级曾去长春北德惠和松花江（站）实习旅行，松花江畔的景色十分秀丽，由于有些建筑衬托显得更为优雅。我在这里才得知日伪军里还有白俄团队。同时我在德惠第一次品尝到了朝鲜冷面。后来，在夏日里还曾去静月滩野游，风景比起松花江畔就差得多了。

进入 7 月份之后，长春的气氛已显得相当紧张了。很多高年级的日本学生被征召入伍，在校内让学生在学校的练兵场为自己挖防空洞，到 8 月初还组织学生到南岭参加过两天修建大防空掩体的劳动。但是直到苏联空军轰炸长春，校内的学习生活还算是比较正常的，轰炸一开始就一切都停摆了。

## 在苏联对日宣战之后

8 月 9 日凌晨，塾头儿进来叫醒大家说空袭警报。同学们都以为美机 B29 来轰炸了，慌忙穿好衣服，整理好被褥待命。这时才宣布是苏联已向日本宣战，飞机已迫近长春领空，让大家疏散到防空壕里去，听候下一步命令。当我们出去时就已看见长春南岭上空有照明弹闪烁，不过未听到轰炸声。学生们谁也未钻进防空洞里，而是三五成群地议论起日本帝国主义的末日终于到了，黎明来临了，喜悦是多于恐惧的。

当天早餐后，学校将日本学生单独集中起来，并令中国学生缴出枪支，从此两下分开、泾渭分明了。这时在校的少数民族学生开始在一起筹划起如何脱离学校的行动来。首先一条是每人准备一张地图备用。当时，后期学生大部分已抽到外地工厂，在他们的住区里驻进了许多日军。到了 8 月 11 日，校方集中全校的师生宣布，将日本学生组成“城防义勇队”，参加长春的城防；将中国学生组成“义勇奉公队”，随即出发去公主岭飞机制造厂劳动。当时教务部长（日本人）号召“满系”学生中有愿同日系学生共生死的同学可以站到日本学生的行列中来。结果没有一个人移动位置站过去。这也就宣告了建国大学奴化教育的彻底破产。当天中国学生由两个日本老师带队到长春南站乘火车出发，到范家屯后火车停开，又徒步行军奔公主岭。12 日晚到了公主岭，未进厂子，又宣布学校来通知叫返回长春。18 日凌晨出发奔长春，刚走到市郊有青纱帐的地方（所有少数民族学生共 9 人，一年级的特古斯、二年级的浩木尔图、德力格尔、那顺乌尔图，一年级的乌嫩、包汉儒、那顺、巴图和我），我们就按计划逐个离队逃了出来，这样算是最终脱离学校了。

当时，谁也不知道日本还能支撑多长时间，我们的想法是回到民族地区迎苏军。这样，集中起来后急行军绕开公主岭市区奔向哲盟科左中旗的巴彦塔拉。当天下午赶到小城子。因为是逃跑不敢全体进镇，就派二年级的浩木尔图（后来叫阿其尔）和我进镇里给大家买吃的。这时，这里还不知道苏联已向日本宣战，街里仍有警察走动。待我们买上吃的走出镇子，就找不到他们了。所以，我们俩就只好按既定方向上路。当晚在东辽河边一个村庄的小学教师宿舍投宿一夜，告诉他们苏联军队已开始进入东北。第二天，我们到双山镇也未敢进镇，在镇外一个瓜窝棚里借宿。次日清晨，通过镇子去巴彦塔拉时，在镇里遇到了正在出发的同学一行，就会合在一起奔向巴彦塔拉。这时才知道日本人已开始撤走了，精神上也放松了下来。当我们经大卜屯（特古斯的老家）到巴彦塔拉时已是 8 月 16 日了，地方上正在搞维持会维持秩序。我们先到特古斯家住了两天，以后经联系搬到了已空起来的巴彦塔拉国民高等学校的学生宿舍。这时，三年级的鲍荫扎布，后期一年级的喜嫩和一些同学也陆续到了巴彦塔拉，共集中了十几个建国大学学生。

巴彦塔拉，原是伪兴南行署和科左中旗的所在地，是当时哲里木的中心地区。我们到这里，本来不只是为了逃避的，而是想抓住机遇到蒙族集中地区图谋有所活动。不过当时对局势了解很少，连雅尔塔会议的情况也只知有此事并不了解详情。这里除维持会之外，当地的一些汉族士绅正在酝酿组织国民党，准备迎接蒋介石的中央；蒙族的头面人物则虽有议论自治和高度自治的，但多在观望，等待王爷庙等地的消息。当时年轻人对国民党是很反感的，但除了向往蒙古之外，也没有多少主意，一起议论过要先搞青年人的组织，联系各地蒙族青年，建立青年同盟。这时，原“兴南行署”蒙族的头面人物决定派人到长春和王爷庙同那里的蒙族人士联系，特古斯和我承揽了这个差事，想借此机会联系青年。行前特意去访乌力图（解放前是兴南行署主任、科左中旗旗长、当时的维持会会长，解放后任过内蒙古政府的民政厅长）说明我们不同意在内蒙地区搞国民党的想法，随后领一些路费徒步出发，经郑家屯（即双辽）到八面城后，寻机爬上了过往的火车。当时火车已不正常运行，也不卖票。我们乘过闷罐车，也坐过列车车厢的上头，辗转到了长春。通过家在长春的同学，找到了集中在长春的同学的住址，原长春女子师导大学的旧址。在这里，得知哈丰阿等已在王爷庙恢复内蒙古人民革命党，发表了宣言（即“八一八”宣言），并派来人联系要求在长春的一些蒙族人士、大学生回到王爷庙。当时，除我们的住址之外在原“蒙民裕生会”里也曾集中过一些各地来的大学生，都是或等候去王爷庙或准备回自己家乡的。我那时已经准备去王爷庙活动了，所以白天经常跟同学们去火车站打探，或者在一起闲聊，有时就逛朝阳路上日本人摆的街头小摊，多半时间，特别是晚上看原来同学们从建国大学图书馆弄来的书。其中有一册日本内部出版的《关于中国共产党》（日文版），是写到1934年为止的会议和活动情况的，读过后多少增加了一些知识。因为火车不正常运行，直到9月初才得到机会爬上了苏蒙军拉所谓“战利品”的货车。同行的10人,不仅有学生,也有原在长春的蒙族职员。可在途中到前郭旗站货车换了执勤的,又被撵下来,只好又爬上一列西行的平板车到了白城子。这时已无法统一行动了,只好是谁先爬上车谁先走。我是和额尔德尼巴图(建国大学第一期毕业后留在学校,后来当过兴安盟政协副主席)一起到的王爷庙。那时,因王爷庙发生鼠疫,火车不停,我们在南边过铁路桥火车减速时跳下车徒步进了市区。当时,已近半夜,到处都画着白线,表示是禁区。我们靠能讲点俄语三转四绕才到了市中心的额尔德尼巴图家。第二天,打听到大学生集中的地方,我就离开额家去跟他们会合了。

到王爷庙,我在统一部署下填表加入了内蒙古人民革命党,跟大家一起活动。在这里,我看到了大概是内人党党部油印的毛泽东的《新民主主义论》中的部分片断,如《中国向何处去》等。没事就出去看留在王爷庙的兴安学院同学和莫力达瓦旗的老乡,好在有民警的红袖章,行动还是自由的。到10月5日开过内蒙古人民革命青年团成立大会之后,内人党就派一批人到各盟旗开展工作,由民警队护送到葛根庙,从那里联系上了火车。派到原“兴安东省”地区的是我和敖勤学(达斡尔族,日本东京高等师范学校毕业生,在王爷庙的师导学校当教师)。临行前哈丰阿在万顺恒接见我们,讲了要求。具体话已忘记了,无非是要求把“兴安东省”地区的工作开展起来。我还领了一些青年团的章程等文件,拟回当地开展工作。我俩当时想先回莫力达瓦旗,到白城子后就离开大帮南下的人奔向了齐齐哈尔,当然又是爬火车。敖勤学的英文较好,但不懂俄语,这时又是我的半通不通的俄语派上了用场,联系着坐过货车,也坐过车头的煤箱车上,顺利地到了齐齐哈尔市。敖勤学因在齐齐哈尔市亲友多,要留几天,我自己往回赶。因齐齐哈尔往西没有火车开行,我只好乘压道车到拉哈。先回家,我母亲已随我哥哥回到乡下,我只住了三五天就去了布西。

当时,10月中旬,布西也是维持会当家。会长是原旗长苍杰扎布(达斡尔族),成员除原旗公署的一些人之外,有不少汉族绅士参加了进来。成立了保安队,在街面上耀武扬威,被称为“二警察”。另外,还有了国民党党部,准备迎接国民党。我到了布西之后住在兴安学院的同学孟继贤(卓仁)家,跟他一起找其他同学联系,想在莫旗成立内人团。几天中共联系了10余人,就在苏吉祥、阿其拉图(都是达斡尔族,兴安学院的毕业生)、图盟巴雅尔(鄂温克族,日本鹿尔岛农业学校的)的住地召集起来通报了王爷庙的活动情况,并给他们看了带回的青年团章程等文件,研究成立青年团的事情。正在这时,听到讷河原抗联的共产党成立了民主大同盟,正召集青年进行训练,开展革命运动,这样一起商定先到讷河去参加学习。当时,大家都没有钱,只好找维持会要求帮助。通过苏吉祥先找了敖定升,求他给联系。这时,敖勤学也来到了布西。有天晚上,在苍杰扎布的公寓里集会,参加的约10人,除敖勤学外,都是维持会里达斡尔族头面人物。青年中有我和苏吉祥(他实际也是维持会的职员),这次集会主要是商量青年们要求帮助的事。参加的人中敖定升(蒙名桑吉扎布,原旗公署的行政科长)积极支持青年的要求,主张凑点钱帮助,并派车送到讷河。因为当时多数人对时局都持观望态度,无人出来反对,也就按敖的意见决定了,并让他来筹办。大约是10月20日去了讷河,受到讷河民主大同盟委员会宿业夫等的欢迎。一起去的有卓仁、苏吉祥、敖东来、敖永凤(思和巴雅尔)、孟和巴图、杜旒松、孟积善等10人(其他已记不得了)。阿其拉图和图盟巴雅尔原都是布西小学的教员,大概是因学校停发工资,要顾生计没有同去讷河参加民主大同盟。

后来,由于在内蒙古党校审查时明确是在党的领导下工作才算参加革命,这样去民主大同盟的日子就定成了我参加工作的时间。

# 参加革命初期的活动

## 在民主大同盟

讷河民主大同盟是由抗联和共产党地下工作者组织起来的，不久由关内派来的同志主持了。我去的时候是任德富（苏军少尉衔）、宿业夫等主持，接着来了金忠、王文等。地址在讷河县日伪“兴农合作社”的旧址。我们一去就参加了学习。主要讲抗战历史、国民党不抵抗拱手让出东北等，也讲点马克思主义常识性东西。这里我开始懂得了蒋介石打内战、不抗日是东北沦陷的原因，抗战胜利是共产党领导下取得的等。我在小学时就知道有抗日的武装，乡下称他们为红军，还占领过讷河；到兴安学院后，又从热河省来的同学那里知道了有八路军神出鬼没地打日本。学习两周之后，一起来的人都回布西，在布西成立了民主大同盟。我被留在了讷河，分配作军训、操练新招的自卫军士兵，教举枪、瞄准等要领，也参加到街头、戏院宣传的活动。这时，讷河驻有苏联红军，下面是两分天下，既有我们共产党的活动，又有国民党的活动。不过我党的活动比较而言是占优势的。中间我到拉哈和“嘎卜卡”一带招过人，但因“光复军”猖獗，连一个少数民族也没有招来。后来，我提出回布西，以便在莫旗成立人民自卫军。经同意后，我在12月份回到了布西。

布西的民主大同盟设在原莫旗医院的旧址，负责人是敖定升和姓汪的（汉族，名字记不清了）。我向敖定升等介绍了讷河建立人民自卫军的情况，建议设法在莫旗也成立自卫军。经过商量，决定让我和敖永风去阿尔拉一带发动少数民族群众组织自己的武装。于是，我俩徒步北上，先到了阿尔哈浅，在乌嫩（吉林师导大学的学生)家住了一宿,而后到阿尔拉住在原努图克公所的办公室。当时有人看门,无人办公。在这里找了阿木尔扎布(伪阿尔拉警察署的署长,警佐衔,达斡尔族,在当地稍有威望)、涂常庆(鄂温克族,伪满军的上尉)和鄂对祥(达斡尔族,伪莫旗协和会的职员)、郭福海(达斡尔族,原是小学教师)等六七个人,接着到马当浅,宿在敖永凤的妹夫家。那时,这一带村庄群众手里有不少日军败退时散兵留下的枪支弹药,据当时粗粗计算,光是邻近几个村就至少有五六十支。我们和当地的知识青年一起宣传讷河已组织人民自卫军,王爷庙也搞了武装队伍,我们莫旗也应集中起来建立武装队伍保卫家乡和地方,防止“光复军”、“挺进军”和土匪的骚扰,形成实力后进驻布西。提出的办法是有枪出枪、有人出人,先在阿尔拉集中起来。当时,所有我们接触到的人,都认为这是好事,也都感到为难。以后让鄂对祥召集人开了一次会,大约召集了10来人,商议让阿木尔扎布、涂常庆等出面牵头,先在阿尔拉搞起来。可是当天阿木尔扎布未来参加会议,所以仍不能算定案,但意愿已经统一了,可以暂且分散,有事集中,不离阿尔拉。这虽和我们的想法有很大距离,但也只好如此了。我们活动一周左右回到了布西。阿尔拉的武装,开始时称为阿尔拉大队,未离开过阿尔拉一带。后来,我军则称他们为蒙古大队,主动联系他们一起进了布西。

## 在布西工作大队

我军进布西时,我正好回坤浅补充生活费。回来时,陈力新、陆友良等已在布西成立了讷河第二专员公署布西工作大队,地址在原“兴农合作社”的旧址。原在民主大同盟的人都加入了这个大队,又接受了社会上闻讯赶来参加的二三十名青年知识分子,成立了青年团。青年团的书记是德文盛,并拟组建政权。我返回之前，乌嫩已把我列入了筹划中的教育科里。我到工作大队后，就参与了召开代表会议的事宜。布西各界代表会议是2月中旬召开的。当时，在旗县体制问题上有过一些争执。当地汉族主张成立布西县，少数民族则主张仍称莫力达瓦旗，最后是陈力新建议折衷称为布西旗的。召开代表会议时嫩江省主席于毅夫也来参加并讲过话，从此就在原址打出了布西旗的牌子。在此同时改选了青年团。德文盛任了旗法院的院长；青年团的书记换成了杤尼额日呼；其他骨干有白拉喜、乌嫩、萨义尔、孟吉亭和我。总人数也逐步增到六七十人，工作大队的建制自然消失了。布西旗的旗长定为孟希舜，副旗长是陈力新。孟当时未到任，实际是陈一人负责，随后派人到各努图克建政。我和乌嫩、宋寰一起被派到太平，正逢一个叫工人独立大队的进驻那里。大队长叫刘英贵，教导员是嫩江军区派进的干部。我们在那里大约活动一周，搭起努图克政府的架子就返回了布西。

这时，陆友良(同住一屋)、德文盛等分别跟我谈话，要发展我加入中国共产党。那时，我对共产党的看法是很神秘的，以为只有具备马克思主义理论造诣的人才可能成为共产党人。当自己有幸要加入共产党时，真是喜出望外。接着陈力新谈话了解我的身世，问到是否加入过其他政党和对党员的要求等。我向他讲了在王爷庙参加内蒙古人民革命党的事，并申明自己宁愿做一个共产党员，随即填了志愿书。至于个人身世。因为在工作大队里的主要活动分子大都是同龄同学，相互都是清楚的，未成为任何疑问，所以只待举行入党仪式了。正好这时，刘锡五(嫩江省省委书记)、王明贵(嫩江军区司令员、苏联军上尉衔)去扎兰屯路经这里，我为了解、推动扎兰屯的建团活动，随车去了扎兰屯，同去的还有鄂定方，他在扎兰屯的亲友多。在那里，除跟着刘、王参加一些活动之外，接触了何庆珍、耶拉、苏景阳等人，磋商成立布特哈旗内人团的问题。随后又跟车路经甘南回到了布西。3月9日深夜在陈力新的办公室召开了支部会，秘密举行入党仪式和宣誓。一起宣誓的还有材尼额日呼、阿其拉图、萨义尔、乌云毕力格、宝音乌力吉等人。我的候补期定为3个月。参加支部会议的包括在2月间宣誓入党的白拉喜、德文盛等。我的入党介绍人是陈力新和陆友良，但支部会上作情况介绍的是白拉喜，他当时也是跟我同住一屋的。最后陈力新宣布我们这些人的入党时间从3月10日算起，要记住这第二个生日。认真讲起来，这时我对党的认识只限于大原则、总方向，具体知识则很浅薄，连中国共产党的章程也未看到过。不过，我对誓言是十分认真严肃的，已下了为党的事业不惜牺牲生命的坚定决心了，这成了我成为一个真正的共产党人的起点。那时青年团里也常组织讲课和讨论，讲课人自然是陈力新了，还输送一批人去上了嫩江干部学校的第二期。这以后，先是陆友良调走，接着不久陈力新也调到了嫩江县，留下的全是候补党员组成了临时支部。

这时，阿尔拉大队驻在布西的“南大营”，因原“兴东地区”的武装拟统一编成二、五、八旅，正酝酿成立第八旅，接着搭起了架子。原阿尔拉大队为一个团，在巴彦旗另组一个团。八旅旅长是阿勇巴图（达斡尔族、伪满军上校），政委孟和巴雅尔（汉名敖匡海、伪满布特哈旗公署的总务科长），团长是阿木尔扎布，副团长是涂常庆和孟额诺布（达斡尔族、伪满莫旗森林警察大队队长），政委是孟和巴雅尔，副政委是萨永明（鄂温克族、原是中学教师）。他们曾配合讷河的部队讨伐过“光复军”等。巴彦旗那个团定为鄂布迪牵头，实际总未搞起来。不久，我和白拉喜等20余人（包括巴彦旗的若干人）去参加了原兴东地区在扎兰屯召开的各界代表会议。这时苏军还未撤退完毕，会议是在原道德会的旧址召开的。嫩江军区派夏辅仁到会祝贺，他从此就留在这里开辟工作了。我和白拉喜一去就同他接上了关系。这次会议决定了以“兴东地区”的范围建立纳文慕仁盟，各旗都恢复原名称。在人事安排时暴露出了达斡尔族内部地区之间的派系矛盾，经反复协商最后推出金耀洲（达斡尔族、蒙名额尔登，未参加会议）为盟长，鄂嫩日图（达斡尔族、伪满军上尉，这时他在布特哈旗和阿荣旗一带组建了一支武装队伍，即拟建的二旅）为自卫军总指挥，总指挥部暂设在那吉屯，鄂明忠（达斡尔族）为民警总指挥。此后，我和白拉喜在夏辅仁的建议下留在了部队的总指挥部。

## 在第五师政治部

我留部队正赶上4月初，总指挥部派多文秀率20多名骑兵去王爷庙联系部队番号等，我被加进这个队伍一起骑马去了王爷庙。我们先到阿荣旗的红花梁子集中部队，后到齐市郊区劝和台，路经扎赉特旗的音德尔等地到了王爷庙。那时，王爷庙还是东蒙自治政府，也有我党的办事处，正值承德“四三”会议召开之际。我在那里同多文秀一起活动外，还到青年团本部找了些熟人了解情况。这次明确纳盟的部队番号为第五师，设3个团。我们又照旧骑马回来了。到扎兰屯时，苏军已撤退完毕，在扎兰屯宣布成立了第五师，下设41、42和43三个团，分别驻扎在那吉屯、扎兰屯和布西。师长是鄂嫩日图、副师长是何忠明（鄂温克族）、政委是夏辅仁、副政委是吴泽民（达斡尔族），参谋长为姚凤贤（鄂温克族）、政治部主任是沃文治（达斡尔族），师部设在扎兰屯过去的“六国饭店”旧址。除夏之外都是非党人士。我编在了师政治部，是个光杆的民运科长，实际是在夏辅仁直接领导下搞群众工作。

返回不久又和夏辅仁、鄂嫩日图等乘火车去王爷庙参加了东蒙人民第二次代表会议，纳盟地区的代表共为30多人。会上听了哈丰阿传达“四三”会议的情况和决定，还听了玛尼巴达拉去向国民党请愿情况的报告。会议按“四三”会议精神决定取消东蒙自治政府，成立兴安省政府和军区，建立内蒙古自治运动联合会东蒙总分会。整个纳盟的代表对“四三”会议决定都是持赞成态度的，但王爷庙本地对此争论却较多。我在会外参加了内蒙古青年团本部组织的一些活动，主张拥护“四三”会议决定。在这里认识了克力更、包彦，头一次见到乌兰夫的肖像。当时局势较紧张，会议一结束，各地代表很快离开了王爷庙。我们回到扎兰屯后，第五师的师部又扩大了一些地方，我住进了师政治部的办公室。当时部队除在辖地剿匪外，还配合嫩江军区的部队打残留的“光复军”、“挺进军”。我随夏辅仁在铁路工人中开展反把头等群众工作，同时联系当地的青年拟搞起纳盟内蒙古人民革命青年团，和孟景远（达斡尔族、布西人）在音乐堂院内收拾出了一栋房子。但当时，正值东北军政大学招生，社会上无正式工作的知识青年都陆续报名上学了，加上只有一座空房子，没有什么设施又没有钱，终究未得安排人。这时，第五师中又建了一个教导团，除从41、42两个团抽调年轻的战士外，又招收了年轻的新兵，分成两个连。团长是单福祥（达斡尔族、伪满军队的上尉），政委是叶华（西满军区分配来的老同志）。随后，克力更来扎兰屯，任了盟工委书记，西满分局派朱子休来任了第五师政委。克力更来扎兰屯时，还带来了内蒙古自治运动联合会东蒙总分会建设团，有志达图、桑杰扎布、洪聚成等人，接着成立了有13人组成的内蒙古自治运动联合会纳盟分会，由志达图（达斡尔族、日伪时是布特哈旗的旗长）任主任，夏辅仁、鄂嫩日图和我都列入了委员。同时又召开了纳盟的内蒙人民革命青年团成立大会，推举鄂嫩日图为书记，结果因他不管事，也未开展起活动来。1946年“七一”前，我为纪念党的25周年诞辰写过一首诗，发表在《纳文慕仁报》上。这时，我得到哈尔滨外国语学院招生的消息，向夏辅仁提出要求上学，不料他这时已胸有成竹，要带我到莫力达瓦旗参加农村清算反霸运动，说是让我上社会大学。这样，在8月初我随他一起到了布西，名义是第五师政治部驻43团的特派员。

到布西之后，从自治运动联合会莫力达瓦旗支会和青年团抽调了约20人，组成了工作队。夏辅仁为队长，材尼额日呼（莫旗青年团的书记、旗参议会驻会议员）为副队长。先是组织到一起学习，传达了有关“五四”指示的精神，学习了毛泽东的《湖南农民运动考察报告》，然后在队部下分设了两个组。第一组由索岳乐图（达斡尔族、是自治运动联合会莫旗支会的主任）和萨义尔（达斡尔族、当时在莫旗青年团具体负责）负责；第二组由我和乌嫩负责。先在万宝山村搞试点，发动群众清算和斗争了地主，分了土地，成立了农会，最后发展了一名党员，即李景云。后来他当了莫旗的副旗长。试点结束后，工作队分别到前、后乌尔科。队部和一组在前乌尔科，我们二组在后乌尔科。这时，乌嫩已抽出去搞面上的宣传，后来是兴仁和聚仁屯，夏、萨等在兴仁、我在聚仁。

这期间，陈力新返回莫旗协助夏领导工作队；材已回旗当了副旗长；我顶替材成了旗参议会的驻会议员。此间在兴仁搞了党内整风，结束时宣布了我们这些新党员均按期转正。以后工作队又分散开，我一个人到了小莫丁。最后到哈力浅集中，宣告这一期清算反霸斗争告一段落。这期间，曾发生过纳盟分会派来建设团干扰群众运动的事。建设团要来的事，先由朱子休来布西通报过，说是克力更要领着来，叫预做准备。他们来后在布西组织两次会进行辩论，最后他们无话可说只好撤走了。这一期清算反霸实际就是搞了土地改革，政策掌握得是平稳的，这也是建设团未能挑出毛病的原因所在。我们回到布西后，夏辅仁等接到盟里的传达说西满分局要一个党员干部到东北军大三支队工作。夏辅仁跟我谈：“你不是要上大学吗，这回让你上大学怎么样？”原来他们已同克力更商量好了。我就去扎兰屯找克力更。他这时正组织市民会，开展扎兰屯的街道工作。我在市民会住了两天，被他说服回布西，11月间从布西经讷河到了齐齐哈尔。我到西满分局办好关系后到军大三支队报到了。

## 在齐齐哈尔时期

我到军大后，根据支队领导的意见，为便于在学员中开展工作，定为入学学习。这时军大三支队已开学4个月了，早已停止招收学员，我却在这时成了学员，入八大队的六队(这是个蒙古族组成的队，另外在三队也有约一半是蒙古族)学习。西满分局特意从纳盟要少数民族党员，便以工作。当时蒙古族学员中思想较混乱(实际也不是唯独蒙古族学员)，博彦满都去那里讲过一通，更增加了工作的难度。学员中组织起蒙古族同乡会，活动情况也不向支队报告。我去之后，就有人散布我是八路军派来的特务。于是我也就此展开辩论，在许多同学的支持下，驳倒了共产党向少数民族派特务之说，掀起了要拥护共产党的领导、服从学校的安排认真学习，回去后好为内蒙古人民服务的热潮。其它辩论的题目还有很多，如内蒙古地区开展土改问题、阶级斗争问题等。接着，我请示支队和大队并在本队领导的支持下，发展内人团组织，把两个队里许多学习积极分子发展成了青年团，我被选为书记。党支部也开始在青年团里发展党员。在年终选模范时，我被选为支队的学习模范，带上红花参加了全支队学员大会。当时，本队的党支部、队长和教导员(尚善光和董宝田)都很支持我的工作，遇事让我站在前沿，我也喜欢起了军大这一革命的熔炉。过了不久，1月中旬，西满分局调我去齐齐哈尔市的蒙族师范学校主持工作。因为当时黑河和嫩江两省合并，召开统一的教育工作者大会，叫我去参加。虽然，我当时推荐过别人，但未被采纳，还是服从组织去参加大会了。临行时补选何瑞祥当了青年团书记。

参加这次教育工作者大会的有全省各中学的校长和齐齐哈尔市各中学的骨干教师，也有各县教育科、局的科局长，人员多，规模庞大，是在北关的齐齐哈尔女子中学召开的。张平化、于毅夫、于天放等都在会上作过报告。不过整个约300人的会议,包括主持会议的副厅长在内,党员还不到10人。会上屡出反动标语,情况很复杂。这样,党的临时支部负担很重,每个党员不仅要做会议组内的工作,还要分工掌握整个会议的情况,不时开会研究。当时,主持会议的是省教育厅的副厅长兼联合中学校长吴燕生(厅长关梦觉,是民主人士,只是偶尔来一次),吴也是临时支部的书记。他说他是蒙古族,喀喇沁人,以后接触中得知他是聋哑教育的专家。他对我这个年轻人十分关怀,经常交谈,教给些工作方法。当时因为党还是秘密的,向下贯彻支部会议要求多是以个人建议、意见形式出面的。会议开了一个月,整个会议中只有我是穿军装的(是讷河给的,在军大未领过服装),很显眼,但因无其它衣服好换,只好如此。

散会之后,我就上任为蒙族师范学校的教务主任、代理校长,开始忙起复校的准备工作。蒙师原来是有校长的,叫沃文德(达斡尔族),龙江县土改时揪走了。教师只10来个人,多是汉族,都是原齐齐哈尔市各国高的教师,年纪都比我大,学历都比我高。有北师大的、南开的、也有吉林师导大学毕业的。有一个蒙族教师叫包景芳,是伪满时郭后旗的旗长,因"三肇事件"被日伪撤职。他是教蒙语的,又负责总务工作。另外还有两个管总务的职员,都是达斡尔族。准备工作除教学的准备,还包括校舍整顿和学生伙食的准备。当时,蒙师的校址在齐市西头的藏书楼,是唯一在市区外的中等学校,有三五垧土地,还得同郊区达斡尔族农民联系出牛犋帮助犁地等事。学生不到百人,分两个班,这样于3月间开学,转入了正常活动。我自己也参加教学,担任中国近代史和政治课,又忙着张罗春耕、播种。这时我在兴安学院学的农业知识多少发挥了一些用场。正好这时又出现了新情况,黑嫩省委要成立行政干部学校,看中藏书楼这个地方,让蒙师另找校址。省政府副主席杨英杰拉我看了几个地方,最后我觉得西大桥外的小学还可以,但是没有马上开伙食的条件,暂时迁到联合中学,占用了他们少半个楼,校部和教师的办公室设在一个平房里。期间还有几件事:一是乌兰夫等内蒙的领导人经齐齐哈尔去哈尔滨,省委特通知我参加了各界的欢迎会,又给我出主意应到驻地(嫩江大旅社)拜访。我携鲍景芳前去拜访问候,这是我第一次跟乌兰夫握手。与此相关,内蒙古开人民代表会议时,给了学校一个名额,我找省委请示,他们让我跟教育厅商议。那时,我个人的意见是或者我去,或者谁也不去,免得增加反对票。教育厅因学校刚复校,事情很多,不同意我离开学校去参加会议,这样就没有派代表参加。接着,纳盟的代表们去王爷庙经过这里,我去看他们时也动员我作为纳盟的代表去参加会议,特别是陈力新很热情,说你去了咱们还可以多一张票。我因教育厅有言在先,只好敬谢不敏了。另一件事是省军区组织慰问团上前线慰问"三下江南"的部队,通知我参加。我参加了两次陈沂主持的预备学习,教育厅得知后不同意,也未参加成。此间,还参加了筹建齐齐哈尔新民主主义青年团,并被推举为执行委员。这时,我就在讲政治课中开始讲有关内蒙古自治的问题,特别强调只有在中国共产党领导下内蒙古人民才能得到彻底解放。

那时,学校的工作很难做,教师薪水每月只有 190 斤小米(折合成钞票发给)。他们在星期天到"八杂"市出售自己的旧衣服之类,加上我自己没有办校、理财、管事务的经验,事事都感到不能适应。为此,我向省委和西满分局提出过另派人主持这个学校的要求,自己宁愿回部队工作。同时,在克力更参加"五一"大会经齐齐哈尔返回约我见面时,我也提出了不适应在学校工作想回部队的要求。克力更也很愿意让我回去,满口答应找省委谈谈。但去后就叫省委"说服"了,回来做我的工作。我说你去叫省委说服了,现在来说服我?他只好说,以后慢慢想办法吧。后来省委答应只要王爷庙能派人来接替你,就放你走。大概是到了 6 月末,王爷庙派来一位伪满政法大学的毕业生,叫都嘎尔扎布,西满分局通知我回扎兰屯工作,我就及时交待工作了。我在齐齐哈尔蒙师工作时是供给制,但除了夏装,我没领过钱,都放到学生伙食中,吃了大锅饭。那时军大六队的干部,每当他们改善伙食就通知我,甚至来接我去打牙祭。包景芳是单身在学校住,有时也拉我去下饭馆。还有虽然我不太同意,还是从包景芳那里学了"等因、奉此",他认为公文是非这样不可的。

# 重返部队

## 主持教导团

我在1947年7月回到扎兰屯,一到那里,组织上告诉我去第五师教导团任政治委员,接替叶华。上任之前先派我去乌兰浩特一趟。那时,盟工委得知白拉喜在乌兰浩特同张尼玛的"前进会"搞在一起,让我去联系把他要回来;还有鄂秀峰涉及齐齐哈尔郊区一些群众牙克石移民的问题,也要将他要回来澄清问题。我到那里找了方智达,他叫我去找哈丰阿和阿思根。结果这时白拉喜已跑到了蒙古,阿思根答应由他近期去扎兰屯时把鄂秀峰送回来。我先回来接了教导团的任务。

当时,正值部队里已将41、42团大部分人合到一起,编成一个团,由多文秀带队支援了前线部队,其余的留到教导团。结果由一个班长率领,将一个排人马拉出去要随支援前线的部分。盟工委让这时调到扎兰屯驻防的43团派出一个连把他们追了回来。所以,我一上任就赶上处理这件事,把带头的交给师里处理,战士分编到连队。

这时,教导团的建制很不健全,各方面急需整顿。当时,团长是单福祥,1946年组建教导团时从第一师团团长任中调来的,政委是叶华，西满分局已决定调回。那时，教导团人马只剩一个连，还有五师42团留下的部分人员，合编成了第一连；又把齐齐哈尔梅里斯的武装大队调来补充了教导团；同时从43团调整过来一个连，合起来编成了第2连；这两个连同团部一起都驻在扎兰屯原日本守备队的大院。另外，将阿荣旗的旗大队归属到教导团，编成了第3连，仍驻那吉屯。还有两个生产队，合到一起在蘑菇气附近搞生产，共计400人，是一个小骑兵团。当时除了剿匪，就抓练兵、整军，开展诉苦运动。这时，整个部队已归属内蒙古军区，但仍保留着同东北和嫩江部队的联系，平时受纳盟工委的领导。此间，曾把蘑菇气一个自称"独立团"的武装（团长是辛布库）缴械，把人员进行了遣返。我还受盟工委委托去牙克石，调查过那里由黑龙江地区来的达斡尔族和鄂温克族移民的情况。当内蒙古军政大学成立时，上面决定让鄂嫩日图、单福祥等去学习。这样，教导团只剩我自己全面负责了。以后，将由43团带人过来的佟拉格任命为团副，实际上就是副团长。整顿各连队后成立了党、团组织，团里成立了党总支，由我任书记。入秋后，为适应保卫开展土改工作的需要，团部带一个连迁到成吉思汗，另一个连驻到了蘑菇气，第三连驻那吉屯未变。当时，布特哈旗旗委还未建立，我又受盟工委的委托负责成吉思汗片土改工作队的领导。团政治处的干部也都参加了土改，直到1947年末。不过，部队的主要任务是剿匪，那时主要是要剿灭"好友"、"文武"、"长江好"、"九江"等溜子，也有"光复军"第七旅的残留部分。但战斗大多是追击、狙击，从农村到山里，有时也追到黑龙江境内。实际这些土匪大都是黑龙江境内出来的；个别也有遭遇战，但也是一打就"跳"了，很难包围一举歼灭。后来，这些土匪被打得有的溃散了，有的合了，最后只剩下"好友"、"长江好"（"九江"、"包打一面"已和"长江好"合在一起）两股溜子，他们有时也化整为零钻空隙。另一方面，因当时部队供给很差，为解决补充给养的问题，也组织连队打黄羊、采集榛子，交给后勤部门成车皮运到哈尔滨，买回些布匹、毯子之类，解决战士的衣褥手套等。生产队则种植20来垧水稻，打两百担左右，一部分留下补贴伙食，一部分出卖。还同林业公司联系往哈尔滨运过木材，所得也用在部队后勤上。除此之外，因为当地农民缺乏铧犁等农具，我团在成吉思汗办过小加工厂，办过小百货商店等，总之是千方百计搞点收入，解决供给不足的问题。同时，也组织连队帮助周围农村农作劳动。剿匪过程中，到哪里都注意宣传并严格执行"三大纪律、八项注意"，扫院清扫街道担水等等。部队战士也从翻身农民中进行补充，这样就逐步改变了面貌，不像建军初期光是剿匪了。

## 在独立第三团

1948年初部队整编，取消第五师的建制。教导团第一连编到了新建的独立九团，去了海拉尔。其余的全部同43团合起来编成了独立三团。独立三团团部和一个警卫连就驻扎兰屯的"红楼"。开始时是3个营10个连的建制，仍然都是骑兵。我当时任副政委兼政治处主任，又是团的党总支书记。团长是于明(原43团政委)，不参加党总支，后来李文精来任了团政委。一合编我就组织排以上党员干部训练班，抓了党内的整顿，开展"三查五整"，大约搞了一个月。

接着，内蒙古军区决定抽一个营增援前线部队，补充到第一师。这在团里引起了强烈的反响，干部、战士都争着上前线部队，弄得门庭若市，让我应接不暇。最后以第一营为基础，经过适当调整，增援了第一师。后来，第一师的政委胡昭衡曾特致函表示过感谢。在调整过程中，曾有警卫连的3个小战士死死纠缠着要上前线，我在感动之下，曾以"三个小战士"为题赶写过一篇通讯，发表在《内蒙古日报》上。组建完这个营，就用专列把他们送走。当时，在车站组织了盛大的欢送会。我陪送他们到齐齐哈尔，就下了驻巴彦旗靠山村的连队。

走之前，夏辅仁告诉我，巴彦旗白斯古郎（巴彦旗旗长）等正在筹划同原来上山的鄂伦春族的人们谈判，要我了解情况，适当关照。本来我们的连队正是为防范骚扰守在靠山村的。我经嫩江（镇）先到了巴彦旗政府的所在地额日和，会见了萨义尔。他是巴彦旗的特支书记，实际就是旗委书记。萨义尔当时也嘱托我关照白斯古郎，防止吃亏。当时，我们一个连队分驻在3个村庄：满都呼浅、达尔滨、扎儒木台。我从额日和到了满都呼浅，直接找白斯古郎，落脚到他的住处。白斯古郎，原是嫩江干部学校出来的，相互很熟，所以昼夜商议统一了意见，决定同鄂伦春方面商定地点，进行谈判。中间是通过他们认识的当地的莫日根（猎手）联系。联系中间，我到达尔滨的连队住了两天，返回满都呼浅后同白斯古郎一起到了扎儒木台，因为这是进山的必经之地。随后，白斯古郎带一个民兵班，我从连队抽一个加强班叫连长讷福祥带班，合起来共20多人，一起出发到了离扎儒木台约30华里的、当地鄂伦春人称为兰毕尔汗的地方。他们是在我们之后到的，来了30来人，头头贵德布没有来。谈判的条件就是让他们归顺听从政府安置，并把陈子华（地主武装的头目）交出来。政府答应他们继续保留猎枪狩猎，猎物可自由上市出卖，生活困难时政府可以酌情补助粮食，并在适当时候进行建政。对这些条件他们大部分表示接受，只是否认陈子华在他们那里。后来一起进餐时（他们猎来好几只狍子，我们也带了一些面食之类），有个猎民告诉我陈子华就在“大脑袋”（来人当中一个人的绰号）那里。我跟白斯古郎个别商量，此事不宜在众人面前提出，只跟他们领头的人个别通气，以示我们对他们的情况是很清楚的。后来，这位领头的向他们的人表示还谈什么，如果政府没有诚意，来的人就够收拾我们了，表示对所有条件全部接受，一见到陈子华就送政府等（也未明说在谁那里）。

实际上他们也是有诚意的，来时就把鹿茸等准备出售的猎物都拿来了。会谈结束后，他们派出两人带上猎物跟我们一起到村，准备进城出售。这样部队在巴彦旗靠山地区的防范任务可告一段落了，我决定把那里的连队调回布西集中，以便在那里开展正常的练兵、学习等。归途中，我到布西看望了驻那里的连队，并确定在巴彦旗的连队过来之后一起回扎兰屯一带，归到 3 营的建制。然后，我回到了扎兰屯。

这时，内蒙古军区命令我们要准备从独立三团中划出一个新的骑兵团到长春前线。鉴于当时的部队装备简陋，从马匹、鞍具到战士的装备都需要补充或更换，集中到后勤部门工作量很大，而且需相当的经费。军区确定这些都要由纳盟就地解决。我们做了 3 个月内解决问题的计划，但是由于经费问题拖延，实际用了 4 个月才基本完成。

## 收回查尔巴奇进山的人们

此间，在 1948 年 4 月发生了阿荣旗“查尔巴奇事件”。即当地一部分群众在外界唆使下，杀死土改工作队员，拖家带口拉了出去，叫旗大队打了之后跑到了深山老林。那时在原教导团第三连的基础上刚开始组建完第二营，仍驻在那吉屯；第三营则在布特哈旗境，营部在成吉思汗。我返回后，一再向盟委夏辅仁等申明，本地少数民族群众历史上都没有当土匪的，从查尔巴奇跑出去的那些人的实际情况看也不像想当土匪的样子，建议用政治手段收复。首先必须断他们同其他土匪的来往联系。鉴于他们杀了人，已骑虎难下，即使是和平收复仍要以武力为后盾。这些夏辅仁都表示同意，并定下既往不咎的原则，叫独立团去解决。

随后，独立团出两股兵力进山。一是团长于明带第二营两个连进博克图沟里，他们先乘火车到 125 公里，后进山搜索；一是我带三营的一个连轻装进了绰尔河上游。我从扎兰屯出发经哈拉苏,到了阿木牛,在那里找他们努图克达丁海(鄂伦春族,我同他是在剿匪活动中认识的),要他给我派向导,结果他说他自己可以跟我去。另外又找了一个年轻的莫日根。丁海是老莫日根,当时已有40多了。他跟我说过,他只是没数过兴安岭的树木,其它地形都在他脑子里。我们整个队伍每人驮上半个月的口粮进了山。

我带的这个连队都是达斡尔族、鄂温克族士兵,他们的前辈都曾到绰尔河上游狩过猎,有许多故事流传。一开始得知要进绰尔河上游,都很高兴。当然,实际上并没有那么浪漫,白天瞎蠓袭击,夜晚蚊虫塞口,每天"盖天铺地"露营,毫无遮蔽,连日饮食也是老一套;又有行军指标,远不是游山逛景那么惬意自在。我在这时第一次开始抽烟,以熏蚊虫和露营时防蛇虫近身。第二天,过绰尔河进到了沟里,继续沿着大沟西行。我同丁海商议,向最大可能的去处为目标进军。大概是3天头上发现了众多新近的马蹄印,于是就料定他们就在约40华里处的小山沟边,而且判断他们已有约二三十人骑到靠山的村庄抢粮去了。我决定趁他们的"主力"出外之际,端他的据点,时间最好是次日的黎明时分。于是打过尖当即出发,到20华里处横过大沟从南面的沟坡行军,黄昏时接近到判定为据点出口的地方,又绕回到大沟的北边,在小山沟的沟口西边留下一个排,以两个排的兵力衔枪系镫从林间悄悄地摸到小沟底的山头上。这时已快黎明了,丁海说已闻到了人烟味,"据点"在这个沟里确定无疑。这时正是7月20日(阴历六月十五、十六日),从密林缝间看皓月当空,真是美极了。当然,这只是一刹那的感觉,当时是无心去欣赏的。恰到黎明时分,向导指着说看见窝棚了。那天是我们过绰尔河以来遇到的唯一无雾天气,能见度很好,我也马上就看到窝棚了。于是,就把部队按班排散开形成半包围圈慢慢前进,又看到有妇女在抓奶牛。我就让部署好的喊话人一起用鄂温克语喊起话来。主要内容有:我们是扎兰屯来的部队,是前来接你们的;现在已经包围了你们,你们不得开枪;我们带队的政委是鄂温克人,来的都是鄂温克族、达斡尔族官兵,只要你们不开枪,就不会开枪打你们。还有显示部队装备的话,告诉他们部队有多少挺机关枪,还有掷弹筒,打起来对他们没有好处。最后是叫他们领头的过来两人见政委。经这么喊之后,他们很快作出反应了,声明他们不开枪,要求我们千万不要开枪。这时,他们留守的武装已上到据点东边的山上,要求我们派人上去。我派会说鄂温克语的三营副教导员巴图贺什格和连里一个排长丹巴(后来叫阿勇巴图)上去,劝说他们下到据点的开阔地;我自己先带警卫员等几个人到了他们的窝棚,以示我们的诚意。这样,他们也很快在丹巴等人的率领下下来了。过来又是作揖又是请安,连连说你们救了我们。我没有想到他们竟搞了土匪的建制。领着过来的叫那韦昌(鄂温克族、都叫他韦莫日根),是"二当家的"。"大当家的"金山(鄂伦春族)和"中倅"那德来(鄂温克族、伪满时当过"国兵")已领主要人马进村抢粮去了,留在山上的只有10来条枪。我先简单向他们交代政策,然后去看他们营地的情况,发现他们已缺粮断炊,有好几个小孩都面黄肌瘦,因无米下锅妇女多都抱着双膝坐着。我告诉连里先把驮马上的粮食分给他们,这样他们才开始面有喜色。这时,连队除在沟口、沟底留两个班入警戒外,开始在四处以班排为单位选下营地休息,同时安排干部分头找他们"聊天"了解情况。这时,连队离开山村已经是第5天了,行军熬夜劳累是不必说的。当天,他们进村的人从沟口放枪往回报信。我叫韦昌下去把他们领回来。其实,当时我们有个班在沟口的西坡上隐蔽着呢,他们则是到了东坡往回打枪的,相距不过两华里,离里面营地也不过四五华里的样子。那韦昌下去之后又只身返了回来,说他胆小不敢回来非得先见见我。这样,我就只领着警卫员和他一起下去,发现他们各自占着有利地形在等着。我嘲笑他们用这样的小儿伎俩来想吓我,弄得金山很不好意思,原来这正是金山布置的。因为这时3个领头的和多数"骨干"都在这里,我向他们详细交待政策并宣布了他们必须履行的条件。他们因先有那韦昌下来向他们讲过部队包围过程和对其家属的态度,所以异口同声表示服从政府处置。只是金山表示他愿意留在山上打猎,不愿下山了,同时把小枪(全体只有他有这么一支手枪)交了出来。因为我们的条件里明确猎民的枪支可不收缴,但手枪是要缴的。这样,把他们包括金山领回了营地。他们这次没抢到粮食,据金山说是因为发现有部队进山,他们就忙着回来了;那德来说边沿村庄都有军队,不敢硬打怕增加罪状,就返回来了。我当时和现在都认为后一说法比较真实,因为三营的其他连队守在边沿村庄。何况是下山在前,而且方向也不对,抢粮食只能到扎兰屯西北部一带。我们则是从北部过来的,他们发现部队进山只能是在他们返回途中的事。这时,我发现他们男男女女都有急不可待的回乡之意,就又做他们的工作,马上往回返,部队可把随身携带的粮食留给他们,先走一步。于是决定第二天往回返,留下巴图贺什格和一个战士跟他们同行,直到地方来接应。期间,又有人从山头打来报信的枪。金山等说这肯定是马德、钦德等发现部队在这里,不敢下来走了。我叫他们去人找。他们说早没影了不好找,何况他们没有个固定的营盘,可着山跑。想起来此话也不假,他们是轻装的,不像查尔巴奇这样拖家带口。开始出来时,他们还带有碾磨呢,在阿荣旗被打时扔掉了。安顿好之后,在沟里过了一夜,第二天部队就出发了,也叫他们收拾好接着上路了。他们跟部队随行的有那德来等两人,是跟来进城出售鹿茸等猎物的。部队离开他们回返时就轻松多了,不用派尖兵,不必前后搜索,快马流星地按来路行军,两天多就到了阿木牛。同两位向导谢别后第四天赶回了扎兰屯。这时,于明还没有消息呐。

我回到扎兰屯后,首先是往哈尔滨给夏辅仁(当时夏在哈尔滨参加内蒙干部会)打电话,汇报情况和请示善后处理问题。他很赞赏我采取的措施，并完全同意了我的建议，同阿荣旗政府联系，叫他们派人拉粮去接。其它就概以既往不咎的原则办理。夏也答应直接给阿荣旗打电话叫他们跟我联系。我也叫人给阿荣旗打电话，说明情况催他们尽快行动。他们提议，因阿荣旗路途较远，能否让布特哈旗出两车粮食前去。随后，我就让材尼额日呼（布特哈旗旗长）给准备粮食同阿荣旗的人一起去接应。当时，阿荣旗行动很快，大概是第二天晚上，卓利格图就带巴图尔仓（鄂温克族、大概是旗委的办公室主任）到了我的住处。我向他讲清情况后，卓利格图执意要求我再一起走一趟，说那些人可能对旗里的人有成见，你一起前去就可避免节外生枝。我原认为我的义务已经尽到了，可是也只好答应再跑一次。事不宜迟，我落实好布特哈旗的粮车就同卓利格图一行四骑从扎兰屯出发，第三天傍晚到了绰尔河边，在那里扎下窝棚过了一夜。拉粮车当然远远落在后面了。第二天过河不太远，遇到了查尔巴奇那些人，得知部队离开后他们紧跟着上了路，金山一家留在了山上。又告诉我，巴教导员在前天把随身携带的粮食留给他们，领战士先回村了。他们现在又是处于无粒米进嘴靠野菜充饥的悲惨状况。我们只好将随骑驮来的自用粮食全部交给他们，补充其急需，叫他们继续前进。这时，我发现车行山“路”是那么迟缓，半天移动不了多少，这是我原来疏忽了的。结果我们自己也无米可炊了。那韦昌说你放心，我们狩猎决不会让你们饿着。可是我们跟他们两个猎手出去半天也未遇上一个猎物。不过有野菜可充饥，还饿不着。那韦昌说，我们这次出来真倒了霉，猎物也难碰上。我说，这回走对了路，“玛音”（手气、运气）会好起来的。第二天打着一头野猪。正当我们高兴有野猪肉可吃的时候，发现自己又有一疏忽，盐带得太少了。没有盐的猪肉可就难吃得很，还不如生嚼野菜呢！移到绰尔河边时，看到河水涨得更厉害了，就在河边扎窝棚宿营。看对岸还没有粮车的影子。第二天探河水试着准备过河，发现军骑过河问题还不大，牛车要过，可就费事了，只好一点一点地倒腾。正在这时，拉粮的车才到绰尔河，被我们整整拉了5天，原因就是路难行，常陷车。好在有了粮食，不发愁了，查尔巴奇的那伙人也喜笑颜开，一再表示，要不是我领兵来，后果不堪设想。我说这是党的政策，不是你们旗长都亲自来接应了吗。那韦昌等表示惭愧。这时，卓、巴二人还颇留恋绰尔河的打猎营生哩。说前些天碰不上猎物那是人烟过多，野兽避开了，实际这里狍子、野猪多的是，而且鹿也可经常碰上。好在当时已过了鹿茸期，猎手留在山上兴趣已不大，何况他们所处的这种状况，所以都愿意赶快回村了。过了绰尔河第三天就到了哈拉苏，卓等留下等后面的车马，我离开他们回了扎兰屯。

后来的情况，我只是遇上熟人打听打听，没有再过问了。

## 收回阿木牛进山的人们和解决残余土匪

返回团里后，我马上检查补充更新装备问题，疏通关系，抓紧落实经费。这时布特哈旗萨玛街的莫日根白福才(鄂温克族)来找我，说马德、钦德叫他找我，请我无论如何进山跟他们谈一下。马德和钦德都是阿木牛的鄂伦春人，老莫日根。钦德在以前还当过努图克达，1948年春受土匪欺骗领本村十几名鄂伦春族人上了山，出没于山林中，也不时进农村来抢些粮食，骚扰靠山村庄的农民。因为他们未造成大的危害，部队从未把他们当做土匪专门围剿，不过他们因同政府对立过，却怕部队怕得要死。他们想投靠政府，找信得过的领导人谈话。白福才和我早就认识，他要求我尽可能走一趟。我想这事也该解决了，就答应下来。这样，我只领自己的警卫员同他一起进了山，约定地点是萨玛街西边约一天路程的山间被遗弃的房子(据说是原来“白俄”为收购猎民的猎物建的)。我从扎兰屯出发，第三天的傍晚到了地方，结果发现那里并无一人一骑。白说他们肯定在附近，怕你带部队来不敢在这儿等着。过不一会儿，果然有一骑下来，一进窝棚就下跪，连说："我的命交给你了。"这时我得知他就是马德，赶忙让他坐下来谈话。马德有50岁左右，是上山这一伙儿的头人。他说，钦德(对外他是总头儿)胆小没敢下来。我说，这么远邀我来却不愿来见，是否没有诚意？你对他讲，明天白天让钦德和你们的人都下来，我要当着大伙儿谈话，并耐心地做他的工作。马德连连称是，当晚返回，我就在附近找地方露宿了。第二天钦德、马德等共来了六七人。我问马德为什么不全下来？马、钦二人说他们没见过世面，我们就都代表了。钦德更是一再说，犯了罪，任凭政府处置。当时就掏出手枪递过来。这时我的警卫紧张起来，因为他是达斡尔人，不懂鄂温克、鄂伦春族语，看我不动声色才松了口气。我宣布他们可以回阿木牛自由狩猎，我要向政府及丁海(当时的努图克达)打招呼。谈得差不多之后，钦德提出请政委吃野味。这时，我才发现原来留下人是准备"午餐"了。地点是离二三华里的小溪边。众人见了我一再表白他们未到村里抢过东西，还揭发"好友"在山上什么地方种有几片罂粟地。我说，那儿已让部队烧了。马、钦等还为没有备酒表示歉意。饭后，我们3人就原路返回了萨玛街。第二天到驻蘑菇气的连队，告诉他们近期解决"长江好"等溜子，要他们负责防备土匪窜到蘑菇气一带来，随后就回了扎兰屯。

这时，"好友"溜子的人已不多了，主要祸害是"长江好"。他们共六七十人，我下决心要解决它。我回到扎兰屯处理完应急的事马上又带三营的一个连人马出来追剿"长江好"。这时，土改工作队几乎遍布布特哈旗各地，部队掌握土匪动态更容易了。这次行动完全是追击，把布特哈旗几乎绕了大半圈，连遭遇战都未打上。到了九月份中秋节那天，我们到库提河打尖时，有个"内线"带着"长江好"、"九江"的信跑了来，说是"长江好"想投降，要求沙政委辛苦一下到他们那里面谈。我看这是一个机会，决定去会一会。当时连队支部是很不同意的，主张即使会一下，也应派别人去,不要亲自去冒险。我认为“不入虎穴,焉得虎子”,人家想见我,还是我自己去好。于是就领警卫员和送信人(可能叫“四大愣”)一起去了相隔约20华里的一个村子(大概在雅尔根楚一带)。到了10华里左右的地方就有他们设的哨卡接连往回放枪送信,弄得枪声不断。到了村里又有“长江好”、“九江”等领头列队“欢迎”,引导着一起到了一个大户人家。屋外都加哨监视,显然是向我示威的,而且将我的警卫员安排在东屋,警卫员不答应,就一个人端着冲锋枪守在门口。谈话中,他们提出的条件是改编为独立大队,要部队予以命名;要部队补充装备、供应给养;要给划出活动区域。当然也提了归独立团领导,不再骚扰群众之类的话,中心是要整编为部队。这当然是我不能应允的。我声明不存在整编问题,投降就是投降,必须缴械;政府念你们投降归顺可开路条,出证明负责遣返,既往不咎,保证生命安全;无处可去的,政府可以指定地点安置,组织生产;生活上暂时不能自己解决的,政府可以给予适当补助,逐步过渡到自食其力。另一方面,给他们讲全国形势,指出只有回头是岸才有出路,继续同政府做对,危害群众,那只有被消灭,其他都是妄想。这时,他们摆了一桌酒席,说是招待我。我说你们这些都是群众的东西,今天赶上中秋节,看在你们改邪归正,这可以算我们政府和部队款待你们。饭间,“九江”不时扬言他们如何能打时,我就当即驳斥他,如果能打,想继续打,就打好了,想投降应表示悔罪之情,不能胡吹。“长江好”、“包打一面”则转开话题,表示诚心投降,要求政府宽大为怀。我说宽大的前提就是投降,听从政府安置。最后,谈好从现在开始停止骚扰群众,先集中到指定地点,由政府派人边组织劳动边进行教育,愿意缴枪后回家的随时给出证明,开路条遣返。这样定下来之后,我声明在三天之内落实,叫他们原地待命,就返回了部队。送行时,我又对他们讲,你们几年间奔来跳去,这回可睡安稳觉了;而且告诉“包打一面”,今天就可以回家跟老婆团圆。他们头儿里只有他是布特哈旗的人,离会谈的村庄大概只有三二十里。

随后,连队回到成吉思汗,我回扎兰屯落实。经商议,派盟公安大队的一个队长率领几个人到他们那里,并领他们到指定的边沿小村庄开展了工作,以上事落实后,我就没有再过问了。到此为止,整个纳盟境内的土匪算是全部解决了,只有“好友”的3个人躲进了山里,也没有进村骚扰的消息。后来听说“长江好”回了景星县,“九江”回龙江县之后就先后被枪决了。

这时,内蒙军区已派李文精任独立三团政委,拟赴前线的部队装备等准备工作也都就绪,我为向内蒙古军区汇报情况并接受命令,特地去了乌兰浩特。到白城子就听到守长春的国民党部队中曾泽生已起义,到乌兰浩特准备汇报时郑洞国也已投降了。我到乌兰浩特住在军区政治部,当时政治部主任是方智达,汇报主要是向吉合参谋长汇报的。他叫人请示东北总部,结果答复是“不必来了”。因准备工作来不及,误了上前线,我心里很不好受,但也无可奈何。这时,方智达提出来,过去对独立三团的工作了解很少,任命手续也不全,要补一下;还有,他告诉我,内蒙古党校准备在11月开学,问我是否愿意去学习,并叫我把所有营以上干部名单都写出来交给政治部,让我回去等通知。我回扎兰屯后,没几天,盟委征求独立三团可送党校学习的人员意见,共定下10余人,我们还另决定了上内蒙古军干校学习的10来个人,都由我领着去了乌兰浩特,分别到党校、军干校报到。这样我上党校的同时,我前后的两个警卫员(金玉璞和李玉书)也都上了军干校。

# 在乌兰浩特

## 在内蒙古党校学习

内蒙古党校是根据中国共产党内蒙古工作委员会 1948 年 9 月 9 日作出的《关于开办内蒙古党校的决定》,在乌兰浩特市举办的,由乌兰夫兼任校长。第一期于 1948 年 11 月 7 日正式开学,同内蒙古直属机关庆祝苏联"十月革命"纪念会一起举行了开学典礼,乌兰夫讲了话。

上第一期党校约 250 人,共分 10 个支部,其中除九、十支部是初级班和蒙语授课班外,都按照党中央规定的干部必读书籍内容统一安排,共同授课。有马克思列宁主义的原著和社会发展简史、政治经济学及中国革命与党的建设问题;还有内蒙古革命及其两条路线斗争等问题。我被编到了由旗县和部队团的主要领导干部组成的第二支部。当时,党校没有专职教员,课堂讲授都靠党委的领导人担任。主讲的主要有 4 个人:乌兰夫主讲内蒙古革命和两条路线斗争问题;刘春(工委组织部长)主讲马克思列宁主义原著:如《共产党宣言》、《哥达纲领批判》、《卡尔·马克思》、《马克思主义的三个来源与三个组成部分》、《关于列宁主义的基础》等;孙大光(工委政策研究室主任)主讲中国革命问题,包括毛泽东的《新民主主义论》等;丁仕一(党校的教育长)主讲《党的建设》,包括《中国共产党的简史》和《国际共产主义运动》等课题。

除此之外,王铎、王再天、王逸伦等做过政策方面的报告。

前三周是集中学习内蒙古革命问题。除政策报告放到最后外,其它各门课则交叉授课。一般是每周讲两三个半天,其余时间就自学和小组讨论;有时也组织全支部讨论。关于内蒙古革命和两条路线斗争问题，还组织过二三次全校讨论。教学中强调理论联系实际，在理解领会上下功夫，以提高学员的理论政策水平。大家在学习中都敢于亮出自己的观点，提出问题，如民族问题上就有过激烈的争论。同时，结合总结各自的工作，分清是非，以坚持真理，修正错误。

授课基本结束时开展了历史审查，主要是每个人写自传，然后在小组进行集体评论，最后搞了历史鉴定和学习鉴定。

在党校学习虽然只有半年，但是却为我终身学习打下了可贵的基础。关于马列原著，工作中虽然读过一些，但理解得很肤浅；在军大学习过中国革命简史和毛泽东的著作，但对革命理论的理解也没有这次系统。除此之外的内容，多是第一次接触，都是新鲜的。可以说我当时是个用功的学生，再加上我担任分管学习的支部委员，更是想方设法多找些书来读，力争学得多些。

学习结束时，我被留校工作，从 1949 年 5 月起不无遗憾地脱离了军籍。

## 在内蒙古党校工作

我留校后任了教育干事，确定在蒙语授课班讲中国革命问题和党的建设课。第一件事是准备教案和开始备课。不仅是理论上的准备，而且是语言上的准备，比较部队来说，完全是新的业务。党校第二期开学后，我被补进校党总支，又确定负责两个学员党支部的指导工作，管理组织生活及学习活动，同时担任蒙语授课班的教学任务。

这时，随着党委改为内蒙古分局，学校也改成了内蒙古分局党校。从第三期开始实行班主任制，我当了中级班的主任。我自己开始挤时间攻读中国历史及中国革命和党的建设方面的著作与文献。这一期结束时，1950 年 10 月间，学校组织学生到辽宁的一些地方参观，我带队去了沈阳、大连、鞍山等地，主要是参观了一些工厂、旅顺的日俄战争遗址等。年底，内蒙古分局任命王铎（东部区党委书记）兼校长、丁仕一为副校长、特古斯（原组教处副处长）为教育长、组教处长李菊为总支书记。到1951年，第四期开始停止招中级班，只招初级班和蒙语授课班，课程内容也按初级党校的要求来安排了。初级班按学员文化程度分为甲、乙两班，我成为专职教员、教研组长，承担初级甲班中国革命运动史、中国革命问题和党的建设的授课任务。中间还去哲盟的科左中旗和兴安盟的科右前旗参加中心工作和考察各一次，共约一个月。1951年7月至11月，我同本教研组的同志到北京华北局党校学习中共党史，约4个月。学习结束后到张家口向内蒙古分局宣传部汇报，同时接受了举办党史教员训练班的任务，返校后办了近百人的党史教员训练班，大约搞了两个月。这时"三反"、"五反"运动开始，东部区党委要求内蒙古分局党校组织学员参加"三反"、"五反"运动，我和新到任不久的副教育长邓荫南各带部分学员下到兴安盟和乌兰浩特市。我负责盟市两级法院，住在盟法院，在盟委和兼院长齐俊山的指导下主持工作。当时，学员的党史课程已基本学完，特别是学习了《实践论》和有关整顿党风的文件，工作中很注重从实际出发，实事求是。所以弄得在机关里被迫承认贪污受贿等的"老虎"往往一到法院审理要落实定案就翻案了。法院的工作也受到外界的斥责。这时制度不健全，机关送的"老虎"，法院无权不接受。但是内部则严格坚持实事求是的原则，严禁逼供信，即便外面对法院议论很多，我们也没有动摇过。好在当时东部区党委和直接管我们下去搞"三反""五反"的高锦明还是支持我的。到1952年初，决定将学员撤回原单位，我又被抽到"赵述学专案组"负责。此案是当时轰动全区，且联系到邻省好多地方的大案。这个专案组受刘景平（自治区政府贸易部长）领导，我也住到了贸易部。这个案子原定为涉及四五十亿元（旧币）的大案，但总未得到落实，又不能轻易否定。我在这儿主持了4个月工作，最后定为六七千万元（按后来的新币是六七千元），这还是把吃喝、收礼及各种挥霍的款项都计在内的。当然，这也仍够“老虎”标准。最后，除赵述学（内蒙古建筑工程的负责人）外，其他多数人都被解除怀疑分配工作了。我总结完工作后回到了党校。

这时已是1952年夏初了，党校自有的教师增加，第一次成立了一个综合教学研究室，我被任为教研室主任兼组教处副处长。教研室下辖中共党史和党的建设、政治经济学、哲学和时事政策（含民族问题理论和政策）3个教研组。我除担任甲班的党史和党的建设和民族问题理论，还开始以《实践论》和《辩证唯物主义和历史唯物主义》为教材，讲部分哲学专题。由于党校的几个领导人丁仕一、李菊和特古斯先后陆续调离，只剩下一位副教育长主持工作，我也就开始协助抓起了组织和教学方面的全面工作。除轮训干部之外，还根据东部区党委的安排办过农村干部及部队转业干部的短训班。

期间，在内蒙古分局刚迁到归绥时，我曾去参加分局宣传部召开的会议，这是我第一次到呼和浩特，同与会人员一起住在新城东街招待所。满都呼和白斯古郎得知我到呼，曾在麻花板的自治区政府小楼里约几个鄂温克族干部会过面。当时交谈了关于鄂温克族民族名称问题的看法，我提出过宜用自称代替当时“索伦”等称呼。在座的除了满、白之外有贺其尔图、武德秀等，不过当时因没有听到过根河和陈巴尔虎旗鄂温克族群众的反映，所以未涉及“通古斯”、“雅库特”民族名称统一的问题。我曾建议过在政府部门工作的同志找机会予以反映。

另外，此间还有过一件事：夏辅仁委托我找一些达斡尔族干部开座谈会，了解他们对达斡尔族民族成份问题的意见。当时，我同乌嫩（东部区党委宣传部的宣传处长）议好人员名单后，在党校我的办公室开了座谈会。参加的有乌嫩、斡特哈图、孟幗杰、蒙和、巴达荣嘎、恩和等。座谈结果大家认为根据清代史料和解放前社会上的各种传闻以及当时达斡尔族干部、群众的意见，都应肯定是单一民族，不同意作为蒙古族一支之说。我同乌嫩商议后如实地向夏辅仁作了汇告。

11 月间，我还曾受东部区党委的委派到沈阳参加东北局办的苏共第十九次代表大会文件的学习报告会，聆听了林枫、张秀山、张明远等东北局领导人的四五次报告，回乌兰浩特后根据党委的安排，就其主要内容向东部区直属机关的干部作过传达报告。

1952 年 11 月末，蒙绥分局决定，内蒙古分局党校和绥远省委党校合并，改称为蒙绥分局党校，同时在乌兰浩特的原址成立东部区党。于是，党校的多数组织和教学工作人员在邓荫南率领下去了呼和浩特。同时，根据正在培训中的第五期学员的要求，决定暂时休假，随后到呼和浩特继续学习。

我被指定留在乌兰浩特组建东部区党校。

## 在东部区党校工作

东部区党校是以从原内蒙古分局党校留下的部分组织教学工作人员及总务处的全体干部为基础，同再集中昭乌达、呼伦贝尔、哲里木和兴安 4 个盟的党校或党员干部训练班的十来名组织教学工作人员办起来的。王铎兼校长，刘复初为教育长、党委书记，我为副教育长、党委副书记。但是，因刘复初在到任前受指派去北京参加学习，就由我在王铎的指导下主持了组建工作。

东部区党校的建制基本上是照套了原分局党校的机构，总务处则全是原来的人员和设施，定为两处一室：组教处、总务处和教研室，在组教处设一秘书专管办公室的业务。明确机构建制之后，根据初级党校的性质和东部区党委的要求制定了招生规划。在开始招生之前的 1953 年 3 月间，我率部分骨干人员到吉林和黑龙江两省党校参观学习，并参观了吉林、哈尔滨的一些工厂；又到佳木斯附近的桦川县参观了朝鲜族集体农庄，当时被称为全国第一个集体农庄。回来之后，于4月初开始轮训干部，每期两百余人，其中蒙语授课班约30人。教学内容上，除中共党史、党的建设和政治经济学、民族问题理论及一些哲学专题外，开始将党在过渡时期的总路线问题列入了课程。1953年夏初，刘复初到任主持全盘工作，我开始侧重抓教学工作，并且自己也承担了一些课程，主要讲了《实践论》等哲学著作。我还从这时开始，按苏联哲学专业研究生书目攻读哲学和哲学史方面的书籍，同时系统地阅读马恩列斯有关民族问题的论述及苏共和我党关于民族政策的文献。期间，在5月下旬，我曾去归绥参加蒙绥分局宣传部召开的会议。东部区党委除了轮训干部外还根据东部区党委的指示，为适应农业合作化运动的需要办过两期农村干部短训班。

1954年3月，我去北京参加华北局举办的苏共党史研究班，主要是学习苏联过渡时期和社会主义建设时期的历史和文献。因为逢党的七届四中全会处理高岗、饶漱石的问题，听传达和学习会议文件，这次学习持续了约半年时间。中间在“五一”庆祝大会时曾上天安门前观礼台观看。返校时正赶上开始扩大范围传达学习四中全会决议文件，我抓了在党校和东部区行政干校传达、学习贯彻四中全会精神的工作。这时，刘复初任了副校长，我任了教育长。此后，我又承担了民族问题理论和政策的授课任务。因当时缺乏系统的教材，我写出约三万字的讲义印发给了学员。

同时，党校也不时组织教学人员到农村进行短期调查研究，我自己也为实地了解农村合作化运动的情况去科右前旗的农村两次。看到当时农民欢欣鼓舞，合作化的积极性很高。不过从1955年批判“小脚女人”开始，颇有大哄大嗡的现象了，明显地感到有些上面压任务，弄得基层不知所措的情况。不仅下面如此，我所参加过的东部区党委召开的有关贯彻农业合作化的会议上，旗县委书记也有过这种反映。当然,党校也跟着造了声势,硬是批判"小脚女人",对合作化的加速进行发挥了一定作用。再一件事是,胡风问题发生后,党校也组织过反胡风运动的学习,在支部里批判了个别对当时的做法发意见的教师,虽未做过组织处理,但终究反映了"左"的东西在党校也是有相当市场的,对干部思想上也造成了一定的压抑。1955 年 11 月,中央和自治区党委决定撤销东部区党委,恢复各盟盟委,同时撤销东部区党校。为此,内蒙党委组织部要我到呼和浩特研究党校干部的分配问题。党校党委讨论出原则意见后,我就奔赴呼和浩特,先向组织部作了汇报,然后又同组织部长一起向书记处会议作了汇报,明确之后回到乌兰浩特落实有关撤销的工作和干部去向。一部分干部调到内蒙党委和内蒙党校,大部分到了呼、哲、昭(当时未恢复兴安盟)3 个盟的党校,物资、图书等设备则大部分都留给了呼盟党校。我自己被分到自治区党委宣传部任了学习室主任。

# 在自治区党委工作

## 在党委宣传部工作期间

我于 1955 年 12 月间,全家到了呼和浩特。原来组织部曾要把我留在新成立的干部教育处主持工作,可是在宣传部争执下分到了宣传部,任了新成立的学习室主任。一上任,部的领导让我写指导干部学习的文章。于是我赶写了一篇约 6 千字的《浅谈读书方法问题》的文章,经部里同意印发给各地,后又发表在内部刊物《干部学习》上。以后我把这个刊物办成了月刊,仍然是内部发行。另外给内蒙直属机关在职干部高级组讲了几次关于联共(布)党史后四章的辅导课。到夏天,我担任了理论教育处处长,并成为党委机关党委委员，一直到1959年为止。

这一段理论处长任内，我所做的事主要有以下几个方面：一是组建自治区各级讲师团。为此写过一篇文章发表在《内蒙古日报》上，自治区讲师团成立之后我曾兼任团长。二是在内蒙古党校举办了两期理论教员训练班。一是联共党史后四章的，一个是马克思主义哲学基本原理的，我自己也讲过几次哲学课；三是应邀给一些干校、高等院校讲课或作形势报告，并给直属机关在职学习的高级组讲过马列主义关于民族问题的基本原理；四是撰写宣传提纲和为领导人写文稿、会议讲话稿。如写过关于苏共二十大的宣传提纲，由宣传部发到了全区；为《内蒙古日报》写过有关指导理论学习的几篇社论；五是办了指导干部学习的刊物，先是《干部学习》，以后改成了《学习与实践》，公开发行，并为其写过若干未署名的专栏文章。到1958年夏，根据党委创办理论刊物的要求在《学习与实践》的基础上创办了《实践》，1958年8月出了第一期，直到1959年第一期定稿为止都是我主持编辑的；六是主持召开过各盟市理论科长和直属机关的会议，还下去参加过盟里的会议及参加中央和华北局的有关会议，并受党委委派到北京听过周总理关于金门打炮问题的报告，回来向党委作了报告；七是下基层调查，去过包头的厂矿、锡盟西苏旗牧区及呼市郊区；八是在1958年上半年受托到锡盟举办过有关反右派的民族干部学习班，大约有30人参加，在盟委的领导下坚持了提高为主，未划右派。同时，给锡盟直属机关干部讲过民族问题理论；九是汇编在职干部理论学习的文献，内部出版发行，供应在职干部学习使用；十是代表宣传部联系党校、出版社、新华书店和社会科学院研究机构，了解情况，向部里提出处理意见，以及参加部里的各种活动和党委及直属机关召集的会议等等。

除此之外，我还开始挤时间通读了马恩列斯全集并撰写了一些文章。署名发表过的有关于哲学问题的（登在《内蒙古日报》

上）；有关于理论联系实际问题、关于正确处理人民内部矛盾问题（都登在《干部学习》上）；还写过 4 篇关于民族问题的文章和一些短文，载在《学习与实践》试刊及《内蒙古日报》上。

我在宣传部期间，在有些问题上也有过与个别部领导的认识相左的时候。比如，宣传部在 1958 年夏学习毛泽东关于知识分子问题的论述时，发生过一次轰动党委机关干部的争论。争论的焦点是党内知识分子的多数是属于无产阶级的，还是仍属于资产阶级？当时不少人，包括个别副部长在内引用毛泽东的一些论述认为大多数仍属于资产阶级知识分子，并现身说法，说自己还没有改造好，是属于资产阶级知识分子。我则坚持不能这样说，主张知识分子出身的党员，属于哪一个阶级主要是看他“为谁辛苦为谁忙”，世界观的改造是终身的事，即使无产阶级也需要改造，而且人是会变化的。我也承认自己没有完全改造好或改造得不彻底，但坚定地认为自己属于无产阶级，是以马列主义作为自己言行指导思想的。由于一些领导人带头称自己仍属于资产阶级知识分子，许多人就不敢说相反的话了。这样，就引起了党委其他机关干部的议论。当时，部内公开在会上支持我的观点的只有金海如（当时为理论处副处长）。当然，当时争论就不是简单这么两句话了。我觉得这是个很有意思的问题，但不宜抽象争论，应该在正面引导改造世界观上下功夫。

创办《实践》杂志时，只有原《学习与实践》杂志的 4 个人，没有稿源，多是从各种会议的文件（包括领导讲话和典型材料）上寻找素材，同本人联系写成文章，有时也不得不直接去请求领导人给撰写文章，并大撒网向盟市旗县的领导人约稿，困难是很多的。特别是复印后发现校对上出现问题更为麻烦，我曾两次带全体人员到印刷厂彻夜订正过，因为一两个字的问题，印一篇加页很不经济。就发表的文章说，则多是贯彻了当时“鼓足干劲、力争上游、多快好省地建设社会主义”的总路线，宣传了大跃进和人民公社化运动，以及大炼钢铁和各种“大办”及粮食亩产“过黄河”（即四百斤）、“跨长江”（即八百斤）等，好在没有跟着喊过“人有多大胆，地有多大产”之类离奇的口号。我在那时对于共产主义已不太远了的提法有些看法，所以在1958年秋后，曾挤时间写过一篇《论述社会主义同共产主义的联系与区别》的文章，除一般的正面道理外，我的主要观点是混淆不同阶段，忽视区别是当今认识上的一个主要倾向。文章已打出清样后，因是我自己的文章就送部领导审查（其它《实践》上的一般文章，除盟委书记的以外都是由我定稿的），结果认为“不合当时形势”，叫我抽下来。“不合形势”这一点，部领导是正确的。不过我认为就理论而言自己的观点也并没有错。但是宣传有纪律，我欣然同意抽下来了。后来，我感到由于部领导的把关，我少招致了一个不必要的麻烦，觉得这是部领导保护了我。因为既办刊物，又要管处里一些主要的事，忙得很，就未再写别的文章了。1959年初开始我受了批判。

## 下农村和工厂劳动

在反右派运动开始时，我本来是被视为积极分子的，参加过乌兰夫主持召开的部署撰写反击右派言论文章的会议等，并遵照布置写过几篇“反右”文章；还受宣传部委派参加过出版社揭发批判右派言论等会议。一直到进入1959年都在忙于各项工作。1959年1月初部里通知我，收到检举揭发我关于在民族问题上言行的材料，要我先搁下工作交待清楚。这样，我就陷入了被审查的地位。我觉得自己的所言所行同右派是泾渭分明挂不上钩的，而且在整风阶段，已向组织说清了。但组织上要求我再讲，也愿意讲清楚，以免发生误会。所以，我将到呼和浩特以来所有有关民族问题的言行一五一十地作了交待。

事情是从我到呼和浩特以来，党委统战部和人民政协曾几次找我参加民族干部座谈会,或征求有关鄂温克族情况的意见;还有在呼的鄂温克族干部及下面来呼开会办事的鄂温克族干部也常来找我谈下面的情况;另外,和我熟悉的达斡尔族干部也时常找我聊些达斡尔、鄂温克族的问题,同时我也参加过一次内蒙古日报社组织的民族干部鸣放座谈会。所以,我把这些场合的言行和点名要我交待的所谓召开鄂温克族干部"黑会"等问题,写出了系统的材料。当然,这是根本不符合"反右运动"的口味,当时要的是民族问题上反党反社会主义的言行。于是就日益加高"温度",会议的范围扩大为全支部的会议,进而变成宣传部和《实践》、《党的教育》全机关的会议。我个人的情绪也随着变坏,完全处在了针锋相对、据实辩论的地位。我又被扣上了不交待问题,不揭发别人,态度恶劣的"帽子"。连续3个月之后,我感到据实力争已无意义了,于是又采取了扣什么帽子就接受什么帽子,但是对事实则仍然坚持事情本来的面貌,不扩大不粉饰的态度。于是支部作出:我犯了严重的反党性质的错误的决定。对这个决定稿,我提出了8点意见。接着,支部又拿出了驳我"八点声明"的东西。当时,我为了快快结束这种被斗的状态,是想任何帽子都戴,任何处分都接受的。可是因为事关事实的真伪,我仍然提出了12点意见。这时已是1959年5月,大概机关里也不愿和我争论下去了,让我下到呼市郊区太平庄公社劳动了。这是我在1958年曾去考察过的地方。

一开始在辛庄大队。这是当时的一个先进大队,党支书是下放干部,另外还有一批下放劳动的干部。我到那里只是闷着头劳动,尊重大小队领导,听从指挥,晚上自己看书,除房东家的人外很少同别人接触。日子久了,大小队干部及社员和下放干部都和我来往起来,特别是本小队的干部有什么事也跟我商量,征求我的意见,待我都很好。过不久,宣传部有两个副部长来村里找我宣布党委批准的处分决定:"留党察看二年、撤销党内外一切职务、行政降两级。"总的帽子是犯了严重的反党性质错误。问我有什么意见。本来这些我在下来之前就已知道了，但是脱口说了一句："我感到很惊奇。"当然，这又遭致了要端正态度之类的教训。不过，我也无意去理论了。当时内心里想的是，我是内蒙党委管理的干部，在我同宣传部支部有明显分歧的情况下，连谈都不跟我谈就批准支部的决定，感到难以理解。话不投机，他们宣布完也就走了。从这时开始，有不少人知道了跟他们在一起劳动的原来是"大处长"，由于我加以否认，也不深问了。到秋收后，其他下放劳动的干部都已撤回，我被转送到同一公社的黑沙兔大队，住在大队部，继续劳动，直到翌年为止。这期间，农村不仅放"卫星"，搞食堂化，还要搞反"右倾"，推广超声波，但多是"一窝哄"，最后是"一阵风"就过去了，没有搞过太离谱的事。当上面不再强调时，自然也就停止了。这期间，大队干部开会都拉我参加，我也只好听从他们，有时也帮助他们学习报纸上的重要文章，自此对大队干部也有了更多的了解。到了1960年夏，我到了太平庄公社，住在公社办公室里，参加公社各种活动，没有什么活动时就去太平庄大队劳动。公社的书记和乡长总是对我很客气，有些事还经常征求我的意见。不过，只要有上面领导人的活动，我都是尽量回避，不去出头露面的。我在太平庄共待了一年半，增加了不少农业方面的知识，也学了不少群众语言，特别是交了不少朋友，了解到了农村基层干部的苦衷。此间，我也曾不时地向原支部汇报过我劳动生活情况。宣传部干部处的同志也曾劝说我对错误进行检查，以便及早取消处分，分配工作。我说事到如今，我无法检查，即使检查了也不可能通过，任凭组织上处置就是了。

1960年冬，宣传部把我调回市里下放到内蒙古印刷厂的铅印车间劳动，跟着工人三班倒。这样，在这里又劳动了约一年半，但未上过机器，干的都是杂务。这正值三年困难时期，我也患了浮肿病，但仍坚持出工。后来患了肾炎才不得不住院医疗约两个月。也许是因为我患病初愈之故吧，1962年5月把我分到了内蒙古哲学研究所,当然是未任任何职务,只是在所的安排下搞资料,编了一份语录式的关于思想方法的材料。这时“留党察看”两年期早已过了,但我未提出过讨论取消我“留党察看”的请求。只是从一些同志那里听到中央有关在反右、反右倾斗争中受错误处分的人进行甄别的消息后,写了一份要求甄别的申请书。主要是申明我过去的言行中即便难免有不妥甚至错误,但我根本没有反党性质的问题。这次大概只写了6条,申辩自己没有搞过黑会、黑活动,没有什么违反党的原则和政策的黑言论。这样大约在8月间,宣传部通知我回宣传部进行甄别,但从未跟我本人再核对过什么。因为我处于无事干等的情况,就给我一此草拟宣传提纲的任务或参加有关讨论。我参与过关于高价商品和反修等宣传提纲的撰写活动。可能是进入10月份时,有位副部长突然找我谈话说,你的问题不能甄别了,中央有精神不能搞“一风吹”。我要求看文字的东西,是中央关于甄别的精神对我这个人不适用,还是甄别之后认定我是属于不能平反的,请作出明确的文字答复。此后,我自己准备申辩材料。可是过后不久,通知我参加党校办的“三本书”的学习班,并说准备给我平反了。既然组织上答应准备给我平反,我也就不宜细问了,上党校参加了学习。约两个月的学习期结束后,又让我参加在包头召开的全区宣传工作会议。这时已是12月下旬了,几个副部长一起找我谈话并给我看了关于平反结论的决定。决定留了个小“尾巴”,内容是:作为一个领导干部不应擅自召开会议,并说这是“纪委书记奎壁同志的意见”。同时说,部里经过研究,决定恢复我的原职,仍任理论处的处长,这样有利于恢复名誉。对领导上这样关心恢复我的名誉问题,我自然表示感激,所以只说了不要因我恢复名誉的问题挤了金海如(这时已是理论处长),但因不了解中间的过程,也就没有坚持己见。至于“尾巴”的问题,由于这是我过去辩之再三的事,部里都很清楚,也就没说什么。不过,十一届三中全会后也都给平反了。当然,我也不以平反就认为自己都对了，甚至一惯正确了。本来从开始起我就没有认为自己什么都正确。我所争的只是申明我没有一丝一毫的反党意识，也没有在民族问题上谋个人利益的动机。就说所谓“意见书”中，肯定有某些提法和措词不当、不周全的地方，而且把整理的材料发给与会者更是完全错误的，违反原则的。我当时承认这些，现在仍然这样看。在批判我之前的整风中，我所检查的也不止这些。我在部长们谈话之后，同金海如交换过意见，我说，只要你愿意留，我可以提出申请调走。他说，部里已答应他出去学习，学习之后再考虑分配的问题。本来理论处的干部对批判我没有表现很积极的，金海如甚至流露过爱莫能助的姿态。而且不止在这个问题上，其他许多问题上我俩的观点也是一致的。

这几年，对我来说是个出乎所料的磨练。虽说不无所得，但损失是巨大的，最大的损失就是影响、挫伤了我在理论上的发展。在此之前出版社正拟同我签合同，让我加工修改原有民族问题讲义给以出版，也只好终止了。以后，我自己也没再拣起来。

重返宣传部后，我仍然锋芒毕露地干起了工作。首先是专心致志地阅读过去 4 年间的党内特别是宣传理论方面的动态等刊物，设法弥补已被耽误的部分。同时，抓紧了解实践中的各方面情况。可不久被抽到了党委的社会主义教育运动办公室，在权星垣领导下协助郑伯权（副秘书长）工作。主要任务是联合各地各部门，掌握运动进展情况，随时综合整理向党委报告；当时正处在新“五反”运动，干部“洗澡”、“下楼”的阶段。我大约搞了一个来月，因宣传部工作需要回了部里。回来后不仅是抓本处的工作，又兼管起了办公室，还当了支部书记，负责各方面来的检举揭发材料，同有关人谈话。但都是教育为主，既未发动开展批判，也没做过组织处理。在工作上，除经常性的事务外，这期间较大的事有：主持召开了全区哲学社会科学工作者会议，并为之起草工作报告和总结报告；参与调整自治区的有关研究机构；在党校办过一期理论干部训练班；参加了北京召开的全国学部委员扩大会议，直接聆听了刘少奇为会议所作的报告，并且同与会人员一起受到了毛泽东主席和党、国家领导人接见；根据华北局宣传部的指示调查登记年轻理论工作者的名单，组织有关单位的人员撰写反修理论文章；组成班子审查内蒙古人民出版社出版的社会科学方面的书籍，向部和党委作出文字报告；还给社会主义学院讲过两次课，给准备下去参加“四清’的人员，主要是高等院校师生作过有关双十条的辅导报告；参加组建有关社会科学的一些学会，我自己也被推选为内蒙古自治区哲学学会的副会长；还做过一些上面和兄弟省市来人的接待工作；自己也去过一次太原，了解山西省组建“反修班子”及社会科学研究机构的情况。这时，我被指定为内蒙政协委员，开始参加了政协的会议和活动。

## 在政治研究室和《实践》编辑部

1964 年夏开始，我根据内蒙古党委的指示负责组建“反修班子”，称为内蒙古党委政治研究室。到秋天，已经陆续调来 10 余人，办公室地址借用内蒙古党校高级班楼的一部分，我被指定为负责人具体主持工作。去参加过华北局召开的华北各省市区反修班子负责人的工作会议，返回后将会议的内容（主要是会议主持人邓拓的讲话和中宣副部长许立群的讲话）整理出来向党委作了报告。当时，党委分管这项工作的是高锦明，我向他请示后，在政研室内分设了写作和资料两个组。写作组专门撰写反修文章，其中一人兼管室里的事务工作。资料组订购了蒙古全国性的主要报刊，从中选取需要的材料加以翻译，还指定人每天收听蒙古的广播，汇集需要的信息资料，把这两方面内容合起来，每 3 天整理出一份简报报送内蒙党委和政府的党内领导人及中联部与华北局。到 1965 年夏，曾将这些材料重新编排汇集成册铅印出来，送发给自治区的党员领导人及华北局、中联部和解放军总参谋部，并受到过好评。另外，还曾收集翻译蒙古人民革命党的历史文献，汇编成一份较系统的资料，经过研究，撰写过综合的和专题的批判文章。其中综合的批判文章曾打印报送党委的领导审查，因为未得到批示，没有刊印发表。当时，我们写“反修”文章虽在整个指导思想上是“左”的，但党委在具体落实时则很慎重，要求涉外文章论据必须充分，要站得住脚，经得起检验。这样，文章十分难写，更难定稿。这也是当时未能出成果的部分原因。这期间，政研室盖了可容纳9户的3栋宿舍，解决了从下面新调上来的全部人员的住房。1965年9月，党委决定将政治研究室、蒙文毛选编译委员会、党刊编辑室和《实践》编辑部合并，任厚和为总编，我任了副总编。

这次合并时，原资料组的人员和设施都拨给了内蒙古大学，成为该校蒙古研究室的前身，其它就和《实践》编辑部的各组、室混编在一起，都迁回了内蒙古党委的楼里，实际已不单搞撰写反修文章的事了。其它两个单位只是从领导关系上归属了《实践》编辑部，人员、办公地址都原封未动。合并以后，我曾主持过让毛选编委会翻译过几个国家兄弟党的反修资料。不久被抽到了“四清”工作队，参加了土默特左旗的“四清”运动。

在土默特左旗“四清”中，我被任命为毕克齐分团的副团长。这是属于武川县所属的区域，队员大部分是武川和乌兰察布盟直属机关的干部，还有内蒙古大学和中央民族学院的教师和干部。内蒙直属机关的干部只有几个，团长是武川县委的书记。我当时蹲在解放街大队，队员几乎都是中央民族学院下来的人员，队长也是由他们中的人担任的。同时，我也经常到全公社的各个大队了解情况，一起研究和处理问题。对“四清”运动，我就很留意，而且党委召开的有关会议也都参加过，所以对一些步骤、做法并不感到怎么生疏。但是一进入实际工作，只能从头开始，认真调查研究，一切从实际出发，慎重从事了。特别是毕克齐内的几个大队（整个公社还包括周围五六个村庄)地处铁路沿线,是个未划镇建制的镇,跟一般农村有所不同,更要注意深入调查研究。我们经过深入群众,反复调查后认定干部大多数是比较好的,群众反映多的也大都属工作作风方面的简单化之类的事。一些群众反映有"四不清"问题的也多是工作方面的,如账目较乱等;而怀疑到个人经济上"不清"的,一从多方面查证也多不能落实,可落实的数额也不大。所以我强调了要一教、二查、三清、四整顿交错进行,全面提高,颇受工作队员的称赞。还有,毕克齐不少大队都有蒙古族老干部的家族或亲属,有的也是大小队的干部了,也常成为工作队员的话题,说是"藏龙卧虎"的地方。我劝止了这种议论,提出本地多出了一些老革命是好事,看问题要从实际出发,不能以民族成份和关系论事。这样也未发生什么问题,整个工作比较正常地开展。过不久,到1965年底时,我被中途抽回来了。

抽我回来的原因是让我参加庆祝自治区成立二十周年的筹备工作,把我指定为宣传组的副组长。那时,组长是郭以青(当时的党委宣传部部长),厚和也是副组长。他们二人都是代常委,顾不上抓具体工作。我回来之后,除参与筹备活动,根据整个精神和集体讨论的意见拟出了一份有关宣传活动的安排,主要还是抓了编辑部本身的工作。除了审稿、定稿外,自己动手写了一篇向焦裕禄同志学习的社论;还参加自治区党委召开的"四合一"先进集体和积极分子代表会议;接着,受党委的委派带队去天津学习"突出政治"的经验。参加的成员是自治区各系统即"五大委"政治部的人员。在那里活动了两周,受到了胡昭衡(天津市市长)等的热情接待,听了各方面的经验介绍,带回了不少有关材料,回来后整理出来向党委作了报告。这个时候,在林彪的鼓吹下,理论问题庸俗化的倾向已十分严重了,特别是"顶峰"论违反了整个科学发展的历史。当时,我们没有迎合。随后,我根据党委宣传部的提议去通辽考察了哲盟盟委学习毛泽东著作的情况。在那里,我调阅盟委近一年来有关安排布置学习毛泽东著作的各种材料，并同盟委学习组的每个人及有关人士谈了话，然后写出了一篇全面介绍的总结性文章，经过盟委讨论后定稿，后以“本刊记者”的名义发表在《实践》杂志1966年第六期上。“文革”中，这篇文章就成了我“乌兰夫反党叛国集团骨干分子”的罪证之一。

这时，全国范围意识形态方面的形势已日益复杂激烈，“文化大革命”已是“山雨欲来风满楼”了。

## 在“文化大革命”中

### 从被“夺权”受批判到“结合”

我在1962年底平反重新工作以来，通过那时发生的接二连三的种种批判，如社会主义教育运动，批判“三自一包”、“三和一少”以及文化、理论战线上的动向，特别是批判《海瑞罢官》文章的发表，虽然对党内斗争的形势有所警觉，但对“文化大革命”的发生和开展是缺乏认识的，处于很不理解的状态。

5月间，自治区党委按照北京已开展批判《燕山夜话》、《三家村札记》，也曾部署《实践》编辑部要检查几年来发表的文章，特别是《老生常谈》，即李欣（胡昭衡，原内蒙古党委宣传部长、候补书记，后调天津工作）的杂文。关于《老生常谈》，我从前都读过，不认为有什么原则问题，不觉得有什么必要组织开展批判，因此只是传达下去，叫人翻翻，未加催促。此间，《中共中央通知》即“五一六”通知传达下来，批判了原来文化革命小组拟定的《关于当前学术讨论的汇报提纲》（即“二月提纲”），运动的势头就逐渐加剧了，已触及到中央领导同志。在这种形势下，我感到这场运动不一般，叫编辑部赶写了一篇关于开展“文化大革命”方面的社论，亲自修改，经送党委主持工作的书记毕力格巴图尔审定后，发表在《实践》第六期。题目和内容都记不清了，总之是贯彻上面的意图。那时，毕力格巴图尔谈"文化大革命"时还跟我说："你们这些要笔杆的，就容易捅娄子，像我这写不了东西的就没事。"他也是把这场运动等闲看待了。对斗争形势的紧张，我还从另一些方面有过较深的感触。要开前门饭店会议时，郭以青等打前站去北京。他在途中从集宁、大同和张家口等站曾两三次打回电话给当时管常务的书记高锦明，而高锦明每接到一次电话就召集新闻战线的领导人打招呼、部署，颇似战时的紧急状态。另外，我从通辽返回途中，五一前在北京去华北局宣传部访问过，当时他们还说当前意识形态问题要按"二月提纲"精神掌握。不料空气骤然变幻，到"五一六"之后完全翻过来了。我回呼和浩特正是五一，与同来呼和浩特的华北局的解学恭和李树德等同车。到呼后得知他们是来找人谈话了解对乌兰夫的反映的。而且我以前知道华北局的主要领导人对乌兰夫和内蒙的工作有看法，1964 年夏来呼市给直属机关干部大会做报告时批评过内蒙"死水一潭"。因此，对解等人这次来，我曾感到要有什么重要事发生。不过，直到 6 月初我还是莫名其妙的。

随后，从 6 月 1 日《人民日报》发表"横扫一切牛鬼蛇神"的社论，号召群众动员起来进行"文化大革命"，接着又发表所谓全国第一张大字报和对于这张大字报的评论员文章，掀起了群众性的运动，在一些单位开始出现了大字报。这时，内蒙古党委也在北楼划定一间大房子供张贴大字报了。一开始主要是针对乌兰夫的，可不久之后便扩大到了其他蒙族领导，也越出了划定的地点，党委各机关也张贴起了大字报。开始时，我在编辑部里也叫人腾开过一间房屋，供张贴大字报用，可是同样被突破了。编辑部也不查什么《老生常谈》，而是查起了《实践》从"创刊词"以来的各种文章。到这时，前门饭店会议上索要 200 份刚刚出刊的第六期刊物，我已预感到了这是审查我的文章了。在这种情况下,《实践》已无法按期出刊,我只好请示从北京先期回来主持工作的权星垣书记(当时毕力格巴图尔已被“揪”了下去),这样决定暂时停刊参加“文化大革命”。我也就主要抓“文化大革命”,搞些上传下达和为干部撰写大字报提供方便的事了。我当时的想法是不知深浅不要下水,主要是查好《实践》内部宣传中有什么错误,对写大字报也多强调要注意证据,实事求是。具体做法上则是别的部委怎么办,我们也怎么办,不求争先抢出头。到了7月间,大字报已是铺天盖地了,也出现了针对我的两张大字报。我觉得沉默等于承认,所以以委婉的方式回敬了很短的两张大字报,出发点无非是表明自己都是从工作出发的,不知道有什么集团。如,说我曾要在党刊上发表乌兰夫“四清”点上提供的“大汉族主义倾向”的几个表现的材料之事做过解释。这份稿子本来是寄给“四清”队报的,队报的人们嫌它篇幅长,在针对基层的小型报纸上不便刊登,就通过云丽文(乌兰夫夫人,当时是党委政策研究室的负责人)转给我,提议在党刊上发表。我觉得这样的东西发表出来未必好,如果发表,需要党委领导或秘书长批示,我推回去后就无人坚持发表了。过后,我感到自己虽是出于“自保”,写大字报是很不应该的。此后,华北局来的工作组要组织写作班子,把我抽到了班子里,参加撰写批判呼和浩特市市委书记李贵的文章,实际是以李贵为靶子批乌兰夫的。我当时看了不少他们收集的材料,总觉得无法下笔,待了半个月连提纲也没有写出来,于是被打发回编辑部了。这时,前门饭店会议散会,不少蒙族领导干部是被戴上了“黑帮”的“头衔”回来的。其中也包括厚和,一回来就被责令劳动了。8月开始,《内蒙古日报》点名批判起了李贵,党委机关的大字报则点名批乌兰夫等许多领导人。我当时还能参加会议,听传达,但在编辑部已没有什么可领导的了。

《中国共产党中央委员会关于无产阶级文化大革命的决定》

（即“十六条”）一公布，各单位开始成立“文革”领导小组，我以所谓执行了“资产阶级反动路线”被排斥在领导小组之外，说是夺我领导“文革”的权。这样，我算已被“靠边站”了。紧接着揭发我是“乌兰夫集团分子”的大字报也开始多了起来。不过，虽然给我扣了这样那样的帽子，但因为都是大字报，我曾认为这只是属于个别或少数群众的意见，并非定性的。后来，党委召开三干会，各部的未打成“黑帮分子”的领导都得到通知参加了会，而我却没得到通知。从此，我知道这已不是群众的意见了，只好下意识的冷静思考，注意观察，以求正确对待了。到了 1967 年 1 月夺权时，编辑部又开会宣布了从“乌兰夫反党叛国集团”和“走资派”沙驼手中夺权。其实，因为当时我已无所谓权了，实际是正式宣布了我是“乌兰夫反党叛国集团”的成员和“走资派”，并被勒令交待罪行，还被抄了家。“温度”是加高了，在我的办公室门口也贴上了勒令我交待的对联，这在当时是很突出的了。还开几次会进行过审问，随后让我交出了办公室，到图书资料室整理图书报刊和资料；同时也时而派去同划成“黑帮”的人一道参加劳动或拉出去陪斗游街，我算是明明确确地被定成了“黑帮分子”。这时，机关干部中已开始串联组织“战斗队”，出现了名目不同的“造反派”组织。后来各造反派之间争起正统，相互口诛笔伐，搞起了派仗，“黑帮”的劳动也无人组织了。在许多“靠边”或被揪斗的原领导干部纷纷写大字报“站队”的时候，两方的人都跟我谈过，我都是就事论事地表述自己的观点。主要有：打砸抢不对、围攻报社不对、军区门前静坐不对、开枪也不对。不过这些我都未去看过，都不知道实情，只是就他们所谈的事，说自己的看法而已。这时，中央叫两派群众和党委、军区的代表到北京开会“会谈”，而留下来的人员仍是相互对战不已，对贴大字报指责对方是“保皇派”或“牛鬼蛇神的组织”。3 月 18 日，有一派宣布从“乌兰夫黑帮集团”夺回内蒙古自治区的权，另一派又严阵以待反对由他们夺权。原党委领导人也分裂了，各站到了一边。《实践》编辑部的人多数属“红旗造反总部”，同“呼三司”一个观点，就去内蒙师院“守卫”“东纵”（在内蒙师院）了。那时，我家住在内蒙师院宿舍楼，他们通知我不要到编辑部，要随时到师院找他们。编辑部的另一些人则属于“无产者”和“红卫军”造反总部，有的也当了总头，也曾要我跟他们站在一起，站到“毛主席无产阶级革命路线”上来。不过派仗一开始，他们都已离开单位在外面活动，很少到编辑部了。后来，中央派李天佑排解两派斗争，解除了对“东纵”的“包围”。不久，4 月 13 日，《中共中央关于内蒙古问题的决定》下达，“呼三司”一派成了响当当的“造反派”。我因为在他们“受压”时未“亮相”站到“军区”方面去反对他们，于是也被吸收到了他们的某些会议，但仍然继续在图书资料室整理报刊、图书。

自治区革委会筹备小组成立之后，结合了部分领导干部，到 7 月间，我也被结合为筹委会接待组（对外称接待站）的召集人之一。从此开始每天接待上访的干部、知识分子和群众代表。一方面宣传“实现革命的大联合”，另一方面做工作叫他们回去“抓革命、促生产”。至于具体事则转到当地处理，就是“如反映情况属实，请按某某某项原则和有关政策予以处理”。一直到 12 月被再“揪出来”为止的 5 个月时间就做了这些工作。只是中间曾去林区处理过一次那里的两派之争。这期间，给我印象最深的是不同的群众组织相互抢功夺权，打“语录”仗。他们不是去理解“语录”内容的精神实质，而是不问时间、地点、条件，断章取义，各取所需，各执一词，争论不休，而且都很自以为是，唯我独尊，听不进劝说。这使我既觉得可悲又感到担忧。如果说那时接待站的工作起到过作用，那就是制止了一些地方的派仗，支持一些真正受迫害的人落实了政策。

## 重被“揪出来”，隔离和批斗

1967 年 12 月初，我刚从林区回来，被以钻进革命队伍内部的“乌兰夫反党叛国集团骨干分子”交回编辑部隔离，从此被剥夺了一切行动自由，连书刊也看不到了。他们宣布说这是自治区革委会的决定，是李树德在大会上点了名的。这样，我成了《实践》编辑部第一个被隔离的人，并又一次被抄家，查得比上次更为仔细了。至于内蒙师院的造反派抄过几次家，那就说不清了。先是用排子车拉走我“内部发行”的书籍即人们称为“灰皮书”的书；当我爱人也被揪斗，接着被隔离时，据家里的保姆说常来些人取走一批书籍等。这样，我所有的古典名著都被收罗一空了。这时，对我除在单位批斗，全直属机关批斗“黑帮”时也提去陪斗；除了揭批的大字报，“打倒”和“永世不得翻身”的大标语外，又多了各种丑化的漫画，主要帽子有“乌兰夫反党叛国集团骨干分子”、“乌兰夫、哈丰阿死党分子”，还有“死不改悔的走资派”、“民族分裂分子”等。到了 1968 年 8 月起，开始追查起了“新内人党”问题。至于批斗过程中所加的帽子就难以尽数了。

在此期间，来外调的人也将我介绍或发展的共产党员都说成是发展了“内人党”。于是说我从“老内人党”开始，一直未停止过“内人党”的活动，是个顽固透顶的“老民族分裂分子”。为此，他们还把“内蒙古共产党工作委员会”说成是“乌哈合流的新内人党”，拿出我在 1947 年发展的党员批准栏中盖有“内蒙古共产党工作委员会某某某委员会”的图章为据。因我据实以争，让他们去档案局查档案，竟然还遭到了外调人员的毒打。这是我在“文革”中第一次被“武斗”。还有民主大同盟时期在莫旗阿尔拉的活动，也被说成是按“内人党”指示进行的活动，并说当时的部队都是地主武装。实际上，我从 1945 年 10 月初离开王爷庙之后，从未同“内人党”有过任何联系。我在王爷庙时虽因从前名声的影响较为敬重哈丰阿、特木尔巴根，但对其他“内人党”要人是并不感兴趣的。因为有的是伪满的高官、有的是鸦片烟鬼，我很反感。就是哈丰阿，我也只是在1945年10月受派遣回扎兰屯地区时面谈过以外，也未再接触过，虽然见了面称“哈巴克希”。至于当时的武装，我坚持那是听从我们部队的调遣打“光复军”、剿土匪的，虽成份较复杂，不能说成是地主武装。此外，我在宣传部和《实践》时的言论和工作上提出的一些观点更是成了我为“乌兰夫反党叛国集团骨干分子”的罪证，例如《实践》应办出自己的特色、地区特点之类。关于这一类的批判，我根本不加解释。还有我写的总结哲盟盟委学习毛泽东著作的文章，则成了我为乌兰夫的女婿及女儿（即石光华和云曙碧，当时他们是该盟盟委的正、副书记）吹嘘，成为“乌兰夫的人”的铁证，但除了一个关于石光华视力方面的小注释外，也从未拿出过任何例证。

1968年9月间，党委机关都编进了自治区直属机关毛泽东思想大学校，随后宣布下到伊克昭盟杭锦旗北部巴拉亥一带，将所谓在单位管制的“黑帮”也同时带了下去。我只被准许回家准备行装就随着出发了。到了那里，同被定成“黑帮”和“黑五类”的人一起劳动，有时他们也吸收当地的群众召开批斗会，不过都是造声势，没有过什么新内容。大约在11月份，机关干部们造高锦明“右倾机会主义”的反，返回了呼和浩特，“黑帮”也都被一起带了回来。一到呼和浩特，我又被直接关进了隔离室，其他原来未曾隔离过的“黑帮”则都回了家，只是白天来“上班”。也许是因房屋紧张吧，厚和等好几个人是到我的隔离室“上班”的。这时，自治区革委会连续发出“通令”，责令“新内人党”登记，到我的隔离室“上班”的“黑帮”和“黑五类”中，已有慑于形势去登记了；连（大学校下的建制）里的头头们责令我就地登记，我自然是表示拒绝。声明我不知道什么“新内人党”，而参加“老内人党”的事档案里都有记载，连在50年代初肃反时也未叫登记过。他们声称，不登记后果自负，吃亏的是你自己。我说“听天由命”。当指责我执迷不悟和迷信时，我向他们解释，我所指的“天”是革命群众，“命”是党的政策，并以毛泽东著作中的话为据，劝他们不要闹成“三人成虎”，不要妄信“曾参杀人”。这时，上面派进了“工宣队”和“军宣队”，形势又变得异常紧张起来，认为对“黑帮”管理太松了。于是，我被转移到了单人隔离室，除非报告上厕所有人领着去之外，不能跨出隔离室的门了。我已同外界完全被隔绝。不用说报纸、连书籍也只给留一本毛选合订本，还是只能读《敦促杜聿明投降书》、《南京政府向何处去》的文章。接着又给加上了原党委警卫连荷枪实弹的解放军战士守门，同时，开始了日以继夜的“车轮战”。隔离室里除了“坦白从宽，抗拒从严”，又增加了什么“决不罢休”、“死路一条”等标语。期间，“军宣队”的负责人到我那里谈“识时务者为俊杰”，说现在武斗很厉害，劝我不要硬顶着。为了缓和“车轮战”，我曾按他们示意的内容陆陆续续写过3份材料，一是记忆所及列出了1945年“八一八”宣言后，同时参加“老内人党”的大学生名单；一是列出了内蒙古党校第一期第一、二支部的学员名单；另一个就是我所熟悉的各盟、市厅局蒙族正副书记、盟长和正副厅局长的名单。不料，他们说我所列的人全是“新内人党”的骨干，人家早都承认了，你还不老实交待。当然，我是不相信的。1969年3月8日，“工宣队”队长到我那里威胁，当说到我自取绝路时，我曾问过他有多少“新内人党”的人。他说自己承认的就有三四万，又劝我不考虑自己也得想想自己的家庭等等。这使我不由得不暗自惊奇，觉得当前的运动简直是疯了。另一方面，我反而有些坦然了，打这么多“反革命”到时候不平反是不可能的。1968年9月时，我曾听到审我的人说过“新内人党”有2000多人，我曾觉得完全是“子虚乌有”的事，现在竟增加了20倍，怎堪设想呢！期间，对我的批斗曾出现过几次“高潮”，说实际上厚和这个总编辑在"新内人党"里也是归我领导的。又说，对我的揭发材料已经有了好几摞，好几尺高，完全够了逮捕的条件；说在这儿你能吸烟，监狱哪能允许你抽烟。于是，我声明戒烟，提出你们就送我去监狱好了。可是他们又反口说我想的倒美，不把你打成七股堆，八股折，绝不放过你。不过我当时真的戒烟了，随时准备被投入监狱。这时，我被交给新来的"工宣队""武斗"了几次，每次都是拳打脚踢或围成一圈左推右搡的，他们打累了想休息就让我弯腰九十度想想不交待的后果。记得他们最后一次"武斗"是在一个有什么庆祝会的晚上，弄得我都站不起来了。《实践》的人员最后一次批斗我是在4月24日，类似几堂会审的样子，让我坐着，未让低头弯腰。总之机关干部在斗争中，除了让低头弯腰、车轮战和认为弯腰度数不够时砍砍脖子、踢腿、打手之外，确实没有对我大打出手过，同新的"工宣队"比起来简直可算是"文斗"。编辑部的干部5月间给我"放风"一次。不过，我久在电灯下，见了阳光反而睁不开眼睛，要求返回了隔离室。接着，把守门的解放军战士也撤走了，到5月24日宣布暂时解除对我的隔离，但仍要继续审查。我出来之后，才知道了党中央已发出纠正扩大化错误的"五二二"批示(即中发(69)24号文件)。此后，我被送到集中"黑帮"进行学习的党委幼儿园参加"学习"。过了一段时间，在给我平反"新内人党"问题时才知道我竟然成了"新内人党"的中央委员，怪不得缠住我不放呢，只好付之一笑罢了。后来，我知道了我所有亲属也都被株连受了苦。继续受"审查"解除了隔离，所谓"新内人党"问题作了平反，但其它"乌兰夫反党叛国集团骨干分子"之类仍在悬着没有结论。因此，我的所谓"黑帮"的待遇也未改变。经过一段"学习"仍回到部里指定的地方(所谓"牛棚")"上班"，仍是参加劳动。这时"控诉"运动的狂热依然很盛，不少人对不存在"新内人党"一事均否认。所以出现了新的两派斗争。

到了12月，中共中央对内蒙古自治区作出了实行分区全面军管的决定,并将原自治区直属机关的大部分干部和包头的很多干部及内蒙在呼高等院校的部分教师,分别送到河北省的几个地方办起了毛泽东思想学习班。此时通知我说,我的问题初步定为属人民内部矛盾,要我随着去唐山毛泽东思想学习班,在那里审查作出结论后最后分配工作。这样,我就不太情愿地随队出发了。内蒙古党政直属机关的大部分分到了在唐山市的一大队。到唐山站一下车,受到了不要搞派性的大幅横标的"欢迎"。

这所学习班称为"中共中央办的、抗大式的、党校性质的毛泽东思想学习班",是由解放军第二十四军主管的,当时按原机关为单位编成了连排,从上到下,包括班长在内都由部队派人担任。开始后,按陈伯达的"指示"宣布了"五不",即不准通信、不准会客、不准外出、不准搞派性、不准串联等等,割断了同外面的一切联系。不久之后,内蒙革委会的干部也到了一大队。这里虽号称"学习班",但除了彻底解决内蒙古问题等大报告外,根本未上过什么课,整天组织批判乌兰夫,撰写大字报。关于乌兰夫的所谓"黑十论"就是在这里炮制出来的。我在那里开始时倒也较自在,不写大字报,也因当时说只 3 个月,除毛选外没带什么书,无书可看,不开会就和大家一样转着看看大字报而已。后来,把所谓"走资派"和内蒙革委会的头头(包括常委们)都列入了所谓"促、帮、拉"对象,责令检查执行刘少奇、乌兰夫修正主义路线的错误或派性活动。由于参加"促帮拉"我的人员都是过去批斗过我的原编辑部的干部,我又没什么新东西可交待,他们也只是按章行事,不再苛求了,因为"走资派"大部分是人民内部矛盾嘛。不过,我除了如实地承认宣传、执行过许多刘、乌的著述、报告和在"文化大革命"初期执行过所谓"资产阶级反动路线"外,从未承认过自己是"走资派"。当然,我也不再去硬顶了,只是不自己去戴这顶帽子,或只抽象地检讨犯了"走资派"性质的错误。过些时日后,让我参加了党内 13 级以上干部传达庐山会议精神,即九届二中全会内容,接着参加了“批陈整风”，到转入“斗私批修”、党员登记，自己做了认真反省。但在“左”的思想指导下，自己的思想总结有很多是上纲高，帽子大，内容空，缺乏实事求是的，党员资格算是被承认了。此间，周总理等在北京首都体育馆接见过整个学习班的人员。临近结束时，学习班进行了工作分配，但13级以上的干部则只介绍给了内蒙古党委，未予分配。这样，在唐山整待了一年零五个月，我于1971年5月间回到了呼和浩特。

回来后，又被宣布要到内蒙古“五七干校”继续审查。这样，我被分配到了五原县境内的内蒙古“五七干校”一大队一连，住在乔家疙旦。所谓“五七干校”，那时也是个不讲课的学校，大部分时间进行各种劳动。学员轮番上厨，生活条件很差，好在没有唐山那么多清规戒律。虽然带了不少书籍，但因没有电灯，晚上无法读书。在这里我一共呆了一年零九个月，一直到1973年3月才拿到一纸结论返回了呼和浩特。此间，我曾受学校的委托办过一期“脱产”的关于马克思《哥达纲领批判》的理论训练班，为各大队培养理论教师。按当时盛行的作法，除介绍著作的时代背景外，从头到尾领读和讲解；还给在大队的厅局级干部讲过列宁《唯物主义和经验批判主义》的前3章，办法也是领读讲解，每周半天，我也有了每周一天的准备时间。连里也指定我为连队的学习辅导员，学员学习时，酌情进行辅导。另外在“九一三”事件后，我在这里参加了“批林整风”学习。当时劳动则多是农业的，其它也干过脱坯、盖房子、整修道路、维修水渠等事，都是量力而行。

至于说到结论，除抄了过去的档案之外只有一句话“经过历史和现实的审查，未发现任何问题。”就是说，这一句话耗费了我3年多时间，组织上花费了多少人力和金钱就不得而知了。至此，我的罪名都解除了，“文化大革命”却还在继续。

……

**注明：**

因篇幅关系未能收入的余留篇目有：（八）重返内蒙古党校、在内蒙古师范大学（十）在自治区人大常委会（十一）1993年到现在。

# 鄂温克民族是有自己的传统

**满都呼**　鄂温克族，家名朝德，学名涂世范，涂可冬氏，1928年7月17日出生于黑龙江省讷河县兴旺鄂温克民族乡。1936年至1940年在村中小学读书，1941年至1942年在洮南铁道从事员第一教育所驿务科毕业；1942年至1943年在洮南车站当连接手；1944年至1945年在讷河县公署开拓科当雇员，至次年日本投降后在家务农；1946年至1947年在齐齐哈尔西满军政干部学校政治队学习3个月后，先后到北安东北军政大学二支队第七队学习并任区队长和兴安军区政治部干事；1946年加入中国共产党；其后，在内蒙古干部学校、内蒙古军政大学任指导员；1949年至1962年在内蒙古民政厅任科员、科长、副处长、处长、办公室主任、支部书记、总支书记、党组成员、副书记；1959年曾因提议建立鄂温克自治旗问题，受党内留党察看、行政降两级、下放劳动处分；后调内蒙农办任副处长，1963年甄别平反；1962年至1994年先后任内蒙古自治区农办畜牧处处长、自治区畜牧局副局长、党组副书记，内蒙古自治区革命委员会生建部农牧组组长，内蒙古自治区人民代表大会常务委员会副秘书长等职；同时，先后当选内蒙古自治区第一届、第二届人民代表大会代表，第五、第六届人大常务委员会委员，内蒙古自治区政治协商委员会第八届常务委员；1995年8月办理离休手续，正厅级。

1995年8月7日在呼和浩特市建设厅招待所，他接受了连续

3天的录音采访。

（本文标题为编者所加）

# 一户猎民的变迁

我是1928年7月17日出生在黑龙江省讷河县的一个边远村庄，就是现在的兴旺鄂温克民族乡。据说这个鄂温克民族乡，300多年以前从黑龙江北岸迁徙过来的，在鄂温克中属中上等大小的部落，人口千人左右，以猎为生，信奉萨满教。全部落由7个自然屯形成，统称嘎卜卡。嘎卜卡是鄂温克语山谷的意思，系原住地名称，鄂温克民族习惯迁徙时把原住地名移过来沿袭使用。这种做法有不忘记祖先和怀念故土的意思。我家居住在一个大嘎卜卡，其他的也叫嘎卜卡，只是大小称呼上有所区别。我们的嘎布卡地处嫩江流域，地理条件、自然环境优越。屯子前面是大草原，东南西纵横二三十公里都是风吹草低见牛羊的天然牧场；北面紧靠嫩江河叉泛流而形成的河套，面积广阔，方圆数十里。其间草木丛生，柳树片片相连，我们称它为“柳通”。村里人年年在这里割柳条、砍树枝、打羊草、捕鱼狩猎，赖以生存。据说在满清年间，这里是满清王朝壮丁户驻地，屯垦戎边设有驿站。凡是壮丁人家均可分得一些土地。最初是种些燕麦和搞些田园蔬菜之类，随着时代的变迁，后来有的地户地种多了成了地主，有人把汉人请进来也有了佃雇农，这才开始种麦子、谷黍等大田作物。尽管如此，鄂温克人除了几户地主外，自己种地的还是比较少，人们的生活来源除部分种植业外，仍然是依靠渔猎和饲养业。从现在的角度来讲是过渡性的半猎、半农、半牧经济形态。

我家在部落中可以说是贫寒之家。祖辈是猎户，到我爷爷这辈儿虽然仍是猎民,但是并非那种到大兴安岭打大兽的猎民了。因为穷没有枪和外出狩猎的物质条件,不能进山打獐狍野鹿,只好依靠放鹰抓些兔子、野鸡之类的小型飞禽走兽和全年捕鱼为业。从我记事起就非常佩服爷爷的聪明。在相同的条件下,无论是捕鱼还是狩猎他都比别人收获大。他的狩猎规律一般是春天做网,夏天扣鱼,秋天挡亮子,冬天叉鱼,秋凉以后把在地窖里喂养了一夏天的鹰放出来狩猎。除此之外,我爷爷会宰狗。鄂温克人一般是不食狗肉,更不忍心宰杀自己的猎犬,所以全村的狗都送到我家门口的大树下来宰。我爷爷一人操刀,皮子还给人家,肉留下自家食用。因为生活困难,甚至村里瘟了猪,人家夜里扔了,我们拣回来用火燎了煮着吃。我们一家吃的问题,除了爷爷狩猎和父亲当长工挣回来一点粮食,还要吃很多野菜,如柳芽菜、夜葱、野芹菜、黄花、蘑菇等等。

据我父亲说,我家是壮丁户,过去有十几垧地,后来被地主和掌管土地的人侵吞了。当时是除了点儿菜园之外,一亩耕地也没有了,全家只有两间离拉歪斜的土房。父亲这辈儿是单传,一天书也没有念过,从小当长工。为了解决衣食问题,哥哥 14 岁时也去当长工了。妈妈生了 9 个孩子,她操持家务,种植田园,还要出去当奶妈,主要是挣点旧衣服回来。我还记得,每当妈妈出去喂奶我一定要跟着,去了之后先得给我吃的东西,不然我就不让别的孩子吃我妈妈的奶,又哭又闹。当奶妈的事过去在鄂温克人里是没有的,当时村里也只有我们一家。

妈妈很疼爱我,也指望着把我拉扯大能争口气。也不知道大人们做了多大努力,费了多少心血,到我 9 岁的时候送我去读小学了。究竟是哪天上的,怎么上的,自己也不知道。只记得有一天我放学回家,背着破书包刚进屋,看见爸爸和一个人坐在炕上喝酒。那人见我就问:“你这个王八蛋小子干啥去了?”我说:“上学去了。”他说:“你还上学!你们家七辈子都没有念过书的,看你那个鼻涕拉瞎的样子,还上什么学?”我在气愤之下给了他一个嘴巴,我说:“就是我家八辈子没有上过学,我也能上。”这样一来他的酒可能醒了一半,点了点头没有再说什么。从这个时候起,可以说我家有了读书的人,第一个上小学的当然是从我开始的。

## 悲惨的家庭遭遇

也就是我刚刚读书不久,村子里祭敖包,敖包就在我家田园后边的一个水泡子旁边。据传说,几百年前村里人刚刚迁来的时候,有个邪恶的女妖常在水边哭哭闹闹,搅得人们不得安宁。当时的萨满为了降服她,跳神驱鬼,立包镇妖。从此以后,村子里年年举行祭敖包活动,一是镇妖,二是祈求神灵风调雨顺,特别大旱之年求天降雨。按照鄂温克民族传统习惯,祭完敖包要把祭品(主要是肉食一类)按户公平分配。可是这次,地主和有权势的人分得多,贫苦人家分得少。当时我父亲酒后胆大,数落了他们这种错误做法,当众还揭露了他们在村里欺男霸女,甚至动枪动刀威胁别人的不轨行为。地主们平时看我父亲就不顺眼,想找茬儿还找不到呢,这样一来地主们恼羞成怒,就听“轰”的一声,七八个年轻的地主蜂涌而上,抓住我父亲就打。有的用柳条抽,有的用棍木打,凶狠极了。那时我父亲40多岁,身子骨儿挺硬朗,一下子就被打倒了,打得遍体鳞伤,抬回家去人已是半死不活了。遭此横祸,爷爷近70的人了气得直哭,家族里的人也忿忿不平,说了几句公道话。把人打成这样,鄂温克里从来没有过这样的事,就是犯了法也得到村公所用鄂温克人的“毛昆达仁”的规矩处罚。很多人主张并鼓励我们去告状。不久,我姑妈的爷爷套上牛车去离村18里的拉哈警察署告状,村里的人给当的翻译。衙门口是进去了,可是判的结果呢，说是“骂的不对，挨打活该”，哪有公道可言。

父亲挨打以后，伤口感染了，从此卧炕不起，家里生活没了着落。在无可奈何的情况下，妈妈一狠心出面把我姐姐许出去了。说是嫁，实际上是卖给了一个弱智人当老婆，那时我姐姐年仅15岁。用卖女儿的钱买些草药给父亲治伤。这样对付着静养了一年的样子，他的身子刚刚好转，村里又流行麻疹，3个妹妹相继死去。天灾人祸，连续的打击，妈妈经受不住了，她疯了。她人事不知，整天在外边又唱又跳，真叫吓人。当时我也成了没有人照管的孩子，开始流浪。邻居阿林巴图的母亲是个非常善良的人，十分同情我家的遭遇，每天起码给我一顿饭吃，要做粘豆包还特意给我留下两个。有的时候还去吴仲生家喝一顿牛奶粥。这一年常常是一天一顿饭，有的时候还吃不上，那是因为躺在江边睡过了头，一觉醒来天又黑了，饿得不想起来继续睡。爷爷当时还在，也经常靠爷爷打点鱼熬鱼汤喝，或到江边拣甲鱼蛋在那儿煮上就吃。现在回忆起来，这一段我也不知道怎么活过来的，但是在我危难之时曾经疼爱和照管过我的人，我却终生难忘。吴仲生的奶奶在世时，我每年都回去给她老人家拜年，做两件新衣裳让老人家高兴；只要回乡也都要拜望阿林巴图的老妈妈，请安敬酒以表敬爱和感激之情。

记得在我10岁的时候，父亲的病基本痊愈了，开始能下地干活了，但也只能算半劳动力。母亲的病也慢慢地好了，精神恢复了正常。经过这段悲惨的家庭遭遇，在我幼小的心灵打上了非常深刻的恩与仇的烙印，坚定了我要继续求学上进的决心。

## 在困境中上学读书

说起上学，当时对于一个少数民族的孩子来说，尤其是不懂汉语的孩子,简直是一场灾难。记得我刚入学时不知道老师在讲什么,只知道背,像喇嘛念经似的。很多同学和我一样,听不懂、记不住,天天挨打。有个女同学不懂汉语,就会说:“老师天天打吗?天天打我,我不学了。”就这样她辍学了。由于语言不通,没有学习的兴趣,再加上交学费困难,很多穷人家的孩子也相继退学了。我对这样的教育也不适应,但是还愿意坚持读。为什么呢?自从我父亲挨打,同学中特别是那些地主家的孩子都骂我“把你爹装麻袋扔到大江也没事儿”、“没有你们告状的地方,天下没有你们的理”、“下次再骂人要往死里打,不光祭敖包,还要祭庙呢”等等。这种欺辱性的挑逗刺痛了我,使我萌发了努力学习上进,一定要报复的念头。我曾经多次想过村里有钱有势的人都识字,也当过官。即使是穷人家的子弟经过有钱亲戚的帮助,很有几个人发迹了。像我们村子的涂忠秀入了军官学校,后来当了宪兵分团团长;还有郭荣凯、郭荣廷也成了教员和学者。他们都是我们学校先期毕业出来的,家境很穷,而今已大不相同了。所以我的想法是先小学毕业,以后还要求学奋进,有朝一日弄个一官半职,光宗耀祖,绝不能当长工走爸爸、哥哥走过的路。在这种思想支配下,我上学交不上学费就和穷人家的孩子一起利用假期去砍柴,然后借辆大轱辘车拉到镇上。一车能卖四、五元钱,可以勉强交上学费,还能买点简单文具。至于做学生制服连想都不敢想。衣着看上去肯定邋遢,学习用具也少得可怜,所以年年考试成绩除语文和数学以外,像卫生、音乐、图画、手工和写大仿等都不及格。

在同学中间,摔跤打斗我算是拔尖的,村里地主的儿子比我大四五岁的也不是我的对手,比我大一两岁的也是一跤撂倒一个。记得有一次踢球,我把一个同学踢伤了,还把鼻子打出了血。学校说我太野蛮要开除我,后来我被叫到校董那里跪下认了错才算了事。我对女同学,主要是地主的女儿,时常逗骂她们。有一个叫呼兰乌云的是地主的姑娘,有点斜眼,我给她起外号还编一套脏话骂她;还有一个大地主的姑娘叫涂景春是我上一年级同班,长得挺漂亮。我看她和一位沈阳毕业的20多岁的男老师有点要好的表现,就常在她路过校门的地方讥讽和嘲笑她。这些调皮举动,老师、家长、校董都十分反感,视我为粗野的孩子,除品行上给划不及格外,还经常受到训斥、体罚。有的女同学去我家告状,男同学则联合起来揍我,总的来说我力单势孤还是吃亏。尽管如此,我并不在乎,反正埋在我内心深处对地主的仇得到了发泄,只要学校不开除我就行。

学校里有几个汉族学生,我和他们不友好,从民族偏见出发时常欺负他们。摔跤不是我的对手就嘲讽说:"汉人的腿是豆腐腿。"关系搞得很紧张。有一天校园里围了一堆人,有个汉族同学叫王勇的在哭,说是丢了一支笔。我也凑过去看,突然一帮人向我围过来,意思是我拿了。我从来不拿别人的东西,这也是妈妈经常告诫我的,因为心中没鬼,很坦然地让他们检查书包,打开一看还真有那支笔,真把我气坏了。这时我意识到前两天我俩打过架,我狠狠地揍了他一顿,这不是故意设圈套栽赃陷害吗?我反过来一想我打了人家,被人家报复情有可原,但这种做法不光明正大,很不服气,也不服输,嘴里嚷嚷着:"有本事的站出来。背地里使坏算什么英雄。呸!"说完扭头走出校门,干自己的事去了。说到民族关系,从小就受到种种民族偏见言论的影响,毫无分辨地认为就是那样,什么"汉人都是黑心的"、"要杀的姑娘也不嫁给汉人"等,原封不动地接受过来。所以说我和汉族同学的关系紧张,完全是受旧社会民族偏见感染的结果。

## 走出家门求学谋生

我13岁小学毕业。全班8名同学有的升入尼尔基国民优级学校，有的到博荣去学习，唯独我家贫升学无望，失学已成定局。在我正为以后出路问题犯愁，准备先去给人家放猪的时候，村里来了两个穿黄色567制服的年轻人，一个叫特格希，一个叫苏维祥，说是铁路学校来招生的。介绍说他们的同学原来要去，现在不去了，问村里有人去没有，不然带来的两张免票就白费了，但条件是必须16岁以上国民优级学校毕业的才行。我一听真是好事，他俩还用日语对话，真使我羡慕。那个时候要是会日语就是出路呀。可我才14岁，又不是国民优级学校毕业的，人家能要我吗？正在我犹豫的时候，一位好心人指着我大声说："嘿！看看这小子行不行?"这一喊提醒了我，马上说："我去!"周围的人议论开了。有人说："看他那份德性，鼻涕拉瞎的整天打架，戴个狗皮帽子，狗皮'奇哈密'，哪能上那样的学校。"还有的人说："别看这小子邋遢点，有志气，敢说敢闯，个头也不小，可能行。"当时特格希还犹豫，苏维祥说："他可能行。"特格希说："那就试试吧，明天走。"就这样定下来了。

回家把这事告诉了妈妈，她为我有这样的机会而高兴，忙着给我准备行李。高兴之余，又为难了，全家只有一条被子，我若是带走，妈妈盖什么呢？妈妈一定要我拿走，又从姐姐家要来一条褥子，行李问题解决了。孩子出远门总得带点盘缠，妈妈想把套烟拿出去卖，时间又不容人，只能把家里仅有的三四元钱带上当路费。我去左邻右舍道别，阿林巴图的妈妈、吴仲生的奶奶还给了我几块钱道儿上用。整整忙了大半夜，第二天大早就跟着特格希他们登程了。

到了洮南铁路教育所，相当于现在的中专学校，报到以后等待考试。我来到早了点，离考试还有一个月，听说要考日语，我连字母都没有学过，怎么办？临阵磨枪吧，求助同学帮教51个字母，接着拼命学口语，你叫什么名呀，多大年龄，为什么来上学呀等等。我假报年龄16岁，谎称国民优级学校毕业，和其他考生混在一起，搞得挺近乎。加上我这个人胆子大、脸皮厚，不怕别人笑话，不会蒙语、日语硬硬厚着脸皮跟着人家瞎勒勒。就是这样皮皮达达地过了一个月。经过考试我被录取了，老师还表扬特格希、苏维祥，说他们领来的这个小家伙行，别看他跑来跑去挺调皮，卷子可答得不错，满精神。我为此而兴奋得几夜没合眼。

这个学校虽然是免费食宿，发给服装，但条件简陋，生活很苦。冬天屋子里冷极了，炕也不怎么烧，吃的是整个苞米和一点日本的酱汤。有的同学怕苦回去了，我不怕苦，只要有出路再苦也能坚持。因此，我在学习上可以说是用全力拼搏了。学校没有汉族学生，语言环境是蒙古话和日本话，老师也只有蒙文老师和日文老师，上课说日语。我对日语很感兴趣，一直认为这是我今后谋生的重要手段，几乎天天比别的同学早起一个多小时背诵日语词汇，抽时间给二年级学生抄笔记，互相用日语对话。这样，我在驿务科学习中，科里30多人日语考试，四等合格者只有6人，我是其中之一。第二年，在120人中考试三等合格者只有7人，我又合格了。此外，我很喜欢语文，一般考试都是名列前茅。

这个学校学期两年。在这两年中，妈妈时刻在惦记着我。她把省吃俭用积攒下来的20元钱寄给我，我买了双鞋上课的时候穿，回宿舍就光脚丫，穿条短裤。在冬天，除学校发的一套棉衣外，真就是瞎对付了。在这种环境下，家中的遭遇不时在心头萦绕。随着年龄的增长，同学、师生间的频繁接触，见闻多了，思路也逐渐开阔，使我这个在日本统治下，没有祖国观念的从乡下来的穷苦孩子开始发生了变化。对我影响最深的是在我一年级时的一次学潮。学校有个名叫胡果吉夫的教员,他一直研究成吉思汗征服欧亚的历史,经常讲给我们听。他认为,成吉思汗的后裔衰落了,其伟业要复兴,恢复蒙古帝国。怎么恢复他引证说第一次世界大战德国搞了个纳粹党,希特勒发迹了,所以我们也要搞一个党,搞一个“成吉思汗党”。他自称党首,全体学生都是党员,在当年成吉思汗诞辰日成立了这个党,公开照相并题词“成吉思汗党诞生日纪念”。同时搞了个蒙古复兴宣言,还有国旗,据说是蒙疆的自治旗,还仿照伪满体制设十几个大臣。此后,我们每天早起升旗,做蒙古复兴操,由他讲话,内容无非是忠于成吉思汗蒙古复兴事业,誓为建立蒙古大帝国而奋斗之类的言词。从来没有说过反对日本人,认为只要是蒙古人都好,实际上是泛蒙古主义者。这套活动不久被日本人发现了,是从一个学生为胡果吉夫抄写给毕业生的一封联络信时被日本老师看到了。信的内容大致是走遍天南海北,集中我们的同志,为蒙古复兴事业而奋斗等等。日本老师很蔑视地说:“你们这些人真是井底之蛙,不知有大海,简直是胡闹!”胡果吉夫每天晚上都召集大臣议事或听他讲课。一次有个秘密活动,他的大臣、有个叫包化龙的向日本人告了密,被胡果吉夫不知怎么知道了。不巧两人在食堂单独碰见了,胡果吉夫借口他偷吃饭狠狠打了包化龙一顿。第二天,日本老师集合全体学生,为了收买人心说包化龙是个王八,今天要对他教练;接着用化学尺专门打他脸蛋,脸蛋被打得又红又肿,以为这样可以把学生笼络住或镇住。适得其反,胡老师反而利用这个机会鼓动学生要求开除包化龙,不和他一起上课,不和他一起吃饭,闹起了罢课。校长拿着手杖到学生宿舍来想迫使学生去上课,还打了一个同学。这位同学是个摔跤手,反过来他把校长摔倒了。我这人爱出风头,赶快跑过来大声用日语解释说:“我们不是想打你,而是不想和王八一起上课。”校长站起来看了看我说:“你这样解释很好。”这样,学潮一直闹了近一个月,日本人没法子,最后采取了提前放假,然后再一个一个收拾的办法。放假迎合了很多同学想家心理,都高高兴兴地回乡了。等回校的时候,采取了单个教练,特别是对先返校的胡老师的“大臣们”,各个被打的头肿脑胀、一瘸一拐的。我因为爷爷去世晚回了几天,刚到校就被叫到办公室审问,还用大棒威吓,说要求开除包化龙的匿名信是我写的。我说不是,又迫使我交代,我说了其实也是众所周知的事,至于别的我也不明底细。到毕业的时候,因为参加过胡果吉夫的活动,还顶撞过日本老师,我考试本是第四名,作为一种惩罚被降为第 11 名,毕业后的工作分配也受到了影响。听说这个学校闹学潮影响很大,因此而关闭了。

经过在铁路学校这段经历,特别是从胡果吉夫的“复兴蒙古事件”中,我自己意识到团结的重要性和力量,否则就要被各个击破,置身于挨打的地步,这是其一;其二是要想有所作为必须发奋学习,要有决心持之以恒,否则知识和本领是不会学到手的;其三是我对自己这阶段冒出来的爱出风头,显示自己的举动和后果感觉到不对,应该警惕,对待周围发生的一切事情要观察和分析,讲究点策略,决不能蛮干了。

## 不辞而别另谋出路

我从铁路学校毕业以后被分配到洮南车站,有的同学分在货务处、行李房,有的当了售票员,唯独我分了个挂勾员。火车挂勾纯粹是体力活,我年仅 15 岁,较难胜任,很明显这是有意刁难。没有多久,事故发生了。那是在卸煤线上甩车皮的时候我看闸,因为没劲拧不开车皮上的手闸,气闸上的气放光了,再加上甩车距离短,造成了两节车皮脱轨。事故发生后,铁路警护队把我好一顿打，说我是有意破坏。此外，日本宪兵借口说什么来学蒙古话，不时到我们宿舍巡查。我还察觉到在我们同学里面有的当了腿子，在监视着我。看来在这里呆下去出路不大而且危险，一旦被列入政治嫌疑犯，一切就都完了，怎么办？三十六计走为上策，我悄悄地离开了洮南车站。

不辞而别以后，听说铁路学校的一位同学在莫旗警察署任职，还当了个警长，我去找他帮助谋个差事。经他介绍认识了一位叫鄂嫩的庶务股长，答应考虑考虑，说不定能给我找个临时雇员干，月薪30元，让我等着听话。等了好几天也没有消息，我不耐烦了，通过另一位同学直接找了开拓科副科长。他是个日本人，用日语同他一讲，他马上把鄂嫩叫出来了。鄂嫩一看是我，醋劲很大，并说："你他妈这小子会说几句日本话没地放你啦！找我不算，又来找日本人。"看他那个样子，临时雇员没有希望了，我很扫兴地回村子了。回去和屯长谈起了这件事，这位屯长是玉林的父亲，是很好的人，他说："你去讷河吧，你不是会日语吗？去了肯定会要，这样也能给家乡办点事。"怎么个去法呢？我想了个办法，用日语给讷河县公署总务科写了封推荐信，信中介绍说为大东亚共荣而奋斗的勇敢青年某某前去找工作，请接洽并给予帮助。到了讷河，我直接找见了总务科长腾吉正，他是日本人。他听我日语说的不错，当即表态收下，问我想干什么工作。我说想到开拓科，就这样成了开拓科正式雇员，月薪40元。为什么我要到开拓科呢，因为那时候开拓科农牧林副渔都管，接触外面广，能捞到外块，是个肥差。我工作以后，为了方便给家乡办点事，也希望周围有自己的人，经我推荐，村里几个有文化的青年人也相继来当了正式的和临时的雇员。在那时，分配工作非常讲究学历，没有专科学校毕业的学历是当不了委任官的，也没有资格搞业务。所以我只能被分配做些杂务，管管签到、办公用品、接传电话一类的工作。尽管如此，我很愿意干，因为毕竟有了职业。经济上有了保障后，储备力量期待有机会再求学高升就有保障了。

讷河这个地方是莫旗、扎兰屯和王爷庙之间的交通枢纽,来往公务人员多,因此我经常去那些达斡尔人、鄂温克人过往住宿的地方搞些社交活动。目的是想多结交朋友,打听一些信息,为今后能有更好的出路而探索;另外还可以打弄点吃喝什么的。

有一天,我去了农场,突然县里派车来接我回去,说是开拓科有急事。去了一看,会客室里坐着一个大胖子,留着两撇仁丹胡儿,佩戴警佐警衔,样子很威武。开拓科长说:“来了位阁下,你给当个翻译。”来人原来是莫旗的郭文培,也叫德斯朗扎布,是一位无能的旧军阀式人物。他老家是讷河的,准备把老家迁往莫旗,可是他吭哧半天说不出一套完整话。我根据他的意思发挥了一下,说:“到这儿来看看你们,向你们问候,顺便看看老家……”然后又用达斡尔话翻给他听。他听后很高兴,说我这事办得很好,当晚就在日本人开的旅馆里设宴招待,叫来日本歌妓歌舞助兴,临别时又约我一定要去他莫旗的家作客。过了数日我去了莫旗,他在家中设宴款待,还请来阿木尔警佐做陪。酒席间除礼节性的恭维和今后相互多加关照一类的话外,谈话也逐渐涉及到对时局的看法。阿木尔这人有头脑,他说:“从局势发展看日本危险了,咱们要考虑后路。”郭文培只是喝酒喘气,不时地“嗯嗯”两声也说不出什么来。那个时候,自己认为能交上这么两位警官朋友很不简单了,而且还谈论些政局大事,了不起。

还有一次,讷河县经济科长找我参加一个会,当日语和达斡尔语翻译。会议内容是:讷河有个八旗筹办处,以后改称“东蒙财产振兴会”。这是满清年间赏给东布特哈的部分耕地、银两,用这笔资产为基金在讷河盖了一些房子,又买了一些地,以其收入用于培养少数民族学生的助学金。这是一次例行会议,参加会的有巴彦旗旗长、莫旗开拓科科长、兴安东省巴金保省长和讷河县经济科科长。会后对我的翻译水平评论不错,都很满意。巴金保省长对我说:“小家伙,你在哪儿学的日语,讲得这么好,这么小年纪为什么不上学呀?”我说家里穷读不起。他答应我给予支持,明年送我去读国高,可是第二年形势变了,连他自己也垮台了。

这一个阶段我由于会点日语,社交活动比较多,有机会也认识一些“大人物”,自己觉得增添了光彩,进一步激发了想继续升学弄到学历捞个一官半职的念头。为此,我还找过总务科长,请他帮助报考去日本留学的学校。他说:“目前战争很厉害不一定行,试一试吧。”他介绍我去找他的朋友,长春文教部次官。到了长春,这位次官大人接见了我,让我等了数日,答复是因战争紧张,招留日学生的事停办了,有的还往回返呢。我又失望了。在往回返的途中,火车在萨尔图附近翻了车,我险些送命,就这样另谋出路再一次白费了力气。

## 没有忘记乡亲们的嘱托

讷河县当时有3个少数民族聚居的地方,分别是嘎卜卡、额莫尔和达哈浅。这些地方都不太安定,民族关系紧张,经常发生磨擦,少数民族的生产和生活困难很多,所以人们都希望向莫旗境内迁移。因此,这3个村的屯长们经常到县里找日本人交涉解决民族地区的一些特殊问题。他们事先都找人商量,请我当翻译,疏通关系,或者请我直接为他们去办。这也完全符合我的心愿,为家乡办事不辞辛苦,可以说尽了我的所能。在讷河工作期间为家乡主要办了这样几件事:一是猎枪管理使用和弹药供应问题。猎枪是猎民的主要生产工具,当地少数民族地区都有猎枪,大都是白俄时期的别力弹克枪。这种枪日本人已认定发枪证,但火药是严格控制的,要验枪配发火药。经我联系,县公署及时发了枪证和解决了火药供应。二是讷河地区树木早已砍光了,少数民族不少人家要去林区谋生,去莫旗一带放木排,事先讷河县要出面同莫旗交涉发给许可证。这件事也是我出面给办的。三是招工的事。我们那个聚居区人口不多而且女多男少,招劳工是件非常困难的事。我出面向当局交涉,提出的理由是:我们民族地区按人口比例当国兵的、当警察和警备队的都不少,可是人口是男少女多,再择劳工,村里的劳动力就成大问题了。经过用事实说明,理由被认可,后讷河民族地区不再招劳工了。此外还有件令人头疼的事,就是谋求解决民族地区与毗临村屯不断发生纠葛的问题。一般的情况下发生了矛盾,民族地区总是吃亏。记得发生过这样一件事,民族村的牛进了邻村的地,牛被杀掉好几条,矛盾尖锐化了。我利用同乡当宪兵分队长的涂忠秀上尉回村的机会,找他一同去县里向副县长日本人告了状。为了这件事,县里把警察署署长撤了职,对当地震动很大,一个时期欺负少数民族的事再没有发生。

由于我给家乡办过一些事,在我们村里可以说家喻户晓。乡亲们找我帮助办点事从来没有拒绝过,所以很受家乡长辈的称赞,就是屯长和乡绅们那时也得另眼看待。

## 在战乱中求生

到1945年日本投降前,战争空气很浓,日本人为了加强地方治安,保护侨民安全,在讷河专门招集少数民族组建了一个警备队。我对这件事很积极,总想能当个警官威武威武。可是伪满警务条例严格,我既没有当过国兵又不是警察学校毕业,没有参加警备队的资格。通过关系,我把一个曾当过警备队长叫吴福明的人推荐当了警备队长,还有一个当过国兵的卓仁托布当了副队长。

这个警备队还没有组建成日本就垮台了。

日本垮台对依靠会点日语混日子的我来说冲击很大,一时也懵了,今后向何处去呢?那个时候市面上很乱,一些汉人中的上层人物穿上旗袍、戴上礼帽扬眉吐气地骂日本人。这个说马占山要来了,那个说蒋委员长要派人来接收了,各种各样的说法很多。呆在县里呢还是回家,一时我拿不定主意。呆在县里怕局势发展对自己不利,回家又怕别人说当过日本人的腿子。这时,警察警备队已改名叫"地方自治维持委员会",为了维持治安正在向乡镇分派民警,有几人要派往拉哈去。拉哈离我们村不远,借这个机会我和他们要了一身制服混在一起去了拉哈。到了拉哈,我突然冒出了一个奇怪的念头,听人家说过去日本人来的时候,有些当兵的不管识字不识字,只要算得上维持地方治安有功的,都大小给了个官当。现在日本垮了,国民党要是来的话,我若算是维持地方治安的,说不定也捞个一官半职,便决定暂时不回家了。这个时候,警察署的人都跑光了。有一天传来消息说,凡是警察维持治安的晋升一级警衔,于是不少警察又带上晋升的警衔出现了。我也找了一副伪满警尉警衔挂在肩上,那袖章呢,是用俄文写的民警字样,所以有人嘲笑我,说我当了"三国警察"。

这个时候,苏联军队已经开进来了,正巧我遇见一名苏军是布利雅特人,会说蒙古语。他见我是少数民族就用蒙语对我说日本人肯定不行了,提醒我不要再穿日本人的警服了,这是很危险的!当天,我和同乡涂文成商量一同去县里看个究竟。到了县里听说正在抓警察呢,抓了送往嫩江说不定怎么处置呢。我俩感到了危险,马上往回跑,路过莫旗的时候,遇到了同村的武德元和杜仁也往回跑,同路各自跑回了家。

回到家乡,乡亲们很亲热,关心地询问些情况。但是也有的人一百八十度大转弯了。过去我当雇员时,一心一意地给村里办事,村里的地主等头面人物哪个不是争着请我吃饭喝酒,曾几何时。

现在装着不认识了，甚至摆出一副瞧不起的样子，真令人作呕。此事虽然对我是个刺激，也仅仅是让我尝到世态炎凉的滋味，多了点阅历罢了。既然回来了就得谋生活出路。我的同学武德元和杜仁在莫旗时准备去甘珠尔庙做买卖，打了几辆大轱辘车，这个时候叫我拉回来。我套了两匹马拉回了村，自己留了两辆。从此以后，我以打柴为生，自己动手修整房子、挖筏子、砌院套，过起了农家生活。家中依然是少衣缺食破炕席的贫苦人家。

说话到了腊月，我想多打些柴收入多点过年用，每天打柴回来的较晚。一天傍晚，在回来的路上远远地看到有一帮人，走一段又蹲下来，缩头缩脑地张望。一会儿我就追上了他们，经询问是一帮日本开拓民。我在开拓科当雇员时知道有这个开拓团，纯粹是日本农民移民过来开荒的，类似集体农庄的形式。有的团部还设有学校、医院、幼儿园等等。他们说是去齐齐哈尔，那里正集中日侨呢。我看这么冷的天徒步走肯定会冻死在半路上。在我们鄂温克族里，路遇遭难的人总要帮一把，否则就要被人耻笑、蔑视和唾弃。我出于朴素的人道主义，对他们说："不如先跟我回村住下，过些日子再想法子去齐齐哈尔。"就这样，把这一伙又冻又饿的日本人带回村。我召集了村里的一些人，说明了这帮日本人都是农民，不是官吏。他们要往回走，冻饿成这个样子，先留下来，我们给他们点饭吃让他们给咱们干点活儿。村里人都说："留就留吧，他们也没害过人，挺可怜的。"就这样，东家住俩儿西家住仨的留了下来。他们中间有个叫永江的是开拓团学校的校长，还有他在开拓团当护士的女儿，能出面说话，别的人头也不抬，一声也不吱。记得当时，地主的儿子涂昭信年纪大了，想娶个媳妇，就把永江一家领走了。我家也住了两个日本人，但名字记不清了。大约是在1946年春天，村里人用木排把他们送到了齐齐哈尔，以后听说他们回国了。

到80年代初，我听说永江的儿子来过中国，知道了永江年近

90 仍健在,便给他儿子永江启去过一封信问问情况。很快接到回信,表示了邀请和真诚地期待能同我在日本见见面。1985 年,朋友松冈吾郎邀请我偕夫人去日本观光,顺便去看望了他们。他们到东京我朋友家,一定要接我去名古屋他们家住几日。盛情难却,去了之后,次日设宴为我接风,有十几个人参加,原来都是那次去过我们村的人。这次聚会很热闹,争先恐后地唠起来。还说由于语言不通别扭极了,有些事到现在还不解其谜。永江的妹妹说:"那时我住在一位聋老太太家,她问我名字,我告诉她叫永江素子。老太太一听很生气,又是打我又是笑。"我一听就明白了,永江素子日语发音是"毛陶考",这在鄂温克话中是什么意思呢?我解释说:"那就是你身上长的、你丈夫最喜欢的那个东西。"大家一听,不约而同地哈哈大笑。还有一个人说:"我住的那家人,只要我一答话,那老太太就骂我。"我问她都答些什么?她说我就回答:"哈意、哈意!"我解释说:"这位老太太把你的回答理解为赶牲口呢,人家赶牲口才嘿、嘿的呢。"那个时候村里没有懂日语的,所以出现了不少语言上的笑话。这次会见,他们为了表达感激之情,又是合影留念,又是陪同上街给我买东西作纪念。永江还问起当年他们住的那家叫涂昭信的,后来是不是因为住了日本开拓民而被杀了?我说:"那是另一码事,如果说因为留了你们而被杀,头一个应该是我呀,何况还有那么多人家呢!"

以上说了个小小的插曲,回过来再说我回家务农的事。当时的局势一天比一天乱,村子里成立了民团,屯长涂吕生兼任团长。这个人当过伪满国兵,是"章京"的儿子,很霸道。团丁是由各家各户年轻人组成的,有地主的儿子,也有穷人家子弟。有一天我去江北拉柴回来,爸爸妈妈说:"把你应招团丁了,说是保家护村,你去吧。"我整天打柴够累的,不想去。可这又是村里的规矩,不能不去,若是违抗,肯定要吃亏,只有去了。有天晚上听说村北有一股土匪从甘南窜过来,很可能要进村,民团传唤我和涂德民去巡逻。到村公所一看,满屋子团丁,地主的儿子涂昭信自自在在地坐在炕上和一帮人聊天,有的还在喝酒。唯独喊我去巡逻,又不是轮值,明明是欺负人,我越琢磨越不是滋味。联想到最近一个时期我听到过一些风言风语,说我"这阵子在外面当了两天半雇员就厉害起来了","这穷小子要把他压住"等等。既然人家派了,咱就服从吧。巡逻回来,实在累了,一头倒在炕边就呼噜上了。这一呼噜不要紧,招来了祸事。模模糊糊听见有人喊:"起来,谁叫你在这儿睡觉来了?"好像是屯长的声音,我没理睬。突然,一文明棍打在我身上,使我猛醒过来,一看果然是他。这家伙欺男霸女,刁顽成性,曾经霸占过我本家的一个姑姑,我对他早就看不惯了,便蹦了起来和他摔在一起,把他摁在了地上,刚刚抽手要打,就听有人喊:"这小子反了,抓住他,揍他!"这下可乱了营,平时对我不服气的、看不起我的、还有想压服我的一涌而上,七手八脚地把我掀翻在地乱打一阵。涂德民大嚷叫我滚出屋去,我不干,便又是一顿狠打。我看见了撂在炕边的匣子枪,一下子冲奔过去,枪还没有拿到手就被涂昭信打倒了。说你这小子想抢枪报复,还得打,这次打得我支持不住了。几个穷哥们看到危险就大喊:"快住手,你们真要把人打死呀!"屯长们一伙怕我报复,强迫我起誓,用燃烧的苞米棒子当香,把一根长枪横在我面前,要我跪下磕头向天起誓说今后绝不报复。为了保存自己,勉强说了句不报复,可是内心在默默祈祷,只要我活下来,一定要报这个仇。然后,我被推出了屋子。在回家的路上,前思后想,过去我爸爸被他们打的死去活来,卧炕不起,几乎到了家破人亡的地步;现在我又被打成这个样子,到哪儿去讲理?受这样的欺负不就是因为我家穷又没有势力吗?看来我还得出去闯,混出个名堂来,有了权势再和他们算账。

## 见到了曙光

我拿定主意，决定出去再闯一番。到哪儿去一时还拿不准。当时的局势复杂，总的形势是有光复军。它是地主武装同国民党勾结组成的；有民主联军，是由八路军和抗日联军组成。两者对峙，斗争激烈。村里人们的看法各不相同，涂昭信、涂老六之流整天喧嚷光复军如何厉害，国民党是正规呀等等。有的人则说："听说八路军是为穷人的，是帮助弱小民族求解放的。"可能是由于自身的地位，本能地决定了我要投奔八路军。临近腊月的一天，我上街去卖柴，看见了一位八路军，我赶快追了过去问他要不要当兵的。经过交谈，知道了他是郭尔罗斯蒙族。他说："你要参军等到初三四来吧。"到了约定的日期，我领了村里七八个小伙子去参军，不知什么原因，队伍已经开走了。又过了些日子，我正在割柳条子，杨树林村的巴图贺西格、贺其业图来找我，告诉我八路军在讷河招生呢，要成立干部学校，问我去不去！我一听这个好消息，什么也不管了，拿了一块毯子和几块钱跟着他俩徒步往莫旗走，赶到了讷河顺利地进入了干部学校。当时看到了同乡同学宾巴也在这儿，他是从扎兰屯过来的。这时，特格希还在村里，我和宾巴回村一趟把特格希找来一同参加了革命。

入学的第一堂课给我的印象最深刻，是一位工农出身的教导员讲的。他用朴素的语言、生动的实例讲解了什么是"剥削"。我一听，天底下还有这么一个真理，我可找到了。这一课可以说是我对革命的认识启蒙的一课。以后，又陆续讲了阶级、阶级矛盾和阶级斗争等系列革命道理，使我懂得了革命就是要推翻黑暗的旧社会，仅仅是为了个人报仇是不行的，从而坚定了我跟着共产党坚决闹革命的决心。因此，我学习非常认真、勤奋，几乎把全部精力倾注到了学习上。在这期间，朱光同志专题给我们讲了日本侵华问题。他深刻地揭露和剖析了日本统治东北的种种罪行，给中国人民带来的深重灾难。概括来讲就是“三和政策”，即在政治上搞所谓的“五族协和”、“王道乐土”；在经济上掠夺资源和民族工商业，搞所谓的“组合”；在农村搞“粮谷出荷”，掠夺农民的粮食；在殖民统治的少数民族地区搞所谓的“怀柔”政策。他讲的有理有据，使我第一次深刻地认清了日本军国主义侵华的真面目，从内心产生了对日寇的憎恨。短短3个月的学习，我的思想发生了质的变化，对阶级仇、民族恨有了一定认识。总结收获和感受，我好像是在黑暗中见到了曙光，决心沿着这条光明的革命大路永远走下去！

1946年6月，在干部学校毕业后我被分配到讷河军分区工作。根据革命需要还有的人被送往东北军大学习。当时家中生活很困难，老人希望我回来帮家一把，也就是说继续挣点钱维持家庭生活。我清清楚楚知道爸爸自从前几年被地主打伤之后，始终没有恢复健康，拖着个半病的身子；时下哥哥被城里抓去刚刚逃回来，满身长了癞疮，家中生活确实相当困难。我犹豫了好一阵子，最后经过认真思考决定，我要革命，一定要去军大学习更多的革命道理。给爸爸妈妈做了点思想工作，老人家不但没有阻拦，反而鼓励我说：“去吧，要争口气。”

## 在斗争中成长

进入北安东北军大，开学典礼搞得很隆重，什么火把游行、歌舞和抗日优秀节目演出，这是我从来没有见过的大场面。尤其是校长何长工和教育长的讲话，极大地鼓舞了我的革命热情。当时就听说校长是法国留学的，教育长还是同美国谈判的三人小组成员，都是有大学问的人，身经百战。我的敬佩之情油然而生。一个开学典礼就给我上了一堂生动的政治课，把我以往认为八路军好是好，就是有土气的想法一下子打到九霄云外了。

在军大学习期间，我提出了入党问题。当时，指导员告诉我内蒙古究竟发展不发展党员、建立什么党还得听内蒙的指示，意思让我先解决入团问题。这样，1946 年 8 月我加入了内蒙古革命青年团。由于队长朱来茂和指导员丁一同志对我有针对性的帮助和教诲，我的阶级觉悟和政治水平提高很快。校方根据我的经历和表现不止一次地安排我作忆苦讲演，校刊还登载了照片。不久选任我为区队长。这个阶段对我来说，基本上是解决了跟着共产党终身闹革命为奋斗目标的问题。

时隔不久，革命的发展需要军大在 400 多名少数民族学员中选 4 名学员提前毕业回内蒙工作，我是其中之一。回到内蒙，内蒙古青年团东蒙总分会干部处处长德力格尔同志接见了我们，还在团本部举行了欢迎会。接着我被分配到兴安军区。军区政治部主任胡昭衡同志找我谈话，看了我写的自传认为很好并鼓励我解决入党问题。到 11 月份有德力格尔同志介绍，胡昭衡同志再次和我谈话，我光荣地加入了中国共产党。经兴安省直属机关委员会批准，候补期 3 个月。

由此可以说明，当时内蒙古已经解决了以共产党为核心的领导问题，不是建不建党还是建什么党的问题了。

接着就是“五一大会”了。“五一大会”是内蒙自治运动史上具有划时代意义的重大事件。在“五一大会”之前，内蒙古东部区已推行内蒙自治联合运动，由哈丰阿任东部分会的主任，为实施区域自治做准备；还有一些群众性的组织，里面有青年团，它形式上是自治运动联合会的，实际上是共产党领导下的青年组织，就是新民主主义青年团的前身。那时，我就在青年团总部党小组过组织生活。不久,乌兰夫同志在承德“四三会议”后来到乌兰浩特,还带来了大批人马筹备“五一大会”。我被军区直属机关推举为“五一大会”代表,得以参加这次具有历史意义的大会。这次大会是内蒙古自治运动中上层人物和共产党的一次决战,斗争相当激烈。斗争的焦点是内蒙古是要共产党领导还是要革命党领导的问题。

会议期间,两种截然不同的观点围绕着政权问题公开的、隐蔽的、拿枪的和不拿枪的斗争达到了白热化的程度。在我们那个直属代表团里有的人就主张搞内人党、搞内外蒙合并,而且喊得很凶。一些上层人物在谁掌权的问题上更是咄咄逼人,公开提出:“不懂蒙古话的不许参政,青年人不许参政。”还有一条好像是汉人不能参政。这里的意思是十分明显的,就是要排除乌兰夫为首的从延安来的老同志、老八路,其实质是反对共产党的领导。他们甚至散布说八路军到内蒙来是掠夺内蒙财富的,是统治蒙古人来了。在这激烈的斗争中,我们这些从东北军政大学出来的人,还有一些青年团的骨干们始终站在了“只能搞共产党”的立场上进行了战斗。会议进行到了选举投票的关键时刻,共产党提出了一个候选人名单,这是一个以共产党为核心,团结各民族、各阶层联合的名单。我得到了这个名单后,通过串联向熟悉的代表散发,沟通观点,宣传拥护共产党的领导。选举结果乌兰夫当选主席,哈丰阿当选副主席,组成了以乌兰夫同志为首的内蒙古自治人民政府。有的上层分子不服气,扬言下次会议再见。我记得乌兰夫同志当时说:“下次你们有的连出席的资格都没有了。”事实确实如此,一些人在土改时被斗了,从政治舞台上永远消失了。

我经过参加“五一大会”,而且是作了一名代表置身于激烈斗争的前沿,受到的教育极为深刻。使我清醒地看到了斗争的尖锐性、复杂性。通过革命斗争实践提高了认识,提高了阶级斗争和路线斗争的觉悟。如果说我在军大学习期间明白了共产党是反对大汉族主义、反对国民党大地主、大资产阶级民族压迫的,但对民族内部还有路线斗争是不清楚的。通过这次会议，我认识到推行区域自治不仅要同大汉族主义做斗争，而且要同党内民族内部的两条路线、两条道路做斗争。

在这次会议中，事实上在东北军大毕业生里也有跟着搞内外蒙合并、建立革命党的，有人犯了错误，有人被开除了党籍，有些很好的同志让人痛心。这是应该汲取的教训。

“五一大会”之后，我仍留在军区，但觉得周围老干部少，旧军人多，不如去学校工作活跃一些。有一天，我向胡昭衡同志说了自己的想法。他说：“你去吧，去军大。”就这样我去了内蒙干部学校(后来改名为军大)当了指导员。

在军大工作了一阵子，听到了家乡的一些消息，说是村里正在搞减租减息，区里没有人敢去。因为村里还有地主武装，又是少数民族地区，情况复杂，工作没法开展。一些二流子上台乱分东西，正胡闹呢。我听了以后实在是坐不住了。那个时候我身体不好，劳累过度加营养不良，以此为理由请假回家疗养一段时间。我去找了兴安军区政委，说了家乡土改开展不起来，要求回家疗养同时协助地方开辟工作，开一张介绍信，并注明我的党员身份。我的想法得到了政委的支持，他给西满分局书记张平化同志写了封信。张平化书记亲自接见了我，还留我吃了饭，让我带上卓仁泰、杜儒木图和涂昭信一同去，由我任工作队队长。涂昭信是我们村地主的儿子，后来他从家乡出来进了齐齐哈尔军大，是待分配的干部。这次我们一同到了讷河县委，随后介绍到区委。我们到了村里，地方武装仍在地主手中，贫苦农牧民自发地建立类似农会的组织；地主们正转移财产，赶着牛马往牙克石方向逃匿；村里正组织一些人去撵，追回了部分牛马，人却走掉了。那年天旱得厉害，我们根据内蒙搞减租减息和互助运动的精神，经请示区委先搞了生产自救，弄出了几十头牛和几十匹马分给农民以应急需。刚要研究如何开展减租减息的时候，屯长和工作队员涂昭信跑了，到内蒙去告状说我们搞过了头,是按汉族地区的方式办的,背离了内蒙的精神。事实上,那个时候邻近汉族地区已经开始了减租反霸,我们还没有减租呢。抓住这个机会把屯长捆起来了,有人上去就打,有人揭发他霸占女人、为非作歹、鱼肉乡里的种种罪行,然后戴上帽子游街。群众发动起来必然会出现这种场面是正常现象,我既没有助长也没有制止。至于涂昭信怎么办,他身为工作队员违反了纪律,他爹是村里的大地主,也当过屯长。他和他爹过去在村里的劣迹人所共知的,群众能饶过他?于是连同屯长的儿子(也有民愤)一起斗了,狠狠地清算了一下,然后扫地出门了。群众赶到他家一看,财产早转移了,连被褥、粮食一点也没有,这样又燃了群众的斗争怒火。就这样摧毁了屯子里封建制度的堡垒,为进一步开展民主改革打下了基础。我觉得帮助地方开展工作搞得差不多了,以后的工作应该由地方自己干了,就离开村子归队了。

## 争取民族区域自治

内蒙古自治区人民政府成立以后,我到了自治区民政厅工作。随着内蒙古区域自治政策全面贯彻的进程,我的民族觉悟、民族意识也有了较大程度的增强。我认为作为一个少数民族干部,在党的领导下解决本民族问题,理应发挥自己应有的作用,这也是党所期望的。我是鄂温克族人,是内蒙古自治区的人民代表、民委委员,又在民政厅搞政权组织建设工作,已经摆在了这个位置,解决鄂温克民族问题责无旁贷。我出于对党的民族政策的坚信和自己的工作责任,在鄂温克民族政策问题上做了应该做的一些事情。简单地说,一是对民族名称的统一和确认;二是鄂温克民族的地方区域自治。

民族名称问题说来话长。在伪满时候,我看到伪满地理课本中称:索伦、达斡尔、鄂伦春是蒙古中的一个部族。解放以后,人们习惯上仍把索伦认为是蒙古族的一部分,所以很多人填履历时有的填索伦,有的填蒙古族,甚至同一个人这次填索伦下次又填蒙族,由此也闹出不少笑话。所以有人问:“你们到底是哪个民族?是不是哪个民族吃香就填哪个?”像这样严肃的问题,怎能听之任之,必须有个正确的答案。

1951 年,我到呼盟公出曾见到过一张照片,是陈炳宇同志和奇乾猎民的合影,上面题词是:鄂温克猎民座谈会留念。过去人们称他们为雅库特,原来他们也是自称鄂温克,这和我们索伦一样,别人称我们索伦,而我们自己一直称自己是鄂温克。为了这件事,我走访呼盟文教处的都古尔,他是通古斯人,在奇乾工作过。他说:“那里养‘四不像’的人都说自己是鄂温克人,不承认雅库特这个称呼。”一直到 1953 年,在全国性的第一部宪法讨论和选举工作中,内蒙选举委员会派几个工作组下去搞试点,派我去陈巴尔虎旗搞牧区选举的人口普查试点。随我同去的有贺其业图同志,他刚由部队转业,准备派往鄂伦春旗当书记。王再天同志让他先体验一下地方工作,而暂时来选举委员会的。还有吴德秀同志也是刚转业的。我们到了陈旗,听旗委汇报说有个索木住着通古斯人和索伦人,没有蒙族,不知道这部分人的民族成份怎么定。因为在选举之前必须把民族成份定下来,所以专门成立了一个调查小组,由贺其业图任组长。旗里派了宝音图同志还有一名干部参加。经过近一个月的调查,结论是:“这里被称为通古斯的是鄂温克人,是苏联‘十月革命’期间过来的。通古斯这一称谓是苏联人对他们的称呼,他们从来没有承认过,而且有反感;这里的索伦人也只承认自己是鄂温克人。这两部分鄂温克人很不和睦。一方说另一方是叛变过来的,含义是叛徒;而另一方则说对方有偷摸习惯,互相指责对方是冒牌鄂温克。他们虽同居一个索木,鸡犬之声相闻而老死不相往来。”经过旗委研究，按民族政策办事，尊重当地少数民族意见统称鄂温克族；该索木百分之九十以上是鄂温克族人，就应该成立鄂温克民族索木。至于不团结的问题以后逐步解决。根据旗委这一决定，我和普日布同志去呼盟向盟长德力格尔同志、盟委书记古韦同志进行了汇报，盟委当即表示同意，但仍需请示上级。此后，自治区党委高锦明同志来了解选举工作中的民族情况，认为陈旗旗委的意见是对的，应该成立民族索木。接着自治区党委组织部苏雷同志也来了解选举工作和少数民族干部情况，专门征求我的意见，问我民族索木的干部怎么安排好。再就是莫力达瓦要成立达斡尔民族自治旗，需要安排一位鄂温克族的副旗长，问我对人选的意见。我当时的意见是：“正索木达和索木书记应该安排本民族干部，建议把盟文教处的都古尔同志调到索木任职，他是鄂温克人，又是党员。关于莫旗鄂温克族副旗长的人选，我推荐涂荣同志。涂荣同志是自治区组织部政法处干事，莫旗人。我认为他党性强、为人正派，也有农村工作的经验和能力，是最适合不过的人选。”这两条意见都被采纳了。时至1953年末，陈巴尔虎旗鄂温克民族索木成立了。鄂温克索木一级政权组织公布于世，很快传遍了整个鄂温克人民之间，他们无不拍手称快。此后，在人口普查中绝大部分地方把原来称通古斯、索伦和雅库特的均写成了鄂温克。为了取得合法化，在内蒙古自治区第一次人民代表大会第二次会议上，我代表索伦部落、昆德伊万代表雅库特部落、丹金代表陈旗通古斯部落就各部落名称统一之事联合发表声明，并在大会上作了书面发言，得到了人民代表大会确认通过。这个发言政府公报作了刊载，记得《内蒙古日报》也有报道。至此，鄂温克民族名称统一问题得到了圆满解决。

民族名称统一了，接踵而来的区域自治问题该列入议事日程了。回顾1956年内蒙古自治区组织了一次民族访问团，吉雅泰同志任团长，阎兆麟、乌如喜勒图任副团长，下设4个分团。我任第一分团长。前往鄂伦春旗，途经莫旗时，旗里正开座谈会，不少达斡尔族同志对我说：“咱们联合起来搞自治州吧，几个民族的问题统一解决怎么样？”我说：“这个事我没考虑过，我是民政厅搞政建工作的，不敢随意表态。”回到自治区以后和沙驼同志谈了这件事。他说：“搞联合也是他们说了算，伪满兴安东省的时候，鄂温克人的事由达斡尔人说了算，那不也是联合吗？咱们不是那个问题，咱们是建自治旗的问题。”这个说法对我很有启发。当时，鄂伦春早已成立了自治旗，《内蒙古日报》发表了社论，我因工作关系也曾参与过意见，那件事对我有很大影响。我思索鄂伦春人口才 1000 多人就成立了自治旗，无非那是个聚居区，当然还有政治上的原因。达斡尔人要搞自治州，因为过去兴安东省是以达斡尔为主体的，也有其历史的原因。我认为鄂温克是一个单一的民族，只要努力争取，自治旗会很快成立，因为符合党的民族政策，也符合全国解决民族问题大形势的要求，但一定会有阻力和难度。一是鄂温克族人口分布是小聚居、大分散；二是已经有了索伦旗，有人认为索伦旗就是鄂温克嘛，再建自治旗没有必要；还会有人说呼伦贝尔自治的时候牧业四旗是一个完整的概念，不同意划出去；三是达斡尔人认为过去海拉尔的“安本”都是达斡尔人，索伦只是个名称而已，所以他们不会同意鄂温克单独搞，而是主张搞联合自治。根据这些情况，我和沙驼同志商量是否开个座谈会，然后把关于鄂温克人建自治旗的问题专门写个报告。沙驼同志说：“我不在其位，不谋其事，没什么办法呀！”但是他还是出了主意，说不要开非法的会，要开就到统战部去开。我很同意这样做。1957 年春节期间组织了在呼和浩特的鄂温克族干部在内蒙统战部召开了座谈会。参加会议的有涂荣、乌云达赉、凯利、郭金学、额尔登巴图等。根据讨论的结果，会后我整理了一个要求成立鄂温克自治旗的综合报告，即《鄂温克民族干部对本民族一些问题的意见》。沙驼同志阅后并做了修改，报告注明由满都呼整理，沙驼校阅，还注明了打印份数和上报单位。我们把这份报告作为鄂温克人申请建立自治政权的正式文件报送了全国人大、中央民委、中央统战部、内蒙党委、内蒙统战部；抄送了呼盟盟委、呼盟统战部、呼盟民委。不久，关于建立鄂温克自治旗一事得到上级有关部门的正式批准，旗址设在白音托海。鄂温克族自治旗成立的喜讯很快传遍了草原，给鄂温克族人民带来了喜讯和欢乐。

鄂温克自治旗成立以后，在内蒙开展反民族右派的活动中，指责我在力争鄂温克民族建立自治旗的过程中有问题。事情的发生与发展均在1958年，内蒙古直属机关把达斡尔和鄂温克族干部集中起来互相揭批，抓民族右派。当时王再天同志问我："达斡尔人建州的事你有份没有？搞达斡尔文字你有何看法和活动？"我答复说："鄂温克是建自治旗的问题，不是建州。我没有参加过他们的活动。我也不主张包括鄂温克在内的少数民族搞文字，搞个音标还可以。若是搞文字推广不了，大家还不成了文盲？"他说："那好，现在直属机关开展反右派斗争，任命马志新、乌如喜业勒图、沙驼还有你为党组成员，由马志新牵头。"当时我思考再三，对运动的起势已看出点端倪。抓谁呢？如果以达斡尔人搞自治州的事划线，那被划的右派就太多了。鄂温克人只有我和沙驼参加了领导小组，建州的事我们没有参与，申报鄂温克成立自治旗的材料还达不到右派言论，要是让鄂温克人去揭发达斡尔人不合适，我不明白人家的事，也不想那么干。马志新曾任民委主任，我是委员，比较熟悉。我问他说："反民族右派这事不好弄，抓谁呀？"他嘿嘿一笑说："走着看吧，抓哪儿算哪儿，不一定有右派。"话虽这么说，反右一开始，这个揭发苏荣扎布在哲盟党校当校长时反对搞斯拉夫文字，要坚持搞拉丁文，召开座谈会提出过达斡尔建州的方案；那个检举谁谁说过建州不成恢复纳文木仁盟，恢复盟不行搞林区公署。最使人难以理解和确认的是互相揭发出的一些事，诸如谁在谁家喝酒说了句什么，谁和谁聊天谈了些什么，其中也涉及到谁在我家喝酒时议论过什么等等。我听了很不是滋味,这样的会我不能参加。要一个鄂温克人斗达斡尔人不合适,可要是会上不发言我去参加会干啥?要我自己检讨吗?我又没有可检查的东西。在这种思想活动的支配下,我借口搞大跃进调查研究找了几个人去昭盟了解复员军人安置情况去了。回来以后,乌如喜业图说检举我的材料多了,要我写个检讨,还要我揭发别人。我说:“好吧。”只好检讨了自己的民族情绪。至于检举别人,我说:“没有听到过别人说过反党的话,喝酒、聊天、闲谈议论的事就多了,记不清楚了。”这一段反民族右派基本算告一段落。回到民政厅,这时候民政厅已开始反右倾机会主义斗争。听说有个鄂温克干部揭发在我家开过研究鄂温克自治旗人事安排的黑会,这下民政厅抓到了根据,开始对我批斗。说什么“满都呼是一匹野马,弄不住他。先给他戴上笼头,不然这家伙尥蹶子,不听话。”所以一开始我就被戴上了右派分子的帽子,大会批斗。说实在的,当时真吓坏了,先检讨吧,自己上纲可以戴大帽子,但绝不能歪曲事实瞎说,以便冷静下来后核实澄清。我检讨说:“我有民族主义活动,鄂温克民族的解决我没打过一枪,可我贪天之功,常以鄂温克人的代表人物自居,出面解决鄂温克民族问题。”这一检讨有人满意了,可又让检查,对我说:“那就拿出你的私房话来吧!把那个干货拿出来。”噢,我明白了,原来是在整风中我曾向组织反映过某位领导作风问题,似乎也曾耳闻说我反映意见是有取而代之的野心,因而有反党性质的错误。在民族问题上说,起草呈报的鄂温克成立自治旗报告中的“内蒙古自治区已经成立十年了,我们连一周年都没有……”还有报告中经沙驼斟改的句子“……对民族名称统一,一说要调查迟迟不调查;二说要研究迟迟不研究;三说要批准迟迟不批准。难道民族名称还谁批准,汉族的名称有谁批准的……”将类似这样以理申辩的说法说成是影射和攻击内蒙党委有大蒙古主义,只管自己自治,不管别的民族。还说我在前一段反民族右派中和右派分子推心置腹，不揭发不批判。说在解决鄂温克民族问题上是自己起来解决自己民族问题，还私下安排民族干部等等。就是根据这些把我打成民族主义分子，虽然不戴帽子，可是给了个降职降薪、留党察看一年、下放劳动的处分。后来纪律监察委员会发现，报告上注有满都呼整理、沙驼校阅字样，认为满都呼是销售点，沙驼那儿才是批发站，是他出的主意，问题比满都呼还严重。这样又把沙驼弄出来，给了行政降两级、党内察看两年、下放劳动的处分。在鄂温克民族中最忌讳和瞧不起的是没有骨气的人，所以我和沙驼在这个问题上既不推诿也不牵扯别人，完全自己承担了责任。我反思，在争取本民族区域自治的过程中，政治原则上并没有错误，如果说有错误的话也只能说有民族情绪过激之嫌，或者是报告措辞不当之过而已。所以，我在接受组织处分签字时保留了自己的意见，这也是一个共产党员应遵循的。

到1962年中央七千人大会以后，有了平反甄别。我给王再天同志写了一封信。我说我这个处分是冤枉的，我提的意见都兑现了，自治旗成立了，民族干部安排了，民族名称统一了。我整理的报告用词有些不妥那是措辞问题，政治原则上没有错误，请对我重新审查。王再天同志很客观而且公正及时做了批示："看来满都呼同志的问题值得重新研究，哪些东西对了，哪些错了，应该甄别清楚。"历经一年的复查，1963年给我平反了，不久沙驼同志也平反了，都官复原职。组织上处理这件事很慎重，比较准确，使人满意，我个人没有怨言。事后我回忆这件事的始末认为：鄂温克民族名称的统一，自治政权的建立，是在内蒙古自治区解决整个民族问题的进程中逐步发展成熟的结果，是历史的必然，是党的民族政策光辉的体现。作为一个鄂温克族干部、一名共产党员，能投身于为实现和贯彻党的民族政策，为本民族争取政治权利的工作应该是自豪的。虽然有些个人牺牲，但牺牲不大，个人受点儿委屈也是可以理解的。

# 在新的征途上

1963年复职后,我调到了内蒙古自治区农办任畜牧处处长职务,不久又调往自治区畜牧厅任副厅长,主要是抓业务。抓业务对我非常适合,因为我不习惯按部就班搞机关事务。特别是搞些有开拓发展性的工作更能激发我的干劲和拼搏精神。至于从事畜牧业工作能否胜任,能否抓出成效,还要通过实践去检验。既然我是内蒙古一名少数民族干部,安心内蒙工作,有热情为内蒙古人民服务,在生活上无论是农村牧区还是林区都能适应;在语言上除本民族语言外,还会汉语、蒙语和达斡尔语,对区内不同民族的风土人情和当地牧业生产状况还是不陌生的。这些都是我开展工作有利的一面。但是,畜牧业是一门科学,而且这门科学所涉及到其他学科的地方又相当广泛。

没有一定的科技知识工作起来一定困难重重。我若是应付着干,自信这把副厅长的交椅坐得四平八稳。但是这不是我的性格。可是我既没有读过专业,又没有受过短期培训,只能是一边干一边学了。就是成不了知识里手,但也不甘心当门外汉。在这种思想支配下,我为自己制定了一个行动原则:一是要熟悉区内情况,不同类型地区的自然条件和生产现状;二是要了解区外以及国外先进畜牧业情况;三是必须团结科技人员携手战斗,和科技人员交朋友,向他们求教,以"三人行必有我师"的精神去汲取营养。基本上就是这三条作为座右铭伴随着我为发展内蒙古畜牧业工作了近20个年头。

搞了20来年的畜牧业,本应该做出较大的成绩,积累相当的成功经验。说来惭愧,没有达到自己所设想的目标。当然,还是做了一些有益的工作，为内蒙古畜牧业的稳定、优质、高产，发展探索了一些路子。在这里，我想先从以草原工作方向问题和全面推动草原建设方面说两件事。

一是对草原建设当时有两种截然不同的观点，我认为内蒙古的草原工作坚持以建设为主导的方向，结合对草原的保护和合理利用，才能适应畜牧业稳定发展的需要。与这一观点不同的是主张以利用为主，认为内蒙古草原是用之不尽的，只要不让它退化就行了；还有的认为向上有老天下雨，牧民就那么几个人，养那么多的牲畜，哪有劳力搞建设。这种靠天养畜的思想在当时很大程度上阻碍着草原建设的进程。记得那时的畜牧厅草原局局长那德那同志工作勤奋，对牧草也有研究，曾陪同苏联专家伊万诺夫走过不少地方，他就是对搞建设、种草等不够积极。我们也有争论，我就说他是苏联专家的观点。由于我俩私交不错，给他起了个外号称他那德那诺夫。他既不否认也不认可，还饶有风趣地说："'懦夫'就'懦夫'吧！看你咋个建设法。"就算是反击了我。为了解决这个问题，正好在伊克昭盟开的一次草原工作座谈会上，乌审召公社的贤基米德副社长汇报乌审召自力更生，在公社范围内搞建设，植树种草取得了良好效果，现在已经是树木成林，种了不少苜蓿草、玉米、糜子等；打了抗旱井和配套水利工程，改良畜种也开始了。当我听完汇报，实在坐不住了，会一结束就急着和那德那同志等人坐上我们那辆"嘎斯六九"爬沙窝子，连推带拉连夜赶到了乌审召。到了现场一看，汇报是真实的，情况比汇报的还要好。当时，农业部要求搞基层农业学大寨的点，牧区也要搞牧业学大寨的点。有人提议在呼盟鄂温克自治旗搞，那里是牧业机械化试点而且水草丰美、马壮牛肥，搞学大寨的点一定不错，能出成绩。我不同意，我认为学大寨主要是学人家的拼搏精神，向大自然索取的精神，如果我们只想成绩而借助得天独厚的自然条件，说明不了什么问题。像乌审召这样，它不仅是靠建设发展畜牧业的典型，也是保护生态环境，防沙固沙有突出成绩的单位，一定要树起来。经过争论，我的意见被采纳了，确定乌审召为牧业学大寨的点。不久，《人民日报》记者郭小川同志来乌审召采访，收集了不少素材，我考虑到报道乌审召的文章要定一下调子，便同郭小川商量由我俩回自治区向内蒙党委汇报。郭小川同志对乌审召的评价很高，说是牧业学大寨的样板，并从它的成就和涌现的人物一一做了说明。当提到先进人物包荣和宝日勒岱的时候，乌兰夫同志问了一下包荣是哪里的人，过去是干什么的？当即有人回答说包荣是副旗长下放公社当书记的，是抗战时期就在乌审旗的老同志。乌兰夫同志点了点头。介绍宝日勒岱，说她是 1958 年大跃进时的积极分子，后来入了党当了支部书记。这时高锦明同志插话说："沙窝子里飞出了金凤凰。"说得大家都乐了。

通过这次汇报，基调定了下来，树乌审召为牧区学大寨的样板，主要人物是包荣和宝日勒岱。汇报结束后，决定组织人手在新城宾馆写材料发表。郭小川同志以报告文学形式写了二三篇稿子，几家刊物都抢着要他的稿子。我考虑这个典型是内蒙古党委拍板的，《人民日报》要发表，最后还得《人民日报》定，所以干脆去北京吧。当时，我和畜牧厅的霍建文同志、内蒙《实践》杂志的厚和、徐兰池同志同郭小川一道去了北京。

在北京，郭小川同志热情好客，经常领我们去他家作客品茶、喝酒，还让我教他如何熬奶茶，相聚得十分愉快。数日后，请《人民日报》总编安岗同志选阅稿子，徐兰池同志说老满他们也写了一篇东西，看看行不行。这篇稿子还是早在乌审召时起草的，我和霍建文同志搞的，几经修改刚刚有了模样。安岗同志翻阅了一下说："这个架子行，你们再修改修改。"然后，稿子交徐兰池同志和新华社驻内蒙的一位副社长动笔修改。我和徐兰池、时青同志研究了配发社论，由时青同志动笔完成。两篇稿件内蒙党委审阅同意后送到了《人民日报》社。1965 年 11 月，《人民日报》头版头条以《牧区大寨——乌审召》为题正式发表了。这是我搞畜牧业工作以来,通过调查研究,从发现、推荐到撰稿、报道树立牧业学大寨样板的系列工程,是我工作上打响的第一炮。这一炮的作用在于通过牧业学大寨改造草原这个典型,推动内蒙全区的草原建设。

《牧区大寨——乌审召》的报道引起了国内外的关注,参观者络绎不绝。一天深夜,突然接到内蒙电告,中央首长陪同国外客人参观乌审召,看看乌审召防沙固沙建设草原的成果。翌日,晴空万里,一架直升飞机缓缓地降落在乌审召的沙地上。马里外宾、陈毅副总理和陪同前来的自治区领导踏上了毛乌素大沙漠中的乌审召荒漠草原。参观后评价很高,闻讯赶来的牧民群众已聚集在召前文冠果树下的开阔地,载歌载舞欢迎贵宾和首长,用民族形式的全羊美酒接待,以表寸心。席间,我以接待主持人的身份请来宾题词留念。陈总即兴挥毫。我怀着崇敬的心情敬酒,陈总非常豪爽地碰杯三次,一饮而尽,使我终生难忘。

我自从在畜牧厅任职以来,绝大部分时间是在基层、牧区度过的。一直到文化大革命"五一六通知"以后才被造反派从伊盟揪回厅批斗。罪名种种,其一说我是参加了乌兰夫的宫廷政变,来畜牧厅夺权的黑帮分子;其二是我在日记中摘抄了原内蒙农办主任云北峰同志在伊盟反对开荒会上的一段话"……大面积开荒是继承了大汉族主义,这是陈长捷阴魂不散的表现,犯了掠夺式开荒的错误。"我同意这个观点,说我是反汉排外;其三是我主持的一次会议简报中有这样一句话"现在草原建设依赖思想严重,一说建设就是二娃子、三娃子。"原稿上写的是二秃子、三秃子,我觉得不好听勾掉了,写上了靠穿蒙古袍子的人搞建设,也被说是反汉排外;再就是把我在民政厅工作期间整理的《鄂温克民族干部对本民族一些问题反对意见》找出来说是搞民族分裂的黄皮书。当然还有一些别的,不再一一述说了。凡是提出来的问题我都进行了解释或反驳,话没有乱说也没有牵涉别人,以实事求是的态度对待。我记得毛主席诗词中有这样一句话“不管风吹浪打，胜似闲庭信步”，我照此办理，每日晨练跑步，中午游泳，锻炼身体以承受造反派的批斗。

到1969年从唐山中央办的毛泽东思想学习班受审查归来，我被分配到内蒙古生建部农牧组工作，又重新开始了抓畜牧业。说话进入了70年代，农业部要求搞县一级大寨，已把青海的岗查县列入了重点。而我们内蒙是全国四大牧区之一，乌审召的经验别的地方推广了，我们自己不推不行，不能够灯下黑。怎么着手抓呢？仍然是老办法深入实际搞调查。通过调查比较，我觉得锡盟黄旗草原建设搞得好，关键是这个旗在贯彻以牧为主、多种经营搞草原保护和建设的方针上坚决，成绩显著。黄旗草原面积小，又属于干旱草原类型，牲畜头数不多。由于这个旗对草原的保护和利用得当，特别是抵制了“牧民不吃亏心粮”的口号，禁止开荒破坏牧场，搞了水利建设、草库伦等等，牧业生产很有成效。经过同旗委研究，决定在黄旗开个现场会。为此，我动员了科学院、林业厅等有关方面参加。在开预备会时，黄旗的一位副书记、军代表不同意开这个会，他说：“‘牧民不吃亏心粮’这口号是北京军区某某首长提出的，批判这个口号就是反军。把满都呼撵出去！”我说：“这个会是自治区生建部同意召开的，不在这儿开可以去别的地方开，这不是黑会。”黄旗旗委书记那木拉同志很熟悉畜牧业，他深知在干旱草原开荒危害的严重性，他当即表态：“会就要在这儿开，开什么内容的会是自治区的权力，只要定下调子，我们就提供方便。”这时，那位军代表也不再说什么了。会议开得很成功。回到自治区汇报时，生建部主任沈新发同志说：“满都呼你是怎么搞的？你走到哪儿都惹事，人家说你搞民族分裂呢！”我说：“沈老，民族分裂这顶帽子满都呼戴得不少，也戴习惯了。我和谁搞分裂呀？和汉人分裂呢还是和蒙古人分裂？是一个人想搞个自治区还是想搞个共和国？”沈老说：“你在黄旗瞎批什么，有的领导听了很生气，你把矛头指向了军管。现在锡盟公署派了一个参谋长领着四五个人调查你去了。你这个材料先别弄了，汇报也别汇报了，修改修改。”我说：“批得对呀！牧民不吃亏心粮，您说城里市民不吃亏心粮吃什么呢？这里面有个社会分工嘛！”这个时候，新华社记者刘野同志看了材料，他极力赞同，认为材料内容新颖。牧业学大寨到了县一级是个发展，而且有针对性地批判了“牧民不吃亏心粮”，现在正需要这样的东西，咱们向新华社汇报去。很快我就带上畜牧厅的张丙铎同志去了北京。农业部长沙风、新华社朱穆之等领导同志很快就听取了汇报。汇报的气氛好极了，有说有笑，使我有一种亲切感。我很放松，把黄旗的事迹介绍得挺生动。当时就拍了板，这个材料整理一下发表。我和张丙铎同志研究修改了六七稿，大约半个月出手了，经审阅定稿，配了社论，以《牧区学大寨的样板——镶黄旗》为题在《人民日报》头版头条发表了。这一来，持有不同见解的没有什么可调查的了，偃旗息鼓，无声无息了。内蒙很快转弯，黄旗就“吹”出去了。

后来，农业部的、畜牧总局的领导带领专业人员到黄旗蹲点，内蒙畜牧厅也抽派技术干部去蹲点配合，进一步从理论和实践结合的高度总结了黄旗的经验。进而在黄旗召开了全国牧业学大寨的现场会，帮助黄旗解决了一些问题，黄旗为牧业建设提供了经验，也促进了自身的发展。

搞畜牧业为什么要抓草原建设呢？历史以来，内蒙古畜牧业处于一个靠天养畜的状态，生产极不稳定，受着自然的摆布。多年来，牧业生产的规律一般是十年一大灾，五年一小灾；大灾大减产，小灾小减产。平常年头牲畜都是处于夏壮、秋肥、冬瘦、春死的恶性循环之中。若遇特大灾害，畜群损失惨状目不忍睹。俗语说“家有万贯，带毛的不算”，即深刻地说明了畜牧业经济的不稳定性。从事畜牧业生产实际上是月月、年年都处于一个同天斗、同地斗、与人斗的紧张气氛中，整日在做着抗灾保畜工作。在这里不妨谈谈我经历过的两次大的自然灾害。一次是1963年,巴盟、伊盟和锡盟的西部地区早春没有积雪,连续大风吹得草枯地黄、飞沙蔽日,又加之夏天无雨,饥饿的畜群东倒西歪。虽然采取了到东北调草,向华北调车,移牧西北陕、宁边区,锡盟东北部和各方支援,仍损失大小牲畜200万头只。再一次是1978年锡盟的特大雪灾,先雨后雪,不间断地下了57个小时。雨雪交融形成薄冰,断绝了交通,人畜都处于停滞、冻饿的危机之中。虽然国家出动飞机空投、坦克开路也是杯水车薪,牲畜大面积冻饿而死,仅阿巴哈那尔一个旗本有30万牲畜,灾后仅存3万头只。全盟损失200多万头只。

为了继续抗灾保畜,我曾陪同沈新发同志去中央汇报求援。我本着既不扩大、也不缩小的原则,据实汇报了畜牧业灾情的严重程度。记得听取汇报的张平化同志问起我的情况,我说:“早在东北土改时见过您,您留我吃了饭后介绍到讷河去的。”他高兴地说:“是有个小伙子,那是军区介绍来的,我记得。”在汇报休息中间,钱正英同志找我个别谈话,问我怎么汇报不明确!我说:“现在内蒙是军管,灾情说重了怕说是否定军管的大好形势,说轻了吧又怕得不到支援,所以才出现了您说的那种情况。”中央对内蒙的灾情很重视,对灾区人民很关怀,决定拨款八百万,还有汽车100辆,拖拉机150台。

由此可见,如果草原建设好,年年有大量储草,抗灾就有了最根本的物质保证,变被动的抗灾为防灾,内蒙古的畜牧业经济就能沿着稳定、优质、高产的方向更好地迈进。

我从事畜牧业工作近20年,我只是做了职务要求我应该做的一些事。我对发展畜牧业走建设草原道路的认识,也是在实践中逐步形成的。亲身经历告诉我,每前进一步,取得一些成果,甚至是一个主张,凝聚了多少人的心血,特别是那些专门技术人员的辛勤劳动,长年累月的调查研究、试验观察、忘我的劳动而得出的科学结论。可是一个正确的东西被人认识困难,承认它并付诸实施则更难。绝不会是一帆风顺的，总是会遇到这样或那样的阻力，甚至攻击、诬陷。所以要干事业就要敢于担风险和有承受牺牲的准备。

80 年代初，我离开了政府工作，先后到了内蒙自治区人民代表大会常委员会、内蒙古自治区政治协商会议供职，辗转数载，弹指瞬间，已年逾花甲。

## 首届瑟宾节后的遐想

人的一生是短暂的，而且真正的工作时间并不长。人虽有志，但岁月无情。随着时光的流逝，渐渐催人步入老年。1994 年夏天，在内蒙政协任职的最后一届即将结束的时候，我有幸参加了鄂温克自治旗首届瑟宾节大会。瑟宾节是鄂温克民族的古老节日，已失传年久，今逢盛世发掘了出来。兴奋之余，思绪万千。回顾历史，鄂温克人进驻呼伦贝尔草原几百年来，历经时代变迁，至今祖先留下来的还有些什么呢？记得过去，我曾有机会去过辉河、伊敏河、白音查岗一带，那里的鄂温克人保留着古老的风俗、传统礼仪、生活习惯以及民间艺术和传说，与我童年在故乡时知道的一些代代相传的说法完全一致。那里由于偏僻，交通不便，与外界往来少，同东边布特哈地区的鄂温克人不甚接触，也和北边从苏联迁移过来的鄂温克人没有交流；既没有同蒙族杂居，大部分也没有同达斡尔杂居。虽然在继承和发展民族文化与接受新事物方面有一定的局限性，但人们的心理特点、民族感情和语言保持着纯真。正是这些原因，辉河、伊敏河、白音查岗、白音托海这些鄂温克人聚居区自然而成了自治旗建立的基石。自治旗的建立虽然是在原索伦旗基础上建立起的自治政权，事实上鄂温克人都把她看成全鄂温克民族实施自治的唯一的旗级政权机构和政治、经济、文化中心。

鄂温克人由于小聚居、大分散，民族的发展很不平衡，不同地区的经济文化水平都有较大的差距。自治区的成立、干部队伍的组成来自四面八方。除本地干部外，很多是从莫旗、讷河和其它地方调来的。那些地方经济文化发展较快一些，所以也带来了不少先进的东西。自治旗成立以来，在旗委的直接领导下，由于发挥了各自的长处，为了一个目的携手共进已经取得了很大的成绩。同时，有意识地加强民族间的沟通与交流，大家团结一致，共同促进了经济的发展和文化的提高，增强了鄂温克民族的整体实力。但是严格地讲，还是远远不够的。从建设有特色的社会主义的高度要求，应该看到差距和有碍于事业发展和民族团结的种种错误观念与模糊认识，要进一步加强学习，增强民族的责任感和整体感。要牢牢谨记鄂温克人是最早进驻呼伦贝尔草原的，我们是祖国北部边疆的开拓者、捍卫者，是草原的主人，是祖国民族大家庭中的光荣一员。

鄂温克族自治旗地处祖国边陲，草原辽阔，依山傍水，矿藏富饶，自然条件优越，发展的潜力很大。遗憾的是，目前的经济发展中仍有一些处于待开拓的阶段。就畜牧业生产来说，最近我去了辉河看了看，那里草场好，牲畜数量也不少，可是生产方式仍处于半原始的靠天养畜状态，几乎没有看到现代的生产设施和生产手段，令人不安。自治区成立了近 50 年，自治旗建立也近 40 年了，我们常常引以自豪的民族经济——畜牧业，在一些地方仍处于这种状态。作为在自治区工作的鄂温克族干部是有责任的。尤其是一段时间还主管过畜牧业工作的我深感内疚。由此，使我联想到鄂温克族干部队伍的建设问题。

毛泽东同志说过："路线确定之后，干部就是决定的因素。"当今，我国在党中央的领导下，沿着邓小平同志建设有中国特色的社会主义理论和党的基本路线，即将胜利地跨入 21 世纪。在新形势下，鄂温克自治旗如何适应新形势、新任务的要求，建设好干部队伍已是当务之急。现在自治旗的干部中，是从事行政、文艺工作的多，而搞科技、搞经济、搞企业管理的和专业人员少，这就难以适应民族的发展、改革开放的要求。如何把党政干部、企业家、专门技术人员这三支人才队伍建设好，从长远着眼，从现在着手加强工作，相信一定会逐步达到和出现数量上充足、结构上合理、在素质上较高的一支干部队伍，为祖国、民族、社会的进步谱写新的篇章。

# 岁月的追述

**卓利格图** 鄂温克族，孟高达图氏，1927年7月5日生，原籍内蒙古呼盟阿荣旗。1937年至1941年在扎兰屯、齐齐哈尔乡第二村国民优级学校读书；1942年至1945年8月在扎兰屯国民高等学校读书；1946年5月至1947年3月在齐齐哈尔东北军政大学第三支队学习；1947年5月被分配到阿荣旗任旗公安大队干事，1947年7月5日加入中国共产党，同年提前转正；1947年7月至1947年12月任阿荣旗公安局局长；1948年1月至1949年4月任阿荣旗旗长；1949年4月至1950年2月调任呼纳盟财政处处长；1950年2月至1958年12月先后任喜桂图旗、阿荣旗中共旗委书记；1959年1月至1960年6月调任中共呼盟委统战部部长并兼任盟政协副主席、盟民委主任；1960年6月至1966年7月任呼盟公署副盟长，兼任盟委统战部部长、盟政协副主席、盟民委主任；1966年8月至1972年5月“文革”期间，被停职、隔离、军事管制；1972年7月至12月任呼盟革委会生产建设指挥部副主任；1972年12月至1974年7月任呼盟盟党委常委兼任鄂温克族自治旗党委书记；1974年7月至1976年7月任中共呼盟委副书记、盟公署副盟长并主持公署常务；1976年7月至1979年5月兼任伊敏河矿区建设指挥部党委书记；1979年5月至1981年5月仍任呼盟党委副书记、盟公署副盟长，主持公署常务；1981年6月至1982年12月任呼盟党委副书记、盟公署盟长；1983年1月至1991年4月调任东北内蒙古煤炭工业联合公司任副经理、党组副书记。1993年离休。

卓利格图同志在50年代后，曾多次出席过内蒙古自治区的人民代表大会、党代会以及政协会议；1983年至1993年曾当选两届吉林省人大常委；1987年10月出席了全国少数民族团结进步表彰大会，受到表彰。

卓利格图同志在呼盟工作了几十年。他在盟公署任副盟长期间，分管过农牧、文教卫生、工交、计划等部门的工作。不论在呼盟工作期间，还是到东煤公司之后，他都为呼盟经济的繁荣、民族的团结、社会的稳定，特别是为牧区和其他少数民族的发展努力工作着，做出了不可磨灭的贡献。

1996年8月23日，他在呼伦贝尔盟宾馆接受了采访，并经其多次修改、审定了录音整理稿。

## “呼热”伴我童年

1927年7月5日我出生在一个猎民家庭。当时家里的人们把畜群赶到水草丰美的夏营地——扎兰屯市郊卧牛河过夏，母亲就在夏营地蒙古包里生下我。出生后，家里老人为了保我平安，想了不少保佑我的办法，为我起了乳名叫“呼热”。呼热是借用猎犬的名字，因为猎犬长得结实，让我与猎犬同用一名，有长命百岁之意。“呼热”这句鄂温克语原意是指长着黑不黑、黄不黄毛色的猎犬；为确保我平安，还请人给我扎了耳朵眼儿，给带上耳环，象征着套住了我的生命，保我无病无灾地健康成长。这还不行，老人们又请音河流域的“萨满”老太太跳大神，让老佛爷保佑我平安无事。那位“萨满”奶奶不知为我跳了多少回，直到我十几岁时还为我跳了一场，就算保住啦，身子结实了，就算解脱了。

我的家在鄂温克民族里是比较富有的家庭。从我懂事时起，有一小群马，大约10余匹，有四五十头牛，还在扎兰屯和齐齐哈尔市有三四十间房产。当时主要以猎为生，兼营牧业，也曾试图在齐齐哈尔与人合作经过商。据我父亲讲，爷爷在世时家里有元宝，是多年积攒下来的。爷爷拿这些元宝到齐齐哈尔市置下几十间房子，作为加工粮米的作坊，还有一栋门市房。这样与人合作办了加工粮食的作坊。经营一段时间，因为家里没人去那儿经管，委托给合作伙伴经营，结果赔了，之后把房子租给人家经营。家里除了狩猎以外，每年要到为巴旗甘珠尔庙赶庙会，带去几十辆大轱辘车，人们叫“草上飞”，换些牛和马回来，充实家里的畜群。牲畜主要用于生产生活，狩猎需好马，经常有四五匹骟马骑用。奶牛挤奶，做奶食品，夏季主要吃奶食品，冬天主要吃野生动物肉，什么野猪肉、鹿肉、驼鹿肉等。

大约在1936年的一天，日本关东军将我家住的村子包围起来逐户搜查。猎民狩猎用的猎枪全部收缴啦，然后强迫全村居民由扎兰屯市的喇嘛妞村搬迁到齐齐哈尔乡的第七村，日本人怕猎民们同东北抗日联军协同抗日。家里迫于无奈，在第七村开了几十垧地，自己不会耕种，全部出租给临近的汉族老乡。与此同时，为了继续狩猎，父亲在扎兰屯通过熟人从伪官吏那里借出枪支，与伪官吏分成，继续维持狩猎生产。借出的枪是日本造的九九式枪，射程远，猎获的野兽也多了，以此收入维持家里日常生活和供养我们兄弟上学。如果不强迫并村，我家还是一个猎户，最多是个富裕猎民兼房产主，在土改时不可能定为地主。

我母亲1937年在扎兰屯去世。她姓毕，是汉族，得的是结核，当时人们都叫痨病。不久，我父亲娶了后老伴儿。我继母是齐齐哈尔达斡尔族人，丈夫去世后改嫁到我家。那时，我才10岁，她带来一个女孩叫喜荣。当时，我跟着奶奶生活在一起，弟弟跟姥姥过。有奶奶姥姥照顾,我们的童年生活并没感到孤独。继母到我家后生了两个弟,一个妹妹,这样我们兄弟4个,一个妹妹。

我父亲名叫巴海,全称叫戴巴海,他懂点满文,能记个往来账。日本帝国主义侵占东北时,跟随马占山抗击过日本关东军,参加过若干次战斗,在部队里当过小队长。他是个好猎手,每次出猎都不会空手回来,特别是远征到吉新河、潮尔河一带出猎时,猎获物就更多。

父亲对孩子们的要求是很严格的,为我和弟弟妹妹们立下了严格的家规,约法三章:不准吸烟喝酒;要尊重老人,三天不见就请安,年节必须磕头;要忠诚老实,不准说谎话。他在学习上要求更严,一旦发现违章,就严厉惩罚,有时还要下跪惩罚,教训一通。他经常讲我叔叔的事,说:“你们爷爷偏心眼,不让我念书,让我管家务,让你们的叔叔到齐齐哈尔市念书。可他不争气,不好好念书,吃喝玩乐。当时,如果让我念书的话,我现在肯定像达斡尔族的官吏们一样当官吏。你们要好好学习,将来做官,和人家平起平坐。”

另外,父亲对我们意志方面的磨练也是十分注意的,主要是在实际生活中给提供磨练的机会。学校放假后,他从不让我呆在家里,每天起早贪黑让我搞家务劳动,像清扫牛马棚圈、喂牲畜等;有时还让我跟他一起出猎。猎途中需要围剿时,让我也骑马去堵截。不论上山还是下坡,甚至在很陡的山坡上也要让你快跑。如果动作慢了,他就在后面用鞭子赶打我骑的马;他还让我调教牲性马,看你在马尥蹶子时能不能骑稳。不管是刮风下雨天,不分白天黑夜还是河水暴涨,只要有事就让我独自去送信,就这样来磨练我的勇气和胆量。

# 渴望求学

我于1936年在村子里办的学校读了不到两年的书，学堂是私塾，是村子里老人们从外地请来老师办的。全村有十几个学生在这里读书，读的是《百家姓》、《三字经》、《千字文》等。主要是背诵，由于汉语不通，理解得很差。我家从喇嘛妞村搬到齐齐哈尔乡第七村后，村里没有学校，家里把我兄弟二人送到扎兰屯国民优级学校——南校学了两年。从一年级读到二年级，从三年级开始回到本乡第二村优级学校就读。读到四年级跳了一年，五年级没念，读到六年级（1941年）就毕业了。当年考入了扎兰屯国民高等学校。该校是中等专业学校，是农科专业，四年制，还有一年本科，共计5年。入该校后，接触面比较广了，结识了很多少数民族同学，有来自兴安盟、赤峰市、哲盟的同学；还有来自热河、辽宁、吉林、龙江的蒙古族同学。我们这个班共计60多个学生，年龄也不等，有15岁的，也有20几岁的。虽然是个专科学校，但对基础课比较重视，物理、化学、代数、几何以及地理、历史课全都开课，还设有军体课。在该校的4年间，不但学到了一些科学文化知识，而且了解到一些国际国内的大事，知道了国际上当时发生的第二次世界大战战局，也听到宣传八路军在河北唐山一带抗日的消息。到了1945年，随着德国法西斯的垮台，局势就越加紧张啦，校内宪兵队的特务就有活动。当时，预感到日本帝国主义也即将垮台，为了迎接事变，为了共患难，我们班以乌日图那顺同学（前郭人）为首拜了把子兄弟，结成同盟。在那时，学校里的蒙族、汉族老师非常关心和爱护学生，特别是那些少数民族出身的老师更十分关心体贴学生。有时遇到日本老师打骂学生时，他们出面与日本老师讲理，给我留下深刻印象的有敖玉祥、敖勤学、贺布泰等老师；还有一位教音乐的关老师。所以我工作以后也特别尊重这些老师，他们只要找到我，我就千方百计地为他们服务。

## 初踏革命征途

1945 年“八一五”光复时，我们扎兰屯国高的四年级学生到乌兰浩特东，到一个叫乌兰哈达日本人办的示范农场劳动。

农村流行口蹄疫，让我们这一个班学生到附近农村去搞预防注射。大概是 8 月初的一天，有个同学跑来送信说苏联向日本宣战了，苏联军要来了，日本人都跑啦，咱们赶快回家吧。这样我们回到场部一看，农场的日本人全跑啦，没人管啦。我们打开仓库，拿出豆油、白面，在食堂烙了饼，然后打起行李连夜往家走，路经扎赉特旗音德尔、布旗萨马街、龙江李三店、碾子山等地，走了一个多月，10 月初回到扎兰屯。

苏联红军进来后，扎兰屯的各种势力都出来登台表演，争夺势力范围。那时，虽然国民党没来，但成立了雅鲁县县党部，委任了县党部书记长，还成立了雅鲁县政府，下设公安局、派出所，也有武装，准备迎接国民党来；还有一部分少数民族伪官吏在等待观望，像伪满兴安东省省长志达图呆在家里既不参政也不出面，静观形势变化。也有一部分少数民族知识分子，包括一部分伪官吏，派人到外蒙去找乔巴桑，请示内蒙古的蒙古人怎么办。他们倾向于内外蒙合并。去了以后，乔巴桑的答复是：你们中国的蒙古人不能和蒙古人民共和国合并，因为联合国已经承认蒙古是一个独立的国家。你们回去和中国共产党合作，求得民族的解放。这样，这一部分人回来后搞内蒙古自治运动，准备联合共产党，求得民族解放。

当时,从各地学校回到扎兰屯的学生有几十个,大部分是少数民族,有的读了大学、上了中学,还有留学日本的学生。这些学生都倾向于联合共产党,求得民族解放。因为当时听到国民党在归绥、张家口一带屠杀蒙古青年,另外又听到乔巴桑讲的内外蒙不能合并的道理,只有靠联共才能求得民族解放。所以,我们这一批青年在思想上还是倾向共产党的,认为共产党对少数民族好。那时,从齐齐哈尔常来一些共产党人,主要做蒙族上层工作,和青年人接触的少。我们这些青年想把国民党势力搞垮、挤出去,成立少数民族自己的纳文慕仁盟公署、布特哈旗政府。为了团结蒙族青年形成一股势力,于1945年12月份在扎兰屯成立了蒙族青年同盟会。主要宗旨是反帝反封建,主张男女平等,联合共产党,反对国民党,求得民族解放。推举鄂嫩尔图为秘书长,何庆珍为副秘书长。当时,在扎兰屯已组建了内蒙古骑兵第五师,鄂嫩尔图是师长(达斡尔族),姚风贤是参谋长(鄂温克族)。

1946年1月,内蒙古东部几个盟在葛根庙召开了成立东蒙自治政府的代表会议,我作为原纳文慕仁盟青年代表出席了会议。会上博音满都呼当选东蒙自治政府主席,哈丰阿当选副主席,八路军西满军区代表在会议上讲了话。会议期间召开了青年代表会议,由内蒙古人民革命青年团巴图巴根等主持。主要精神是要把内蒙古青年组织起来,名称统一。从代表会议回来之后,我们筹建纳文慕仁盟行政公署。与此同时,选派蒙族青年到雅鲁县工作,以便掌握他们的动向,准备适当时机解除他们的武装。

1946年四五月间,纳文慕仁盟行政公署成立,何步台被推选为主任,我在秘书处当科员。当时我一心想上学,不久得知东北军政大学招生,我去齐齐哈尔东北军政大学三支队学习。这一段学习对我很重要,为革命人生观的确立奠定了基础。从6月份开始学习,到第二年的3月份毕业。学了社会发展史、政治经济学原理和中共党史,还搞了查历史、查阶级、查思想的"三查"活动。在学校里我加入了内蒙古人民革命青年团。在这里，我知道了人类社会发展规律是由原始社会、封建社会发展到资本主义社会，最终要被共产社会所代替，剥削阶级必然要灭亡。只有共产党才能救中国，领导人民走这一条路。所以，我跟共产党走的决心更大了。在我一生中，这几个月的学习对我立场的转变起了重要作用。一个比较富有家庭出身的青年，能够投靠共产党干革命，这是个起点。回到乌兰浩特以后，我被分配到内蒙古军区下设的俘虏教育队工作，审查我军在通辽和赤峰一带虏过来的俘虏。那时正在召开内蒙古人民代表大会，每天都能听到大会的消息。会议斗争很激烈，后来还是乌兰夫同志当选为自治区主席，哈丰阿当选为副主席。这样，内蒙古东西部统一了，建立了内蒙古自治政府，会议圆满结束。当时，参加会议的纳慕仁盟的代表夏辅仁、阿荣旗代表白斯古郎动员我回家乡，说家乡缺少民族干部。我最初犹豫，经他们一再劝说最后同意回来了，同内蒙古军区政治部交涉后，经同意我就回到阿荣旗。

1946 年 5 月份，我们东北军政大学和军政干部学校毕业的十几个同学分回阿荣旗。同学中达斡尔族较多，多数分到旗政府的各科室，我被安排在阿荣旗公安大队当干事。这个公安大队不到一百人，队长是杜保福，他是查巴奇的鄂温克人；副队长是蒙古人，叫万根春，伪警察出身，外号叫万大马棒；真正掌权的是戴永祥，他是公安局长，是我的叔伯哥哥。我一去，他们觉得我是公安局长的叔伯弟弟，不好惹，不敢轻易招惹我；另一方面，觉得我是小八路，需要提防。这期间，古韦、苇荫秀同志率领土改工作团在乡村开展土改工作，团部设在千家户。白斯古郎同志也参加了土改工作团，他还任阿荣旗自治运动联合会的副秘书长。这样，有什么事情我向白斯古郎同志反映，他再向工作团汇报。当时，组织上想法是把我们年轻学员派到政府各部门，通过我们说服旗公署的头面人物转变立场，与我们合作。我们主要了解旗公安大队和东大营（42

团有一个连驻在那吉屯东大营)的动向,做他们的工作。当时,我通过家访与头面人物接触比较多,像贺什格图旗长、白音达赖、戴永祥等人。我向戴永祥宣传我党的主张,他认为共产党是汉人的党,只能与其合作,对土改政策有反感。他主张内蒙古地方应该由蒙古人执政。旗公安大队的成份比较复杂,有不少伪满警察、特务和地方旧势力,他们在群众中的影响不好,人们称他们为"二满洲"的队伍。但他们也剿匪,我跟他们一起剿过几次土匪"好友"绺子。有一次打得很好,当场打死几个,活捉了几个。当时,我党对旧职人员的出发点是争取改造,后来看争取不可能,于 1947 年 7 月 5 日,借 43 团路过那吉屯机会,把公安大队缴械了。缴械的过程比较顺利。43 团到那吉屯后把我和白斯古郎找去,团负责人同我们研究怎么行动。最后定的方案是里应外合。那天正巧我值班,由我带领官兵出早操,出操时趁机缴械。当时解决门岗的是 43 团派的两个人,一个是巴图贺什格,另一个是齐云,由他俩将门岗缴械,接近门岗的借口是催要拉东西的大车。记得那天早晨太阳还没出来,他俩就把门岗枪缴了。我按计划领队出操、唱歌,列队唱歌时按计划包围缴械了。之后改组政府、改组公安大队,古伟、苇荫秀同志也来了,成立了阿荣旗共产党工作委员会。我也入了党,不久提前转正,当了工委青年委员。我出任阿荣旗公安局长,白斯古郎任秘书科长,博音额特尼任文教科长,莎音乌力吉任财政科长。当时公安大队有的抓起来审查,愿意留下的留下,不愿意留的放回家。原旗长贺什格图留任了。

## 参加土地改革

公安大队问题一解决,我便下去搞土改了。当时,我从工委角度分管霍尔奇努图克土改工作队，到荣华沟村搞土改。那里成立了农会，在农民积极分子里选出农会主席，主席叫孙惠峰。开始大家对土改政策界线搞不清楚，凡是富一点的，家里有财产的都封起来。后来工作团把各队头头抽去学习，中央已经有了土地法大纲，这下弄清了什么是地主，什么是富农，什么是中农。通过对照感到被封的农户达不到标准，有的中农也被封了，好歹没动他们财产，回村后又把垛揭去，解放了一大片。阿荣旗土改延续到48年春天，分完土地就结束了。它的过程是先搞减租减息，成立农会，斗地主、分财产，最后丈量土地，分田到户。

土改之后，阿荣旗发生很大变化，广大贫下中农当家做主人，建立了村政权。土改工作中涌现出的积极分子当了干部。1948年初，旗里召开工、农、牧、猎代表大会，正式成立人民政府，我当选为旗长。共产党在人们心目中威信提高了，广大农民积极响应党的号召，农家子弟踊跃参军，支援前线。我们为培养干部办了学习班、训练班，培养了一大批农村积极分子。还选派基层干部到内蒙古军大学习，将他们充实到旗直各部门。农民分到土地，有了农具和车马，种地积极性调动起来，庄稼丰收，生活有了改善。另外，开展了群众性文化活动，村里办起夜校和正规学校，把穷孩子们送去上学；妇女地位也有提高，她们参政议政，成立了妇联组织，在生产活动、扫盲活动中表现都很活跃。社会治安也有改善，1948年只剩“好友”这一绺子土匪，其余的都被消灭。村里有儿童团站岗放哨，没有路条不让进村。不唱支歌也不让进村。民族关系也得到改善，凡是少数民族地区都有本民族干部参政，像音河、霍尔奇、德力奇尔都有少数民族干部担任领导。少数民族和汉族往来增多，农村扩大了生产，旗里统一开发了新发稻田，那是从甘南查哈阳一带迁来的朝鲜族农民，让他们在那吉屯种植水稻。旗里还组织农民自带行李、粮票，在阿伦河修筑大坝，共修20多里干渠，当年种上水稻，取得好收成。当时，旗政府自己搞生产、搞经营，自己的经费自己解决。旗里成立了贸易公司，苇荫秀同志兼任经理，丁继民同志任副经理，后来我也兼任过经理。那时阿荣旗出产粮食，特别是大豆很多，我们收购大豆运到齐齐哈尔换成商品，还专门组织汽包车车队运送商品。当时的车队都带枪，防止土匪打劫。农村还组织起供销合作社，大家入股，由旗贸易公司为它批发，这样旗直机关、公安大队的费用也能自理，旗里的日子还算富裕。那时自己挣钱自己花，每年能给干部发一套夏衣、内衣。另外几年发一套棉衣，还给县级干部发过一套呢子衣服和一件大衣。

土改工作即将结束时，阿荣旗霍尔奇努图克查巴奇猎民两个村发生了打死 4 名工作队员和努图克干部事件。这一事件的过程是叫金山和安珠山的鄂伦春族猎民到布特哈旗潮尔河一带狩猎，路经布旗喇嘛妞猎民马德家，在马德家结识从齐齐哈尔躲避土改窜到山里来的地主李得福。李得福煽动说国民党已经到了哈尔滨，很快就打过来，共产党快要完蛋了；还说共产党烧杀百姓，共产党搞土改是先杀地主、富农，接着杀中农，最后杀少数民族贫雇农。他这么一煽动，两个猎民信了，回到查尔巴奇他们秘密碰头。当时金山、戈特勒迪、那维昌、苏保成、那德未、杜瑞宝等人参加，密谋杀死工作队队员和努图克主要干部，然后到布旗喇嘛妞一带迎接国民党。这样到了 1948 年春，他们动手杀害本村土改工作队队员敖喜元同志，随后打着猎民队剿匪旗号到了努图克。当时努图克正召开两级干部会议，与会干部暂时休会出来迎接他们。刚出门，这些人开了枪，把区农会主任崔国珍、努图克达那庆、组织委员王兆国、宣传委员朱建新当场打倒，还打伤妇联主任。然后，这些人回村逼着全村男女老少上山，随他们一起逃跑。荣化沟农会主席孙惠峰当夜跑到旗里汇报这一事件，旗里连夜召开紧急会议，由书记苇荫秀主持。我和旗里其他领导参加了会议，会上决定派副书记邓荫南和我处理这一事件。先说服动员，不行就以武力解决，同时处理好善后工作，尽快把努图克区委会组建起来，并派巴图日仑同志任区农会主任。当天,我们带领公安大队人马赶到查尔巴奇邻村文布奇,经过联络,双方到指定地点谈判。经过谈判,肇事者同意两天内返回村子。我们等了两天,他们不但没来,反而向山里跑去。我们组织部队进山围剿,在尖子山和大库伦沟两地堵截,结果他们窜到布旗吉新河一带。第二次堵截,双方都有伤亡,其中包括煽动者李得福。叛乱者跑到潮尔河时,地委调遣43团、教导团指战员们前去围剿,仍坚持先劝后打的方针。部队在潮尔河包围他们,向他们喊话劝降,经沙驼同志亲自与其领头人谈判,使他们感到没有其他出路,只好无条件投降。

当时地委以上干部到哈尔滨开会,临行时夏辅仁同志嘱托,由我和沙驼同志迎领归顺的人,将他们安置好。当我们赶到吉新河边,河水涨了,过不去。我和沙驼还有两个警卫员在河边守候十几天,吃的都没了,后来对岸有人凫水为我们送些肉食。那些人接回后得到安置,但也横生不少麻烦事。因为他们出逃时把人家的牛马杀了,老百姓找他们算账。我们出面该赔的赔了,没粮的救济了粮食,总算把他们安顿下来。

可笑的是到了"文化大革命",有人说那次叛乱是我策划的,也有人说我包庇了那些人,这成了我的一大罪状。现在回想起来,这一事件发生的直接原因是个别地主煽动,另一原因是我们土改工作做的不细。为此我反思过。当时霍尔奇努图克土改工作,从旗委的角度归我分管,按理我应该经常深入下去。如果那样,就有可能及时发现或避免事件的发生。因为我是鄂温克族,有的亲属在那里,便于深入群众,了解情况。

## 参加合作化运动,大力发展生产

1949年4月,我从阿荣旗调到呼纳盟公署当了一年财政处处长。1950年2月盟里又把我派回任中共阿荣旗书记,同去的还有两个同志,一是罗英朝同志,他任组织部长;还有博彦同志,他任宣传部副部长。从50年2月到59年初,我再次调动前做了这样几件事:一是抓了基层政权和党的建设;二是蹲点搞实验田。当时采用一些增产措施,提高单位面积产量,然后加以推广,鼓励农民生产致富。农民的生产积极性很高,收成不错,农民生活逐年有所改善;三是搞合作化,大办初级社,试办高级社,加强社队的经营管理,推行承包责任制。

到1958年大跃进时,传播了不少过激口号,干了不少劳民伤财的事,造成的损失很大。比如大炼钢铁,当时从中央到地方几天一个号令,一天一个电话会议,有时深夜召开,要你的产量,要你炼了多少铁。那时,阿荣旗没有铁矿石,要从扎兰屯卧牛河运。矿石质量很低,汽车把矿石拉到那吉屯,再用土高炉炼。土高炉温度达不到,流不出铁水,把破铜烂铁扔到里面,虽然流出铁水,但好铁变成了废铁。另外修高炉要用耐火砖,造价很高。总之,大办钢铁无论从人力还是物力损失都很大。其次是大办水利。当时到处修水库,既没有设计图纸,也没有具体方案,修了一冬一夏,影响了农民秋收。记得那年庄稼长势好,村里劳动力都去修水库,大田没人割运,损失严重。另外在很短时间从初级社变成高级社,然后公社化。村里大办公共食堂,男女老少都吃食堂,许多人吃不饱,回家再吃一顿,这逐渐撤灶散伙。由于这些脱离实际、过激的做法挫伤了农民的积极性,带来的后果十分严重。其实问题不在于集体化,而是过急了,变成盲干。

从1950年到1959年这段时间还有两件事:一件事发生时我刚任旗委书记,兴安努图克境内发生一起特大草原火灾,死伤100来人。那是1950年4月,一下烧死71人,其中学生伤亡34人,重伤20人,轻伤6人。这是对我一次严峻的考验。记得那年清明节,我调阿荣旗工作,不久在旗里开会,布置防火工作。当时,甘南县一位老农上坟烧纸跑了火,大火朝兴安努图克烧去。兴安努图克书记张坤良和努图克达张福回家途中发现烟雾很大,野火直奔村子席卷而来。他们急忙进村挨家挨户动员,急眼时拎着手枪催促,一些学生也被动员上山打火。火场有几十里长。这时在扑火的群众中发生了一件事,西面火场由小学刘校长和一位老师带领30多个学生打火,来了个骑马的人说:"你们赶快回村子,大火要进村了。"于是,刘校长领着学生往回走,留下的人继续打火。因为他们没有打火经验,有的站在火线里头往外打,有的站在外头往里打,有的站在火线中间打……这时风向一变,凡是站在火线里边的人一下被火裹在里面,烧得很惨。随后,火头撵上刘校长领的那伙儿学生,校长刘永升为保护学生被大火烧死,这伙儿人中仅逃出两人。据目击者说,有的人就像蜡一样被烧没了。那天兴安努图克组织委员霍永安同志给我打来电话,他说:"完了!火不知烧死多少人……"别的他什么也讲不出来,只是哭。我意识到问题的严峻,马上同公安局长朝克带上公安局战士、医院医生以及药品出发了。那时没什么交通工具,只有一辆日本人扔下的烧炭汽车,把它从贸易公司开出来上路了。从那吉屯到火场大约有120多里,我们走了一夜。那辆破车走走停停,上坡时还得人推。我们赶到现场已经是第二天清晨。当时,区农会大院门外聚集很多老乡,有的拿镰刀,有的拿斧子,喊着叫着,要里面交出张坤良和张福二人。区农会干部见到我们,哭着说外面的百姓要这两个人,不给要烧房子,怎么办?我和朝克一商量,认为不能这么躲。我站出去对老乡们说现在不是追究谁的责任的时候，要抢救烧伤的乡亲，还有不少死去的人需要我们安葬。至于责任应该由谁来承担，党和国家有政策，一定会按政策办的。我说了好几遍也没人动，老乡们堵在大门口还在喊。我从墙上下来，组织努图克干部们把仓库里所有的东西拿出来为死者安葬。老乡们仍旧不理睬，还在坚持他们的要求。我们动手为烧死的人穿衣服，一个一个地装在木箱里。最后，一件可裹的东西也没有了，就把自己的衣服脱下来给死者穿。这样一做，群众情绪缓解了，于是大家一起上山把那些尸体运回来，一一安葬，伤员也得到及时抢救。当天下午，陈炳宇副盟长赶到现场。他一来我有了主心骨儿，伤员需要转移，旗里医疗条件不行，同黑龙江省联系后把伤员送到齐齐哈尔市治疗。黑龙江省及时派来医疗队，救活了部分伤员。死者的善后处理工作就难了，当时什么情况都有：有的家里大人死了只剩下孩子；有的丈夫死了扔下妻子；有的妻子死了扔下丈夫。村子里到处是哭声。我不能随着他们哭，晚上回到屋里，一个人躺在炕上悄悄地哭（当时我只有 23 岁），觉得自己这个旗委书记没当好。老百姓的生命和财产损失这样惨重，真对不起党、对不起群众，心里很惭愧、很难过，吃不下也睡不好。善后工作处理了两个多月。当时，我没考虑组织上会给我什么处分，主动向盟委写了请求处分的报告。那场野火烧死 71 人，这个数字在我头脑里总也忘不掉，烙印非常深，使我心情沉重。这种情绪持续两个多月，我病倒了。经旗里医生检查说得了胸膜炎。我挺了一些日子，医生说需要转院，随后转院到乌兰浩特，住进部队后方医院，确诊为开放性肺结核。后来又把我转送到扎兰屯结核病院，在那儿住了几个月，用进口链霉素治疗，病情好转后出了院。

出院后，我旗委书记职务被免了，罗英超同志当了书记。我留在盟委工作，这已经是 1951 年。我住院那些日子，心情非常沉重，后来想通了，觉得在革命工作中难免有挫折、有失败；有了挫折和失败,你还得站起来,继续前进。所以我意识到自己缺乏这种精神,政治上还是脆弱的。这一事件对我的成长有一定益处,使我的意志受到磨练,革命意志更坚定了。住院期间,听到张坤良、张福两位同志被逮捕的消息,我给盟委写过一封信,要求不要处分他俩,而应处分我。后来又听说把他俩释放了,因为周恩来总理签发过一份政务院防火布告,布告要求:一旦发生火情火灾,男女老少齐动员。这样他俩被解脱了了,尽管他俩动员扑火的方法也有毛病,但不属于犯罪。听到这一情况我就放心了。另一件事是鄂温克民族名称统一问题。我去内蒙开会时,有几位在自治区机关工作的鄂温克族干部商议鄂温克民族名称统一的问题。他们曾给我寄来一份关于鄂温克民族若干问题的建议书,要向内蒙古党委建议,并征求我个人意见。我当时的态度是鄂伦春这部分人已经承认为一个民族了,成立了自治旗,不要提了。不要再说鄂伦春、鄂温克都一样,不要说留在山上的叫鄂伦春,山下的叫鄂温克。另外,在成立鄂温克族自治机关规模上,我一直主张在鄂温克人聚集的地方成立自治旗为好,不搞自治州。因为搞自治州太复杂,涉及其他民族的关系,还是从现实出发,哪个地方聚集的鄂温克人多,就在哪儿建立自治旗。关于教育问题,我主张在鄂温克族、蒙古族杂居,蒙族占多数的牧区,鄂温克人以学蒙文为主,小学三年级以后加授汉文;与汉族杂居的鄂温克族,孩子们从小学开始学汉文,这是我考虑学和用的关系问题,学生毕业不可能都到外地工作。另外,我希望在自治区工作的鄂温克族同志多关心鄂温克族聚集区现实存在的实际问题,比如更新枪支弹药,还有季节性放木排的问题,以及扶持发展山区生产等问题。

由于上级的关怀和鄂温克同胞的努力,经有关部门批准,1958年鄂温克族名称统一了,并成立了自治旗。1958 年 8 月 1 日,我参加了鄂温克自治旗成立大会,当时非常高兴。总的来看,在鄂温克民族名称统一问题及建立自治旗问题上,内蒙党委做得不错,体察民情;干部也选得好,图盟巴雅尔这个干部选对了,换另一个人很难把自治旗搞得那么好。

## 参加牧区猎区的社教和“四清”

1959 年春节前,突然接到调我到盟委任统战部长的通知,紧接着通知我到内蒙开会。这样我来不及去盟委报到,直接开会去了。1960 年任副盟长,兼任民委主任和政协副主席。任副盟长后我分管畜牧业生产,盟委由杰尔格勒同志主管,我协助他工作。

“文革”前我主要做了以下几项工作:一是搞猎区和山区的调查研究,向盟委汇报,并提出自己的意见,征得盟委同意,再同有关部门协商。这样先后解决了猎区和山区少数民族的一些实际问题;二是在公署与有关部门配合下,抓牧区生产建设、抗灾保畜工作。最初,我不熟悉牧业生产,语言也不通,下去还要带翻译。不少同志给我当过翻译,像那木吉拉、额尔敦巴雅尔、毕力格巴图、扎木苏、恩和等同志。这样,搞牧业生产我要过两关,首先是语言关。经过几年的学习,到 1965 年我能用蒙语讲话了;另一个是生产关。生产关就是要懂得牧业生产过程。经过努力和一些同志帮助,我向老牧民请教、向基层干部学习,掌握了一般牧业生产过程;三是抓社队的经营管理,推行承包责任制。当时,我对牧区社队承包比较感兴趣,配合东旗旗委副书记额博尔图同志搞了小段包工试点。那时,牧业生产基本是一家一户放一群牲畜,适于家庭承包,这样在东旗新宝力格公社搞了季节性家庭承包试点。按季节包工的方法是:接羔算一个季节,夏秋抓膘算一个季节,过冬算一个季节,一年分三个季节包工。超过承包指标奖励,超啥奖啥。试点有了模样,我向盟委李振华书记汇报,依我的想法在全盟牧区推广这一措施，他很支持。这样，小段承包很快在牧业四旗得以推广，调动了牧民的生产积极性。大家劲头上来了，牲畜头数增多了，牧民收入增加了。到了“四清”运动把这套东西推翻了，说这种做法是修正主义的，这下打击了群众积极性。四是我参加了牧区和猎区社教，还有“四清”运动。从1962年到1965年，我多次在陈旗、东旗、鄂温克旗、西旗蹲点，进行牧区社会主义教育，主要是反修宣传教育。那时中苏关系紧张，防止苏联渗透和颠覆，防止有人外逃。1962年东旗的盟那达慕大会上，有8人跑到外蒙古去了，西旗也陆续跑了几个，所以这件事被重视起来。那些跑过去的人，“文革”以后陆续回来了。当时他们跑过去，主要是听了一些人的煽动，说外蒙如何如何好。所以我们下去主要是通过反修宣传进行社会主义教育、爱国主义教育，组织生产、抗灾保畜。1965年牧区遭受百年不遇的雪灾，雪下得太大，牲畜没草吃，要组织牧民破雪放牧。我们这些人同牧民一起做破雪工具，当时下了很大力量，解决一些应急问题。杰尔格勒同志在东旗抓点，我蹲在鄂温克旗，我们带领基层干部和群众生产自救。

1964年冬，我在西新巴旗搞“四清”，盟委通知我回去，说内蒙党委决定由我组织猎区工作队。主要任务是到额左旗鄂温克民族乡平息吉米德事件，同时组织鄂温克猎民搞好生产和护林防火，动员鄂温克猎民下山定居。当时组织猎区工作队的要求很急，我给盟委提出一个组队方案，干部主要从鄂温克族和鄂伦春族中抽调，因为他们能打猎、语言又通。这样一共抽调30多人，组建了猎区工作队。我是队长兼政委，孙敬武、胡楚、耐热尔图、涂荣同志为副队长。呼盟党委很关心这支工作队，为每人配备一支枪，做了几套衣服，有半截皮袄、羊皮夹克、套裤、棉胶鞋等；另外每人还发了一顶帐篷。我提出从猎民那里买一些驯鹿，为每个小组的工作队员驮运东西。当时一个小组有四、五个人，我们的队部设在阿龙山。阿龙山是新建的小镇，有小学校，有招待所，房子刚建成，我们借用它做了办公室。猎区工作队持续两年时间。头一年工作一冬一夏，我们下去召开了猎民大会，把几部分鄂温克猎民召集起来，首先直接讲吉米德事件真相。因为那件事情发生后，有人说是汉人先打死鄂温克人乡长，接着要杀鄂温克人。这一事件使许多猎民想不通，特别是死者的亲属。我们做了细致的思想工作，大会讲、小会讲、个别交谈，最后那一事件终于平息了；其次是部署护林防火工作。每年春秋两季防火任务很重，借此机会进行反修宣传，会议之后工作队分头跟随猎民上山。工作队员上山要坚持三同，即“同吃、同住、同打猎”，这是工作队的纪律。当时我们制定不少纪律，比如，同猎民一起猎取的猎获物要归猎民；工作队员不准私分猎产品；要尊重当地风俗习惯；工作队员要住自己的帐篷，要自己做饭；同时跟随猎民出猎、放牧，帮他们看管驯鹿。当时工作队员有什么活干什么活，有了病人便为他们看病，搬家时便帮他们搬家，就这样扎实地开展了工作。工作初期有个老猎民说：“你们这么些人来，一人带一支枪，到底干什么？”虽然这句话不是这样直接问的，但心里一直有个问号。我们同他一起生活时间长了，他的怀疑也就消除了。猎民们对我们是比较热心的，比如怕我们在林子里走迷了路，他们派专人领路；我们打不着东西，他们煮上手把肉送过来。经过一段时间工作，猎民们情绪稳定了，我们找一些代表人物，选了定居点地址。当时，昆德伊万是副旗长，尼格来是乡长，他俩同意在敖鲁古雅兴建定居点。但他俩同意不行，还要征得各部落认同。我们找一些代表人物开会，实地勘察，最后选定位于满归林业局附近的敖鲁古雅为定居点。这样，从旗里抽调几名干部，在定居点搞建设，建了 34 户房子，还盖起学校、乡政府、俱乐部、医院。猎民新村建成了。1965 年 9 月 1 日正式召开猎民定居暨乡政府成立大会。猎民定居是一件大喜事，各方友人到会祝贺。猎民们情绪稳定下来，我们便进一步研究怎样在这一地区开展社会主义改造和民主改革。在改革问题上有几个议题：一、驯鹿是主要生产资料，是私有财产，要不要集体化？二、基层政权建设要不要搞民主选举？三、对封建迷信要不要破除？对这些事情，工作队党委讨论后请示盟委，盟委指示暂不实行改革，保留私有制，封建迷信问题只能教育疏导，对上层人物还要实行统一战线政策。这样明确了认识，那里的私有制不改造，萨满不取缔，代表人物继续任用，大的方针不变，同时加强对年轻人的培养。那里的鄂温克人有了副旗长，有了乡长，并将何林同志抽到乡里重点培养。这样一些原则盟委都同意了。当时，猎民们组织了互助组，一个部落就是自然的互助组，是一个姓氏的生产单位。在猎区改革问题上，我们一直按照稳妥的方针办事，回过头来看这种做法是对的。这期间我还做了社会调查，想更多地了解这部分鄂温克人，访问了一些长者。他们说，原来他们的人口比现在要多，在黑龙江漠河一带还有10余户，在日本人侵占东北后，跑到苏联去了。这是因为鄂温克人原来都是从"江东"过来的。关于民族内部关系也弄清楚了。这一部分鄂温克族原来被外族人称为雅库特，由5个部落5个姓氏组成。历史上姓氏之间争斗很激烈，布勒托夫、索勒贡诺和古德林之间的相互残杀事件时有发生。后来人们也相互结仇，尤其在酒后常发生伤亡事件。敖鲁古雅这部分鄂温克的人生产、生活方式比较落后，但他们从不忘记别人给予的关心和帮助。他们感谢共产党，因为只有共产党才能帮助他们生存和发展。

## "十年浩劫"

1966年，中央"五一六"通知下达后，"文革"运动就开始了。当时，华北局把内蒙各级领导班子成员都集中到北京前门饭店。呼盟盟委书记去了，自治区领导也去了，由华北局的李雪峰主持会议,整乌兰夫同志。随后,华北局从内地抽调大批干部派到旗和盟里,担任主要领导,实际上就是夺了领导权。盟委代书记是南京部队学校的,是现役军人(大校),从河北省来了两位副书记。上面认定内蒙不可靠,以乌兰夫为首的一伙人搞独立王国。去华北局开会的同志回来后,第一次传达文件时,把我叫去参加了常委会,因为当时我是代常委。传达完文件,开始揭盟委阶级斗争盖子,由新来的书记主持会议。当时,揭发啥的都有,揭来揭去,奇峻山、杰尔格勒下不了楼,揭我的事情也不少。这样,从当年6月份开始,不让我参加盟委会,实际上靠边站了。紧接着,把各旗市的负责人弄到盟里,揭盟委阶级斗争盖子,在盟宾馆贴了很多大字报。涉及到我的问题也不少,什么土改时阿荣旗查巴奇事件的后台是我啦;土改时我继母是被我打死的;1962年盟那达慕大会后8人逃蒙是我放跑的等等。当然,不了解实情的人一看这些东西,必然会认为我骨子里就不是好东西,会认为我是搞两面派耍阴谋的家伙。过不久,把我从办公室撵出来,让我停职反省,到大会议室去反省,学毛主席著作,读"老三篇",用毛笔写"老三篇"。开始照着写,后来背着写。在这个期间,让我们跟着机关木瓦匠去参加劳动,参加清扫厕所、维修家属房、做语录牌、街道上埋语录牌等劳动。这期间,我被戴上高帽游街示众过,还被三中、二中的红卫兵揪去批斗,有的还强行要过钱,说是派人搞外调做路费。特别值得一提的是:"文革"前,我请了一个保姆。因为两个孩子小,加之我们两口子成年在外搞"社教"或"四清",我爱人还当过多年报社驻旗市的记者,经常不在家。我们全家同保姆相处得非常好,像一家人一样。老太太对我们家贡献很大,我们不在家时,她对孩子们吃穿用以及学习等关照得非常周到,我们特别放心。在横扫牛鬼蛇神破四旧之际,有的造反派在我们家门上多次贴过大字报,说我们剥削他人,过的是地主生活。那位老太太身边只有一个在满洲里上高中的儿子,无家可归,无奈掉着眼泪离开我们,给别人看孩子去啦。

后来，两个孩子经常去看望她，老太太临去世时，我还到医院为她送葬、向遗体告别。

到了1966年末，盟革委会还没成立，把我们盟委、盟公署的一部分当权派集中到盟委大楼的最西边大屋子里，隔离审查。1967年“上海一月风暴”后，统战口的造反派率先举行仪式，夺了统战部的权（盟公署的权早就被夺了）。同时，还给我带上沉重的牌子和高帽，在盟委大门口站着示众，一站就是几小时。1967年3月份，盟里部分当权派被军管，我当然也是其中之一。有盟委书记奇峻山，盟长杰尔格勒，副盟长吉格木德、阿其拉图、都古尔扎布，宣传部部长韩峰，公安处两个处长、法院院长等人。把我们关到盟商业局大楼的三楼，把窗口用钢筋、牛皮纸封上了，门上了锁，还派一个班战士看守，受军管会直接领导，一直关到70年代初。在此期间，盟统战部的造反派经常揪我批斗，让交待所谓的“修正主义”、“民族分裂”的罪行。统战部个别造反派头头喊得最凶，说揪统战口的牛鬼蛇神，首先要揪牛鬼蛇神的头头（指我）。开始批斗时，揪耳朵、揪头发，后来发展到用皮带、木棒子打。有一次，把我屁股打肿了，胯骨打坏了，回军管会还不敢说，只能用大腿根儿坐凳子。总之，统战口的造反派头头整人的手段很多。他们不仅批斗我，还把统战系统的其他干部和非党统战对象整得好苦；还株连我家属，先后抄家两次，拿走一些历史照和贵重物品，还把我家三口人撵到工会的白斯古郎同志家，住进仓房里。东西没地方放，放到煤棚子里，损失了不少衣物。这些人还通过报社机关整我爱人一年多，经常揪去逼她交待我的罪行。孩子们也受到了株连——“修正主义”、“民族分裂主义分子”卓利格图的孩子没资格下乡、升学。这些折磨不仅是肉体上的，也是精神上的摧残，我爱人得了重症神经官能症。

到了1968年12月末，把各旗市和盟直机关的“统一党”挖得差不多的时候又开始挖我和杰尔格勒同志。挖“统一党”的事情，我早就听说过。我在1968年7月从军管会放出来，让我上内蒙古自治区学习班时，我刚到家，一进门，我爱人就问我："你和杰尔格勒搞了'统一党'吗？现在公安处在挖王允廷和沙格拉，说是杰尔格勒、你和王海山是头儿。"她说："你要是搞了，你就好好交待，还有老婆孩子呢。"我当时表示："你要相信我。我除了共产党，别的什么党也没参加。"一听到这个消息，预料到内蒙古学习班我是去不成了，准备重新回军管会。我在家过了夜，第二天就有人来送信："你上内蒙学习班的事有争议。"让我在家等消息。到了下午，机关来人把我送到建设银行，又把我隔离起来了。在此期间，一位好心的老同志给我说得更清楚了，连谁是书记、谁是副书记、有几个中央委员、有几个部长、谁是什么部长都告诉我。与此同时，专案组的两个同志同我谈了几天，从小谈到"文化大革命"。最后，他们说："你还有一个最重要的问题没交待。"我哭着给他们说："我对组织上没什么隐瞒的问题。"后来，把我揪到盟报社楼上，由盟革委会专案组批斗我，让我交待"统一党"的罪行。这期间的事就不用细说了，总之是九死一生。这样连续整我一个月以后，我的身体实在支持不了啦，别人说话的声音好像在耳边鸟叫似的，自己说的啥，自己也听不清楚。两条腿浮肿很厉害，专案组也感到整不下去了，就把我送回军管会。回到军管会后，我立即又写材料，声明自己交待的东西全是被逼供写出来的，声明我根本不是"统一党"的副统帅。当时，我还有一个信念，我相信我们伟大的党会弄清这一段历史的。后来，我自己也反省过，一个共产党员，自己没干的事，被迫承认也是不对的。后来有人说我："喝着茶水承认'统一党'的。"这是那些斗我的人为开脱自己的罪责或者别有用心地编造出来的。"三大讲"时，有人说我为了投靠"四人帮"，提拔重用上海知青孙金娣。我听后非常生气，根本不是那么回事。孙金娣入党是阿拉坦巴根同志介绍的。提拔时，盟委组织部孟副部长考核的，盟革委会核心组推荐的。1972年末，盟党代会上我们一起当的常委，这时我才认识她。有人在“三大讲”后还说我“检查没触及灵魂”，要我重新检查。盟委书记也说，老卓你再检查一次。我说：“我检查过头了。我没投靠‘四人帮’，没什么可检查的。”书记不再让我检查了。1972年我重新工作后，主张不论哪一派都要联合，团结起来搞好呼盟的工作。我坚持不论谁，只要干了坏事，都要追究，没干坏事的，只是站队问题不影响使用。这个观点，在党委常委会上都讲过。因为“文革”涉及到很多人，运动中贴大字报揭发别人的事情，谁都干过，要你同走资派划清界限，这不能怪哪个人。对斗过我的人，我也是这个态度，因为那些人是盲目的执行者。所以不再过多地追究个人责任。个人应该检讨，吸取历史教训，组织上不能揪住不放。有人来外调时，我只是介绍当时的情况，但不提供文字材料，因为他们是执行者，又是我的部下，在他们的档案里没有我提供的材料。在“三大讲”时，还有人说我保护了造反派、包庇了造反派。其实并不然，这是历史事实。

## 贯彻党的民族政策，促进民族团结进步

关于少数民族工作，经过几十年学习和实践，我对如何做好民族地区工作有了一些体会。我认为，一个干部要想做好少数民族地区工作，起码具备以下三个条件：一是确立全心全意为人民服务的世界观，心里想着群众，处处为群众排忧解难；二要确立正确的民族观，也就是马列主义民族观，不怕人家说三道四，不怕戴狭隘民族主义帽子，敢于为少数民族合法权益和正当要求讲话，真正认识到我们是代表党和政府在少数民族地区工作，不是某一民族的官员，而是共产党的一员；三是确立正确的群众观点，相信群众大多数是好的，坏人是极少数，搞民族分裂的人是极个别的。同时正

确认识和对待一些落后现象，比如某些民族中存在的酗酒闹事、简单粗暴、封建迷信等现象。这些现象的存在，与他们所处的社会环境以及他们的生产生活方式有着密切关系，因为存在这些落后现象，共产党人才应教育帮助他们，使他们文明进步，这是我们的责任。我觉得具备以上三个条件，才能一心一意为少数民族服务，才能同群众同甘共苦，开创民族地区工作新局面。

我认为，要贯彻好党的民族政策，繁荣和发展民族地区经济和文化，首要任务是扶持发展少数民族经济。经济上不去，生活没有保证，其它一切都不好办，文化生活和学校教育都谈不上，所以发展经济是中心。但是，不论农业还是畜牧业、林业的发展，都必须坚持因地制宜、实事求是的原则，应经历由试办到普及推广的过程，在这一方面有过不少教训，走过不少弯路。比如在鄂伦春旗，我原想先抓猎业然后转向饲养业，花大力气在野外撵野鹿，骑马捕鹿，捕到的野鹿有的气死了，有的抓住圈养了，最后死了一些，卖了一些，现在鹿场也没了。这条路子就是从原始狩猎到将野生动物驯养的试验，当然是很好的事情，但经营管理不善，最后没有成功。再比如开荒种地，一些猎业生产队也搞过，多数没有成功，主要是没有内行、能干的带头人。我调走以后，吴守贵同志对农业开发抓得很好，他在几个地方搞成功了。后来我总结出一条经验，这就是先注重培养人，采取送出去派进来的方式，解决人才问题，这样容易成功。我听了阿荣旗查尔巴奇、德乐奇尔乡的情况，有的见成效，有的不理想，今年见成效了，明年亏空了。所以需要有事业心强、内行的人搞才能成功。牧业方面也试过，曾经发给每家猎户一头奶牛，这种办法现在看不行，后来他们把那些牛杀的杀、卖的卖，全弄光了。也有成功的例子，扎兰屯市齐齐哈尔达斡尔乡养牛业发展很快，鄂温克旗白音查岗农业搞得挺好。他们那里丰收了，粮食提价后，不仅把外债还清了，自己还有结余。毕力格图同志的儿子叫胡格沁，在那儿当苏木达，干得不错。副旗长涂志锋在那儿当书记时搞起来的，现在的场长是蒙族。他很能干，所以开发性事业必须有懂管理的人领才行。以经济为中心，要因地制宜。要稳步发展，稳扎稳打，普遍开花不好。莫旗阿尔拉乡，在库如奇前面搞过一个农场，当时搞得挺好，后来垮了，扔了不少钱。萨马街在日本站那个地方建了农场，一段时间搞得挺好，后来搞得也不理想，现在还在干着呢。这都是吴守贵同志从农行贷款挤出资金，将他们推动起来的。

我认为，要贯彻好党的民族政策，发展和繁荣少数民族经济和文化，团结是保证。因此，一定要处理好民族之间和民族内部的关系。毛主席曾指出："政策和策略是党的生命。"要调动少数民族干部和群众的积极性，要团结大多数，政策要掌握好。比如说错误的思想要批评，落后的东西要改革，反动的东西要批判。当一个民族里出现个别的问题，不能株连整个民族，不能说这个民族不可靠了，不可信任了，这不行。过去这类问题不是没有，"文化大革命"中发生过，伤害了少数民族感情。所以谁搞反革命处理谁，不能株连其他，谁有错误思想批评谁，对落后的思想可以批评教育、启发诱导。正是因为他们落后，才需要做思想工作。他们是共产党人做工作的对象，要充分相信能改变那些落后观念，不能轻意给人扣上"反汉排外"的帽子，要看事实。一个人为当地干部或本民族干部说了话，一些外来干部在民族地区选举落选了，就说他"反汉排外"，这很可笑。杰尔格勒同志是外来的蒙古人，为牧区办了很多好事，绝大多数当地群众拥护他。图盟巴雅尔同志是外派的鄂温克干部，他在鄂温克旗受到各族人民拥护和爱戴。个别外派干部落选是有自身原因，一个人在牧区工作多年甚至10多年，连本民族语言都说不通，不深入群众，不关心群众的疾苦，只考虑自己亲朋好友的利益，甚至对当地牧民最起码的感情都没有，这样的人能不落选吗？

我认为，要贯彻好党的民族政策，需要正确处理好爱祖国和爱民族的关系。我觉得爱民族和爱祖国这两点是统一的，爱民族和爱阶级也是统一的，互不矛盾。一个不热爱本民族的人不可能热爱祖国。你只讲国际主义，不从本民族和本国的利益出发，高唱国际主义没用啊！你首先得爱自己民族的老百姓。你光讲大道理，自己的事、本民族的事、本地区的事干不好，说得再好也是一堆空东西。

还有一条，要处理好国家扶持和自力更生的关系，坚持以自力更生为主与国家扶持相结合的方针。对弱小民族来说，经济不发达是现实，国家是要扶持。但要扶持对路，少数民族不能把国家给的钱当救济用，用国家的钱来养活自己，这样反而形成依赖思想。有了懒惰情绪，民族就不能发展。所以借助国家扶持，目的是靠自己的力量发展生产，达到自立。

我在呼盟工作36年，呼盟是哺育我成长的地方。我对呼盟的老百姓，特别是牧区少数民族干部群众很有感情，我热爱呼盟这个地方。这里的群众和干部很惦记我、关心我，经常打听我的消息。借此机会，对关心和支持我的干部和群众表示衷心地感谢！

## 开发资源，繁荣经济

1972年我重新工作后，盟委派我到鄂温克自治旗工作一段时间。那时，盟核心组派我去的目的主要是处理“文化大革命”遗留问题。因为“文化大革命”中鄂温克族领导干部大部分被整死，需要落实政策，这件事很棘手。我去之后，一件件落实了，包括图盟巴雅尔、乌尼满都同志的问题。当时为消除派性，增强各民族之间团结，恢复和发展畜牧业生产，我费了许多脑筋，做了大量工作。我在那儿呆了一年多，又兼职一年。这两年多时间，一是抓恢复和发展生产(当时全旗牲畜头数由近40万头下降到了10余万头);二是强化各级领导班子,特别是培养鄂温克族干部。现在一些在任的少数民族干部就是那时选上来的。当时还选送一批蒙古族、达斡尔族、鄂温克族的青年去学习,这些人总的说来都不错。所以鄂温克旗落实政策还是不错的,大家团结得好,一些有争议的人物该调出的调出了。我以团结为重,把大家的积极性调动起来,不去论说你赢我输的问题。

进入80年代后,在农村牧区改革上,根据中央改革开放方针和基层实践经验,我曾提出过“二十”字方针,后来在1983年内蒙牧区工作会议上,向周惠同志谈过这“二十”字方针,就是“包字当头、兼在其中、专是方向、联是趋势、法是保证”。什么意思呢?牧区要想发展,必须搞承包到户、包干到户。承包后还要兼营其它副业,也就是说以牧业为主兼营其它,主业向纵深发展,农副业多元化发展,走专业化道路。如奶牛专业户、专业村、肉牛专业户、专业村等。所谓“联”就是随着生产力发展,各专业户、村走联合之路。这不是原有意义的联合,是生产过程中的联合,也可能是加工过程或流通过程中的联合。只有这样,才能发展、才能致富。当然,这些措施在实施过程中要以法律为依据。只有法律才能维护国家的利益,保护农牧民利益。

1972年我重新工作后,被派到鄂温克旗任党委书记。首先遇到的是大雁矿区开发问题。当时,国家对大雁矿区还没列项,由扎赉诺尔矿务局派人,用自有资金来开发煤炭资源。为了尽快上马,需要地方上很好的支持配合,争取早日列项。那时,地方上什么机构也没有,不仅没有地方政府,金融财贸机构也没有。矿上办事非常不方便,职工生活必需品要到牙克石去买。1973年5月份我与李向义同志(当时是扎赉诺尔矿务局党委书记)商量,共同派人成立矿区政府办事处、金融财贸以及公安政法等机构,由旗里派人组建。组建初期,矿上在各方面提供了很多方便。后来经上级批准,成立了镇政府和矿区政府。这样，矿区的开发方便多了，也促进了国家列项。

伊敏河矿区开发建设初期，把商业、粮食、公安、银行、工商等机构同时成立起来了，直接归属盟有关部门领导，后来陆续交给鄂温克旗了。鄂温克旗在伊敏河也成立了矿区政府。

1976年黑龙江省委决定开发伊敏河露天矿。因为辽宁省已经着手开发赤峰元宝山露天矿，吉林省已组织力量开发霍林河露天矿，所以黑龙江准备开发伊敏河露天矿。当时决定由鸡西矿务局包建，他们出人、财、物。这时黑龙江省委给盟委来电话，说开发伊敏河矿区需要选派一个盟委副书记去担任企业主要领导。盟委讨论时，我觉得自已去比较合适：第一，我是鄂温克族，又在那个地区工作过，不少基层干部和群众都认识，工作方便；第二，分管工业的兴堂书记身体不好，年龄又比我大，在副书记中我的年龄还是比较小的一个（当年48岁），身体还可以；第三，我多年来一直从事地方党政工作，也愿意到企业去工作，少数民族干部也搞搞经济。鉴于上述原因，当场我就报名了。这样，盟委向省委推荐了我。随后，省委通知我去哈尔滨谈筹建伊敏河矿区有关事宜，又从呼盟选调一位巴达拉呼同志（他是大雁矿务局党委副书记）。我们一起到了哈尔滨，鸡西方面参加领导班子的同志们也都到了。省委领导任仲夷、杨易辰接见了我们，具体安排由黑龙江煤炭管理局李局长负责布置。我们俩同鸡西来的伊敏河指挥部班子成员见了面，然后同管理局主要领导同志一起研究组建指挥部的问题：内设机构需要多少个处室，需要多少干部以及什么时候进入现场等问题。这些定下来后，我要求会见省委组织部领导。当时谢部长和李副部长接见了我。我要求明确一件事：我调到伊敏河矿区建设指挥部任书记后，盟里职务保留不保留，还是兼顾，以哪儿为主。他们的答复是“盟里职务不免，有重要事情还回去参加会，在伊敏河建设初期，你还要蹲到伊敏河，盟里职务给你保留，这样工作方便。”

伊敏河矿区建设指挥部我任书记、王贵同志(原鸡西市委副书记)任副书记、指挥刘义和同志(他因病没能报到)任副书记。刘景涛、李承岱、巴达拉呼、张守文、强同仁同志任副指挥,刘钟魁同志任政治部主任。工作人员从处长到科员以及部分工人都由鸡西矿务局抽调,共计大约200人。当时决定处级以上干部7月1日前报到,一般干部7月10日前报到。真不错,没什么特殊情况的都按时报到了。1976年7月10日正式召开了成立伊敏河矿区建设指挥部大会,呼盟委决定将指挥部设在伊敏,在施工现场指挥。不久,经过几天筹备,由两个副指挥率领16人,于1976年7月16日赶到伊敏河现场,很快把几栋帐篷和活动板房架起来了,指挥部就在伊敏河边安营扎寨。随后,指挥部领导分三路:一路由我带队到北京煤炭部汇报要钱;一路由刘景涛带头到沈阳煤炭设计院催办总体设计,以便早日立项;还有李承岱、巴达拉呼两位副指挥负责指挥部的建设。当时,国家没有列项,钱财物什么也没有,全都是打白条借来的。这一时期,扎赉诺尔、大雁矿务局,尤其鸡西矿务局和呼盟的有关单位给予了无私的援助。省管局和煤炭部也是很关心的。呼盟地区寒冷,冬天我们从地上转入地下,住上了各处室自已挖的地窨子。到部里汇报正赶上唐山地震,部长们忙于救灾,只向部基建司孔司长汇报后就回来了。沈阳设计院答应把总体设计方案赶出来。从第二年开始,部里列为预备项目给了一些钱和物,我们就兴建砖瓦房,逐渐从地下转入地上。不久,煤炭部批了总体设计,第一期建设总规模为500万吨。现在光煤炭口就花了10几个亿了,加上在建的两个50万千瓦机组的发电厂,总投资可能达到70亿左右。

1981年,原煤炭部高阳文部长和刘辉副部长到呼盟视察,由我陪同在3个矿区视察了10余天。两位部长对3个矿区的建设还是满意的,特别关心的是怎样加快建设一个赶上世界先进水平的现代化矿井。高阳文部长对民族地区繁荣发展也是非常重视,盟里提出了与矿区建设相配套的若干项目，要求列入煤炭投资计划。经高部长原则同意之后，我同刘辉副部长一起商量搞了一个纪要，矿区和地方项目共计13项，都是为矿区建设服务的项目。比如，在呼盟联办一个水泥厂，为呼盟3个煤炭企业提供建设用的水泥；伊敏河在东海拉尔建一座两台机组（各2、5万千瓦）的电厂，初期可以作为伊敏河建设和生产用电，后期可以作为大电厂的启动电源。呼盟煤炭资源非常丰富，但地质工作跟不上去。为了加快呼盟煤炭地质钻探速度，将呼盟牧区草原打井队改为煤炭地质勘察队，隶属关系由农牧口转为煤炭口；为3个矿区培养专业人才，呼盟师专、卫校定向招收3个矿区的学生，煤炭部提供资金，各建一座教学楼；为了给内蒙东部三大露天矿培养中级专业技术人才，在海拉尔新建一所煤炭工业学校；为加快伊敏河矿区建设，呼盟成立第三工程公司，由煤炭部提供装备费；同时扩建鄂温克旗辉河口砖厂，在大雁新建一座干石砖厂，所需投资由煤炭部提供；为了接待好外国专家，扩建呼伦贝尔宾馆，煤炭部和水电部各提供300万元的资金；还有，地方在宝日西勒煤田兴建一、二、三个矿井等，当时把资源和区域也划定了。以上这些项目，现在可以说总共13项建设投资全部完成，总投资已经超过3个亿以上，为呼盟和3个矿区的建设发挥了很重要的作用。实践证明，少数民族群众是通情达理的，是欢迎国家开发资源的。最初有些牧民有想法，这是可以理解的。很好的草原修了公路、铁路，占用了最好的草场，放牧不方便了，伊敏河矿区原是4个生产队和一个国营牧场的夏营地，那样好的夏营地在呼盟是难找的，有山、有水、有树、有碱地，真像天然植物园似的，确实很美。另外它是过牧道，是鄂温克旗中北部人畜过夏，向南部移场放牧的必经之路。西索木、白音塔拉索木、孟根索木，畜群过夏南迁，到大兴安岭那边游牧的必经之路。夏季畜群要在那儿舔碱吃草，正好有河湾、湖泊和碱地。所以说当地的牧业受到很大影响，牧民有想法是可以理解的。这些实际问题作为领导要考虑,要妥善解决。比如我们在哪里安营扎寨,牧民的夏营地就要搬迁。当时直接涉及3个生产队和1个牧场,经过我们动员,牧民们顺利搬走了,旗里为他们指定了新的牧场,但需要重新设收奶站。牧民们提出的要求是合理的,他们选了点,我们给支起帐篷,修了池子,有了水源。善良的牧民并没有提出更多要求,他们很关心矿区职工的生活。开发初期,矿区很困难,没有肉吃,牧民们有的送牛,有的送羊;而矿区职工也关心牧民的疾苦,经常为牧民送医送药,病人来了及时救治。我们有个放映队,经常到牧区放映电影,有时还请附近生产队牧民联欢,过年过节互相拜访。那两年的春节,我都是同牧民们一起过的。总的来说,矿区人和当地牧民相处得很好。当然也有一些小事发生,比如,牧民的牛闯入职工家菜园子,有人把牛扎伤了。这样的问题我们都及时做了处理。我经常给职工们讲,牧民们生活不容易,人家原来在伊敏河边放牧,蒙古包设在伊敏河岸边,人畜用水很方便,不用花钱买水喝;烧柴河套里有的是,也不用跟群放牧,交通也方便。可是搬到河东,生活条件变差了,带来诸多不便。我们应该互相理解,尊重少数民族风俗习惯,执行好党的民族政策。为此,我们制定了若干纪律,每年搞一次民族政策执行情况大检查,对一些问题处理得很好。我讲这个的意思是说,在少数民族地区搞开发,必须贯彻好民族政策,老百姓是通情达理的,工作是能做通的。后来许多汉族同志深有体会,他们交了不少牧民朋友,和当地人结亲的也不少。

伊敏河矿区的开发,促进了鄂温克旗经济和文化的繁荣和发展。在扶持与发展少数民族经济文化方面,矿区做了大量工作。当时我有一个长远规划,想搞一个现代化牧区样板,为动迁的牧业生产队建几个大分散小集中的牧民新村;还搞牲畜棚圈,搞草库仑,建设饲草饲料基地,保护好牧场。现在伊敏河矿区附近敖莫沟已经建起3个牧民新村,伊敏队搬迁时,建起砖瓦结构住房和棚圈,通了电,家家户户可以看到电视,各家各户打了井。对于牧场及牧民财产实行的是有偿占用。经过上级审批，我们有偿征用38平方公里草原，花了7千万元。另外，修铁路和公路也都考虑到牧民利益。我和旗委的查干书记以及有关苏木的同志一起，同设计院、铁路局同志一起勘察，确定铁路走向，不该设桥的地方设了桥，不该设人行过道的地方设了人行过牧道，主要为了便于过牧。因为有居民点、放牧点的地方，牲畜要穿过铁路，要上山放牧，从铁路上穿行容易出事故。所以，人员多、牧业点多的地方都留有过牧通道，铁路底下增设涵洞，方便了人、畜、车辆过往。为鄂旗东西部群众过河方便，地方、铁路、矿区3家出资，在西苏木地段伊敏河上修筑一座公路桥；在伊敏河矿区由我们投资修了第二座桥，这样伊敏河两岸人民交通往来就方便了。总之，在开发和建设新矿区过程中我们处处考虑了牧民利益。

开发伊敏河矿区，给周围群众带来很多好处：一是交通方便了。修了柏油马路，进城的公共汽车一天往返几趟。交通发达对群众生产生活产生了重要影响。原旗委书记图盟巴雅尔同志曾经调用推土机把堵塞道路的积雪推开，开通道路。现在用不着了，有了公路，公路等级修得比较高。交通方便，商品流通就便利，当地土特产运得出去，居民生产、生活用品运得进来。伊敏河矿区职工多了以后，需要大量农副产品；当地土特产品有了销路，促进了牧民的商品生产，他们的畜产品转换成了商品。现在永丰队好多牧民家到伊敏河矿区农贸市场做买卖。牧民们有的开肉铺，有的卖土特产，成了专业户。我访问过一些牧民，他们把猪、羊、牛混在一起游牧，然后把肉出售给矿区职工；他们还把山上的野菜、野果拿到矿区出售，不仅丰富了矿区职工的物质生活，也增加了牧民的经济收入。文化生活方面，牧民们可以坐在家里看电视，他们不再是山沟里的人了，国际、国内大事能及时了解，知识面广了，思想开化了，学生上学也方便了。

我们在开发初期，为职工兴建学校、医院时考虑到周围牧民孩子入学、就医问题，所以在规模上留有余地。牧民子弟来上学，我们欢迎；牧民群众来看病，我们及时救治。矿区医生曾经在地窨子里、在蒙古包里为牧民做过手术。随着大雁、伊敏河两个矿区的开发，特别是伊敏河煤电联营两个50万机组投产，鄂温克自治旗将会成为呼盟的税收大户，成为对国家贡献最大的一个旗。如果伊敏河电力达到200万千瓦装机容量，鄂温克旗的财力就厉害了。中央有个政策，在少数民族地区总发电量里，每年要给地方10%留成，这样鄂温克旗将成为一个富裕旗。在我看来，鄂温克族自治旗前途非常光明。

当然，随着矿区的开发也带来一些矛盾和问题，我还是那句话：共产党人是能解决这些矛盾的，包括民族关系上的一些问题。开发带来的好处是长远的、永久的，对民族的繁荣、经济文化的发展将会发挥重要作用。

关于内蒙古自治区繁荣发展问题，我在1979年内蒙党委扩大会议上汇报呼盟工作时曾提到，“内蒙的前途在于开发，出路在于改革，途径在于开放”。现在证明这3条建议是正确的。开发伊敏河的事实证明了这一点，它就像一颗明珠在鄂温克草原上闪烁发光。

## 东煤十载

1982年12月15日，原呼盟党委书记布特格其同志打电话通知我，说内蒙党委通知我的工作有变动，要调我到东北长春煤炭公司工作，要求我17日报到。我16日赶到哈尔滨，张秀亭同志说，煤炭部于洪恩部长要来哈尔滨。于部长同我谈话时说：“12月11日高扬文部长到内蒙之前，部党组开会讨论，在内蒙调用一名公司领导,并向自治区党委提名请你来。”“任命你为公司党组副书记、副经理,分管政工和干部工作。”我说:“如果我只是来分管政工和干部工作,东煤系统汉族干部中不是有很多人吗?我有没有协调内蒙民族地区地方关系的任务?”于部长说:“当然有哇。”于是,我如期报到了。到东煤后,主要做了三件事:一是协助党委分管干部和班子建设;二是协助党委抓政治思想工作;三是协助党委协调地方工作,特别是民族地区的工作。总的说来,在李云峰经理支持和班子其他成员配合下,我完成了这些任务。在这里,我着重谈一谈开发东北煤炭资源、最大限度满足东北煤炭需要的同时,怎样扶持发展民族地区经济文化的。因为这是国家交给东煤公司的任务,国务院 1982 年 142 号文件写得非常明确。

我认为要顺利完成开发煤炭资源的任务,必须处理好企业和地方的关系,这样才能得到地方政府和群众的支持。所以,我到东煤公司后,对地方政府提出的要求,只要能办的,都尽力去办。这一方面,班子的同志认识是一致的,云峰经理也很开明。所以,10 余年间,公司为内蒙东部、辽宁、黑龙江、吉林省有关地方政府和部门办了很多事,花了不少钱。比如,资助内蒙的扎赉特旗、科左中旗、科右前旗、奈曼旗、扎鲁特旗、突泉县等地;矿区所在地的市、镇就不用说了,东煤公司在物质方面扶持地方的事情太多了。当然,支持和帮助是相互的,地方政府为支持矿区建设出了不少力。比如征用土地问题,伊敏河和霍林河矿区征用草原花了很少的钱;伊敏河征用 38 平方公里草原只花 7 千万元。地方和企业相互支持,事业就能办好,各项事业才能共同发展。在这个问题上,内蒙东部的哲盟、赤峰、兴安盟、呼盟的领导同志都是很开明的。

有关企业干部工作我说两件事:一是各级领导班子怎样坚持年轻化、知识化、专业化、革命化的问题。在执行干部“四化”方针过程中,我们从煤炭行业实际出发,坚持因人而宜的原则,不光看学历和年龄;一个人学历再高,没有组织能力和协调能力也不行。

所以适应煤炭生产发展需要的干部留任了,年龄大一点的,不适应第一线的安排到地面工作,在干部的年龄问题上没搞一刀切。有的矿区党委就搞了一刀切,不仅浪费了人才资源,而且把积极因素变成了消极因素。还有一个问题是怎样体现煤炭企业党管干部的原则。经东煤公司党委多次讨论规定一个任免程序,先由组织干部部门考核,征求主管和分管领导的意见,党政一把手交换意见后,提交党委讨论;行政部门干部由行政部门任免,党群系统干部由党委任免。煤炭行业与其它行业不同,一个矿务局就是个小社会,工、农、商、学、兵齐全,党、政、工、团配套,一个大局总计 10 余万职工,下属几十个企业。所以怎样选择和任用干部,怎样做好干部工作,成了关键问题。此外,为了在煤炭企业中发挥党组织核心作用,从公司党委到矿务局党委都制定了党委工作细则和条例,使党委工作走向正规化。为认真落实党中央思想政治工作纲要,东煤公司党委也搞了纲要实施细则。总之,我在东煤系统企业党委工作中搞了一些基本建设。

东煤公司的十年确实是辉煌的十年,完成了国务院 1982 年 142 号文件的要求,最大限度地满足了东北各省区对煤炭的需求,同时完成了积极扶持发展少数民族地区经济文化的光荣任务。

我现在已经是"古来稀"的年龄了,回忆起往事来,难免有遗忘。在几十年的工作中,为人民做过不少有益的事情,也做过一些错事。对此,呼盟和东煤的群众给予了谅解,我在此表示衷心感谢!现在,我一心想安度晚年,争取看到祖国更加昌盛,家乡更加繁荣,台湾早日回归。

# 我的自传

**涂敏** 鄂温克族，涂可冬氏，1932 年 8 月 25 日出生于黑龙江省讷河县占仁村杨树屯，中专文化。在日本鬼子的铁蹄下度过了童年时代；1947 年参军入伍，1954 年加入中国共产党，为祖国解放战争和抗美援朝的后勤保障作出过贡献；全国解放后，先后担任过通迅员、体育教员、区队长、参谋、军体主任等职；曾先后到长春航空预备学校和广州军事体育学院、空军高级航空学校学习深造。70 年代后，担任过空军航空兵部队的团参谋长和场站站长，在空军率先提出永久性外场指挥设施的方案；1980 年，调任南空后勤部任参谋长，1983 年任后勤部长；在任 10 年间，为南京军区空军后勤建设做了大量工作，在空军后勤系统首创了后勤指挥自动化微机网络，受到总部肯定；1988 年被授予空军少将军衔。1993 年 1 月离职休养至今。

隆冬时节，收到来自家乡的信函，要我写一份自传。凭心而论，革命几十个春秋，所取得的成绩和进步，都是党培养教导的结果，没什么可标榜的。但作为故乡的儿子，考虑再三，又觉盛情难却，还是提起笔来，留一份回忆的墨迹吧，以告慰故乡的父老乡亲。

# 童年的岁月

我叫涂敏,这是几经修改的名字。小时候在老家叫涂吉祥,在博荣布西上小学时叫卓日格图,参军时才改为左吐,直到 1965 年改为现名。

我的故乡在黑龙江省讷河县占仁村杨树屯。1932 年 8 月 25 日,我出生在一个贫农的家庭里,本人成份学生,文化程度中专。1947 年 7 月 21 日在齐齐哈尔志愿入伍。1954 年 7 月加入中国共产党。童年的生活,有的已经遗忘。据我父亲讲,祖母在他很小时就已过世,剩下祖父、大姑、二姑、我父亲 4 人相依为命。父亲 12 岁时就和祖父一起参加劳动。后来两个姑母相继出嫁,父亲承担了全家生活的重担。因祖父、父亲都是强劳力,所以生活还能维持。当我 5 岁时,祖父突然病故,后来家里又增添了弟弟妹妹两个人口。随着岁月的流逝,家境发生了变化,母亲常年有病,父亲积劳成疾,得了支气管炎和严重的腰肌劳损,只能参加轻微劳动。这时家庭生活已更加贫寒,无奈把全家赖以生存的几亩地也卖光了,只剩下两间茅房。为了生计,父亲只好给全村放牛(共有 100 多头)。因家庭生活困难难以糊口,1946 年我失学了,开始做短工,这在当时叫“半拉子”,即半个劳力。1946 年冬,母亲病故,我当时才 14 岁,这对我们来说,更是雪上加霜。那时弟弟妹妹还小,我这个只大几岁的人,既当哥又当“妈”,拾柴、挖野菜、缝缝补补什么都做,照料家庭也算一把好手。1947 年春,父亲的病加重,只好由他看家我去放牛,这时,我算全家的顶梁柱了。正当我们家在死亡线上挣扎的时候,土改工作队到了我们村,开始搞减租减息,接着斗争地主、平分土地。我们家定为贫农,分得 3 垧 6 亩地、一匹马、

3 间好房和其他物品，贫下中农翻身做了主人。当年 7 月我参军了，党和政府十分关怀军属，我们家的地由政府代耕。生活富裕了，弟弟妹妹也上了学，所以我深深懂得，是党和毛主席把我们从火坑里救了出来。如果没有党，我的家庭就会家破人亡，流离失所。今天的一切都是党给的。

我出生那年(1932 年)，正是日本帝国主义全面侵占我东北三省的时刻，也是东北人民在中国共产党领导下英勇抗战的时期。我是在日本帝国主义奴役东北人民的 14 年中成长的。从我懂事的那天起，就亲眼看到日本鬼子打人、抓人、杀人。讨伐队每次从山上回来都要在县城门楼上挂几个人头示众。记得有一次我从博荣放暑假回家. 一路上看到的人都是从关里抓来的民工，这些人被迫给日本人修路。我见到一个民工，病得很重，躺在路边。不一会儿，日本鬼子用枪强迫几个民工把他活活地埋在路边了。有时，我和父亲去县城卖柴，日本岗楼检查特别严，动不动就打人。每年秋天为了逃避交“公粮”，把不够糊口的一点粮食藏来藏去。记得有一次因交不起“公粮”，一个姓张的警长把我父亲打得几天起不来，所以我从小就恨日本鬼子，盼望早点把小鬼子打回东洋去。

1942 年春，也就是我 10 岁那年，村里不少小孩去上学。我要求上学的愿望很强烈，父亲经不住我的纠缠，才送我到离家 60 里的博荣上学。那是日伪统治下的国民优级学校，我在校住了两年，1944 年又转学到布西镇。虽然离家更远了，但有几户亲戚可以照料。1945 年“八一五”，也就是我读四年级那年，苏联对日宣战，红军越过黑龙江占领东北。学校停课，我回到了家。我在布西上学不到两年时间，住过 5 个地方，生活是极艰难的，真可谓盖没有盖的，穿没有穿的，学习没有笔没有纸，只好在石板上写字；吃饭还要看人家的眼色，实在困难极了。但我知道，像我这样的家庭条件，能读几年书是很不容易的。父母省吃俭用供我上学，对我寄予厚望，所以我在学习上是十分用功的，每年都是以优异的成绩完成学业。当时的想法:家里虽然穷一些,但咬牙念几年书,在社会上找事干,好报答父母养育之恩,过好日子。

这4年虽然受到了奴化教育,但毕竟读了几年书,认识几个字,这为后来提高文化打下了基础。

1946年春,我们全家患了伤寒病,借了不少债,我只好失学参加劳动。

## 投身革命即为家

1947年是我的人生的道路发生重大转折的一年。那年春天,我们村来了土改工作队,其中领队的是满都呼。满都呼原是铁路工人,经常到我家讲共产党、毛主席领导穷人翻身闹革命的道理。我学会了《没有共产党就没有新中国》、《抗战八年半》等革命歌曲,初步接受了革命教育。当时先搞减租减息,但有的地主不肯减。在一次群众大会上,满都呼当众打了这个地主几个耳光,地主的神气一下子不见了。这行动给我的教育是非常深刻的。我真正意识到了团结的力量。不久,进一步发动群众,平分土地、斗地主。在这两个阶级激烈的搏斗中,我认识到了只有跟着共产党走,跟着毛主席干革命才是我们穷人的唯一出路。1947年夏,正当解放战争开始全面反攻阶段,前线不断传来胜利的喜讯,东北人民积极支援前线。在"保卫胜利果实"的口号下,青年人踊跃参军,我的心被撼动了,决心参军入伍,保卫来之不易的胜利果实。满都呼同志很支持我,于是,我入伍来到齐齐哈尔内蒙军政大学。因为当时我只有15岁,被分配到校部当通信员。

1948年5月,军大王育华主任因病住院,叫我去当警卫照顾他。当时全国形势发展很快,蒋家王朝眼看就要树倒猢狲散。我多次要求上前线，但都未能如愿。同年 11 月，辽沈战役结束，东北全境解放。1949 年 6 月，王育华主任出院，我们去沈阳，我被分配到东北军区军械部任通信员。当时我们是胜利者，大家都很高兴。1950 年，新中国刚刚成立，恢复国民经济的战斗刚刚开始，侵略成性的美帝国主义发动了侵朝战争。接着，又占领了我国神圣领土台湾，激起了我国人民极大的愤慨。我当时担任文件收发工作。中国人民志愿军赴朝参战，东北军区军械部担负着繁重的武器弹药的供给任务。铁路、汽车运输任务相当繁重，加上来自敌人空中的狂轰滥炸和地面的破坏，押运工作经常受阻。在这节骨眼儿上，领导把我抽出来担任武器弹药的押运工作。这段时间对我的锻炼是很大的。有时带一个班，护送一列火车，任务重，时间紧迫，沿线经常有坏人破坏捣乱。经常要饿着肚子抢时间、赶任务。虽然很累，但对我这个十七、八岁的年轻人讲，总觉得是一种信任和光荣。1953 年 1 月，我参加了大连我军第一批体育干部培训班，当年 6 月被任命为体育教员。1954 年 12 月，空军在陆军挑选飞行员，经多次的严格体检和政治审查，我被选入空军，到长春第一航空预备学校任学员，主要任务是学文化和军事训练。不久，被任命该校的区队长，负责飞行学员的行政管理。1955 年 6 月，为了加强飞行人员的体育锻炼，我又被调到航空兵第 10 师 28 团任体育教员和军体主任。在这个岗位上我整整干了 5 年，虽说不上有什么突出的成绩，但对增强飞行员的体质，提高部队战斗力方面，还是作出了一些贡献。1960 年 2 月，空军新组建航空兵第 32 师，我被抽调任作战参谋和副科长。这个时期，部队两次入闽轮战和防空作战，特别是夜间作战任务很重，主要是打蒋介石的夜间侦察机，参与制定作战计划和战斗值班，时间长达 10 年之久。

投身革命即为家。这 20 多年，是我的世界观逐步形成的年代，也是我从一个不懂事的孩子，成长为一个共产党员、革命干部的重大转折。岁月冲淡了多少往事，但那些年代留下的一切，我是永远不会忘怀的。

## 任重道远创新业

历史进入了70年代，我也从一个普通战士成长为人民空军的一名中级指挥员。1970年5月，我被任命为飞行团参谋长，主要是组织计划作战训练和部队管理。1974年，空军盐城场站班子问题较多，调我到场站工作，开始任副站长，不久当站长。当时场站的派性严重。常委严重对立，有时开常委会中吵架不止，甚至有中间退场不参加会的。经过两年的努力，在整顿调整以后，才基本上解决了派性问题，各项工作开始走上正轨。根据邓小平同志“军队要整顿”的指示，我又用一年时间抓了基层连队的整顿，把部队的问题解决好，把上下级关系搞顺，成效是明显的。场站是负责后勤保障工作，航空兵的供应工作相当复杂，除生活保障，如军需、给养、营房，更主要是航材、军械、油料车材供应任务。我较好地完成了一个师部3个团的后勤保障工作。1978年9月，我被调到空军如皋场站任站长。如皋场站的问题也很多，特别是政治事故和行政责任事故屡禁不绝。我在如皋工作两年，着重抓了干部战士的责任心，率先抓了党委班子建设，使全站上下心往一处想，劲往一处使，从而使场站面貌发生了变化，杜绝了各种事故；并在军区空军范围内，第一次提出永久性外场指挥设施的方案。付诸实施后，得到了部队的好评。场站领导班子连续两年被评为先进党委，业务工作连续两年被空军、军区空军评为先进单位。

1980年，我被调到军区空军后勤部任参谋长，后来又担任了部长，被选为军区空军党委常委。我在这个岗位上一干就是10年，1988年被授予空军少将军衔。

我觉得我所以引人关注，主要因为我是一个将军。其实我始终把自己摆在普通一兵的位置。我常常想：我是一个农民的儿子，是人民解放军里最一般的战士。我虽然上过学，念过书，但连小学的毕业证书都没拿到手；我虽然做过短工，放过牛，但不过年把时间算不上真正的农民；我虽然在战争年代入了伍，却没有经过战斗的洗礼；我虽然是解放军的一名将领，却没有辉煌的业绩；我只不过在平平凡凡的工作岗位上全心全意为人民服务几十年，是一个普通的人民公仆。当然，从另外一个角度看，一个初小文化程度、一个放牛娃、一个通信员、一个普通参谋出身的人，怎么会成为一名将军呢？是靠的后台还是靠的什么？我认为对一个当兵几十年的老同志来讲他的成功之路，总有其主观内因的条件。为了具备这些条件，我付出了毕生的精力，进行了几十年的磨练和修养。当然，我也为此而自豪，因为我无愧于党，无愧于人民。这里，我不妨蓦然回首，寻找走过的足迹，记述往事二三，写成下面的几段文字。

## 勤奋学习——我始终不懈的目标

我从小就爱学习，入伍后也从未放松过。开始，找文化人识单字。认识两千左右单字后，看书巩固这些学到的单字，而且开始学习写作文。我当参谋时，主动要求写材料，别人半天完成的稿子，我写一天甚至两天，还经常挑灯夜战，从不打退堂鼓。就这样年复一年地锻炼，不断地提高自己的文化水平，适应了形势的需要。没有被大浪冲走。同时，组织上也关心我、培养我，给了我不少的学习机会。我没有辜负领导的培养，利用这些机会不断地充实自己，提高自己。我先后 4 次进校学习。第一次，1954 年到 1955 年从陆军部队作为选飞学员到长春空军第一航空预备学校。学习半年的文化,完成了语文、数学、物理的初高中课程。虽然是速成的,但因受系统教育,个人的刻苦努力,对自己以后的文化学习打下了良好的基础。第二次,1956年到广州军事体育学院学习。经过严格的、高强度的训练,掌握了各种运动项目的要领和训练方法,回队后又从事了几年的体育工作。我的身体素质所以这样好,确实和这段经历有关。第三次,1959年到空军高级航空学校学习哲学。这次学习对我的影响是比较大的,收获最大的是学到了认识论和方法论,提高了运用马克思主义的立场、观点和方法去解决实际问题的能力。虽然几十年过去了,但我学到的基础理论使我一生都受益匪浅。第四次,1961年我第二次进高级航校学习,这次比较系统地学习了参谋业务,对自己业务素质的提高起到了很大的作用。后来,不管是在师团司令部工作还是在军区空军机关工作,都是我所学专业的运用过程。我回想了一下,从50年代开始,绝大部分时间我是在机关度过的。机关的特点是知识分子云集,可以说文化程度都比我高,因此我也是从竞争中走出来的。每年大批干部转业离队,几十年的大浪淘沙,我都保留下来,继续在部队服役。如果没有刻苦的学习精神,没有充分利用学习的机会提高自己,充实自己,就不可能干到今天,也干不好工作。

## 埋头苦干——我一惯崇尚的精神

毛泽东同志曾经说过,一个人不论职务高低,都是人民的勤务员。在部队工作期间,我常常这样想:党和组织上把我放在这个位置上,是对我的信任,我只有干好工作的责任,没有马马虎虎的理由。因此,我的革命事业心和工作责任心是比较强的。我当通信员力争当好通信员,我当教员力争当好教员,我当参谋力争当好参谋。几十年来我的工作都是超负荷运转,经常加班加点。我养成一种习惯,把每天的工作列成条条,分成轻重缓急,逐条抓落实,做到当日工作不过夜,办成一件划掉一件,实在办不成的放在第二天的日程上。身上带一个小本,计划的近期工作,不管领导交待的或群众反映的,都记在本子上,安排在每天的工作日程上。有些离职老同志找我调子女的,买电视机、电冰箱的,不管叫我办什么事,我都记下来,帮他们办好。这种习惯在我做基层工作时领导比较满意,认为我工作认真,作风扎实,不管做什么事有头有尾,有回音。当我走上领导岗位后,下面也吃透了我的脾气,他们都知道,我交待的事必须要落实,办不成也得有回音,所以把机关的作风也带起来了。

随着我职务的提升,这种工作作风没有改变,仍然是快节奏超负荷地运转。有一次去杭州参加会议,星期天由南京乘小车到杭州,星期一上午到会讲话,下午又得赶回,午夜 3 点才到家,可第二天照常上班。还有一次从无锡回来,预计晚上 10 点到家,结果路上堵车,第二天早上 6 点半才回到南京。这时,我顾不上吃饭、洗脸就参加一个会议。另外一次从福州晚上 9 点乘飞机去上海,到达时已经 11 点了,为了不耽误一个会议,当即又转车赶回南京,下了车直奔会场。下部队养成了一个老习惯,晚上听汇报一般都在 10 点以后睡觉,哪怕睡得再晚,第二天一早照常检查部队的早餐。吃过早饭后,还是检查,经常是中午时间都利用起来。这个单位检查完了,马不停蹄,抓紧时间再跑别的单位。这种情况对我来说是家常便饭,我也习惯了,一些随从人员却感到受不了,有的怕跟我出差。

南京战区部队遍布 6 省一市,雷达部队星罗棋布于一些大大小小的山头和沿海岛屿。我用几个月的时间,跑遍了所有连队,把几百个连队的供应情况普遍摸清,做到了心中有数。掌握了第一手材料，不仅有利于为连队排忧解难，也极大地鼓舞了基层干部战士。作为我们这一级机关，一下子深入到高山、海岛连队，而且一个不漏地普遍检查，这在全军范围是少见的。我认为，领导干部下基层有利于掌握第一手的材料，有利于更好地为基层排忧解难。如：有的大个子战士发的被子短，晚上睡觉双脚伸在外面；有的帽子小戴不上；有的棉鞋小穿不进去，只好穿胶鞋过冬，脚都冻坏了。我看到这种情况后心里很难过。我想，如果我们的孩子当兵也是这样，心里会有何感触？另外，连队房子漏风漏雨，下雨时只好挪窝；山上没有澡堂，洗不了澡；临时来队家属没有招待所住……这些问题一是一，二是二，带到机关后，立即召集后勤部机关有关部门的同志开会，劝他们好好想一想，并提出这样的问题：我们该为基层做些什么？有限的经费往哪儿投？在后勤部党委会上，我提出了解决困难先基层后机关的指导思想，这是我任职期间面向基层的基本工作思路。花钱有目标，解决问题有重点。这期间，我用两个月的时间乘车跑了几千公里，一路上遇到了意想不到的险情，吃了不少苦头，甚至有时带病赶路。我的腰有外伤，乘车只好躺着。在部队睡棕床对我来说太软，找硬板床又怕麻烦下面。在夜深人静之时，我搬到地板上睡。这种日夜兼程没有钟点地赶路、工作，尽管感到累，但一想到为基层办了实事，心里比干什么都宽慰。当然对飞行员、地勤人员的生活设施我们也抓得较早，解决得较好。所以，我离职休养时，内心很踏实，对部队不欠账，在当前普遍经费不足的情况下，我尽到了自己的一份责任。

## 争创一流——我永恒的追求

争创一流工作，是我历来的工作指导思想。因此，不管完成什么任务都走上限,都把标杆放得高高的。我最反对低标准、马马虎虎对待工作,什么事都以过得去为标准,工作不到位。我们常常看到这种现象:一件任务交待下来了,说做了吧,似乎动静不大;说没做吧,他好像也摆乎了一下。这其实是对党的工作不负责任,说重一点,是对革命事业的犯罪。我就不!凡事我都认真,不管什么事,只要经过我手里的,都要办圆满、高质量。我叫参谋抄写文章,不准纸上有涂改,凡是有漏字、错字的这一张纸要重抄;我当站长时,栽树要一条线、等距间隔、一样粗、一样高的树苗,否则都要挖出来重栽;我在飞行团任参谋长时,营区路上发现一张糖纸,我追查到底,把扔糖纸的人找出来,开现场会;新建营房时,发现墙砌得不齐要他们推倒重来。只有高标准、严要求,才能得到较好的工作效果。领导干部的这把尺子,对下面来讲是无形的压力,要做到领导满意通过,他必须做出艰苦的努力。

竞争是我们这个时代的特征。作为一名领导干部,要勇于竞争,勇于开拓,永不满足,要有强烈的进取心。在如皋当站长时,我去参观本区的先进场站,到湖北参观当阳场站,到北空看毕克齐场站;回来后对照这些先进场站找问题,研究解决的办法。不是摆样子,搞花招,而是从根本上克服自身的短处。经过努力,我们场站跨入了先进行列。这样做的结果真正得到实惠的是飞行部队。因为服务态度好,供应质量提高了,他们的生活问题解决了,所以团站的关系也好了。

我任部长期间,要求机关各部处都要力争本专业走在全空军的前列。司令部的科技成果几年来总在全空军的第三名以下,狠抓了一下,我们跃居第一位,并一直保持了领先地位;杭州疗养院"白求恩"杯竞赛,连续三年的艰苦努力,把三年的流动杯留下来了;另外,航空兵场站建设、地面部队后勤工作、工程基本建设、农场建设和农业生产、仓库管理、指挥自动化、应用计算机、专业岗位练兵等方面都在全空军靠前位置。

## 公道正派——我立身做人的原则

做人要认真,办事要公道,这是我立身做人的基本原则。常言道,只有尊重别人才能得到别人的尊重。这话说起来容易,真正做到却难。我们许多同志对上容易尊重,而对下级、对战士就不太注意。其实对战士也有尊重不尊重的问题,这是由我军的性质、宗旨决定的。我们都是来自五湖四海,为了共同的革命目标,走到一起来了。在我们的队伍里,只有分工不同,没有高低贵贱之分。尤其是担负了一定领导职务后,始终坚持正常的上下级关系和同志关系,就不会搞小圈子,不会拉拉扯扯背后捣鼓别人。有什么问题当面讲,大公无私。倘若领导干部有偏见,道听途说,别人说什么就听,听了就信,信了就去整别人,这是非常危险的。为什么出现这种现象,因为你有权,别人就讨你的好,说别人如何如何差,只有他才对你如何如何好。其动机很显然是想骗取你的信任,得到你的提拔,如果不警惕就会卷入小圈子里去。有时处理一个人也遇到这样的情况。有时甚至上级领导打电话说:“这件事要严肃处理,不能手软。”而另外一些人又说:“实事求是嘛,以思想教育为主,组织处理为辅,不要一棍子打死人。”显然前者是要加码处理,而后者是要高抬贵手。对此我有我的办事原则,不为他人所动。一是把事实搞清楚;二是根据事实该怎么处理就怎么处理,决不受干扰。否则,处理轻了达不到教育的目的,群众不服,在下面议论纷纷;重了,将来还是我来平反擦屁股。就说搞派性的人吧,有的是认识上的问题,有的品质不好,就要区别对待。经过教育改正了的该用就用,该提升就提升。屡教不改或阳奉阴违的,该处理就处理。特别经常“闹地震”的人要坚决处理,这样才能团结大多数同志，才能在群众中树立自己的好形象。1968年，在空四军清队学习班，我担任组长，在审查和处理盐场站一个副参谋时，我确实表现了大公无私精神。当时，他因为“三反言论”进学习班，经过审查，他对林彪的“一句顶一万句”、“顶峰”有不同的看法，但都是在学习讨论时发言的，是属认识问题。有人主张定“三反”分子，我坚决不同意。他们就给我扣上“对毛主席、林副主席感情不深”的帽子。我仍然坚持自己的意见，后来上级领导采纳了我的意见，没有造成严重后果。在使用人的问题上，我防止任人惟亲，出现新的亲疏关系。有一个部队的站长，我知道他在背后骂我，但他政绩不差，我仍建议给他记了三等功，他非常感动。有一次，我在会上批评一名处长，后来发现事实有出入，我又在同样规模的会上承认错误，表示道歉。有一个参谋因受派性影响，背后说过我的坏话，部队领导连续两年提出叫他下部队或转业，我知道后却把住了关。我总觉得他们年轻、无知，还是以团结教育为主，实践证明我是对的。

在处理历史的冤假错案及各种案件时，我都没有感情用事，而是从实事求事出发，按政策办事。如有伤害人命的、有失密的、甚至反映到军委，我都承担了领导责任。对这些犯错误的同志，我从没有泄私忿，拿他们出气，还是关心他们，爱护他们。这样做的效果比批一顿、骂一顿要好。

我认为公道正派，集中反映在用人问题上、处理问题上和同志间相处上。这是一种客观反映，不是自己可以自吹自擂的，是在长期的实践中，从感性认识到理性认识的过程中逐步形成的。对此，我始终问心无愧。

## 严以律己——我终身信奉的座右铭

清正廉洁是一面镜子，是领导干部的修身立命之本。我们做领导的一举一动对部属来讲是榜样。所以“严以律己、以身作则”对我们来讲是个原则问题。我不说自己做得非常好，至少屁股是干净的，问心无愧。生活上始终严格要求自己，机关供应上做到和参谋、助理一个样；下部队注意影响，尽力简化各种应酬招待，部队反映是好的；注意教育家庭成员，不搞特殊化。我没雇过佣人，没有使用过公务员，司令部几次派战士照顾我，都被拒绝了。我没有固定用车，有什么车就用什么车。我在后勤部机关 14 年，任参谋长时住师职单元没有阳光的房子，任部长后面积大了，但仍然是旧平房。这两处入住时内墙简单粉刷了一下，从未维修过，更谈不上什么装璜。按理说，后勤系统办这些事有条件，也方便，有关部门几次登门要给我更新沙发家具，我都没有同意。我说：“这些沙发是我自己买的，坐得稳当，心里踏实。”我给别人帮忙，特别是帮老同志调子女，安排工作，不少于百人。但我的长子在内燃机工厂当工人，从未为他跳槽找门路。也就是说，我个人家庭、亲戚朋友从没有通过我办过一件特殊的事。不少人说我太正统，我觉得这是共产党人应有的品质。如果说这算是正统的话，我甘愿永远这样正统。

## 旗帜鲜明——我永不反悔的立场

我认为，作为一名共产党员，应当立场坚定，旗帜鲜明，永远经得起政治风浪的考验。

在十年浩劫时期，我有很长时间在空四军工作。而空四军是“文革”的重灾区，林彪死党王维国把持了四军的领导岗位。对他们在空四军搞反党活动，我没有上他们的贼船，而是保持了清醒的头脑和距离，并且进行过抵制和斗争，为此多次受批判。

1971 年党的九届三中全会以后，林彪反革命集团加快执行“571”工程纪要，企图谋害伟大领袖毛主席，篡夺党和国家的领导权。当时，王维国他们大搞分裂活动，在部队培养和发展骨干分子，公开提出：“亲不亲线上分，一条线格外亲。”吹捧林立果是“全才，全局之才”，部队要坚决听从林副主席和林立果的指挥。“王维国是好领导，好班长”，对他们要做到“泰山压顶不弯腰，海枯石烂不变心”，理解的要执行，不理解的也要执行，好把部队拉到他们的“联合舰队”上去。当时，我在苏北看到部队的思想混乱，纪律松弛，心里很是着急。我总认为他们搞的这种宗派活动在毛主席著作里都批评过，是不允许的，所以在行动上进行一些抵制，就捅了马蜂窝。他们把我划到路线觉悟不高的一类人中，到处找借口整我，批判我，说选准跟紧的问题没有解决。原来“选准”就是在师团站里选一个所谓“路线觉悟高”的人，然后就紧跟。我没有这样做，所以也没有跟紧。他们对我逢会就批，直到林彪 9 月 13 日自我爆炸，9 月 18 日还没有放过我。9 月 20 日，死党王维国在上海被捕，我这才算解放。9 月 22 日，领导让我去上海参加对王维国黑骨干审查工作，从 1971 年 9 月至 1974 年 2 月，共两年多的时间。审查的对象，开始是林立果从军事院校造反派中抽调到空四军机关和部队的骨干，然后审查军机关和部队的师、团主要领导。审查和有结论的上百人。从他们交待的大量事实中，我也受到了很深的教育。这批人，可以分为 3 种类型：一是站队有错，但没有具体的错误事实。审查结果仅仅是吹捧、传达他们的黑指示，从揭发、交待中找不到别的问题。二是好人犯错误。这批人老同志多，思想品德较好、对党的事业忠诚，但水平低，辨别是非的能力差，把林彪和毛主席并列起来，认为拥护林彪反革命集团，就是拥护毛主席的革命路线，认为凡对林立果、王维国有抵制的人，就是反对毛主席。所以狠劲地整人，结果劲使得越大，错误也就越多，部队的揭发也较集中。这类人比较诚实，认罪态度好，交待问题实事求是，令人可信，接受教训比较深刻。我是很同情这批人的，我们挽救的多数是这样的干部。三是投机分子。这类人原来就作风不正派，拉拉扯扯，拍马屁顺竿爬，认为时机一到，设法抬高自己打击别人，企图把别人整倒，自己取代。相当一部分人是副职干部，个人动机不纯，整别人的材料都是无中生有，捕风捉影，核实结果都是假材料。这些人交待问题不老实，认罪避重就轻，耍滑头，交待材料出尔反尔。我说他们“过去不老实，现在犯了错误还不老实”，“吃亏就在不老实”。这批人虽然不多，但很坏，很有能量，我对他们非常反感。从这些人的经历中可让我们认真思考，总结经验和教训，不断地充实自己，以适应革命事业的需要。

写到这里，我觉得该收笔了。在几十年的革命生涯中，值得回忆的东西还很多，限于篇幅，就先写这些。如果有人看到我写的这个东西，有这么两句评语，我就心满意足了：第一，此人很平凡，没有什么了不起；第二，他在一生中对党的事业是尽心尽力的。

# 往事的回顾与思索

**吴守贵** 鄂温克族，阿本千氏，1930 年 12 月出生于猎民家庭，布特哈旗海列日铁村人。1940 年至 1946 年在海列日铁村第 2 村小学读书；1946 年参加东北民主联军在嫩江军区第一旅教导队当学员；同年 6 月转到内蒙古自卫军第 5 师教导团；9 月入内蒙古军政干部学校学习；1947 年 6 月分配到辽吉军区第二军分区 11 团任新兵连排长、团政治处干事；10 月调任内蒙古哲里木盟军分区 11 团政治处民运干事；1948 年 2 月 11 团改编为东北人民解放军内蒙古骑兵第 2 师 4 团；1948 年 4 月加入中国共产党，同年 11 月参加解放沈阳战役，曾荣获“解放奖章”；1950 年 12 月任喜桂图旗人武部副部长；1956 年 11 月至 1963 年 1 月任哲里木盟扎鲁特旗、奈曼旗人武部部长；1963 年 1 月至 1966 年 8 月任扎赉特旗人武部部长；1966 年 8 月任呼伦贝尔军分区司令部动员科科长；“文革”期间受到打击、迫害，1971 年 1 月重新分配工作，任鄂伦春自治旗旗人武部部长、旗革委会第一主任、核心小组第一组长、旗委副书记；1980 年任鄂温克族自治旗旗委书记；1983 年 12 月至 1990 年 12 月任呼伦贝尔盟副盟长。曾当选内蒙古自治区七届人大代表、全国政协七届委员、内蒙古自治区社科联委员、内蒙古自治区鄂温克族研究会第一届副会长，第二三届会长。

他以阿热本迁的笔名发表 10 余篇有关鄂温克民族历史的论文，有《略谈鄂温克族的历史与发展前景》、《维护祖国统一的索伦劲旅》、《索伦劲旅进藏反击廓尔喀侵略军》、《新疆伊犁索伦营始末》等。

他于1994年离休。应编者之约,他于1996年5月动笔撰写了本文。因篇幅所限,这里选载了他参加革命初期的活动,以及在鄂伦春自治旗、鄂温克族自治旗工作的主要篇章。

## 由　来

人生几十年并不算长,但上了年纪后,很难记清一生中的许多事情,特别是童年和少年时代的事情。后来的事情由于时间的流逝有的也记不清楚了,所能记住的只是那些不能忘掉的事情。

我是鄂温克猎民的儿子,走上了革命道路,参加了祖国解放战争,做了人民武装工作。后来,从事地方工作,开拓进取,致力于社会主义建设事业,为保卫祖国、建设祖国贡献了毕生精力。

今天,应鄂温克族作家乌热而图同志之邀,回忆过去,书写生平经历,作为人生的一个交待。我是阿本千哈拉,我们这个家族也和其他鄂温克人一样,17世纪中叶明末清初,从黑龙江上游、外兴安岭以南地区渡江越岭,迁移到大兴安岭雅鲁河流域,祖父时居住在扎兰屯(鄂温克人称“扎轰勒”)。那时把大兴安岭东麓、嫩江流域的居民,包括达斡尔、鄂伦春人在内,统称为“布特哈打牲部”。在清初顺治、康熙年间,雅鲁河、音河流域的鄂温克人被称为雅鲁阿巴(汉译为“围猎场”)。到雍正年间,实行八旗制,规定了旗色,改为镶红旗。

1901年(光绪27年),沙俄修筑滨洲铁路时,扎兰屯人口增加,逐渐成为集镇,已不便于猎民居住。祖父和其他鄂温克人离开扎兰屯,进入深山密林,到雅鲁河上游、卧牛河(鄂温克语称“俄尼河”,汉译为“母亲河”)流域,音河上游至阿伦河上游一带森林中游猎生活。后来定居于音河流域，有旧三站、后旧三站、孟克、海列铁、维古奇几个村，都是鄂温克人。各村都建造了土木结构的房屋，出猎时住“希格勒住”，即撮罗子。

1911年辛亥革命胜利后，中华民国取代了清王朝，八旗制解体。1916年（民国四年），在扎兰屯、济沁河设置了稽垦局；1926年（民国十五年），把扎兰屯、济沁河稽垦局合并为扎兰屯设治局，局址在扎兰屯；1929年（民国十八年）改为雅鲁县。

这时，音河流域的鄂温克族人仍以狩猎为主，采集山产品，兼营牛、马畜牧业。开始有了蔬菜之类的种植业，拓宽了生产门路，并以猎获物到扎兰屯、齐齐哈尔城交换生产、生活用具，还拉木材到甘南县等汉族地区换回粮食。

1930年12月22日，我出生于雅鲁县海列铁村鄂温克猎民家庭。父母是勤劳、纯朴的普通猎民，生育3个女儿、5个男孩，我在男孩中排老三。父亲早年受风寒，患有腰腿痛病，主要由母亲操持家务，体力活依靠大哥一个人去干，家里人口又多，过的是贫穷日子。

1931年日本帝国主义侵占东北。1932年，在扎兰屯成立了以达斡尔族额勒春为省长的伪兴安东省公署，把雅鲁县改为布特哈旗，达斡尔族金耀洲任旗长。他们为扩大势力，自1934年起从齐齐哈尔、富拉尔基等地动员达斡尔移民，迁入布特哈旗和阿荣旗境内，多数落户在音河两岸。除迁入鄂温克村庄外，还建了很多新村，在音河西岸就建十几个村。其中排号的有1至9村，把鄂温克村海列铁也排在里面，改称第6村；还在第2村建努图克（区），定名为齐齐哈尔乡努图克公所，从此音河流域的鄂温克人与达斡尔人开始杂居了。音河流域人口增加，加上开荒种地，影响了鄂温克人的狩猎生产，日伪政权还没收了鄂温克人的狩猎枪支，逼迫鄂温克人和达斡尔人一样开荒种地。鄂温克人出于无奈，为了生存，也开始从事农业生产。但因缺乏农业生产知识和技术，粗放经营，产量很低，收获不多，除交出荷粮（公粮）和留种籽外，口粮将够，没有余粮，但也不再拉木头到汉族地区换口粮了。

达斡尔移民过来后，在山区水土不服，加上什么都得从头做起，生活条件很差。患病的人很多，特别是患“克山病”死了很多人。有一家11口人，只剩下两口人，有的全村都死光了。

1937年开始在音河流域设立学校。我于1940年10周岁时，到6村12华里的第4村上学，读汉文。1942年第6村建了小学，我又在本村上学。这时除了汉文外，又加了日文、蒙文。1945年我到距第6村40华里远的第2村（努图克所在地）国民优级学校（高小）读书，校长包德华（蒙族），也是用日、汉、蒙3种文字教学，实行奴化教育，在学校的常用语全用日语。1945年8月8日，苏联对日宣战。8月中旬苏联红军进入了扎兰屯，学校解散，学生都回家了，我也回家帮助家里劳动。

苏联出兵东北后，促使了日本帝国主义投降，抗日战争取得了胜利，东北人民获得解放。鄂温克族人民和全国人民一样迎来了自由，人们欢欣鼓舞。原东北抗日联军将领王明贵随苏联红军，于1945年8月15日进驻齐齐哈尔，中国共产党也派大批干部和军队进入东北开辟工作。派到齐齐哈尔的于毅夫、王盛荣、郭维成等同志和王明贵等抗联干部一起着手建立了民主政权，在齐齐哈尔成立了嫩江省政府，于毅夫为省主席；同时也组建了嫩江军区，王明贵为司令员。但是，国民党政府又发动了全面内战，派国民党军队进入东北，以《中华民国和苏联友好同盟条约》为借口，于1945年12月18日派彭济群为首的大批接收官员涌入齐齐哈尔，接管了嫩江省。中国共产党领导的大批干部和民主联军，12月下旬撤出齐齐哈尔转入农村。

这时，在扎兰屯的国民党和伪满洲残渣余孽乘机泛起。有些投机分子四处活动，与国民党政府派往哈尔滨、齐齐哈尔的接收人员相呼应，把布特哈旗改为雅鲁县，吴宪茂出任县长，组建了公安局和保安队，人们称为“二满洲”；同时，由长春东北挺进军派第1军军长马川跃来滨洲铁路沿线扩充兵力，在布特哈旗境内组织了光复军第1、2、6、7旅。这些反动势力四处活动，任意抢劫，屠杀无辜。

在这种形势下，布特哈旗、阿荣旗的达斡尔、鄂温克人，为了保少数民族人民的生命财产安全，在有识之士带领下组织起地方武装。鄂温克族姚风贤，于1945年11月初在甘南被嫩江军区司令员王明贵召见后，深入阿伦河、音河流域动员鄂温克猎民，在阿荣旗组建了60多人的鄂温克自卫队。1946年1月，达斡尔族鄂嫩日图、吴泽民在嫩江军区司令员王明贵的支持下，在布特哈旗齐齐哈尔乡原达斡尔自卫队的基础上扩编了一个旅的兵力，鄂嫩日图为旅长。

这时，兵荒马乱，时局动荡，人心慌慌，各种传闻也很多。我不愿意在家呆了，想出来闯一闯，想起了小时候父亲说过的话。老人说：“家里男孩这么多，不能都在家呀，男人要四海为家。”这句话对我启发很大，始终铭记在心。因此，总想出去找事干，后来听说扎兰屯内防队在招人。1945年12月，我第一次来到扎兰屯，参加了少数民族组织的内防队。内防队不着装，不配枪支，条件很差。后来才知道，内防队是为了争夺“二满洲”的势力而组织的，企图接管“二满洲”的公安局和保安队。但“二满洲”设在城镇，有一定势力，内防队不易插手，接管工作没有进展。经过一个多月后，有些人不干了，我也退出来回家了。

回家后，听说讷河军政干部学校招生，是王明贵领导的。说起王明贵的名字村里老百姓都知道，在伪满时王明贵到过第6村。那是1939年秋天，有一天晚上，人们还没有睡觉时，王明贵带领抗日联军第三支队进了村。进村后他的队伍做饭、喂马都是自己干，纪律严明。他们称老百姓为老乡，还抓住了正在收税的努图克公所两名达斡尔族职员，没收了税款，烧掉了公章。对这两名伪职员不仅没有打骂，还说我们都是中国人，要团结起来反对日本帝国主义，教育了这两名伪职员。老百姓听说后非常高兴。到黎明时，他们向大兴安岭庙儿山、博克图方向开进。从此王明贵与红军的名字传开了，男女老少都知道王明贵，都说王明贵是好人，是打日本鬼子的。

那时我不知道共产党，也不懂革命道理，就知道抗联与王明贵。听说王明贵当了司令员，他的部队到了甘南县，还在扩军，也招少数民族青年人。于是，我与同乡孟和两人，没有告诉父母亲，偷着出来奔往甘南。走了两天到了甘南县城，找到了嫩江军区第一旅教导队，有两位干部接待我们。我们说明来意之后，一位干部指着我说："你才16岁，年龄还小。"另一位说："他身材还可以，那么老远来的，收了吧。"就这样，我于1946年2月6日参加了东北民主联军，走上了革命道路，穿了军装，戴上了"东北民主联军"字样的胸章，也配了枪支。后来我才知道，当时接待我们的，一个是队长，一个是教导员。我们每天操练队列和持枪动作，还参加了公审甘南县伪县长的大会，判处他死刑，拉出去枪毙了。

过了十几天，教导队从甘南出发，乘坐大胶轮车，赶到讷河县拉哈镇。第二天又继续行军，到了宁年站（今黑龙江省富裕县所在地），在这儿呆了一些日子。白天除了操练队列、持枪动作外，又加了利用地形地物等战术科目。教导队逐步扩大，多数是从齐齐哈尔附近、布特哈、阿荣、莫力达瓦旗来的达斡尔族男女青年，也有少数蒙古人，鄂温克就我一个人。过了一些日子换防到林甸县，嫩江军区第一旅旅部所在地，旅长的名字是王化一。这时主要讲政治课，由旅政治部的一位女干部讲课，主要讲革命理论、社会发展史、阶级和阶级斗争，进行启蒙教育。我汉语不好，但也懂了一些革命道理。

住了几天我们又出发，说去打土匪，每个人发了几颗子弹。为了节省子弹，提出"三不打"的要求：一是远了不打；二是瞄不准不打；三是没把握不打。我们经过了安达、喇嘛甸子、泰康（今杜尔伯特蒙古自治县所在地），没有见到土匪，又返回林甸县城。不久，教导队的人分配了，绝大部分派到各区，配合土改工作队组建区中队。孟和到区中队去当班长，我留在旅部直属骑兵连当战士。

1946 年 4 月 20 日，苏联红军撤离齐齐哈尔回国，国民党政府要员彭济群闻风逃跑，光复军守城无望，也开始逃跑。东北民主联军嫩江军区部队在王明贵司令员的指挥下，经过一天的战斗，于 4 月 25 日第二次进驻齐齐哈尔，彻底解放了省城齐齐哈尔。

在这之前，第一旅把骑兵连派到富裕县境内龙安桥附近一个农庄驻防。有一天下午，我在村西边站岗，太阳快落时，突然发现从齐齐哈尔逃窜出来的光复军穿着黑军服。我回来报告时，战斗已经打响，他们冲到村边，我们连长措手不及，下令部队撤出村庄。这时，我把马牵出来备上马鞍，马被打死了。在这紧要关头，我的班长（汉族）果断地从大地主院里拉出一匹马，备上鞍子。他扶我上马后，领着全班人安全撤出村庄。我们走了一夜，第二天黎明回到林甸县城。这次情况很危险，如果班长不及时为我解决乘马，我很可能当俘虏了。在那生死关头救我一命的好班长，我一生难忘。他不久提拔到别的部队当排长去了，再也没有同他见面的机会。我后来听说连长因撤出村庄后没有组织抵抗，受到了上级批评，并被撤销了职务。

我们撤回来后的第二天，第一旅组织兵力进剿光复军，在龙安桥一带包围了这支光复军。骑兵连也参加了。上级叫我乘马给另一支部队送信，传达战斗命令。我骑马通过敌人封锁线时猛烈射击，不顾个人安危，勇往直前，像飞似的安全通过了敌人封锁线，把信送到了，完成了任务，受到了上级的表扬。那支光复军只有一个团多的兵力，被民主联军包围后无法突围，经过几小时战斗后全部投降，第一旅部队打了个胜仗。1946 年 5 月中旬，第一旅将达斡尔、鄂温克中青年军人集中起来，大约有 50 人左右，送到齐齐哈尔。嫩江军区政治部一位主任看望我们，给我们全部换了新军装，让我们洗澡、理发，过些日子又把我们送到扎兰屯。这时，在扎兰屯已经成立以金跃洲为盟长的纳文慕仁盟政府，管辖布特哈、阿荣、莫力达瓦、巴彦4个旗。同时，于5月以原2、5、8旅为主，组建了内蒙古人民自卫军骑兵第5师，鄂嫩日图为师长，朱子修为政委（后来克力更接任政委），副师长何忠民（鄂温克族，副政委夏辅仁兼）、吴泽民，参谋长姚风贤（鄂温克族），师部设在扎兰屯车站附近，下设41团、42团、43团、教导团。

我们回到扎兰屯后，绝大部分分配到各旗农村土改工作队，我留在教导团2连当文书。这时我同孟和请假探家，回到了第6村（距扎兰屯东北70华里）。到家后父母亲及亲属、朋友们都非常高兴，我当兵了，虽然是偷着离家出走，父母亲没有埋怨我，反而鼓励我好好干，这使我更有信心了。可孟和家出了麻烦，家里已经给他订婚，不让他再走，但我俩还是逃出来。翻过西山梁时，孟和的父亲骑着驴追上来，怎么也不让孟和走，他无可奈何，只好随父亲回去，我也只好一个人返回部队。回部队不久，大约8月初，兴安军区司令员阿思根和张策同志从乌兰浩特来到扎兰屯。有一天上午，在42团营区（原日军守备队大营）操场上召开了驻扎兰屯部队全体军人大会，由师长鄂嫩日图主持。在司令员阿思根讲话时，突然由42团和教导团排以上干部举起手枪对准另一个团（番号未记清）的所有干部，让他们缴枪。他们没有反抗，然后把他们送交嫩江军区处理了。后来听说，这个团预谋叛变，所以先下手将他们缴械了。

不久，东蒙军政干部学校第二期招生，校址在王爷庙（今乌兰浩特）的伪满军官学校，校长是哈丰阿，政委孙达生，下设军事、政治、青年3个队。自卫军第5师和纳文慕仁盟推选30多名学生前去学习，其中有我，这使我很高兴。由5师参谋处长鄂秀峰带队，于8月下旬从扎兰屯乘火车，副师长何忠民上车站送行，并鼓励大家好好学习。

到校后，我被安排在军事队学习。军事队以军事课为主，每天操练队列、持枪动作，操练从单兵到班、排、连的战术科目，有时到野外演练。政治课由张策、胡子寿、孙达生等领导同志主讲，讲授马列主义理论、蒙古民族的解放运动以及国际、国内形势。入了学校，我遇到的困难就是语言问题。在校内日常用语全是蒙语，军事科目也用蒙语讲授，讲话报告更是如此。我入学时不会蒙语，为了便于学习知识，我下决心学会蒙语，一天记一个单词或几个单词，加上边学边用，很快学会了蒙语。

1947 年春季，内蒙古自治运动联合会主席云泽（乌兰夫）从内蒙西部来东部，在车站举行了隆重的欢迎仪式。参加的有各机关、部队、学校干部、军人、学生，群众夹道欢迎。我也参加了欢迎仪式，博彦满都陪同乌兰夫走出车站，同欢迎群众招手致意，然后乘坐马车进了市区。内蒙古自治区人民政府的成立大会，于 1947 年 4 月下旬在乌兰浩特军政干部学校礼堂举行。那时，我们学业已经结束，参与了大会保卫和服务工作。在服务过程中，我们见到了与会的自治区领导人，如：乌兰夫、王再天、吉雅泰、博彦满都、哈丰阿、阿思根等。大会完成了各项议程之后，于 1947 年 5 月 1 日宣告成立以乌兰夫为主席、哈丰阿为副主席的内蒙古自治区人民政府。

我在军政干部学校学习半年，学到很多知识，开阔了眼界，提高了政治思想水平，树立起革命人生观，坚定了革命信心，为我后来的工作打下了良好的基础，在发展的道路上起到了关键作用。

"五一"大会后，军政干部学校第二期学生结业，从扎兰屯来的学员都想回家乡从事革命事业。果真多数学员都回了扎兰屯，就我一个人被分配到辽吉军区（今吉林省白城子）第二军分区 19 团，驻防在郭前旗。团长是那达那，政委高万宝扎布。到了后把我分配到新兵连当排长，那时战士的年龄都很大，一般都 30 岁左右，还有个别到了40岁。可能因为我年龄小(17周岁)和缺乏领导工作经验,过了一个月后,把我调到团政治处当干事。又过了一个月,辽吉军区政治部从19团抽调一部分干部充实哲里木盟军分区,我被调出来,与其他干部共十几人,10月初经郑家屯(今吉林省双辽县)到哲盟军分区(通辽)报到,把我分配到11团政治处当民运干事(副连级)。11团正在准备出发前往长春时,在科左中旗保康镇碰上团长那仁、政委陈时雨、参谋长德力格尔、政治处主任布和。经过长途行军,我们10月末到达了长春以北长岭县、农安地区。

这时,东北人民解放军由战略防御转入战略反攻,由肖劲光、肖华率领10个师兵力围困长春。长春是重点城市,采取了围而不打的方针。11团的任务也是围困长春,阻击长春国民党军队出城骚扰,剿灭农村地主武装,配合农村民主政权建设,保卫土地改革工作。我团分别派一些人,分区分段,通过宣传教育,交待政策,收缴了一部分私藏枪支弹药。有些顽固不化的地主分子,不仅不交武器弹药,反而凭借土围子、炮台与民主政权对抗,阻止土地改革工作。有一次在田家铺,几股地主武装头目集会,准备联合起来袭击民主政权和土改工作队。这时我团获讯后攻打了田家铺,地主武装凭借土墙和炮台死守,经过两个小时战斗,打死打伤一些人,俘虏了其头目,缴获了一些枪支弹药,我团进驻长春北后“首战告捷”。这些俘虏,我带领一个班的兵力全部送交长农县大队处理,从此以后,长春以北传开了蒙古骑兵厉害。还有一次,长春国民党军队派出一个营的兵力到老河口一带抢劫,他们先以不足一个连的兵力包围了区政府和区中队,其他的兵力分散在附近几个村庄抢劫,什么粮食、猪、鸡、鸭、鹅都抢。我团得知后及时赶到,俘虏了攻打区政府的国民党兵30多人。他们的营长说:“蒙古骑兵来啦,不好,赶紧撤离。”我们乘胜追击打死打伤多人,把他们抢夺的粮食和其他物品全部收了回来,交给老百姓,归还了原主。

1947 年冬季至 1948 年春，近半年的时间，我团全体官兵发扬“一不怕苦，二不怕死”的战斗精神，参加大小战斗十几次。在战斗中打死打伤敌军多人，狠狠打击了国民党军队和地主武装，收缴很多武器弹药，保卫了民主政权建设和土地改革工作。这时，我作为民运干事工作较多，平时部队行军、驻防、检查部队群众纪律，征求群众对部队的意见。战时，除了参加战斗外，还收容俘虏，处理战利品，我尽职尽责完成了自己承担的任务。

1948 年春，哲盟军分区部队整编为内蒙古骑兵第 2 师，11 团改为骑 2 师 4 团，我调到一连任副政治指导员。4 团从长春北调出来，四平解放后随即进入辽宁省新民地区。3 月 28 日与敌军交战，从黎明打到下午，把敌军追击到新民县城附近，在返回途中在北岗村与敌人遭遇，我连尖兵排有伤亡。经过一场激烈的战斗，我团安全转移。在这次战斗中我很幸运，子弹穿透了马鞍子和大衣，我却没有负伤。接着，我团进入辽宁彰武县白旗铺一带驻防，在沈阳外围注视沈阳、新民敌军动向，并随时打击敌军的骚扰。就在这时，1948 年 4 月，由团政治处主任布和同志介绍，我加入了中国共产党。大约在 8 月，骑兵 2 师全部调回乌兰浩特附近的葛根庙整训。整训期间，我患阑尾炎住进内蒙古军区后方医院做了手术。因粘连，手术用了 58 分钟，我还没出院，部队又奉命出发前往长春，准备堵截长春敌军突围。

由于人民解放军英勇作战，战争形势发展很快。10 月 15 日攻克锦州，封闭了东北国民党军的退路；困守长春的军队，一部分起义，一部分投降，长春解放了。仅存的廖岳湘兵团 10 余万人，在大虎山、黑山一带被歼灭。这时，东北人民解放军各路大军直抵沈阳，我急忙出院，从乌兰浩特奔往长春追赶部队；骑 2 师由长春转向沈阳的途中赶上来，参加了辽沈战役，打到沈阳，11 月 2 日解放沈阳，解放了全东北。

这时，内蒙古骑兵第 2 师返回哲里木盟休整，师部在通辽。4

团驻防于科左后旗甘奇卡镇,1949年2师又接到赴西北战场的任务。师、团领导派我带领一个排兵力,随内蒙古军区后勤部李副部长,到呼伦贝尔盟征购军马。我们征购1000多匹军马后,在8月路经阿尔山返回通辽。这时,西北野战军已经歼灭了马步芳的骑兵部队,因而骑2师未去西北战场。

1950年春,4团换防到通辽县钱家店镇,同全师官兵参加了修筑辽河堤坝工程。从此,辽河沿岸农田免受了水灾,解除了辽河沿岸人民的灾难。

同年7月,骑2师到北京郊区演练,准备于10月1日国庆节受检阅。这样,在中华人民共和国成立的第二个国庆节,骑2师全体官兵受到了毛主席等党和国家领导的检阅,这对骑2师全体干部、战士是极大的鼓舞和鞭策。

我作为鄂温克猎民的儿子,在祖国的解放战争时期,从1946年2月6日在甘南入伍至1948年11月2日解放沈阳,转战东北战场。从黑龙江到吉林、辽宁省,出生入死,参加了大小战斗23次。参加了著名的围困长春和辽沈战役,为祖国的解放事业作出了自己的贡献。在炮火连天的战争年代里,我经受了考验,在党的培养教育下,增长了才干,成为了一名军队的基层领导干部,并获得了“东北解放纪念章”和“全国人民解放纪念章”;荣获了中华人民共和国授予的“解放奖章”。

全国解放后,为了加强民兵建设,维护社会治安,中央军委决定在各地、市、盟建立军分区,各县、市、旗组建人民武装部。1950年下半年,内蒙古军区所属5个骑兵师整编为10个军分区;骑兵2师一部分划为哲里木盟军分区,一部分划为昭乌达盟军分区,并抽调干部到各旗、县、市及区(努图克)组建人民武装部。

骑兵2师在10月1日受检阅后,立即返回原驻地。我团回到钱家店后不久,上级抽调我,还有其他干部,到内蒙古军区军政干部学校(校址在乌兰浩特)参加人民武装干部培训。经过一个多月培训，将我分到呼纳盟，并指定我带领来呼盟工作的人武干部。我们于11月从乌兰浩特乘火车来到呼纳盟所在地海拉尔。当时，呼纳盟盟委书记兼军分区政委是陈耳东，盟长额尔钦巴图，军分区副司令员李天宇，副政委兼政治部主任白云，参谋长额尔登仓。

我来呼纳盟后认识了乌尼满都，通过乌尼满都又认识了一位鄂温克人，他就是军分区政治部文化科科长贺其业尔图。乌尼满都是一位富有感情的同志，他待人热情、诚恳，在交往过程中，给我讲起了在锡林郭勒盟剿匪时，因指挥失误而造成损失的经过；还说回乌兰浩特反省时，他爱人听说后从莫力达瓦旗到乌兰浩特看他，在他思想压力较大时鼓舞他，给了他很大安慰，使他振作了精神。部队领导不久又给他恢复了工作，派到呼纳盟来了。

不久，军分区政治部组织科长巴雅尔图，根据军分区党委的决定把我们分配，将乌尼满都分到莫力达瓦旗人武部任副部长，把我派到喜桂图旗（今牙克石市）任人武部任副部长。我当时20岁，带领20余名干部，当年10月下旬来到牙克石，组建了旗、区两级人武部，在牙克石、免渡河、博克图、博林线、牙林线5个区建立了区人武部。这时，喜桂图旗旗委书记彭炳函，旗长王智礼，喜桂图旗人民政府给旗人武部安排了办公、住宿场所，创造了办公条件。从1951年起，在旗委的领导下，在有关部门的配合下，以毛主席的人民战争思想为指针，通过各种形式，广泛而深入地宣传民兵建设重要意义的基础上，先行试点，总结经验。结合林区的特点，在铁路沿线各村陆续组建了民兵组织；编制了班、排、连、营建制，指定了班、排、连、营干部；配发了一部分枪支；利用生产、工作间隙开展了军事、政治、业务训练，培养了一些民兵工作骨干，打开了民兵工作局面。

喜桂图旗1950年建政，各方面条件较差，俄国侨民很多。他们控制着发电厂和牙林线铁路，牙克石林业管理局将要开发牙林线林区森林，而林业工人来自四面八方，社会情况比较复杂。在这种情况下，旗、区两级人武干部发扬艰苦奋斗、自力更生精神，积极配合党的中心工作，深入基层调查研究，指导民兵工作。一方面加强民兵组织自身建设，一方面动员民兵组织配合公安部门维护社会治安，参加护林防火工作，发挥了积极作用。

我在喜桂图旗人武部工作期间，由旗委书记兼旗人武部政委的，先后有彭炳函、卓利格图、王林仲、罗英朝 4 位同志。我调离时罗英朝在任。期间，我接触较多的是旗长王智礼同志，他对人武部的建设给予了大力支持；还有旗公安局局长闫春田（抗日干部）兼任旗人武部副部长。

1953 年 4 月 1 日，在乌兰浩特成立了内蒙古自治东部行政公署，内蒙古军区也设了东部军事部，部长是丁郁民，副部长鲍青扎布。有一次召开各旗县市人武部部长、政委会议，乌尼满都也参加了。一天晚上他找我，说："咱俩走一走，我领你再认识一个鄂温克人。"我们去了驻防在乌兰浩特的公安 3 团驻地，进了一个办公室兼宿舍的屋。乌尼满都进屋就说："这是特格希同志。"把我介绍给他，这样我又认识了一位鄂温克同胞。后来，特格希也调到鄂伦春自治旗人武部任部长，从此以后，我们见面的机会就多了。凡在海拉尔、乌兰浩特、呼和浩特开会，我们 3 个人经常在一起谈论、上街或串门。我们除了民族情感外，性格也合得来，他俩年龄比我大，但非常尊重和爱护我。乌尼满都说："守贵虽然少言寡语，可是说起话来很在理，可别小看他。"

1953 年末，军分区派富林太同志任喜旗人武部副政委。富林太同志忠厚老实，工作认真，团结同志，关心别人，我俩配合得很好。除了工作之外，生活上也互相照顾。那时军队还是供给制，生活比较简朴，除了军衣、军被外，没有任何物品。在这种情况下，于 1954 年 1 月，我与孙桂琴（汉族）同志结婚，还给富林太同志介绍认识了张雅玲同志。不久，韩连科同志来当旗人武部部长，我调离了喜旗人武部。

同年11月,我到内蒙古军区政治部待分配。有一天,领导找我说:“根据刘少奇副主席的指示,派军队干部进地方各级民政部门作,把你派到自治区民政厅工作。”我服从组织决定,分配到了自治区民政厅。在没有接任工作前,我回军区政治部找了解放战争时期在骑兵2师4团一起工作过的乌尔吉郎同志,我谈了自己不愿到民政厅工作的意见。乌尔吉郎同志说:“我看可以不去,但我请示部领导后再告诉你。”第二天,我就接到通知“你可以回来重新分配。”

我去了一趟民政厅,认识了满都呼同志。那时,他在民政厅当处长,后来又一次在呼和浩特新城相见。他非常热情,谈起了鄂温克族的事情,他说:“鄂温克人不仅在中国有,在苏联也有很多,还有一个自治州呢!你能不能搜集到苏联鄂温克人的资料?”

1954年12月,内蒙古军区往华北军区干训大队(在石家庄)选送9名干部(其中有我)学习深造。这次是挑选出身好,有一定文化程度的政治工作干部,为部队培养宣传理论工作骨干。学期半年,主要学习政治理论和宣传工作理论。课程有社会发展史、阶级和阶级斗争、马列主义理论、毛泽东思想以及宣传理论工作常识。学习期间经常考试,实行5分制。我到校后努力学习,刻苦钻研,学习成绩还可以,得4分较多,也得过5分。通过这次学习收获很大,提高了政治理论水平,但也发现了自己了解的东西太少了,特别是缺乏历史知识。当时,我暗中下了自学历史、增长历史知识的决心。从那以后我就开始自学了。

1955年5月,干训大队分几个部分到部队实习,我和一部分同学到华北军区炮兵6师(驻于北京市通县)实习。实习期间深入到营、连、排、班调查研究,还帮助连、排干部做一些工作。假日干部、战士休息,我们乘公共汽车去北京城里游览名胜古迹、看电影、逛东安市场,晚上回营。这时,我写信叫孙桂琴同志来北京看看,她因怀孕没来。6月中旬宣布结业,我回到内蒙古军区,分配到军干校通讯队当教导员，为部队培训通讯干部和通讯兵。这时我认识了鄂温克族干部涂维廷，他也在军干校当队长。认识以后我们经常在一起活动。1956 年初，军区干部部找我说："你是鄂温克人，呼盟索伦旗要你到那儿工作，刘华香副司令员在内蒙党委常委会上已经答应啦，你看怎么样？"这时我才 26 岁，加上部队刚实行军衔制和工资制。我说："我爱好军人职业，想多干几年。"后来这事就没动静了。

那年 10 月，调我到哲里木盟工作。这时，哲里木军分区司令员丁郁民、盟委书记兼军分区政委石光华、副政委鲍音扎布把我分配到扎鲁特旗（旗址鲁北）人武部任副部长。部长是乌吉，政委是色音乌力塔。扎鲁特旗是半农半牧区，有广阔的天然草牧场，畜牧业较发达。但交通不便，没有公路，不通汽车，鲁北镇还没有发电厂，晚上点油灯，人也很少。除了上班、下乡工作外，没有什么活动，我开始看《三国演义》、《水浒传》等古典名著。

1957 年 11 月，军分区调我到奈曼旗人武部任副部长。奈曼旗多为沙漠，交通不便，我从通辽乘火车到辽宁省北票县换乘汽车，经敖汉旗下洼镇到的大沁塔拉（过去的王爷府）。那时，旗委书记兼旗人武部政委是图门，旗人武部部长是李连波，政委是双全。我到奈曼工作的第二年（1958 年）夏天，孙桂琴同志从喜桂图旗图里河镇调来，安排在旗百货公司做门市部主任工作。这时，我们已经有了长女云霞，用一间办公室做宿舍，在武装部食堂吃饭。

1958 年秋季，全国推行农村人民公社化，同时也号召大办民兵，全旗掀起了"全民皆兵"的热潮。旗人武部干部分批分期深入基层调查研究，我也骑马走了很多公社和生产队，一方面抓民兵组织建设，一方面进行民兵军事、政治、业务训练，进一步加强民兵建设。1959 年李连波转业，德勒格尔仓任部长。那年春季我下到生产队，冬季又参加了整风整社运动。1960 年我调到军分区教导队训练民兵干部，1961 年德勒格尔仓调离，任命我为部长。这时，随着“人民公社化”、“大跃进”、大炼钢铁刮起的浮夸风越来越严重，说大话，报喜不报忧，欺上瞒下，在民兵工作上搞花架子，虚报训练成绩十分严重。我看不惯这些，抵制了歪风邪气，与政委发生分歧，触怒了军分区领导。在军分区党代会上大反右倾，重点批判了我和佟锡久、高士迪、朝克图4位旗县人武部的领导。在会上，头脑发热的人们言词激烈，上纲上线连续批判了我们几天几夜，还宣布说回到人武部要继续批判。我在气愤之下，找军分区领导要求准假，去军区向中央军委反映情况。我得到的答复是：“先回去吧。”回到旗里后的第二天，李枫荣副司令员坐小车专程来给我做工作，他说：“不检查不批判了，你好好工作吧。”1962年全国纠正浮夸风错误时，我们也平反了。

从那以后，我想：为了革命事业，我这个鄂温克人，不分民族、不分地区在这儿任劳任怨地工作，可人家不理解，还整我。虽然平反了，但心中不平，开始产生了离开哲盟的念头。不久，我在乌兰浩特军政干部学校第二期的同学巴图在内蒙古军区干部部当科长，他来哲盟检查工作时，趁这个机会我说了自己的想法和要求。他说：“回去向部领导反映你的情况。”

1963年1月，内蒙古军区决定调我到呼伦贝尔盟工作，我交待完工作立即来呼伦贝尔军分区报到。这时军分区司令员是王海山，盟委书记李振华兼军分区政委，政委张德贵、副司令员那仁。我在海拉尔待分配期间，经乌尼满都介绍认识了鄂温克族自治旗旗委书记图盟巴雅尔同志，还拜会过副盟长卓利格图同志。过了一些日子，军分区派我到大兴安岭林业管理局组建人武部，我做了一些筹备工作，下去走了几个林业局。后来上级任命巴雅尔图为林业管理局人武部部长，任命我为扎赉特旗人武部部长。

1963年6月，我来到扎赉特旗人武部，旗委书记兼旗人武部政委是包文忠，政委胡克，副部长特格喜宝彦。不久，我家也搬过来了，孙桂琴同志安排在旗工会工作。扎赉特旗东南部为农区，西北部为半农半牧区，北靠大兴安岭大小神山，绰尔河由北向东流入嫩江。人武部的工作主要是民兵工作、征兵工作、预备役军人管理工作，做起来事情很多。但重点是民兵建设，狠抓组织、政治、军事三落实，战时达到“召之即来，来之能战，战之能胜”的目的。因此，在旗委统一领导下，我们紧密结合党的中心工作，在有关部门的支持下，经常深入公社、生产队指导民兵工作，进行军事、政治业务训练，加强了民兵自身建设。

1964 年我晋级为少校军衔。

1965 年，呼伦贝尔盟抽调大批干部到西新巴旗开展“四清”运动，工作团团长毕力格巴图，副团长杰尔格勒、赵会山，还从部队抽调一些干部，由军分区副司令员乌力吉达来带队。我与莫日根同志留在工作团负责民兵工作，还有从扎旗人武部调到军分区政治部工作的达林台同志。“四清”运动以阶级斗争为纲，推行了“极左”。在这期间，我认识了很多自治区和呼盟的地方干部，后来同有些人有过来往，如：盟委组织部副部长胡拉乌苏同志；还有鄂温克族自治旗的额尔德木图同志，后来我到鄂伦春自治旗工作时，彼此有过多次书信来往。

1966 年 3 月，我到军分区开会，晚上下了大雪，早晨起来上厕所时，我不注意摔倒了，左腿骨折。军分区卫生所把我转送到齐齐哈尔 203 医院治疗。经过 3 个月治疗康复后，我返回扎旗人武部。不久，军分区下令调我为军分区司令部动员科科长。在这之前，胡克同志调任军分区后勤部副部长，俄德勒格接替政委，莫日根接替我当了扎旗人武部部长。

1966 年下半年，我到军分区司令部时，司令部参谋长是尼玛，副参谋长孙枫桐、巴雅尔图、单大江，动员科共计 12 人。参谋们是一些具有一定工作业务能力，又能干工作的年轻军官，主管全盟的民兵、征兵工作，预备役军人的管理工作。由副司令员乌力吉达来、副参谋长巴雅尔图分管民兵工作。

这时,“文化大革命”运动从全国各大城市波及到呼盟各地,各学校红卫兵走上社会,把地方各级党、政领导当作走资本主义道路的当权派批斗。各机关、学校、企业事业单位的干部职工中也出现了造反派、保守派组织,开始了“保与革”的斗争。军分区奉上级指示派出大批干部到地方支左,军分区成立了支左办公室,我也被抽调参加支左办公室的工作。

1967 年春,孙桂琴同志从扎赉特旗调来,安排在海拉尔市政府人事科工作。记得有一天,乌尼满都在造反派的监视下来盟医院看病,正巧我去盟医院见到了他。因造反派在监视,只说了你好我好一类的话,从那以后再没有见面。后来,党的好干部,鄂温克民族的优秀儿子,我的亲密战友乌尼满都同志被迫害致死,离开了人世。

在军分区内部批判司令员王海山、副司令员那仁之后,一些别有用心的人借机造谣、诬蔑、攻击原在呼盟工作的汉族和少数民族干部,否定党在内蒙古地区工作的成就,破坏民族团结,并影响到了军内排以上干部。由此产生意见分歧,形成两种观点,开始了“保与革”的斗争。1967 年夏季,军分区整顿机关时,矛盾公开化,展开了针锋相对的斗争。在这种情况下,内蒙古军区司令员来海视察后,于 9 月,内蒙军区将与持不同观点的团以上干部调到呼和浩特办学习班。这些人不服气,上面下了结论,定罪名以乌力吉达来、巴雅尔图为首,为乌兰夫、王海山翻案的“反革命集团”,把我定为其中的“黑干将”。返回海拉尔后,军分区机关、部队、人武部开展了批判王、那、乌、巴的斗争。

1968 年 3 月中旬,内蒙古军区把呼伦贝尔军分区机关、部队、人武部团以上干部 70 余人调到呼和浩特办学习班。这时我爱人已临产,我通过当时在军分区政治部干部科的张宝山请假,得到了批准,等桂琴同志的大姐从黑龙江省安达县来海拉尔后,我乘火车赶到呼和浩特,在农科院找到了他们。因严格看管,见面后谁也不说话，更不准交头接耳，我们被剥夺了人身自由，成天读《敦促杜聿明等投降书》和《南京政府向何处去》，敦促交待问题，揭发王、那、乌、巴；接着交待自己所谓的“叛国投修”罪行，交待“黑组织”。但谁也不知道有什么“黑组织”，也不能胡说。几个月后我们搬到公安干部学校，后来又搬到交通学校。这时又增加了骨干，实行残酷斗争，对他们认为的重点人轮流批斗，不交待、不承认就拳打脚踢，打个死去活来。在这种情况下，有人产生了寻死的念头，我也开始有点紧张，但想来想去，凡是没有的事，不能瞎说，更不能寻死，我还有妻子儿女，就得顶住。同时，我也观察出来，不可能这些人都是反革命，可能在搞扩大化，又想到党内斗争的历史经验，没有的事，将来还要甄别，想到这些心情就踏实一些了。后来，在斗争过程中，从打手们的口中气已经明白过来，他们所说的“黑组织”就指的“内人党”。这时有的说：“‘内人党’也没听说过。”有的说：“听说过去有过‘内人党’，早就解散啦。”打手们又说：“要你们交待的是‘新内人党’。”大家也说：“不知道，没有参加。”这时有的说：“我参加了共产党，没参加‘新内人党’。”

到了 1969 年 1 月，我们由持枪荷弹的战士押解，从呼和浩特乘火车回到海拉尔，没到车站，在铁路桥附近下车，换乘汽车一直到盟合干校院内。家属听说后来探望未能见面，送的东西都全部检查。有一次，我爱人孙桂琴领着 10 岁的二姑娘阿日昆到干校探望我，同样也未让见面，我只是从远处看到她们。不久，由战士把她们送来的东西交给了我。

把我们拉回海拉尔后，斗争更加激烈，造反派增加了骨干力量，不分昼夜地批斗，继续敦促交待“内人党”。过了一些日子，让我们搬到河西盟党校院内，还是继续敦促交待“内人党”问题，昼夜不停地轮番批斗，但几乎没有人公开承认自己是“内人党”。这时有的打手说：“你们说没有参加‘内人党’，可是共产党在内蒙的党组织就是‘新内人党’。”接着有的说：“如果那么认为的话，那就算是‘内人党’党徒，共产党内担任过职务的就是‘内人党’的骨干分子。”这样有的承认了，随后又推翻。就这样扯皮时，1969 年中共中央的“五二二”批示下来，才停止挖“新内人党”，让这些人转入了斗私批修。军分区的一位领导人讲话说：“你们不是‘新内人党’，但也有其他错误吧？还要斗私批修。”但好在允许与家属见面了。孙桂琴听到消息后领着孩子到盟党校看我，不久，把我们带到盟合干校斗私批修，没完没了，但有些人陆续回家，就这样解散了。

同年 8 月 1 日，根据中共中央《关于变更内蒙古自治区行政区划的规定》，呼伦贝尔盟划归黑龙江管辖。11 月黑龙江军区把我们这些受害者召到哈尔滨办班，说是斗私批修。借此机会，大家提开意见，要求落实政策，彻底平反，查处、惩办凶手。回来后，军分区成立落实政策办公室，着手落实政策工作，到 1970 年开始分配工作，很多人调到黑龙江省内地县人武部工作。

在“文革”中，不仅我自己受打击和迫害，我爱人孙桂琴的哥哥喜田在绰尔林业局党委任书记。他从 1966 年起被揪斗，至 1967 年末被迫害致死。这对孙桂琴造成很大压力。同时，海拉尔市的工作单位敦促她交待问题，军分区也向她施加压力，让她与我划清界线，揭发问题。她在精神上、身体上受到折磨，身患多病。1969 年我被解放不久，我的哥哥吴忠寿，因长时间的被揪斗，身患尿毒症，放出来后医治无效去世。孙桂琴同志得知后，立即找军分区政治部领导反复要求，叫我直接赶往南木处理后事。我接到电话后，从哈尔滨乘火车直接到南木处理哥哥的后事，然后返回哈尔滨，学习班结束后才回海拉尔。

在“文革”中还有我始终难忘的两件事：一是呼伦贝尔军分区司令部动员科的全体同志，在军分区机关激烈的斗争中，主持正义，团结和睦，内部没有发生分歧，始终维护了我，因而，也蒙受了不白之冤，被攻击为“黑科黑窝”。但没有人动摇，经住了历史的考验。实践证明他们是正确的。军分区在落实政策时，给予他们平反。我认为这些同志，虽然职位不高，但思想境界是高尚的。二是在扎赉特旗人武部与我共事的一个领导人，在我调离后，趁挖"内人党"之机揭发我，说吴守贵有叛国投修活动，私藏一部电台，还有呼号。当人武部的干部质问："你怎么知道的？你可能是同谋者。"并让他交待电台时，他才不敢胡说八道，把这场风波压下去了。其实哪有电台，纯属造谣。我是放出来后才听说此事的。我认为扎旗人武部的同志们机智灵活地解决了此事，减少了我在"文革"中的压力，我衷心地感谢那些同志们。

1970年，我们这批干部分配工作，有的恢复原职，有的重新安排，绝大多数团以上少数民族干部被分配到黑龙江省内地县人武部工作。这时，军分区副司令员宋孟昭找我谈话，要把我分配到鄂伦春自治旗人武部工作。我坚持在军分区司令部恢复原职。领导再三做工作，我考虑自己是党员、革命军人，还是服从了组织决定，于1971年1月到大兴安岭军分区（加格达奇），并由黑龙江省军区任命我为鄂伦春自治旗人武部部长。我到鄂伦春自治旗时，鄂伦春族人口1200多人，鄂温克族人口1300多人，达斡尔族3800多人。我参加革命后，多与蒙、汉族干部共事，而来鄂伦春自治旗后，接触到很多鄂伦春、鄂温克、达斡尔族群众，我会多种语言，方便了工作，很快熟悉了很多人。

这时，鄂伦春自治旗人武部领导有：部长陶玉亭，政委王明，副部长沃登、刘自信，副政委王福堂。因有"三支两军"任务，他们都结合到旗革委会工作，我在部里主持工作。同年9月，我的家也从海拉尔搬到阿里河，把孙桂琴同志安排在旗革委会组织组工作。

鄂伦春自治旗革委会主任、核心小组组长王善泽，副主任、副组长陆德环，陶玉亭，王福堂，副主任孙万权、李显林、泉博顺、王明，旗军管会主任刘自信，这些同志做了大量的工作。但由于"文化大革命"运动还在进行，黑龙江省和大兴安岭地区，为了加强鄂伦春自治旗的领导班子，撤回了地区派的工宣队，陆续撤回地区工作。1971年12月把我结合到旗革委会工作，任命为旗革委会第一主任，核心小组第一组长，把重担压在了我头上。

我在内蒙挖“内人党”时受触及几年，深受其害，原来想就在部里工作就行啦，未曾想还结合到地方。我不愿意介入地方工作，就是不愿意卷入“极左”思潮中，违心从事。可是上级已经决定就得从命，怎么开展工作是摆在面前的一个问题。

“文化大革命”中，鄂伦春自治旗也和全国一样，造反派夺了旗委、旗政府的权力，群众组织没有真正联合起来。后来在解放军的支持下，依靠所谓“左派”群众组织，1967年12月26日成立了旗革命委员会，取代了原旗委、旗政府的权力，形成一派掌权，执行“文革”的极左路线，制造了很多“冤、假、错”案，致使很多党的好干部受到打击和迫害。绝大多数干部和群众被压抑，群众怨声载道。在这种情况下，呼伦贝尔盟派干部调整了鄂伦春自治旗革委会的主要领导人，不久划归黑龙江省大兴安岭地区管辖。大兴安岭地区派出工宣队、军宣队进驻鄂伦春自治旗，仍以“左”倾思想指导那里的工作。“文革”初期遗留的一系列问题不仅未得到解决，又造成了新的隔阂，加上派性干扰，影响了旗革委会的正常工作，致使工作陷于困境，处于被动局面。

我认为鄂伦春自治旗在“文革”中造成的一系列问题迫切需要解决，必须伸张正义，解除精神枷锁，调动各族干部和群众的积极性。但由于“极左”思潮干扰，工作不仅有难度，也有风险，这就需要领导人振作精神，端正思想路线，采取正确的政策和措施，知难而进，排除干扰，纠正错误，实事求是，从干部和群众最关心的问题入手，落实政策，取信于民。

我进入旗革委会后，了解到旗革委会的领导同志们都想把工作做好，由于“派性”干扰，只好维持现状。所以解决“文革”中的问题，只有依靠旗革委会，特别是核心小组来解决。按照当时的体制，发挥旗革委会的职能作用已是当务之急，而发挥革委会各职能部门的作用又是一个重要环节，要想做到这一点必须落实干部政策，解放干部，大胆起用靠边站的原党、政各级领导干部出来工作，这是人心所向，大势所趋。

鉴于上述考虑，我决定把落实干部政策作为议题。经过核心小组认真讨论，统一思想认识后，贯彻执行党的民族区域自治政策，调动各族干部和群众的积极性，恢复工作。发展鄂伦春自治旗的各项事业，组织力量着手落实干部政策工作：一是由王福堂、佟佰礼牵头调查核实原副科级以上干部的情况，提出任用意见；二是由孙万权、刘子信牵头与军管会调查核实“六号”案件。

正在这时又出现了一个情况，旗军管会主任刘自信报告说：“原副旗长葛德洪（鄂伦春族）一直被关押，现在心脏病复发，需要治疗，而大兴安岭地区军管会不同意他保外就医。”当时我考虑，“文革”中的问题没落实也好，但救命要紧，立即向主管地区军管会的郑洪恩同志请示。当时他不太同意，也没有坚决反对。这样，我决定以保外就医的名义让他出来治病，康复后也未收监。落实政策中他的问题得到平反，后来他做了很多有益的工作，担任了全国政协五、六、七届委员。当时革命委员会实行一元化领导，旗革委会领导人的工作繁多，从早晨忙到晚上，特别是落实干部政策阶段就更忙了。根据组织组的提名，经核心小组研究，在旗直机关、企事业单位的革委会、领导小组中，派了一部分原正、副科级干部，但效果不明显，一派掌权问题并未解决。但在当时“文革”还没有结束，这么做有风险，有的人心有余悸，有的也劝我要慎重。可问题已经摆在面前，我认为考虑落实政策的进程，必须一鼓作气，迈出这一步。经过核心小组认真讨论，大家取得了共识，冒着风险下发了文件。除保留旗、公社、生产队、革命委员会外，其他行政、企事业单位的革委会、领导小组等机构名称一律撤销，恢复各科、局长、公司经理、厂长等职务名称。接着抓紧解放干部，起用靠边站的一些原正、副科级干部。这时，组织组的肇殿金、舍勒巴图等同志可忙开了，他们翻阅档案，核实“文革”中的问题，提出任用干部名单。这时他们又发现了一个问题，一些鄂伦春、鄂温克、达斡尔族干部牵连到“六号”案件，而“六号”案件不解决，影响到许多少数民族干部，特别是对鄂伦春族干部的使用。

什么是“六号”案件呢？据调查，“六号”案件是根据鄂伦春族青年何平山打篮球时，背心上的6号定的，也是一起“冤、假、错”案。在平反取证过程中遇到了问题，当时在旗革委会担任主任的翟焕臣不出证言。于是，我领着肇殿金、文勇常同志到加格达奇找他，他才出了证言，并承认“六号”案件是一起错案。回来后，我召集核心小组成员认真研究案情，做出了平反“六号”案件的决定，并召开旗直机关干部、职工大会进行平反，解决了何平山、叶喜巴图、孟和吉雅等一大批干部的问题。

根据组织组的提名，本着“老、中、青”三结合的精神，我们又对原正、副科级干部和在“文革”中在职而又符合条件的干部，经核心小组研究，按照科长、局长、厂长、经理、主任等职务名称，重新任命了一批干部。这些干部及时到位抓工作，解决了一派掌权问题，并将原党、政领导沙革、莫日根达来、赵成珍、耐热尔图、白雅尔图、葛德洪等同志报请大兴安岭地区批准，分别担任了旗革委会核心小组副组长、成员，副主任等职，充实了领导力量，加强了旗革委会的工作。这时，何其英贵、敖定山、叶喜敖斯尔同志也出来工作，分别负责了组织、办公室和人保部的工作。根据工作需要，王善泽同志调任中共大兴安岭地区地委组织部长，孙万权同志调大兴安岭地区加格达奇区工作，陶玉亭同志调回旗人武部工作。

从1972年初至1973年5月，中共鄂伦春自治旗第五次党代会前的一年多时间里，在我和王善泽同志的主持下，旗革委会核心小组一班人通力合作，积极工作，排除干扰，克服困难，大抓了落实政策工作，平反了“六号”案件，解放了大批干部，在各级革委会及其职能部门中注入生机和活力，加强了革委会的运转能力，调动了各族干部和群众的积极性，受到了各族干部和群众的热烈欢迎，这一切为中共鄂伦春自治旗第五次党代会的召开，从政治上、组织上创造了条件。

中共鄂伦春自治旗第五次党代会，经黑龙江省委批准，1973年5月30日在阿里河召开。沙革同志当选为旗委书记，吴守贵、莫日根达来、赵成珍、耐热尔图为副书记。在年底召开的中共大兴安岭地区党代会上，王昭同志当选为地委书记，我和沙革被选为地委委员。在旗第五次党代会后，我主持旗革委会（政府）的工作，兼任旗革委会党组书记。这时，旗革委会副主任有：莫日根达来、赵成珍、耐热尔图、李显林、泉博顺、王福堂、王明、佟佰礼。由于从1972年起落实干部政策，平反“六号”案件，大批有经验又能干的各级领导干部出来工作，同时也提拔使用了一些德才兼备的中、青年干部，加之各级党组织的逐渐恢复，不仅加强了党的领导，而且大大加强了各级革委会及其职能部门的作用。这些同志精神焕发，努力工作，加强了工业、农业、流通领域、社会治安、护林防火方面的工作。在工业上，除加强现有地方工业的生产外，还筹建粮米加工厂、制酒厂，并投入生产。在林业上，除护林防火外，向上级申请从阿里河林业局划回嘎仙林场；同时延续“以猎为主，护养猎并举，保护森林，适当发展农牧业生产”的生产建设方针，除成立狩猎生产办公室指导猎民的狩猎生产外，还在发展农业生产上下了很大功夫。我从1973年起深入基层调查研究，踏查宜农荒原，走遍了鄂伦春自治旗的大川、河谷，并从实际出发，利用肥沃的土地资源，结合知识青年上山下乡，在齐奇岭、斯木科开发宜农荒原，在诺敏河岸开垦了土地。诺敏河（小沟）公社在原有耕地的基础上开垦了诺敏河东岸的百里大川，扩大了耕地面积，从而在全旗兴起了发展农业生产的热潮。从外地流入的农民新建了一些生产队，就地就近开垦荒地，从而使全旗地方耕地面积从1974年起，从60

年代的6万多亩，到1975年底增加到11万多亩。粮食总产量由不足100万斤，增加到580多万斤。

全旗的工农业生产也从60年代的负增长出现回升，在70年代保持了稳步增长，并活跃了商业、供销流通领域，加强了对林业战线的物质供应，出现了地、林、铁共同发展的新局面。

1974年我正致力抓农业生产，下乡到甘河镇检查农业生产时，旗所在地阿里河街上贴了大字报，孙桂琴同志通过包东日布同志用蒙语给我通报了大概情况。原来，1972年落实政策解决一派掌权问题时，被免职而不满的少数人，趁批林批孔之机，企图打倒我，并指名道姓地说："吴守贵是孔老二，搞复辟拉倒车，为走资本主义道路的当权派翻案。"他们找旗委沙革同志提出召开批林批孔大会，企图批判我。在敖定山、泉博顺、李秀山等同志反对下落空，没有人响应和支持他们的做法，所以没有批起来，不了了之。

这一期间，旗革委会积极争取了大杨树镇的归属问题。1969年，鄂伦春自治旗划归黑龙江省大兴安岭地区管辖后，未经国务院批准，擅自把鄂伦春自治旗行政区域内的大杨树镇划了出去，于1970年成立大杨树区建制，由大兴安岭地区直接领导。这激起了鄂伦春自治旗及大杨树镇各族干部和群众的不满，并强烈要求归回鄂伦春自治旗管辖。鄂伦春自治旗革委会多次向上反映，均无回音。后来，全国四届人大代表孟庆海（鄂伦春族），委托黑龙江省新华分社记者和鄂伦春自治旗白皓同志，通过中央新华社把提案刊登在《内部参考》上。国务院领导阅签后国家民委、民政部、公安部派人，由国家民委司长李春白同志带人来黑龙江省，由省民委处长巴音呼和大兴安岭地区革委会副主任聂涛陪同来鄂伦春旗做调研。我们摆事实，讲道理，充分反映了意见。调查组返省后，明确表态把大杨树划归鄂伦春自治旗管辖，可是省、地两级又拖了一段时间后才撤销了大杨树区，划归鄂伦春自治旗。1976年恢复了镇建制，派佟佰礼同志兼任镇党委书记。

1975年7月免去我的旗革委会第一主任职务，由沙革同志兼任革委会主任，我仍是旗委副书记，但主要是抓旗人武部的工作。从此以后，旗人武部的领导也陆续有了一些变动，刘自新、陈志学、王福堂、活登同志转业，陶玉亭同志离职，军事科长王志明任副部长，政工科长包东日布任副政委。

孙桂琴同志到鄂伦春自治旗也做了很多有益的工作。从1971年末起她在旗革委会组织组工作，1973年12月担任中国人民银行鄂伦春自治旗支行副教导员；1974年10月任中共鄂伦春自治旗直属机关委员会副书记；1978年至1980年9月任鄂伦春自治旗革委会办公室副主任。

我离开旗革委会后，在旗委仍是副书记。这时，我除了参加旗委会议和重大活动外，主要在旗人武部抓民兵和征兵工作。工作轻松了一些，有了自学的时间。这时我转向北方民族史研究，首先阅读了《鄂温克族社会历史调查》单行本，对本民族的历史有了大概的了解；接着读《清实录》、《达斡尔、鄂温克、鄂伦春、赫哲史料摘抄》、《俄国人在黑龙江》、《阿穆尔州地志博物馆与东方学会论丛》、《东达纪行》、《北方通古斯的社会组织》、《德王"蒙古自治"始末》、《内蒙古历史纲要》、《蒙古人民共和国通史》以及《中俄尼布楚条约》。通过阅读对北方民族，如：满、蒙、鄂温克、达斡尔、鄂伦春、赫哲族的历史沿革有了一些了解，越看越有兴趣，产生了探讨鄂温志历史的兴趣。

1979年夏天，大兴安岭军分区通知我到黑龙江军区政治部报到。我不知道什么事，乘火车到了哈尔滨。第二天，军区郭强政委找我谈话，他说："你是鄂温克族，根据呼盟盟委的报告，省委的意见调你到鄂温克族自治旗任书记工作，你看怎么样？另一方面军区也有考虑，大兴安岭军分区也需要少数民族干部，打算调你到军分区工作，你拿个主意。"当时我有点儿为难，不知怎么办好。作为一个鄂温克族干部，鄂温克自治地方需要我。虽然我近50岁了，在晚年到本民族地区工作，为发展鄂温克族的事业贡献自己的力量也是应该的。想到这些，我答应了到鄂温克族自治旗工作。郭政委说："那好，我们告诉省委，你可以回去等通知，这个期间要照常工作。"于是我返回了阿里河。

1979 年 7 月 1 日，党中央、国务院决定，原属内蒙古的东四盟重新划归内蒙古自治区管辖，同时鄂伦春自治旗划归呼伦贝尔盟管辖。鄂伦春自治旗人武部也划归呼伦贝尔军分区领导。

1980 年 1 月，军队系统进行交接工作，黑龙江省军区在哈尔滨召集呼伦贝尔军分区所属团以上军政主管领导进行欢送。接着，沈阳军区在沈阳集中东 4 盟军分区所属团以上军政一把手进行交接，北京军区、内蒙古军区领导带领有关部门干部来沈阳接收，在沈阳军区礼堂举行了交接仪式，并举行了欢送宴会。然后，把我们这些人接到北京，北京军区举行欢迎大会、欢迎宴会，晚上演出了文艺节目。接着到内蒙古自治区首府呼和浩特，内蒙古军区领导和司、政、后机关的同志们都热情地欢迎我们，举行欢迎大会，军区领导孔飞、廷懋等出席大会并讲话。后来又来举行宴会，又演出文艺节目，离别 10 年又回到内蒙古自治区，我们感到格外高兴。

这次交接过程中，调到海伦县人武部工作的特格希同志赶到哈尔滨找呼伦贝尔军分区领导，要求调回内蒙古呼伦贝尔盟工作，黑龙江省军区已经决定他转业到地方。我和特格希同志找了省军区政治部干部处，要求将他移交给内蒙古军区后办理转业手续，按现役军人移交过去。到了沈阳还找了沈阳军区干部部，又找了北京军区来接收的干部，经过两个军区干部主管部门商量后同意了移交，将他交给了内蒙古军区。我还在呼和浩特时，军区政治部通知我，"内蒙古党委决定你任中共鄂温克族自治旗旗委书记，他们正在召开党代会，你立即前往赶上会议。"我于 1980 年 1 月 29 日赶到海拉尔，鄂温克族自治旗来人把我直接领到党代会会场，参加了投票选举。

在第六届一次全体委员会议上，选举吴守贵、涂景福、高兴太、卓仁仓、单福贵、官布扎布、敖福德、舍勒扎布、哈森其其格为常委，我被选为旗委书记，涂景福、高兴太、卓仁仓当选为副书记。

这时，旗革委会主任涂景福，副主任有优力吉、高希布、鄂清海、曾格、李春荣、毕力格图、额尔登挂、叶喜巴图苏、官布扎布。几个月后，盟委任特格希为旗委副书记，叶喜巴图为旗委常委、旗革委会副主任。

全委会结束后，召开了旗委常委会议做了工作分工，决定我主持全面工作，涂景福主持旗革委会工作，高兴太分管畜牧业生产，卓仁仓分管党群，并负责旗委常务工作；接着研究了当前工作。我刚来不太了解情况，据常委们讲，当前比较突出的问题是去年入冬以来雪大，已经造成了白灾，对牲畜过春威胁很大，当时在会上责成分管领导和有关部门抓好抗灾保畜工作。

当旗委书记，工作千头万绪，需要做的工作很多。刚来从何入手，怎么样开展工作，是摆在我面前的课题。按照多年工作经验，到一个新地方，还是从了解情况入手，深入到基层，接触群众。我准备下去时，盟委副书记、副盟长卓利格图对我说："你刚来，我带你走走。"我同他乘坐丰田汽车，先后到了巴音塔拉公社的巴彦诺尔生产队、锡尼河西公社西博、巴音好硕生产队、特莫胡珠生产队、伊敏公社毕鲁吐生产队、锡尼河东公社、辉公社、巴音塔拉公社，接触了基层干部和牧民群众，耳闻目睹了社、队的情况，基层领导班子齐全，工作尚好。牲畜中大畜品种较好，三河牛、三河马多。但我们也感到牧区人、畜过冬比较艰苦，大雪覆盖草原，一片皆白，形成了白灾。牧民反映去年打储草少，棚舍简陋，雪这么大，又缺饲草，瘦弱畜很难过春，再有暴风雪可能要大量死亡，造成损失。

针对这种情况，旗委一方面派干部到基层督促检查落实抗灾保畜措施，一方面责成有关部门调济饲草和豆饼以及抗灾保畜所需物资。

我初来乍到，需要主动接触基层干部，因此，便利用春节前后的机会，走访了旗党、政、人大、政协领导和有些部、办、科、局负责同志，以及有名望的人士。这些人非常热情好客，讲团结，讲友谊，表示支持旗委、政府的工作。旗革委会副主任高希布（鄂温克族）同志因病住院，我到医院探望他。他眼睛虽然看不见，但说话很清楚。他说："我听说来了一位鄂温克人当书记，这太好了，我们都高兴。我没有这个病的话，一定配合好工作。"我还拜访了一位达斡尔族老牧民因固格布。他虽然是牧民出身，但也是有识之士。他说："书记来看我，我非常感谢，我虽然老了，也要发挥余热，在牧业生产上作贡献。"通过走访，我认识了很多人，在交谈中不仅了解了很多情况，而且增进了友谊，方便了工作。

鄂温克族自治旗各族人民团结合作，认真贯彻执行党的路线、方针和政策，在社会主义革命和建设进程中，政治、经济、文化建设事业有了很大发展。但在"文化大革命"十年内乱中遭到了严重破坏，造成了很大创伤。粉碎林彪、江青反革命集团以后，在上级党委的领导下，拨乱反正，落实政策，各项事业有了一些恢复和发展，但需要解决的问题还很多。

工作怎么开展？经过两个多月的探索，我大体有了轮廓和思路。为了传达贯彻党的十一届五中全会和内蒙古自治区党委全委（扩大）会议精神，经过旗委常委讨论决定，于 1980 年 4 月 15 至 17 日召开了六届二次全委（扩大）会议，传达了党的十一届五中全会和内蒙古自治区党委全委（扩大）会议精神。经过与会同志们认真学习、讨论之后，结合鄂温克族自治旗的实际情况，会议决定：在全旗党内进行思想政治路线教育，整顿党风党纪，加强党员教育，提高党员质量；二是认真落实政策。五中全会为刘少奇同志恢复了名誉，纠正了我党历史上最大的冤案。1961 年 8 月，刘少奇同志亲临我旗视察时，被接见的干部和群众在"文革"中受到株连的要给予平反，恢复名誉；对于其他方面的冤、假、错案，凡是没有解决的遗留问题，本着“修正错误，实事求是”的原则，一一给予落实。尤其注意落实民族政策、知识分子政策和统战政策，以顺应民心；三是加强经济建设，把全旗的经济工作搞上去。党的十一届三中全会后，我们党的工作重点已经转移到经济建设上。把国民经济搞上去也是我们的中心任务。鄂温克旗经济工作的重点是畜牧业。而畜牧业生产目前还处在靠天养畜，粗放经营阶段。目前已经进入抗灾保畜和接羔保育的关键阶段，畜牧业生产搞得好坏，取决于这一阶段的工作。因此，首先要抓好抗灾保畜和接羔保育工作，旗委要求各社、队加强领导，把任务、责任，措施落实到实处；其次抓好棚圈建设，增强抗御自然灾害的能力，要早备料，早动工兴建，要及早完成130座棚圈的任务，尽快改变露天养牛、露天接羔的旧习惯；同时要积极落实牧区的各项经济政策，关键是打破大锅饭，克服平均主义，推行生产责任制，体现按劳分配政策，落实社员自留畜政策。三是在“文革”中没收的牲畜和财产要给予落实，并放手让社员群众搞家庭副业，增加收入，改善生活，以调动牧民群众的生产积极性；四是加强领导班子建设。干部是社会主义建设事业的骨干力量，结合整顿党风党纪，调整、充实各级领导班子，注意培养和选拔中、青年优秀干部充实各级领导班子，以适应社会主义现代化建设的需要。

会后根据需要，调整、充实了一些中、青年干部。杜道尔吉调任旗委办公室副主任，鲍喜由秘书提任为办公室副主任。

根据党中央提出的解放思想，放宽政策，搞活经济的方针以及内蒙古党委《关于当前农村牧区若干经济政策问题的规定》精神，结合自治旗牧业经济的特点，旗里起草实行生产责任制方案。在5月15日至19日召开的全旗三级干部会议上讨论通过了《关于落实畜牧业方针政策的几点意见》和《建立畜群作业组推行“三定一奖”生产责任制的试行方案》。会后，各社、队边宣传边开始了探索牧业改革,研究推行牧业生产责任制的措施。

内蒙古党委常务书记王铎同志于5月下旬来自治旗视察,我汇报了推行牧业生产责任制的意见和方案,得到了王铎同志的肯定和支持。

在旗委全委(扩大)会议和全旗三级干部会议后,各社、队通过各种形式,向牧民群众广泛宣传了解放思想、放宽政策、搞活经济的重大意义;宣传"一大二平",即大锅饭、平均主义分配政策的弊病;宣传实行生产责任制,责、权、利相结合,体现按劳取酬、多劳多得的好处。此时,我又主持召开了全旗18个贫困生产队书记、队长座谈会,共同分析了贫困的原因,探讨摆脱贫困的路子,大家非常欢迎放宽政策,实行生产责任制。接着我和鲍喜、本巴苏荣同志深入基层生产队、牧户调查研究,探索推行生产责任制的措施,总结经验,具体指导,激发了牧民群众实行生产责任制的积极性,促进了推行生产责任制的进程。有些社、队开始实行了"两定一奖"或"三定一奖"形式的包畜到组责任制。但有的基层干部对放宽政策、搞活经济的重要性认识不足,他们怕出现反复再挨打。有的牧民群众也怕政策再变,走回头路。于是出现了想干又不敢干,观望、等待的局面。

1980年9月1日至3日旗委常委(扩大)会议召开。根据旗委常委(扩大)会议精神,经旗委常委研究,调整了全旗的生产建设方针,10月7日,旗委、旗革委会做出了《关于解放思想,放宽政策,搞活经济的十条规定》,明确提出了"以牧为主,林牧结合,多种经营,全面发展"的16字生产建设方针。为了贯彻执行这个方针,在10条规定中着重指出了:各社队要从实际出发,扬长避短,因地制宜地发展养牛、养羊业;鼓励社员发展自留畜,在品种、数量上不限制;允许职工干部和城镇居民饲养奶牛;允许多种经济成分存在并发展,扩大和放宽城乡集市贸易;鼓励多种经营,全面发展。这10条规定,对于解放思想,更新观念,立志改革,纠正"左"的错误，拓宽生产门路，开拓进取，推行经济体制改革，搞活经济发挥了重要作用。

党的十一届六中全会公报和《关于建国以来党的若干历史问题的决议》发表之后，旗委认真学习讨论六中全会精神的基础上，仿效自治区的做法，对照总结了自治旗畜牧业经济发展中的经验教训。建国以来，自治旗的畜牧业经济有了很大发展，取得了很大成绩，但发展速度和所取得的成就与党和国家的要求差距还很大。

1981 年 7 月 8 日召开全旗三级干部会议，传达贯彻六中全会精神的基础上，总结了自治旗畜牧业经济的经验教训，强调了恢复和发展畜牧业争取稳中有升。在推行畜牧业经济体制改革过程中，增强畜牧业经济实力，使畜牧业走上建设养畜、科学养畜的道路，促进畜牧业现代化，提出了发展畜牧业经济的目标和措施。

牧业经济体制改革，我们是根据党中央《关于在农村牧区实行生产责任制》的指示精神，重点抓了牧业生产责任制。在通过各种形式广泛宣传的同时，自 1980 年下半年起推行牧业生产责任制。但由于“左”倾思想影响，在社队干部和牧民群众中存有各种顾虑：一是对生产责任制的重要性认识不足；二是对实行责任制后能否增产增收缺乏信心；三是不知怎么个做法。在传达贯彻中央 75 号文件之后，大有进展，到年底时有 64 个的生产队实行了以组或户承包畜群的形式，以超产奖励、比例分成、包纯增等办法计酬的生产责任制初见成效，体现了多劳多得，调动了牧民群众的劳动积极性。但在进行过程中也遇到了一些阻力，牲畜较多而又比较富裕的生产队拖延，迟迟不实行生产责任制。阻力主要来自思想不解放，而对实行生产责任制持怀疑态度的少数基层干部又担心削弱管理集体经济的权力。他们找借口说：怕社员单干，怕拆散集体经济，怕倒退。正如群众所说的“上面放，下面望，中间顶牛”，因而增加了推行生产责任制的难度。这时有的人工作消极，放任自流，任其个别人在牲畜上做小动作，随意屠杀、出卖、外流，企图等牲畜减少后，再包畜到户。对这种情况，旗委仍以坚决的态度，下大气力，狠抓了落实生产责任制。在一年多的时间内，召开5次公社党委书记会议，3次三级干部会议，组织社队干部进行学习讨论，研究落实生产责任制的政策和措施。并由我和本巴苏荣、鲍喜等同志多次深入基层，调查研究，总结经验，推广了3个公社、一个牧场、7个生产队的经验，推动了落实生产责任制的进程。到1981年末发展到有45个生产队实行了生产责任制，占全旗生产队总数的90%；剩下5个生产队，在1981年11月28日召开全旗牧业生产责任制经验交流会之后，在人心所向、大势所趋的形势下，也实行了责任制。在经验交流会上还表彰奖励了1981年牧业年度牲畜头数和牛头数增长的6个公社和16个生产队。在会议之后，各社队在责任制的形式、内容、措施上都有了改进和提高，一般都实行了牲畜集体所有、分户饲养、比例分成或纯增包干的办法，包畜到户，放给牧户经营，形成了联产承包责任制，体现了责、权、利相结合，极大地调动了牧民群众的积极性。

这时，我们根据党中央的要求，在内蒙古党委和呼盟盟委的领导下，结合自治旗的实际，清理"左"的思想，落实各项政策。一方面教育干部和群众解放思想、更新观念；一方面放宽政策，搞活经济，推行经济体制改革，实行了牧业生产责任制和企业经营承包责任制，而且初见成效，促进了畜牧经济的增长，提高了经济效益。牧民群众得到了实惠。

在新旧经济体制交替过程中，有的人对党的现行方针和政策认识不足，思想不够解放，工作跟不上，反而寻事生非。个别人不顾风雪自然灾害，不顾畜牧业生产条件低劣，也不考虑进行牧业经济体制改革以来畜牧业经济效益的增长，从单纯牲畜头数观点出发，以牲畜头数下降为由，加上提拔使用鄂温克族干部等问题，在背后造舆论，说三道四，挑剔指责，矛头指向我，在干部和群众中产生了不良的影响。绝大多数干部和群众深明大义，支持了我的工作。这是我紧密联系自治旗的实际，认真贯彻执行党在新时期的路线、方针和政策，以实际工作成就取信于民的结果。

在这种情况下，盟委派副书记李向义、组织部副部长王维之等同志在1981年秋季来自治旗调查了解，在旗直机关找各民族干部33人谈话，并深入基层走了几个公社，做了实地考察。在考察过程中李向义同志说："看实际情况，不像有的人说的那样，以后有些话不要轻易相信。"

根据盟委的指示，1981年12月23至30日，在盟委副书记王允廷、组织部副部长王维之同志的参加下，旗委常委进行了一周的谈心会，回顾、检查、总结了旗委两年来的工作，相互交换意见，开展了批评与自我批评。

在谈心会结束时，王允廷同志讲话说："鄂温克族自治旗旗委团结带领各族干部和群众，认真贯彻执行党的路线、方针和政策，做了大量工作，而且很有成绩，全旗政治、经济形势很好，还在不断发展。"在讲到畜牧业经济时说："这几年牲畜减产是有客观原因，不是工作失误造成的。风雪自然灾害是明显的，主要是天灾。现在是靠天养畜，抵御自然灾害的能力又低，说人定胜天是方向，现在还办不到。如果旗委、旗政府不带领各族干部和群众抗灾保畜的话，损失可能更严重。这不是哪一个人的问题，需要共同总结经验教训，努力改善生产条件，增强抵御自然灾害的能力，加强抗灾保畜工作，力争抗灾夺丰收。"

王允廷同志的讲话实事求是地评价了自治旗的工作，在牲畜头数下降问题上也说了公道话，支持我和旗委一班人，对以牲畜头数下降为由拨弄是非的人给了一次深刻的教育。

1982年4月24日，我和旗林业局局长孟金山等同志到巴音胡硕敖宝山周围植树造林。下午时，在西博生产队发生了草原火，我与扎木苏、孟金山同志及时组织扑火队伍，当晚10时30分已扑灭。但在清理火场过程中，25日的中午突然刮起了7至8级大风而跑火，后转9级大风。火势很猛，迅速蔓延到巴音胡硕、特莫胡珠生产队，严重威胁牧民群众的生命财产安全，这时旗防火指挥部立即动员驻军指战员、伊敏煤矿、红花尔基林业局职工、全旗各族干部职工、牧民群众，出动1896人次，大小汽车180台，从四面八方奔赴火场，全力扑火。盟长卓利格图亲临火场指挥，我带领部分扑火队伍往孟根楚鲁生产队方向扑救。到26日黎明时，因风力减弱才扑灭，由于风大火猛，造成了重大伤亡和损失。

据统计，过火面积达600多万平方公里，涉及西博、巴音胡硕、特莫胡珠、孟根楚鲁4个生产队；烧死9人，烧伤21人，烧毁蒙古包44座，土房2座，45户牧民家庭财产全部被烧毁；烧死牛、马、羊4493头（只），直接经济损失50余万元。我们把烧伤的牧民及时送到盟医院治疗，黑龙江省派烧伤专家给予诊治，烧伤者陆续恢复了健康。

火灾发生后，内蒙古党委、政府，呼盟盟委、行署非常重视，及时派来慰问团慰问，并拨专款和物质救济了灾民，盟内兄弟旗市和旗内各单位和个人捐款捐物。旗委、旗府抽调得力干部进行了救灾和安置工作。我坐镇指挥，在一周内全部解决了灾民住房（新蒙古包）和食品及生活用品，并调拨了牲畜和生产工具重建家园，很快恢复了生产、生活。

安置工作结束后，于5月5日召开全旗防火工作会议，以西博火灾为教训，检查总结了全旗的防火工作，提出了进一步加强防火工作的要求和措施，并以旗委、旗府的名义，于5月10日向盟委、公署作出了书面的检查报告。

对于失火犯及时拘留外，盟委又派人调查了有关责任者。为了吸取教训，教育大家，加强防火工作，盟委对我和涂景福及其他有关领导人分别给予了党内或行政处分。

1982年，由于各族干部和群众奋发图强，开拓进取，努力工作，全旗在工农牧业总产值、社队总收入、农牧民人均收入、财政收入、税收入、牛奶产量、城乡人民储蓄和社会商品零售额8个方面超过了历史最高水平。

经济的发展,使城乡人民收入不断增加,人民群众的生活有了显著改善,在牧民群众中出现了添置蒙古包、盖砖瓦房、购置拖拉机、汽车、摩托车、收录机、电视机、电冰箱等高档生产、生活用品,以及储蓄存款多的兴旺景象,出现了生产一年比一年发展,经济一年比一年繁荣,生活一年比一年改善的新局面。

1983年7月9日,时任总理的赵紫阳同志在内蒙古自治区党委书记周惠同志陪同下,来鄂温克族自治旗视察,首先听取了旗委的汇报,并与自治旗的党政领导合影留念。接着视察了巴彦托海镇牧场三号草库伦和镇办的乳品厂,给予了高度评价。然后,他们一行深入草原,到锡尼河西公社牧民家(蒙古包),与公社、生产队干部和牧民进行亲切交谈,了解了畜牧业生产和牧民生活。

1983年8月1日,隆重举行了庆祝鄂温克族自治旗成立25周年大会,呼盟盟委顾问阿其拉图、伊敏煤矿党委书记方瞳等同志及友邻单位到会祝贺。我代表旗委、旗政府作了《巩固和发展民族关系,为建设团结繁荣文明富裕的鄂温克族自治旗而努力奋斗》的报告,回顾了我旗25年来走过的历程,肯定了在党的民族政策的指引下所取得的成就,展望未来,充满信心,全旗各族人民更加紧密地团结起来,努力奋斗,使美丽富饶的鄂温克草原美上加美。

会议充满了团结奋进的气氛,夜幕降临后举行了联欢晚会。

在十年内乱中,由于林彪、江青反革命集团的干扰破坏,鄂温克族自治旗深受其害,把干部当作走资本主义道路的当权派批斗。旗委书记图盟巴雅尔、旗长乌尼满都被迫害致死。革委会取代了旗委、旗政府的权力,无视党的民族政策,挖"内人党"及其变种组织制造了很多"冤、假、错"案,伤害了很多干部和群众。在牧区重划阶级成分,错划牧主、富牧208户,查抄家产、没收自留畜,混淆了两类不同性质的矛盾，破坏了民族团结，贫困和苦难笼罩了鄂温克草原。

粉碎“四人帮”，特别是党的十一届三中全会后，旗委拨乱反正，落实各项政策，重新起用原科局、公社干部，加强领导，恢复工作和生产秩序，各项工作步入轨道，畜牧业生产走出低谷，而且有了较大的发展。

1980 年初，我调到鄂温克族自治旗工作。我在抓经济体制改革、推行牧业生产责任制的同时，本着坚持真理、修正错误的原则，继续拨乱反正，落实政策，解决了十年内乱造成的遗留问题，纠正一些“冤、假、错”案。对 1961 年刘少奇亲临视察而受株连，在“文革”中被打成“黑典型、黑样板”的西博生产队，旗委于 1980 年 12 月 7 日作出决定恢复名誉，并为含冤而死去的原党支部书记玛·道恩德格平反昭雪；对监押 16 年的“孟和反革命集团”错案以及受株连的 12 名同志，1981 年 1 月 8 日由旗人民法院宣布平反，把孟和安排在旗畜牧局工作；对 1968 年重划阶级成分而被错划为牧主、富牧的 208 户牧民，退赔了查抄的财物和自留畜，还给起义投诚人员和台属落实政策，政治上给予平反，同时按有关规定解决了他们的工资待遇、子女就业、经济补助等问题。旗委、旗政府和各级党组织为了医治和弥补十年内乱造成的创伤以及“左”的错误造成的历史遗留问题，从 1978 年至 1982 年先后平反纠正了各种“冤、假、错”案，为受迫害的图盟巴雅尔、乌尼满都等 3760 多人平反恢复了名誉，安排受害者子女 365 人，其中牧民、居民子女 151 人，落实了党的干部政策、民族政策、知识分子政策和统战政策，从而开创和调动了安定团结的政治局面，调动了全旗各族群众投身社会主义现代化事业的积极性。

少数民族地方大力培养和使用少数民族干部是党的民族政策的重要方面。鄂温克族自治旗是以鄂温克族为自治民族的自治地方。在党的培养教育下，鄂温克族干部直到 1966 年发展到 82 人，占全旗700名干部的11.6%。在十年内乱中,民族区域自治政策遭受严重破坏,鄂温克族领导干部图盟巴雅尔、乌尼满都、巴图尔仑被迫害致死,绝大部分鄂温克族干部也以莫须有的罪名从领导班子中被排斥出去。在1968年成立的旗革委会16名成员中,仅有1名不脱产的鄂温克族牧民代表;在旗革委会机关28名工作人员中没有鄂温克族干部。直至粉碎"四人帮"之后的两三年中,这种反常现象还没有从根本上扭转,在旗领导班子和旗直部、办、委、科、局级环节干部中只充实了几名鄂温克族干部。

党的十一届三中全会后,随着党在指导思想上的拨乱反正,落实各项政策,在1980年1月召开的鄂温克族自治旗第六届党代会第一次全委会上我当选为旗委书记。我作为鄂温克族干部,了解鄂温克族的历史和现状,也了解鄂温克族的思想和愿望,还懂得党的民族政策,明白在少数民族地区培养和使用少数民族干部的重要性。因而,随着全党工作重点的转移,加强经济工作,推行经济体制改革的同时,第六届委员会在落实各项政策中,把落实民族区域自治政策纳入议事日程。尊重自治民族行使当家做主的权利,加强了培养、提拔、使用鄂温克族干部的工作。首先在旗领导班子中增加了鄂温克族干部比例,经盟委任命特格希为旗委副书记、人大主任,并经盟调来业喜巴图为旗委常委、政府副旗长,涂金亭为旗人民法院院长。

随着各项事业的发展,自治旗的各族干部队伍壮大了。本着革命化、年轻化、知识化、专业化的要求和在同等条件下优先提拔自治民族干部的精神,1980年后加快了培养、提拔、使用鄂温克族干部(包括外地调来、学校毕业分配)。到1981年末鄂温克族干部发展到217人,占全旗2010名各族干部的10.8%。1980年以来恢复和提拔的115名副科级以上干部中,鄂温克族干部39名,占34%,在当时8名正副旗长中占5名。

现有的鄂温克族干部,不仅从数量上,特别是在素质上也远远不能适应新时期四化建设的需要。领导骨干少，各种专业技术干部更少引起了我的注意。培养教育提高鄂温克族干部素质，是自治地方党委干部队伍建设的一项重要任务。因此，于1981年经旗委研究派旗委组织部副部长孙桂琴、旗劳动人事局局长阿尔腾同志前往呼和浩特联系后，选拔40名具有高中毕业文化水平的鄂温克族青年送内蒙古大学、内蒙古师范学院、内蒙古医学院、内蒙古财经学院进修学习两年。后来又陆续往区内外大专院校选送蒙古、达斡尔族在职工进修学习，前后达100多人。这些人进修回来后，在旗直机关、公社各条战线工作，有些被提拔为旗机关科局、苏木领导骨干，对自治旗的各项建设事业发挥了重要作用。

为进一步扩大鄂温克族干部队伍，充实年轻干部，从1981年11月起，从鄂温克族复员退伍军人、固定工人和知识青年中，选拔了具有一定文化科学知识而又有发展前途的青年干部75人，还为扩大干部来源，请示经内蒙古自治区政府批准，从牧区复员退伍军人中招工几十名，安排到各条战线工作。

经过几年的努力，到1983年，鄂温克族干部已经发展到301人，占旗内鄂温克族人口的4.66%；被提拔到旗、社、镇党政领导岗位上的鄂温克族干部61人，占民族干部的20.2%。鄂温克族干部队伍已初具规模，形成了一批从事政治、经济、文化、教育、科技、卫生事业的干部队伍。

在培养提拔、使用鄂温克族干部的同时，也大量提拔、使用了蒙古、达斡尔等少数民族干部。到1983年，全旗少数民族干部发展到1735人，占全旗干部总数的86.6%。这些干部发扬艰苦奋斗、自力更生精神，团结合作，贯彻执行党的路线、方针政策，开拓进取，在各条战线上努力工作，为发展鄂温克族自治旗的政治、经济、文化、教育、科技、卫生事业发挥了重要作用。

鄂温克族自治旗是以鄂温克族为自治民族，而又是多民族聚居的地方。据1982年人口普查统计，全旗总人口91313人，其中少数民族36702人,占全旗总人口的40.19%,其中鄂温克族6455人,占全旗总人口的7.07%。

鄂温克族自治旗的民族工作具有明显的两个特点:一是多民族。全旗有20个民族,其中人口较多的是汉族、蒙族、达斡尔族、鄂温克族,而汉族主要在大雁、伊敏两个镇;蒙古、达斡尔、鄂温克族多为交错杂居。解放后,在党的民族政策的指引下,建立起了各民族平等、团结、互助的社会主义民族关系,但各民族都有各自的语言、生产生活方式、心理感情、风俗习惯,由此表现出各种意愿和呼声,不利于民族团结的言行也时有发生。二是自治地方。根据党的民族区域自治政策,鄂温克族实行区域自治,政治、经济、文化、教育、卫生事业有了很大发展。但鄂温克族人口少于汉、蒙、达斡尔族,只占全旗总人口的7.7%,人少力薄,自治权利往往被忽视或受干扰。

鉴于上述特点,鄂温克族自治旗的民族工作必须坚持"民族平等,加强民族团结,各民族共同发展",建立起民族"平等、团结、互助、奋进"的社会主义民族关系。既要认真贯彻党的民族区域自治政策,尊重自治民族的自治权利,又要认真贯彻党的民族政策,做好民族团结工作。在多民族地区,民族工作涉及面广,渗透到各个方面,但也不能把什么问题都说成民族问题,实事求是,是什么问题是就什么问题。从广义上说,鄂温克族自治旗的整个工作都是民族工作。带领各族人民发展政治、经济、文化建设事业,但也需要有民族业务部门做好事务性的具体工作。在民族工作中,既要讲团结又要讲进步。团结是大局,是发展各项事业的保证。但只有进步、发展,团结才有牢固的物质基础。

几年来,我们认真学习宣传马克思主义民族理论,进行民族政策再教育,进一步提高了各族干部和群众贯彻执行党的民族政策、增强民族团结的自觉性。各族人民"谁也离不开谁"的思想深入人心,发展了"各民族平等、团结、互助、奋进"的社会主义民族关系，涌现了很多维护民族团结，共同进步的好人好事。

根据国家民委编写少数民族自治地方概况一书的部署，我旗从1980年2月起成立《概况》编写组，由叶希扎木苏、哈赫尔、宾巴、金·色德布、导卜钦、呼群、碧利德等同志着手编写。我执笔撰写了鄂温克族历史部分，并参加了审阅修改工作。由佟景文、达鲁、乌日根、阿利、杜彪提供了照片，最后由萨音莫日根、和其、宾巴3位同志统编审定了全书。1987年2月正式出版发行了《鄂温克族自治旗概况》一书，介绍了鄂温克族自治旗的历史、政治、经济、文化、风物等情况。

鄂温克族语言属阿尔泰语系通古斯语族鄂温克语支，没有文字，通用汉、蒙文。由于没有文字，人口少而又居住分散，面临着失传的危险。为了保持和发展鄂温克族语言，贺兴格、其达拉图、阿拉塔等同志在搜集和整理鄂温克词汇过程中，我作为旗委书记给予了大力支持，并参加了修改工作。由国家民族出版社诺尔布同志修改定稿后，1983年8月正式出版发行了《鄂温克词汇》一书。

因没有文字，牧区的鄂温克族青少年一直受蒙文教育，不能直接接受用汉语传授的知识。在以汉族为主体的国家里生存和发展，不论哪一个少数民族都需要掌握和使用汉语文，没有文字的少数民族更是如此。出于这种考虑，我在一次教育工作会议上讲过，鄂温克族青少年可以学蒙语文，也可以学汉语文，有条件的还要学外文。在鄂温克族聚居的学校，要以汉语文为主进行教学。我这个主张，受到了鄂温克族干部和群众的欢迎。提倡学国家通用的语言文字，有利于鄂温克人智力开发，提高民族素质，关系到培养人才，快出人才，多出人才，适应社会主义现代化建设的需要。

鄂温克族自古以来能歌善舞，有说唱故事的传统。在长期的生产、生活实践中，他们创造了朴实而丰富的民间文化艺术，包括服饰文化。解放后，随着经济的发展，生活水平的提高，中小学教育的普及，社会主义教育的深入，鄂温克人的精神面貌发生了很大变化。文化生活日趋丰富和发展。但传统的服饰文化,由于处在大分散、小聚居受到了一些冲击。特别是在索伦鄂温克人中已面临失传的危险。在党的十一届三中全会后,随着对民族历史和现状的研究,各民族之间交往的增多,鄂温克人注意到了表现民族特点的服饰文化。在1981年从呼和浩特请服装设计师塔娜来设计了民族传统服饰。她的设计符合民族特点,便于推广应用,鄂温克人在社会活动中有了表现民族特点的服饰。

鄂温克族自治旗是鄂温克族行使自治权力的地方,鄂温克族干部和群众有了研究鄂温克族历史和文化的环境。我边工作边看书,开始探讨鄂温克族族源、发源地、历史沿革。在搜集资料的基础上,着手整理了鄂温克族形成和发展及历史沿革的提纲,召集鄂温克族干部职工讲过一次,宣传了鄂温克族历史和文化,反映很好。内蒙古自治区人大常委会副秘书长满都呼同志听后说:"旗委书记亲自讲历史将会推动鄂温克族历史的研究。"之后,在此基础上,我为《鄂温克族自治旗概况》一书撰写了历史部分,还有中国少数民族简史丛书之一《鄂温克族简史》。编写组吕光天同志两次来鄂温克族自治旗征求意见,我亲自接待,并交换了意见。他听了我讲过的鄂温克族历史的录音后,对我归纳的鄂温克族的5个特点很欣赏。他说:"你综合得太好了,我要载入简史中。"后来确实载入了《鄂温克族简史》的结语中。我的总结如下:即:一,有本民族的居住区域。共同的地域是一个民族生存的基础,虽然处于分散,但有若干个聚居区域,又被大兴安岭连接着,形成了民族的共同地域。有了居住区域就有了实行区域自治的条件;二,有本民族的语言。虽然有几种方言,方言之间是相同的,形成一种共同语言。语汇是丰富的,是各地鄂温克人相互交流的重要工具;三,有本民族的经济体系。按居住的自然条件,有畜牧业、农业、猎业、半农半猎等经济类型。鄂温克人是勤劳的民族,在党和政府的领导下,能够自力更生,发展生产,改善生活,并为国家作出贡献;四,有本民族的风俗习惯，有丰富多彩的民间故事、传说、民间歌曲和舞蹈，还有共同的习俗和有过共同的萨满教信仰。这些都表现了鄂温克族的共同文化上的共同心理素质；五，有较好的道德风尚。从整体民族而言是团结友爱、助人为乐的，而且是好客的民族，对事业忠心耿耿，朴实、直爽、开朗，是一个心灵美的民族。

1983 年党政机关机构改革，按照党中央提出来的革命化、年轻化、知识化、专业化的要求，调整了盟和旗、市党政领导班。鄂温克族自治旗旗长涂景福调任盟外事办主任，副旗长达喜道尔吉提任盟行署副盟长。这时自治区党委直接派调查组考核了鄂温克族自治旗领导班子，区党委听取调查的汇报之后，于 1983 年 12 月下令任命我为呼伦贝尔盟副盟长，叶喜巴图接替了旗委书记，朝伦巴图接替了旗长职务。

……

# 关键是把握一种内在的节奏

**明　太**　鄂温克族,涂可冬氏,1928 年 10 月生于鄂温克旗白音查岗鄂温克乡,贫苦牧民出身。在白音查岗就读小学,小学毕业后考入扎兰屯国民高等学校。读高等学校三年级时,因母亲病故,家庭生活困难而辍学,回家后在索伦旗当了一年雇员。他从小学便爱好音乐,深受鄂温克、达斡尔、蒙古族民间音乐的影响,学会了口琴,中学时在学校的管乐队吹小号。1947 年 5 月参加呼盟自治军文工团。1947 年 10 月呼盟自治军文工团与内蒙文工团合并,在该团吹小号、拉手风琴。他的音乐创作从 1951 年开始。在 40 多年的音乐创作生涯中,先后创作了舞蹈音乐 40 多部,在国内外获奖的作品达 19 部之多。其中《鄂尔多斯舞曲》在 1954 年第五届世界青年联欢节上荣获金质奖章;《盅碗独舞》在 1959 年第六届世界青年联欢节上荣获金质奖章;《布利雅特婚礼舞》在 1955 年全区文艺汇演中荣获一等奖;《鄂温克圆舞曲》在 1959 年全区文艺汇演中荣获一等奖。另有《哈库麦舞》、《索伦舞》等广有影响的舞曲。他创作的舞蹈音乐具有很高的水平,成为内蒙古自治区音乐艺术的有机组成部分。

他曾任内蒙古歌舞团副团长、音乐指挥,一级作曲职称。

1995 年 8 月 13 日,他在呼和浩特市的寓所接受了录音采访。

我 1928 年出生在呼伦贝尔盟鄂温克自治旗白音查岗索木莫

合尔吐乡一个贫苦的鄂温克族家庭。我从小受到音乐教育和民间歌舞艺术的熏陶。因为我的家乡很早就有了小学校，学校里开了音乐课，授课的是达斡尔教师。我在那里受了音乐的启蒙教育，加上我们那个地方方圆几十里有好几个民族居住，像达斡尔、鄂温克、布利雅特蒙族，还有白俄罗斯人。这样，我在各民族民间艺术的影响下成长起来，这使我从小就喜爱民间的歌曲和舞蹈。很小的时候我经常参加一些民间性的娱乐活动，比方说祭敖包呀，还有萨满的一些跳神活动。就拿说书来说吧，达斡尔族的民间说书就像唱诗一般，我很小的年纪一听就是一宿，甚至连续听上几宿。正因为我所生活的环境有好几个民族，我熟悉了他们的语言、他们的民俗习惯、他们的歌和舞，为后来从事音乐创作奠定了厚实的基础。现在回想起来，我感觉到作为一个艺术家，尤其是搞音乐艺术的，对民族语言的熟悉非常重要。我从事了这么长时间的音乐创作，也可以说过了二三十年之后，才感受到民族语言对音乐的影响，那种影响是非常重要的，也是非常大的。比方说我们鄂温克族的音乐，一般都是3拍子，为什么呢？我琢磨来琢磨去，是因为我们鄂温克民族的语言本身有这样的节奏。比方说“阿－敏”、“额－妮”（鄂温克语：父亲、母亲），从发音上就是3拍子，当然大部分语言的节奏都是这一特点。其他民族的民间曲调也是受其民族语言影响，比如达斡尔族、蒙古族。而蒙族不同的方言之间也有不同的说法，它要分哲盟方言、锡盟方言，在呼盟就有东、西新巴尔虎，陈巴尔虎。在鄂温克旗的布利雅特，他们的方言是不同的，所以他们的音乐风格也是不同的。当我开始创作时也就是谱曲的时候，首先掌握一个民族、一个地区的语言上的特点。我创作《鄂尔多斯舞曲》时是在伊盟，那是我第一次到伊盟。首先意识到的是那个地方蒙语方言同呼盟、同其他盟的不同。下去之前，贾作光这位有名的舞蹈家对我说：“你下去多注意观察，我们回来搞个鄂尔多斯的舞曲。”在我收集伊盟的民歌过程中，进一步印证了语言与民歌的关系。因为同是蒙古族,伊盟的方言同呼盟的不同,伊盟的民歌也同呼盟的民歌不同,这样我回来创作《鄂尔多斯舞曲》的时候,没有使用当地的民歌素材,而是在她方言节奏的基础上进行了创作和发挥。所以作品问世的时候,伊盟的人都承认这是他们的东西,这部作品如今仍在演奏。我从事音乐创作已有几十年了,写了几十部作品,是不同民族的作品。有达斡尔族的、我们鄂温克族的、鄂伦春族的,还有几个不同地区、不同方言的蒙族的。我为什么能写不同民族的音乐作品,而且还被那些民族喜欢?除了我经常下乡收集创作素材外,主要的是我喜欢从语言上人手,把握它的内在节奏。我们内蒙这几十年在国内、国际上获奖的舞蹈音乐作品,包括大部分的蒙古族舞曲,百分之八十是我写的。我不是蒙古人,为什么能写蒙古族的作品呢?就是我从他们的语言开始认真研究。哲盟的蒙语为什么这样,它和锡盟的蒙语有什么不同、而导致把两个地方的方言和民歌一对照,就能看出因为方言不同,民歌必然不同。另外,经济生活也有一定的关系。哲盟是半农半牧区,也可以算作农区,而锡盟大体上与呼盟的牧区接近,所以这两个地方有那么多的长调。哲盟在这一点上就不一样了,它的长调不多,也有它的局限。

……我写歌曲的时候,愿意给以本民族的语言文字写的歌词谱曲,这为什么呢?主要还是把握一个民族的语言节奏问题。前几年,我写了不少达斡尔族歌曲,有些用汉文创作的歌词,我先请巴达荣嘎老师把那歌词用达斡尔语翻译出来,再谱曲,这样比较可心。现在一些年轻作曲家,写了很多歌曲,大都是用汉文写的歌词。说它是内蒙的歌曲,是蒙族的歌曲,一般是曲子唱出去后,再用蒙文翻译过来,翻译过来已经不怎么好,有不对劲的地方。音乐这个东西,我体会是和一个民族的语言和她的经济生活、生产劳动都有直接的关系。除了这些以外,舞曲创作还有一个专业性的问题。因为舞蹈音乐必须结合人的手舞足蹈。你也许不会跳舞,但你必须抓住它的节奏，发现特点在什么地方，只有这样音乐和舞蹈才能合为一体。

……有人问我："你是怎么掌握舞蹈音乐创作技巧的?"我说："这不是一个短时间的事情。"小时候我们家乡文化上开发比较早，那时我已经听到长笛，听过一些大作曲家的作品，像贝多芬、柴科夫斯基、肖邦的作品。正因为从小获得了这样的音乐影响，我曾产生过一个想法，如果有一天把自己民族的东西也用小提琴、用钢琴演奏出来多好哇！这个想法一直在我的脑袋里。我刚开始创作的时候没想到搞舞蹈音乐。舞蹈音乐有它的专门性，有它的局限性，它不是独立性的音乐作品，舞蹈音乐离开舞蹈的话，一般情况下是不行的。当然，我那个《鄂尔多斯舞曲》、《索伦舞曲》，"文化大革命"以前中央广播电台一直播放。那时没有电视，舞蹈音乐就单独播放，这种情况不多。现在，柴科夫斯基的《天鹅湖》就是单独播放，那是世界名曲，真好听啊！

……我没有专门学过作曲，也没入过音乐学院，我是完全在实践当中摸索的。我 1947 年参加了东部区文工团，后来就和自治区文工团合并了。那时，我吹小号、拉手风琴，1951 年我开始了创作，创作的愿望还是被贾作光同志引导到舞蹈音乐来的。1951 年我同贾作光同志一起到伊盟祭成吉思汗陵，回来就搞了《鄂尔多斯舞曲》。第一个作品很成功，既有民族特点，又有地区特点，而且和舞蹈动作结合得也好，一下奠定了我从事舞蹈音乐创作的基础。后来我干脆就搞舞蹈音乐了。那时候也没有别的人，我既熟悉蒙古族的东西，也了解达斡尔、鄂温克、鄂伦春的东西，这样就逼着我写。上面说了，我比较熟悉几个民族的语言还有民间音乐素材，当我发挥自己长处的时候，再结合舞蹈家创作的舞蹈动作，推出来的东西确确实实是个有民族特色的东西了，使我逐渐地掌握了舞蹈音乐的创作方法。

这里有什么经验呢？对于搞舞蹈音乐的人来说，掌握舞蹈的内在节奏是非常重要的，这一点如果掌握不好的话，从表面上看好像合适，但没有给舞蹈动作增添一种内在的力量。好的舞曲是音乐一响起来，舞蹈演员就想跳，必须给予她这种力量，这样的舞蹈音乐就算成功了。

我写的蒙族的、布利雅特人的舞蹈音乐得到他们的喜欢。当然，我写了很多鄂温克民族的曲子。有人问我《彩虹》的曲子是不是我写的？说那个舞曲很好，鄂温克人很喜欢。它不是我写的，而素材是我提供的，图里古尔同志是根据我提供的音乐素材创作出了《彩虹》。当时他来求我，因为他是蒙古族作曲家，不掌握鄂温克族的民间音乐素材，我给了他两个鄂温克族的民歌，其中有一个《送亲歌》。他就是根据这个素材改编的。那小伙儿改编得很好，很有才华，可惜他过早地病逝了。《彩虹》演出后，布赫主席的爱人珠兰同志问我："那个《彩虹》是你写的吧？"我说不是我写的，但那个素材是我给他的。她说："怪不得呢，我以为是你写的呢！不然，别人绝对写不出来。"后来，还是有好多人以为那是我写的。

有人问我："达斡尔、鄂温克、鄂伦春，这3个民族的民歌区别大不大？"在我看来，有些区别。鄂伦春的一些民歌稍微接近鄂温克，因为鄂伦春族语言基本同鄂温克一样，而达斡尔族就有所不同。达斡尔人一般生活在江边，他们的民间歌曲就像水波纹一样，很优美。所以，你进行创作不光要熟悉那个民族的民歌，也要研究那个民族的生活环境，这一点也很重要。再就是必须有深厚的感情，必须喜欢它，音乐艺术是比较讲究感情的。

鄂温克族年轻一代搞音乐的，我还没有发现突出的，有几个小伙子看来挺喜欢音乐，但他们还嫩一些。他们的音乐素养还浅薄，不丰富；另一个原因是心理素质差，不像我们那一代人那么发奋图强。当然也有天份的问题。和我一起长大的很多人，一起参加的革命，一起搞的文艺，他们为什么就没写出东西，而我写出来了呢？就是人的心理素质不一样。现在年轻人在求知欲和事业心上还是有些问题的。我当初真是废寝忘食，没上过什么专科学校，硬是自己干出来的。我写《鄂尔多斯舞曲》的时候24岁，对当时的内蒙歌舞团来说，那是第一部比较完整的舞蹈音乐。

我离休以后没再写更多的东西，写了一些达斡尔族的歌曲，鄂温克的歌曲也写了几个。写了一个器乐曲《达斡尔颂歌》，另外搞了一个鄂温克的器乐曲，是在原来的《鄂温克圆舞曲》基础上扩展。除此之外，可能的话我也想近两年出版一个鄂温克族歌曲和器乐曲的录音带。1996年是内蒙古文工团46周年团庆，那个时候我要拿出《达斡尔颂歌》，再往后是鄂温克自治旗40年大庆，我也想写点儿新东西。

# 鄂温克史论十题

**乌云达赉** 鄂温克族，武力斯（明代写兀里溪，清代写乌里苏）氏，原籍莫力达瓦旗坤浅。1929年10月出生，1939年入小学读书；1946年至1947年在诺敏中学读书；1948年至1950年在莫力达瓦旗当小学教员；1951年至1955年在扎兰屯中学、尼尔基中学任教；1956年至1961年，在中国少数民族语言调查第五队及中国科学院少数民族语言研究所调查研究蒙古语、鄂温克语、鄂伦春语；1961年5月至1985年6月在国家测绘总局测绘研究所、河北省测绘局从事地名学研究和地名工作；1985年调入内蒙古社会科学院从事北方民族史研究。

他长期从事语言和地名学研究，并将语言学与地名学同北方文化史的研究结合起来，发挥了他在蒙古族（蒙古语、达斡尔语）、满—通古斯语族（鄂温克语、鄂伦春语）等方面的优势。其主要史学论文有：《鄂温克族的起源》、《达斡尔族的起源》、《鄂温克人在历代的迁徙运动》、《明末索伦部战争的起因及其后果》；历史地理学论文有：《阿穆尔的由来》等。

1995年8月16日，应本书编者之邀，就鄂温克民族历史拟了10个问题，乌云达赉先生将自己的研究成果表述如下。

# 话说索伦汗国

**1957 年，把族名索伦、通古斯统一为鄂温克。索伦、通古斯、鄂温克都是什么意思？哪个是自称？哪个是他称？**

**索伦、通古斯、鄂温克，从名称的发生来说，都是自称。**

索伦是 sologu－ni 的变读音 solun 的译音。sologu－ni 是通古斯语，sologu 意为“东方”、“左方”、“上方”，ni 意为“人”。sologu－ni（solun，索伦）是“东方人”、“东夷”的意思。

通古斯是 tunggus 的译音。tunggus 也是通古斯语，tung 意为“柳条林”，gu 意为“河”，－s 是蒙古语、突厥语复数词尾。tunggus（通古斯）是“柳河人”或“（伊）通河人”的意思。

鄂温克是 ewenki 的译音。ewenki 的词根是 ewe－，动词，意为“下（去）”，－nki 是名词构词词尾。ewenki 是“下山人”、“下山而居的人们”的意思。ewenki 往往变读为 onki 或 onku，达斡尔便据此称鄂温克人为 onkur、hondur。ewenki，在《北史·勿吉国传》（《北史》的编年跨度：386～618 年）里译音为“安车”，在《旧唐书》、《新唐书》里译音为“安居”。

这里仅能简单介绍一下。随着史论的展开，下文从详。

**根据鄂温克族民间历史传说，明朝末年是索伦汗国的鼎盛时期。那么要问，索伦汗国末代大汗叫什么名字？叫什么汗号？首都设在哪里？**

1957 年，我们自愿放弃了自己起的官方族名“索伦”（solun）。

索伦,一般来说,只指祖国统一版图内的 ewenki,是从 13 世纪 30 年代开始的。

1207 年,成吉思汗的长子拙赤,率蒙古军经由黑龙江上游上段,东至结雅河源的外兴安东岭端主峰“失黑失惕之地”(见《蒙古秘史》第 239 节,失黑失惕今译“斯卡利斯提” - skalisti),没有见到 ewenki 人。由此可想而知,索伦人无疑是后来从别的地方移居黑龙江上游流域,并在这个地区建立了索伦汗国。对索伦汗国,以前囿于建州部、后金(满清)御制史书中的记载,叫做索伦部,我们滥用至今,现有颇感失当。

我们至今不太了解索伦汗国的情况。索伦汗国另有别部,有大汗和小汗,有首都和副都。关于索伦末代大汗的名字和汗号,在索伦诸氏族及萨满教口头经典中流传 3 种说法:“他叫 saa ǰiha-haan,常穿缝有喜鹊(saa ǰiha)般花纹(alag)的衣服,因而得名”,这是一;“他叫 baatur haan,因勇敢(baatur)而得名”,这是二;“他名叫博穆博果尔,因婴儿时长得滚胖溜圆(bombogur)而得名”,这是三。

这 3 种说法结合起来,和博穆博果尔的同龄人 mogol čog 老太太的供词完全一致。mogol čog 跟随博穆博果尔从索伦汗国腹地向西转移时,于 1640 年末或 1641 年初,要么在甘河,要么在赤塔,被满清军队俘虏并和两千多名索伦俘虏一起流放齐齐哈尔一带,后被其弟兄重金赎出,回到了黑龙江上游岸边的阿萨津城。1651 年春,mogol čog 年老病重,被沙俄哈巴罗夫侵略军捉获,在火刑逼供下,严正指出,alag baatur haan 是索伦人的大汗,什么沙皇、博格多汗(满清汗)我们不知道。当敌人逼问 alag baatur haan 的名字时,她又严守索伦人之不得直呼汗王、首领、长者名字的传统礼俗断然拒绝供出,表现了崇高的民族气节和高贵品格(《17 世纪俄中关系》第 820、823 页)。

这里只需说明一点。传说中所谓“缝有喜鹊般花纹的衣服”,

说的正是缝有龙蟒云水图纹的索伦汗服。现在,我们已经确知,索伦汗国末代大汗的全称是 alag baatur haan boobogur,即阿拉克巴图尔汗博穆博果尔。

索伦汗国首都 yagši 城(以往按满语发音译为“雅克萨”),位于乌里苏河(清初名,今写涅威尔河)口左岸的兀里溪山下,南、西临黑龙江,西为圆弧形陡岸,索伦语称圆弧形陡岸为 yagsi。该城周 130 步。yagši 城遗址即今之扎林达(jaalin - daa,索伦语,意为“古代遗址”)。博穆博果尔的府邸乌里苏屯,位于乌里苏河口东侧岸边。

索伦汗国的大汗,驻首都 yagši 城,直接治理从额尔古纳河口至结雅河口之间的黑龙江上游流域以及包括布列亚河上、中游地方的奇勒尔人在内的广大地区。1640 年,满清军队把索伦首都 yagši 城和王府乌里苏屯夷为平地。1641 年初,满清军队在赤塔东南俘获了博穆博果尔,押解盛京后就秘密杀害了。1650 年,清朝将博穆博果尔之嫡子图麻尔害死,即《清世祖实录》所谓“和硕襄亲王博穆博果尔薨,年十六”。图麻尔被满清军队俘获时刚出生不久,1642 年与其母被送至盛京清宫,此时其父已被杀害,清宫遂以其父之名命名为博穆博果尔。

**索伦汗国别部的辖境有多大?别部小汗的驻地在什么地方?索伦汗国和蒙古阿勒坦汗国是否有过和亲联姻关系?**

索伦汗国有的小汗,驻副都,即第二首都。副都位于额尔古纳河右侧主要支流根河口的黑山头上。索伦汗国别部的辖境,包括从额尔古纳河流域至贝加尔湖东北的巴尔古津河、上安加拉河等流域。他们的南邻是阿禄蒙古诸部,北与雅库特为邻。

我们对索伦汗国别部了解更少。16 世纪后半期,索伦汗国大汗博贝巴图尔汗(boobei baatur haan)在位时,蒙古阿勒坦汗国的势力及其影响推进到了索伦别部南境。其时，博贝巴图尔汗之子、索伦别部小汗，人称大皇太极，受命分疆治理索伦别部地区。这种形势，使索伦汗国和阿勒坦汗国之间建立了和亲友好关系。阿勒坦汗的芭尔金（bal ǰin）公主嫁给了索伦别部小汗大皇太极，并携来11个氏族的百姓，使索伦汗国日益繁荣强大起来。若干年后，大皇太极和芭尔金妃在黑山头西南100多里的皇台山（海拔1030公尺）上建城，城名“皇台”（山因城得名），并将副都迁至皇台。在皇台脚下有一条季节性小河，向北流入乌力楞古河（ulireng－gu，河口位于新楚鲁海图）。

16世纪70年代，阿勒坦汗将藏传佛教引入蒙古地区，大皇太极率先皈依，并为阿勒坦汗主持建在和林地方的额尔德尼召的宗教事务，这就是藏传佛教文化传入索伦之始。

自此，芭尔金妃摄政索伦别部，并由于其所属11个氏族的hori tumet百姓逐渐向西，接近依然居住在乌达河流域的豁里秃马惕（即布利亚特）同胞，遂将其摄政治所移至阿金（a－gu，鄂嫩河口左侧支流）河右侧的季节性小河图剌（tura）河地方。1641年，索伦汗国亡。分散于东自鄂霍次克海边的诺斯山（外兴安岭东端支脉主峰），西至音果达河流域的布利雅特11个氏族百姓便聚集起来，居住于阿金河流域至今。

在图剌—阿金（tura－agu）河地区聚居的布利雅特人，称其周围的索伦人为“喀木尼汗”（kamnihaan）或“哈木尼汗”。kamnihaan的词根kam（kama），是阿尔泰语系同源词，意为“巫”，或指失去自我意识的、言行迷狂的人。kama的首音k，在索伦语里发生由k而h、由h而i、由i而s的语音变化，如将kama读为hama、šama、sama。kamnihaan中的ni，索伦语意为“人”，－haan是构词词尾。hamani、samani、samani意为“巫者”，在连续发音中变读为haman、šaman、aman，译音为萨满，这就是“萨满”名称的由来。在中外史志文献资料中也常常见到，将由saman派生的氏族名称写成哈玛基尔(haman－ir)、沙满基尔(šaman－ir)、萨玛基尔(saman－ir)的情况。索伦有许多萨满,每个氏族有一二名萨满,萨满教活动频繁。阿金河流域的布利雅特人称之为kamnihaan,是对萨满的一种尊称,称索伦为kamnihaan,无疑是一种习惯叫法。至于有人将索伦别部之饲养驯鹿的索伦人误称为"雅库特",系出无知,对此不必费口舌了。

**索伦汗国和明朝是什么关系?索伦汗国是单一民族国家吗?把索伦汗国叫做部落联盟的主要立论错误是什么?**

永乐年间,明朝于索伦汗国境内,在贝加尔湖东北的巴尔古津河、上安加拉河流域设立了卜剌罕(burhaan)卫,额尔古纳河、根河流域设立了坚(geen)河卫,额尔古纳河口下方的阿木扎尔河、漠河地方设立了木(mur)河卫,乌里苏河(今写涅威尔河)流域设立了兀里溪山(uliscien),结雅河上游左侧主要支流吉柳伊河流域设立了古里(giliwur)河卫,结雅河下游左侧主要支流托木河流域设立了脱木(tom)河卫,结雅河下游左岸平原上设立了(萨)哈喇察(sahalca)卫,在呼玛河口上方的黑龙江左岸地区设立了出万山(caayaancien)卫,在呼玛河口与额尔古纳河口之间比较适中的黑龙江左侧布尔木丹河、额尔格河流域设立了卜鲁丹(bur－udan)卫和阿剌山(alag－aan)卫。这些卫所的指挥使、指挥同知、指挥佥事均由明朝政府任命,他们当然也兼任索伦汗国和地方的军政长官。索伦汗国是明朝统一版图内的一个属国。

索伦汗国主要由索伦族、鄂伦春族、达斡尔族、蒙古(布利亚特)族组成,他们之间具有相互联姻的近亲关系,共同信仰索伦传萨满教。索伦族和鄂伦春族属于通古斯语族,达斡尔族和蒙古(布利亚特)族属于蒙古语族,由于长期友好相处,相互吸收了对方语言的词汇和形态,相互学说对方语言,所以能够相互通晓语言，自由交流思想感情，进行社会交际。

我们不知道索伦汗国的人口总数。1640 年，索伦汗国军队与满清军队在铎陈城下进行决战时，阿拉克巴图尔汗博穆博果尔一声令下，召来六千余人的野战部队，再加驻守沿江城屯的守备部队，其兵员总数当在两万上下。按十人一兵的惯用推算法来估计，索伦本部的人口数当在 20 万上下，再加上索伦别部的人口数（无从推算），索伦汗国的人口总数，不管怎么说也有 20 多万。

索伦汗国有先进的农业。东部地区土地肥沃，水量充足，尤其是结雅河下游的辽阔广大的平原，气候条件得天独厚，岁岁风调雨顺，年年粮油丰收。他们除了满足当地的需求，还要供应索伦汗国的西部地区（包括索伦别部）的人畜用粮。索伦汗国的渔业资源非常丰富，夏秋使用拦河巨网；初冬在静水湖泊上追叉游鱼；隆冬在大江大河上凿破数尺厚的坚冰，开出大口冰洞，在大江中流伸延一二里或三四里，顺流撒下巨网。采用这 3 种捕鱼方法，每次可获上万斤的各种鱼。

大索伦汗国有发达的畜牧业，主要有草原游牧业、苔原养鹿业、江岛屿养马业。草原游牧业主要分布在索伦别部的草原地区，马、牛、羊的肉、乳、皮、毛质量较好。苔原养鹿业主要分布在维季姆河、额古纳河下游、吉柳伊河等流域，以及结雅河上游的博姆纳克盆地。江河岛屿养马业独具特色，主要分布在从额尔古纳河口至呼玛河口之间的黑龙江大小岛屿上。春天开江前，他们先去岛上猎杀狼群，然后把马群赶进岛里，春暖江开，马群被水围在岛上。岛上草厚，丛林成荫，马群自然生息繁殖。冬天封江后，他们把马群赶出岛去。马群在避风的滨河平原上，用前蹄刨开积雪，觅食雪下草，吃雪代饮。现今，在呼伦贝尔著名的三河马，就是这种马的改良品种。1651 年初，住在额尔古纳河口额尔图屯的拉布凯（mogol čog 老太太的弟兄），为了逃避沙俄哈巴罗夫侵略军，用自家的 1500 匹马一夜间驮走了全部家当，由此可知当时岛屿养马业的盛况了。索伦汗国全民皆猎,猎业资源丰富。他们爱护山林,保护母兽仔兽,所以,狩猎生产年年丰收,猎物岁岁有增无减。他们将贵重毛皮、珍贵动物、药材出口到高丽、辽东、建州、蒙古各部,换回各种日用百货和生产用具。

我们以往把索伦汗国叫做部落联盟,这是一个立论错误。大家知道,部落联盟的题内之意,是指原始社会后期用来打仗(自卫、出战)的组织。而我们却把一个堂堂正正的索伦汗国说成部落联盟,陷入了历史误区。应给予纠正。

## 赫哲民间历史传说的启发

**你有一次提到一则赫哲族民间历史传说,其中有关于索伦族来历的说法。你对民族民间历史传说持什么态度?就那个历史传说,你再解读一下?**

当然可以。我们在研究工作中听说过许多民族民间历史传说。现在可以说,我没有发现一个是空幻无稽的。首先要解决方法论问题,手里有了钥匙,才能打开浩如烟海的“史库”的门锁,查找到信史根据,使研究工作逐步接近历史真实。这对于索伦等没有自己文字的民族来说也是难能可贵的。我对民族民间历史传说是重视的。

在这里,有必要先说明 sologu - i 变读为 solun(索伦)的语音变化问题。

sologu - i 中的 g′是擦音。g 在发音部位的高低、前后方面相同或相近的两个元音之间出现时,往往由于同化而失落,sologu - ni 便变读为 solouni。其词尾的元音 i 由于在连续发音中轻读也往往失落,这样 solouni 便变读为 soloun。在索伦语里,没有复合元音 lu,它要么变读为 oo,要么变读为 uu,如 sollun 或 soluun。我们按照国际通用标准,将 soloon 或 soluun 的罗马字母拼写形式规定为 solun(索伦),合乎规范要求,所以是合理的。

前面说过,solun(索伦)意为“东方人”、“东夷”。东方人、东夷之“东”,是指辽河以东地方。《后汉书》、《三国志》有东夷传,记载的都是辽河以东地方的少数民族。所以,我们将“索伦”的意译,规定为东夷,看来有历史根据,又合乎情理。

赫哲族那个民间历史传说,表露了索伦来自辽河以东地方的意思。

古时候,大概六七百年了。那时候,赫哲的祖先住在白城。一天,敌人来攻城。带火的白麻雀在城里乱飞,烧得满城大火。赫哲人便逃出白城,跑到东流松花江口一看,先头大队人马在江边插了木杆,在顶上做了芦苇方向标,就往西北开拔了。他们后来成了索伦。风把芦苇标刮得掉头指向东边,一些人便顺黑龙江东去,后来成了赫哲。一些人就地住了下来,后来成了奇楞。

这个传说十分珍贵。它框定了 3 个范围:第一,这次战争引起的迁徙,使一族分为 3 部;第二,三部之中,一部去了西北的黑龙江上游,一部向东北去了黑龙江下游,表明这次迁徙的出发地在辽河以东;第三,事在“大概六七百年”前,而成吉思汗长子拙赤于 1207 年至黑龙江上游未见到索伦,表明这次战争和迁徙发生在 1207 年以后。应当相信查出信史根据达到历史真实并不难。

按照上面的传说,那次大迁徙前,赫哲、索伦(鄂温克)、奇楞本是一个民族共同体。赫哲有 kaakar(韩)、“尤”氏族,鄂温克也有 haahar、“姚”(尤)氏族。鄂伦春有 baya - ir(白)、gagda - r(葛)氏族,鄂温克也有 baya - r(白)、gagda - r(盖)氏族。赫哲有奇楞部落，鄂伦春也有过奇楞部落（即单拉尔人）。赫哲又名“占塔”（ǰaata），鄂温克有占塔尔（ǰaantar）氏族，明代瓦尔喀部也有ǰaantar部落，他们分布在绥芬河沿岸地区。ǰaan意为“十”，ǰaantar意为“第十”，满语发音ǰuanta或ǰuantar，表示“第十（部落、氏族）”的意思。奇楞，又写乞勒尼（奇勒尔）、栖林，是对kiler－i的变读音kilen的译音，意为“边境人”。这个名称，最早见诸文字是在1050年（高丽文宗四年），有“检定大、小乞罗尼村疆界”的记载（见《高丽史·文宗纪》）。乞罗尼村，其地在延边嘎呀河上游，当时为与北邻肃慎裔胡里改部交界的边境地方。这些实例，正是对上述历史传说的诠注，是个很有说服力的佐证。

对于这次迁徙的经由地区以及分出支系的情形，鄂温克传萨满教口头经典说得相当清楚：“我们是从siwoo－at（锡霍特山）之阴，顺着sikir（指乌苏里江）而下的。”我们在“乌苏里江有根源/锡霍特山有家园/阿穆尔有营地/萨哈莲有分支。”

在这首萨满经诗章中，“萨哈莲”为满语，表示黑龙江中游上段（包括松花江地区）。“阿穆尔”（angi－ur变读为amur）是索伦人命名的，意为“右水”，与结雅（ieyi，意为“左”）河相对称。“阿穆尔”最初只表示黑龙江上游河段，后来才表示整条黑龙江。从“阿穆尔有营地”这一句来看，这首萨满经诗章是在索伦到达黑龙江上游流域不久形成的。他们眷恋着在松花江口分离的骨肉同胞，他们怀念着锡霍特山南段的美丽富饶的家园和乌苏里江上、中游流域的故乡。至于他们到达黑龙江上游流域的时间，只能在1233年蒙古灭东夏以后。

索伦民间也有一个历史传说。他们说：“我们索伦人原先跟高丽人一起居住，有自己的文字，也有自己的国家。有一年，敌人占了我们的国家，在战乱中，我们索伦人向四下里逃散，有许多人来到了黑龙江上游地方。”1233年元灭东夏以前，索伦人能够“跟高丽人一起居住”的地方，唯有图们江左侧流域，即今延边朝鲜族自治州辖境及绥芬河流域。类似的历史传说还有很多,将在下文中得到合理解释,逐步接近历史真实。

## ewenki的分布

**通古斯学是世界性学科。通古斯学界都很关注通古斯人的地域分布以及与之相关的一些特点。作为学术问题,请你简单介绍一下 ewenki 人的大致分布情况。**

我们鄂温克人对外国人先说"我们是中国人",接着又说"我们是中国鄂温克人"。外国政府和人民也这样称呼我们。另一方面,作为学术,研究 ewenki 的分布还是很有价值的。

"安居"是对 ewenki 的最早的译音。在鄂温克族民间流传着一种说法。他们说,鄂温克的诸多部落支系,不管迁徙到什么地方,无论多么分散,分散的时间多么久远,方言变异多么大,ewenki 这个族名是永远不会忘记的。ewenki 这个名称,确实异常稳固。

安居(ewenki)人迁徙分布亚洲北部的辽阔广大地域,是推动亚洲北部社会历史进步的运动。这个运动,是通过横贯亚洲北部的天然历史通道进行的。这条天然历史通道分为4段:第一段,从安居故地(锡霍特山脉南段和乌苏里江、绥芬河、图们江等流域)通过长白山北麓通道,到达第二松花江西岸地区;第二段,从第二松花江西岸地区通过洮儿河、哈拉哈河通道进入呼伦贝尔;第三段,从呼伦贝尔通过音果达河、乌达河通道抵达贝加尔湖东岸地区;第四段,横渡贝加尔湖,顺安加拉—叶尼塞河通道,西达叶尼塞河中、下游流域,一部分人到了鄂毕河下游东岸,北抵北极地区。这第四段通道在贝加尔湖西岸分岔,顺列拿河而下,至阿尔丹河口又分岔，一路东达鄂霍次克海岸；另一路北抵北冰洋岸边。安居人顺着这条大通道，将自己起源地、发祥地的文明传播到了整个亚洲北部。

很清楚，早在公元280年，安居（ewenki）人600户从乌苏里江原籍首批移居到第二松花江西岸的伊通河与饮马河之间的雾海河流域。这是对高句丽著名史学家金富轼（公元1075年~1151年）用汉文编撰的《三国史记》（编年跨度：前37年~公元668年）西川王十一年的相关记载进行缜密研究，而得出的结论。《旧唐书》所称，在唐朝与高句丽战争（公元666年~668年）中，“因高丽破后奔散微弱”之安车骨部，指的正是在雾海河以及后来遍布第二松花江西岸地区的安居（ewenki）人，而不是指乌苏里江地区的安居骨部。这些移居第二松花江西岸地区的安居骨部落支系，又名乌素固部，即乌苏里江部。

正是这个安居（乌素固部）人部落支系对高句丽向第二松花江西岸地区的武力扩张进行了顽强的抵抗。他们经过大约3个世纪的休养生息，期间又有许多支系从乌苏里江、绥芬河流域陆续迁徙而来。

《北史》称他们为粟末部。粟末是sun－mu的译音，是阿尔泰语系同源词，sun意为“乳汁”，mu意为“水”（通古斯语、满语、朝鲜语称“水”为mu、muke、mur，达斡尔语、蒙古语则称“江、河”为mur、mu－un）。第二松花江上游共有5道白河，犹如5条“乳汁”水（sun－mu）。粟末后来成为表示整条第二松花江的名称，《晋书》所以也就将居住这个地区的安居人称为粟末部。《晋书》记载的不成（山），是burhaan的译音，其词根bur，是阿尔泰语系同源词，意为“最”。burhaan指“极高大的”山，即长白山。蒙古语之sum－ur（山），其词根sum是对sun－mu（粟末）的连词变读，sum-bur起初指白头山，现今成为一种泛称。粟末、不成（山）、sum－ur（山）作为历史地理名称，来自肃慎—沃沮语族民族。

粟末部于隋开皇中(公元590年~591年),在伊通河下游流域与高丽进行决战失败(《辽史·地理志四》"顺州归化军"条,称粟末"与高丽战不胜"),许多军民向西转移,溯洮儿河进入了呼伦贝尔和蒙古高原东北部地区。他们在嫩江下游和洮儿河、乌拉根河(在乌珠穆沁境内)流域流散了一部分人。大部分军民抵达呼伦贝尔,形成了3个部落,占据了北起根河流域,南达哈拉哈河流域,西至克鲁伦河中、下游以北的广大地区。如《旧唐书·室韦传》记载,"乌素固部落,当俱轮泊之西南"("俱轮泊"即呼伦湖,"西南"指克鲁伦河北岸地区),"次东有移塞没部落"("移塞没"即伊敏—海拉尔河),而西室韦则分布在根河流域与海拉尔河之间的地区。由于隋末炀帝亲征高句丽,削弱了高句丽在第二松花江西岸地区的势力,唐朝便于武德初(公元618年~619年)在第二松花江左侧流域设置慎州(州治粟末城,又写涑沫城,城在桦甸东北)来安置留居原地的粟末部(乌素固部),并加以管理(《旧唐书·地理志二》"慎州"条记载:开德初置,领涑沫乌素固部)。

50年后,慎州的粟末乌素固部落及其支系,于公元666年至668年又一次遍被战火(第二次唐朝与高句丽战争)而"奔散微弱"。他们的一些部落支系又一次溯洮北河西越大兴安岭,加入了"室韦"乌素固部、移塞没部和西室韦。对依然留居第二松花江流域的粟末乌素固部落及其支系,唐朝于载初二年(公元690年)将原慎州的吉林哈达岭以北的地方分出来,设置黎州(州治位于今吉林伊通,《金史·地理志上·咸平路》"玉山"条称"乌速集"),妥善安置了他们(《旧唐书·地理志二》"黎州"条)。此外,在原慎州境内,柳河—辉发河流域和东辽河上游的渭津河流域,居住着人众势大的三个近亲部落。这是对元代弘吉剌(《蒙古秘史》写"翁吉剌惕")6个部落名称的由来进行研究后才知道的。

遭受上述两次打击之后,粟末乌素固部这座"部落大厦"只剩下了这么几个支柱和基石。公元698年,粟末乌素固部人大祚荣

(“大”是 daair 的译音)依靠上述几个支柱和基石,依托上述几个部落及其支系,开创了文明、繁荣、昌盛的渤海国。

公元 926 年,渤海亡。渤海人即粟末乌素固人,掀起了第三次向西移民的浪潮,其规模是空前的。俄罗斯伊尔库茨克市西北约 100 里,在安加拉河左岸有 usulsibirskoe 城。usul 的 l,usur 的 – r,均为复数词尾,二者互通,usul 意为“乌素人”,即乌苏里江人。sibir 即西伯利亚。usul – sibirskoe,按唐代译法即乌素固室韦。粟末乌素固人西渡贝加尔湖到达叶尼塞河中、下游的年代当在 11 世纪初,原居贝加尔湖东南岸地区的突厥语族部落“鞠部”西迁之后。1013 年,辽国北院枢密使耶律化哥率契丹兵追踪鞠部,得知“居翼只水,化哥徐以兵进”(《辽史 · 耶律化哥传》)。翼只(i ǰil)水,即伏尔加河。伏尔加河下游的 kuibisev(古比雪夫,– s 是复数词尾,– ev 是按俄语习惯所加)中的 kuibi,唐代译音为“鞠部”,《蒙古秘史》第 270 节译音为“客亦别”。由此可知,鞠部早在 11 世纪初就已移居古比雪夫一带地区,所以(室韦)乌素固部落才得以移入贝加尔湖东南地区,并履冰西渡贝加尔湖,推进到了叶尼塞河中、下游和勒拿河上游等流域。1293 年(元朝至元三十年),居住在安加拉河地方的乌素固(《元史》写“兀速”)部落支系的一部分人,奉忽必烈皇帝之命东返,与同路而来的憨哈纳思(哈卡斯)、乞思吉思(柯尔克孜)共同戍守肇州城及其以北地区。元肇州,其地在嫩江口与呼兰河口之间的东流松花江北岸(《元史 · 刘哈喇八都鲁传》)。

乌素固 ewenki 人西迁时,将“通古斯”这个名称带到叶尼塞河流域。鄂温克语称柳条丛林为 tung,现代汉语东北话吸收后称之为“柳条统”或“条统”。将 tung(柳条丛林)译音为“通”,是在公元 975 年。《辽史 · 地理志二》“通州”条记载:通州,“本扶馀王城,渤海号扶馀城”,保宁七年(公元 975 年)“以黄龙府千余户置”。扶馀王城位于吉林农安稍南,东濒伊通河,辽代通州就设在这里。伊通河的“伊”是 ii 的译音，鄂温克语，意为“上”，伊通河（iitung - gu）表示“上通河”之意。伊通河只有一条支流，是个季节性小河流，下雨有水，无雨断流，辽金时代无名。由此推知，伊通河在辽金时代就叫 tung - gu 即通河。之后，那条季节性支流被命名为新开河，这时才在通河前头加上“伊（ii）”而为伊通河。清朝，伊通河两岸还有柳条林子。这一点足以说明，辽代通州的“通”就是 tung 的译音，通州是因 tung - gu（“通河”）而得名。那条季节性小河，是弘吉剌 olgunuut 部落的故乡。原居 ung - gu（“通河”）的部落支系迁至叶尼塞地方，他们自称 tung - gu 人，他们的邻居哈卡斯、柯尔克孜人、克特人便在 tung - gu 后面加上突厥语复数词尾 - s，称他们为 tungus，即通古斯。此外，柳河也叫 tung - guo 柳河支流梅河，是弘吉剌之豁罗剌思部落的故乡。唐代，豁罗剌思部落的某些支系，包括阿阑豁阿所属的氏族，就居住在贝加尔湖东岸的巴尔古津河地方。他们西渡贝加尔湖，至突厥语族地区，自称 tung - gu 人，而其邻人则称他们为 tungus（通古斯）是情理内的事。总之，“通古斯”这个名称来自要么是伊通河，要么来自柳河。大约 500 多年后，于 17 世纪初，俄罗斯人向东推进到叶尼塞河地方，得知了“通古斯”这个名称，并传播到了欧洲。

达斡尔语称 ewenki（onki、onku）为 onkur 或 honkur。《辽史》、《金史》将分布于呼伦贝尔、蒙古高原东北部地区的 ewenki 称为乌古（u - gu）、乌虎里（u - gur）。这两种叫法，由来自雾海（u - hai，hai 与 gu 互为通用）河，《三国史记》称乌川。还有一些偶而出现的写法，如广吉剌、光吉剌、王纪剌、温纳河剌（onhur）。

金末，蒲鲜万奴所建东夏（又名大真、东真）的国族，在高丽史学家郑麟趾用汉文编撰的《高丽史》（编年跨度：公元 918 年～1392）高宗四年、五年的记载中，称为“黄旗子”，朝鲜语训读为 honkijia。honki 即 on - ki（ewenki 的变读音），jia（子）含贬意。此外，有时写“红旗”（houki），图们江上游的中朝界河名曰红旗河，珲春河支流也有叫红旗河的，都是因“红旗”而得名的。

## 弘吉剌的故乡

**弘吉剌在元朝统一中国的事业中作出了很大贡献。其3系6部的名称由来，很有必要深入研究。弘吉剌的故乡在哪里？**

居住在蒙古高原、大兴安岭以西、贝加尔湖以东广大地区的ewenki，《蒙古秘史》写“翁吉剌惕”（onkirt），伊朗大史学家拉施特《史集》伊朗文写法的罗马字母转写形式为honkirat。《元史》、《明史》均写“弘吉利”（honkir）。

弘吉剌的故乡在第二松花江西岸地区。他们在那里繁衍发展成为3个支系，6个部落，各有自己的名称，均得自第二松花江和吉林哈达岭的山河名称，属沃沮—通古斯语。

第一支系，名曰“双河”，juurlup - gu。juur意为“二”，lup意为“迳直”，gu意为“河”，统意为“两条迳直流过的河”。这条河，就是饮马河的上游，现在仍叫双河。两条平行小河从吉林哈达岭北坡流下来，没有支岔，迳直向北，汇合口以下便是饮马河。在《金史》里写“忒里辟剌”，teeri - bira，teeri意为“双”，bira意为“河”。

双河系，是弘吉剌3个支系、6部落中的正支，所以也称他们为弘吉剌。双河系，对其他派生支系部落来说很有影响。他们人口众多，势力强大，分布在饮马河和第二松花江之间的地区。他们的一些分支西迁后，主要分布在呼伦贝尔、蒙古高原东北部，也有的散居贝加尔湖以东地区。

第二个支系，名曰“渤海（雾海）—奢岭”，buhai - seer。buhai

指雾海(河),又名 ugu(hai、gu 互通),《三国史记》称乌川,《辽史》译音为乌古,《蒙古秘史》写兀洼(uha),《蒙古汗统宝贵史纲》称 buha(ha 是 hai 的变读)。雾海河下游西岸有布海镇,布海是渤海的异写。seer,意为"源泉",指雾海河源的源泉,现今译为奢岭,在《旧唐书》、《新唐书》里译音为"舍利",《蒙古秘史》写"失剌"。渤海(雾海)—奢岭系,派生两个部落,一个名曰 ii - kir,另一个名曰 olgun。

ii - kir 部落—ii - kir 的 kir,意为"棱子",在地形则指"岭子"。kir 在《旧唐书·渤海传》里译音为"桂娄",明代有时译音为"溂鹿"。后来,kir 变读为 girin,便译音为"吉林",即吉林哈达岭。前面说过,ii 意为"上"。ii - kir,意为"上吉林",指的是吉林哈达岭上段及其向北伸出的余脉地区,即伊通河上、中游流域。iikir 部落的一些分支西迁洮儿、乌拉根、哈拉哈 3 条河上游流域,《辽史》称之为"于厥"(羽厥)。另有一些人西上蒙古高原,蒙古人便在 ii - kir 的后面加上复数词尾 - s,并变读为 ikirs,《蒙古秘史》写"亦乞列思"。

olgun 部落——他们分布在 iikir("上吉林")部落的西北,新开河流域。他们称干河床为 olgun。新开河的下段河道,自合隆(olgon 的译音)至河口为季节性河段,雨季有水,无雨断流,该河上段的流量也极小。olgun 部落,因此河而得名。olgun 部落的一些分支西迁,元初居住在根河与海拉尔河下游之间的地区,蒙古人便在 olgun 的后面加上复数词尾 - uut,而为 olgunuut,《蒙古秘史》写"斡勒忽讷兀惕"。

第三个支系,名日"柳河—大氏",tungu - daair。前面说过,tung 意为"柳条丛林"。这个 tungu(意为"柳河"),指的是柳河—辉发河,不只是指其上段河道柳河。daair 的 daa,表示"原有的"、"最初就有的"意思。daair 的 ir(有时发音 gir),意为"洞穴",有时当词尾来用。家族中的嫡长房,氏族中的本支家族,部落中的正支氏族，都叫做 daa - ir，《旧唐书》、《新唐书》译音为"大"。daa - ir，《蒙古秘史》写"歹亦儿"、"答亦儿"，拉施特《史集》的伊朗文写法、《蒙古汗统宝贵史纲》的蒙文写法的罗马字母转拼形式为 dair。柳河—大氏系派生 3 个部落，一曰 gorol，二曰 oiheen，三曰 hurawun。

gorol 部落——居住在柳河上游左侧支流梅河流域，他们称梅河为 goro - mu，goro 意为"远"mu 意为"水"。goro - mu，在《旧唐书·高宗纪》咸亨四年闰五月的记载中译为"瓠卢河"。goro - mu，发源于长岭（唐代也称为此名）北端主峰 goromuni jidun，《清史稿·地理志二》"海龙府"条译音为"果尔敏珠敦"。goromuni 的 - ni 是属格词尾，jidun 意为"岭"，goromuni jidun 是"moromu（河）之岭"的意思。goromuni，在连续发音中变读为 goromuin 或 goromin，便被译音为"果尔敏"，又改为"果尔梅"。人们往往简化地名，如称呼和浩特市为呼市，按这种习惯，便将果尔梅（河）简称为"梅河"。这个部落按自己的语言习惯，在 goro 后面加上复数词尾 - l，如 gorol，意为"goro（河）的人们"，来作为自己部落的名称。

gorol 部落位于交通要冲，是古代兵家必争的战略要地，经历过多次战争。他们的许多人西迁，有些氏族甚至到达贝加尔湖东岸，与蒙古人相邻居住，蒙古人便在 gorol 后面加上蒙古语复数词尾 - s，称他们为 gorolas，《蒙古秘史》写"豁罗剌思"。拉施特《史集》称，铁木真的第十二代祖母阿阑豁阿出自 gorolas 部落，西迁后其家族曾在贝加尔湖东岸巴尔古津河流域居住。依然留居柳河上游流域的 gorol 部落，经过繁衍发展，遍布柳河—辉发河流域，成为骁勇善战的强大部落。渤海的开国君王大（daa - ir）祚荣出自这个部落。他在少年时代，唐咸亨四年（公元 673 年），唐燕山道总管李谨行在瓠卢河（goro - mu，今称梅河）破高丽时，移居营州（今朝阳）。

oiheen 部落——他们分布在 gorol 部落的北面，东辽河上游地方。oi 意为“森林”，-heen 是构词词尾，oiheen 意为“大森林”。渭津(河)是 oiheen 的译音。清代，称这一带的大森林为库瑞纳窝集，kureeni woji，意为“大圈丛林”。oiheen 部因渭津河而得名。oiheen 的谐音 eigeen，意为“驴子”。蒙古语称“驴子”为 eljigen。oiheen 部落的若干分支西迁后，蒙古人戏谑地称他们为 eljign 部落。拉施特《史集》的汉译本音为“额勒只斤”。

hurawun 部落——他们分布在 gorol 部落的东面，海龙河(又名海龙亮子河)流域及其以东地方。他们称“山口”、“鞍部”、“岭口”为 harawun，海龙河发源于吉林哈达岭口，海龙即 hurawun 的译音。由此可知，hurawun 部落因该岭口而得名。这是一个小部落，在历代史志文献中很少见到。他们的一些分支西迁后，蒙古人称之为 haranuut(-uut 是复数词尾)部落。拉施特《史集》的汉译本译音为“合剌讷惕”。

从成吉思汗的第十二代始祖母阿阑豁阿世代起，弘吉剌同蒙古乞牙惕、孛儿只斤(元朝皇族)世世联姻，如《元史·特薛禅传》称，弘吉剌“生女则世以为后，生男则世尚公主”，所以出了无数的后妃和驸马。

公元 1214 年，成吉思汗封给属于双河系首领特薛禅(名忒里虎，teerihu，恭禅是雅号，意为“智者”，此时已故)子孙以领地时，保留了他们原来居住的根河流域领地，又将内蒙古昭乌达盟西拉木伦河、英金河流域、老哈河下游主流以北地区分给了他们，他们的家族及其大部分部众向南迁入新的领地了。

公元 1219 年，按陈(特薛禅长子、元太祖光献翼圣皇后孛儿台之弟)率弘吉剌部落兵，随成吉思汗西征撒儿塔兀勒。“撒儿塔兀勒”，是对中亚古国塞拉夫—吐火罗(serav-tukhara)的一种叫法，该国境内有塞拉夫善山脉和塞拉夫善河，隔阿姆河上游南接吐火罗国。公元 1225 年班师东返，1232 年按陈受封河西王，“以统其国族”，遂率其弘吉剌部落离开西拉木伦河、老哈河领地，西迁鄂尔多斯高原和黄河河套，以及狼山和阴山山脉南北地区。

## 沃沮西迁雾海河

**古沃沮，同肃慎一样有悠久的历史。沃沮西迁吉林哈达岭的原因是什么？名称沿革情况怎样？跟渤海是否有源渊关系？**

《三国史记》高句丽西川王十一年（公元 280 年，西晋太康元年）记载："一冬十月，肃慎来侵，屠害边民……王于是遣达贾往伐之。达贾出奇掩击，拔檀卢城，杀酋长，迁六百余家于扶馀南乌川。"乌川即雾海河。我首先指出，上述记载所称"肃慎来侵"是错误的，改为沃沮以兵收复失地才是正确的。

扶馀的"卵生"王子朱蒙（又写东明）于公元前 37 年（西汉建昭二年）向东南逃至沸流水（今名大蒲柴河，又名富尔河，沸流与富尔为一名二译）河口地区建立高句丽国，于始祖东明圣王十年（公元前 28 年，西汉河平元年）高句丽"伐北沃沮，灭之"。"北沃沮"，在此指的是北沃沮之珲春河流域地方，而不是北沃沮政权及其全部领土。于太祖大王四十六年（公元 98 年，东汉永元十年）"王东巡栅城……纪功于岩"。栅城又名买沟、买忽，即辽金时的火串岭八连城，今名洪穹（火串、洪穹、珲春为一名三译），其地位于今珲春市东南的珲春岭鞍部要冲。上述记载写明，是高句丽先侵占了北沃沮的珲春河流域地方，过 308 年，北沃沮才来收复这块失地。高句丽之所以将北沃沮误为肃慎，是由于对肃慎、沃沮在语言、民族方面的差异以及在地理、国界等方面缺乏知识而造成的。这是一。

从事北方民族史志学和阿尔泰语系语言系属学研究的人们都

清楚，西晋初期（公元265年～280年），在我国东北地区，大致来说，从乌第河、谢列姆扎一结雅河、汤旺河、第二松花江一线往东，东至日本海为肃慎—沃沮语族地理区域。从这一线往西，西至嫩江、辽河一线为扶馀—高句丽语族地理区域。再从嫩江、辽河一线往西，西至大兴安岭为鲜卑—蒙古语族地理区域，再向西便是匈奴—突厥语族地理区域。

现在再来勾划一下肃慎—沃沮语族地理区域中，肃慎—满洲语支和沃沮—通古斯语支的大致分界线。《后汉书·东夷列传》记载："挹娄，古肃慎之国也……南与北沃沮接"，这个"挹娄"说的是完达山脉以北的挹娄本部；又记载"北沃沮……界南拉挹娄"，这个"挹娄"指的是分布于鸭绿江上游U形地区的肃慎白山部。我们现已确知，北沃沮的领土在完达山脉与图们江之间，是个南北狭长的地区。《后汉书·东夷列传》记载：南沃沮（又称东沃沮）在盖马大山之东，东滨大海，北与挹娄接。这里的"挹娄"也是指肃慎白山部，盖马大山即咸镜山脉。据此，我们也已确知，南沃沮分布在图们江以南，南至咸兴地区。我们进而得知，沃沮—通古斯语支地理区域的大致范围，北自完达山脉向南，南达咸兴地区。沃沮是文明古国，使用铁器很早，在北沃沮之博谢特湖地方发现的铁斧，与古代中原青铜斧很相像；《后汉书》《三国志》记载：沃沮善制巨舟，又长于航海。

西川王十一年（公元280年）与高句丽发生的这次冲突，是在沃沮地区发生的，证明所谓的肃慎"来侵"是错误的，而正是北沃沮出兵收复栅城地区（珲春河流域）的军事行动。这是二。

西川王十一年（公元280年，西晋太康元年）被高句丽强制迁徙到扶馀南乌川（雾海河）的600余家檀卢城人户，即《三国史记》所谓之"肃慎"，《晋书·扶馀传》则将其改正为沃沮。如太康六年（公元285年），鲜卑慕容庾击破扶馀，其先王依虑自杀，"子弟走保沃沮"，不久，太康七年（公元286年）其后王依罗"还复旧国"。

扶馀先王子弟走保的“沃沮”,就是扶馀的友好南邻,来自檀卢城的那600余家人户,不是指远在千里之外的沃沮本土。这个更正非常重要。《晋书·扶馀传》证明了檀卢城人是沃沮族,《三国史记》称之为“肃慎”是完全错误的。这是三。

移居雾海河(乌川)流域的那600余家檀卢城人户,以及后续迁徙而来的部落支系,唐初称之为安居骨部。《新唐书·黑水靺鞨传》记载唐高宗灭高句丽时,“王师取平壤……泊咄、安居骨等皆奔散”。在这次战争中,第二松花江西岸地区包括雾海河(乌川)流域曾为战场。大家知道,战火不曾波及远在乌苏里江上、中游和绥芬河流域的安居骨部本土。由此可知,经这次战争而奔散的安居骨部,指的正是从乌苏里江移居雾海河的檀卢城人户后裔以及后续移来的部落支系,而不是指远在乌苏里江、绥芬河本土居住的。《后汉书·东夷列传》称:“北沃沮界南接挹娄。挹娄人喜乘船寇抄,北沃沮畏之,每夏辄藏于岩穴,至冬船道不通,乃下居邑落。”这说明了挹娄人自乌苏里江下游乘船,溯江穿过完达山脉峡谷,就到乌苏里江中游的北沃沮地方。由此推测,安居骨可能是对乌苏里江中游的叫法,那么,乌素固应是对乌苏里江上游的叫法,属分段名称。至于所谓北沃沮夏天上山穴居、冬天才敢下山的说法,曲折反映了沃沮人早在秦汉以前就已分为山上人(oroonki,乌梁海、乌里彦海)和山下人(ewenki,安车、安居、鄂温克)两个部分,同时实现了农渔业与狩猎业(附属驯鹿牧养业)的社会大分工。《北史》称北沃沮故地为安居骨部和号室部。这些记载和分析都已证明,安居骨部和檀卢城人,是沃沮族,而不是肃慎。这是四。

凡西迁第二松花江流域的沃沮,即安居骨部、乌素固部、檀卢城人,唐代统称为粟末部。被强徙移居营州(今辽西进阳)的粟末部(乌素固部)首领大祚荣,于公元696年率其所部东返故地的途中,在海城河一带留下了许多部民。《辽史·地理志二》“海州”(即今海城)条称他们为沃沮,进而称其地为沃沮国地。这一点表明,粟末乌素固部和檀卢城人属沃沮族,而不是肃慎。这是五。

檀卢城在松阿察河口南面,位于乌苏里江上游右侧小支流tamgu河口左岸(今按俄文音译为“塔姆加河”,其河口在列索扎沃次克市东南)。tam的复数形式是tamlu,是“tam－gu(河)人”的意思。“檀卢”是tamlu的译音。檀卢城因tam－gu河而得名。檀卢城是北沃沮的首都,而不是肃慎之地。这是六。

檀卢城的南面是沙玛伊尔(哈玛亦尔、萨玛基尔),这里是鄂温克族最古老的萨玛伊尔氏族的祖籍。这也证明檀卢城人是沃沮族,而不是肃慎。这是七。

沙玛伊尔(今按俄文音译为“什马科夫卡”)有许多疗效绝佳的矿泉,各地的沃沮人每年来此治疗各种疾病,久而久之,将这一带地方建设成为北沃沮的经济、社会、文化、政治、军事的中心。沃沮—通古斯语称烧水时锅底翻花、沸水漩动状态为olgi,所以把翻花矿泉、漩流矿泉也叫做olgi。沃沮就是olgi的译音。我们由此得知,沃沮这个古国名、古族名,是因沙玛伊尔矿泉而得名的。这个矿泉地区属于沃沮,而不是肃慎之地。这是八。

olgi的首音o,其发音介于o与u之间。因此,历代译音交替使用o韵字和u韵字。olgi的形动式是olgider,其变读音有hulgider、kulgider、hulidur、kulidur等。辽代的越里吉,明清的斡尔喀、瓦尔喀,现今地名鹤立岗、乌拉根(河),都是olgi的译音;地名库都尔、库里杜耳,都是olgider的变读音kulidur的译音。

从3世纪末到697年,遍布于第二松花江流域的沃沮后裔安居骨部、乌素固部,后来被统称为粟末部或粟末乌素固部落,是他们建立了唐朝的系縻国渤海。

## 乌素固部落独领第二松花江

**渤海是在第二松花江流域开国的。那么，大祚荣赖以建立渤海的社会依托力量即民族或部落，必定在这个地区。人们不禁要问，于698年，渤海的前身即震国立国之时，有哪几个民族居住在第二松花江流域？**

698年，只有沃沮后裔乌素固部落居住在第二松花江流域。此前，其他民族或部落都迁走了。

7世纪70年代以前，在第二松花江流域，有扶馀、勿吉之突稽部落、高句丽、沃沮之乌素固部落居住。由于高句丽向北推进，扶馀的国土只剩下从伊通河下游流域至东流松花江边（嫩江口与拉林河口之间）的一点地方之时，于公元493年，勿吉之突稽部西逐扶馀，尽有其地，住了下来。于公元590年~591年（隋开皇中），由于粟末乌素固部"与高丽战不胜，突稽部长突地稽，率八部胜兵数千人，自扶馀城西北，举落内附"。他们"举落内附"之地，在辽宁新立屯以北地方（《辽史》第450、496页，"顺州"条）。

扶馀被逐出去了，勿吉主动退出去，在第二松花江流域已经没有说肃慎—满洲语的部落了。

与之相对照，武德初年（公元618年~619年），唐朝在第二松花江流域设置慎州，妥善安置了粟末乌素固部落（这里还要后话先说，载初二年即690年，唐朝从慎州辖境内分出吉林哈达岭以北地区，设置了黎州，又一次妥善安置了扶馀故地的乌素固部落）。这一时期，高丽的势力十分强大，并在第二松花江流域建立了政权。这就是说，自隋朝开皇中年（公元590~591年）至唐期总章元年（公元 668 年）的 78 年里，在第二松花江流域，只剩下了高句丽和说沃沮—通古斯语的乌素固部落。

总章元年（公元 668 年），唐朝战胜高句丽，并将高句丽及其政权的社会依托力量驱逐到了鸭绿江以南。同时了解到，在第二松花江流域仍有数万高句丽民户不肯南徙，散居偏僻山林或乌素固部落民间。唐朝便于总章二年（公元 669 年）决定，“徙高丽民三万于江淮、山南”。

唐朝遂向第二松花江流域派遣了南北两路大军。南路大军，溯太子河迂回进军。北路大军迂回至第二松花江口地区后，向南横扫搜索，南至今吉林桦甸一带，将高句丽“破之于发卢河”。“发卢”是 far 的译音。发卢河，指柳河—辉发河之辉发河段。辉发河的“辉”，是 oi 的译音，意为“森林”。“辉（河）”，本指柳河—辉发河之柳河段。北路大军在桦甸一带破高句丽后，溯柳河—辉发河向西扫荡搜捕，西至梅河，“破高丽于瓠卢河之西”。“瓠卢河”是 goro – mu（果尔敏）的音译加意译，即梅河。

南路大军溯太子河东上龙冈山，东至吉林靖宇县一带，将高丽、新罗“败之泉山”。泉山，即龙冈山东段，因多源泉而得名。南路大军掉头向西，溯柳河—辉发河西至其上游之横道河子，“大败新罗于横水”。横水，即横道河子（上述引文见《新唐书·高丽传》）。

两路大军的合围搜捕行动，于公元 673 年（咸亨四年）宣告结束。在第二松花江流域，高句丽已被搜捕尽净。在这次行动中，还将乌素固部落的大祚荣、舍利乞乞仲象及许多乌素固部落民众强徙于营州地区。

少年大祚荣在营州成长，学习大唐文化，被造就成为骁勇善用兵的一代英雄，又善治国强国的一代英主。

一句话，从公元 673 年至 698 年大祚荣立震国，在这 25 年里，乌素固部落独领了第二松花江流域。

# 渤海是唐朝系縻国

**大祚荣离开营州的原因是什么？他和舍利乞乞仲象是不是父子关系？他是在什么地方，是怎样袭震国公的？**

万岁通天元年（公元696年）5月，契丹李尽忠、孙万荣起兵反唐。大祚荣“为契丹尽忠所逼”（《辽史·地理志二》“东京辽阳府”条），从营洲地方率其部众顺西涌—大凌河涌谷通道南下，至冬才得以履冰东渡辽河及其港汊泥淖地带，到达海城河（新唐书《渤海传》称“典娄河”）上游。他们筑了一座土城，即析木城，城周二里多，呈方形，有东西二门。在城西北角内侧，有金代所建的六角七级砖木结构墓塔一座，当地人叫铁塔。其地在太平山（即大石桥东南10余里的小圆山）东北。太平山，《新唐书·渤海传》称“太白山”，淤泥河发源于此山，向东南流入辽东湾。显然，他们筑城是为了自卫，以防契丹。诸如大祚荣“渡辽水，保太白山之东北，阻奥娄河，树壁自固”（《新唐书·渤海传》），“保阻以自固”（《旧唐书·渤海传》），“渡辽水自固”（《辽史·地理志二》）等记载，现在都得到了合理的诠注。

海城河（奥娄河）上游，距大祚荣的故乡柳河—辉发河及其支流梅河（瓠卢河）只有4日程，距与之同路的首领乞四比羽（乞四又写居素、出粟、愁思，即长白山西支脉，白山部地）的故乡愁思岭也只有5日程。他们不但没有继续前行，反而在千山、海城河、菊子河、大洋河从事渔猎，在滨河平原上从事农耕，安居乐业。特别要强调指出，在第二年即万岁通天二年春夏，唐使奉武后之命，浮海至淤泥河口，再溯河至太平山，陆行抵达析木城，封乞四比羽为许国公,封大祚荣之“父”乞乞仲象为震国公。当唐使强求他们折返营州西河流域,以防契丹东犯唐安东都护府境时,乞乞仲象表示受命,并在将其爵位袭于其“子”大祚荣的请求得到允准后,不久死去。乞四比羽则坚持继续留居安东都护府境,这就是所谓“比羽不受命”。于同年冬,武后遣李楷固、索仇率兵击斩乞四比羽,祚荣引残痍遁去。楷国穷追,渡天门岭(即长岭险关英额门。inge,肃慎—沃沮语、鲜卑—蒙古语同源词,意为“母驼”),“祚荣因高丽、靺鞨兵拒楷固,楷固败还”(《新唐书’渤海传》)。“祚荣遂率其众东保桂娄之故地”(《新唐书·渤海传》),表明大祚荣的桂娄故地在天门(英额门)以东。大祚荣率领一部分能够战斗的有生力量东返故地,而将其家属及一部分人部属留在千山、海城河、菊子河、大洋河地方。渤海曾在其地设铜州,为铜、郢、涑3个直奏州之一,直属渤海王室大氏,《辽史》称其地为沃沮国地。人们惋惜大祚荣无罪而被逐出辛勤新建的家园和城池,同时也庆幸我国东北大地上因此产生了繁荣昌盛、文明发达的渤海国。

至于舍利乞乞仲象和大祚荣的关系,个别外国人认为一人二名,这个说法不足挂齿。日本学者津田氏在《渤海史考》一书中称,大祚荣称王后对乞乞仲象无追尊之事,对其所谓“父子”关系提出了质疑,很有见地。

舍利乞乞仲象的“舍利”(seer)和雾海河源的“奢岭”(seer)本是一名二译,意为“源泉”。舍利乞乞仲象移居营州前是乌素固部落(元代称弘吉剌)渤海(雾海)—奢岭系的首领,所以受到唐朝的特别注意和格外重视。大祚荣的父亲生平不详,无疑是乌素固部落柳河—大氏系的首领,可能在营州老死。大祚荣继承其父,在柳河—大氏系3个部落中有一定的影响力。不管怎么说,舍利乞乞仲象和大祚荣不是父子关系。

舍利乞乞仲象、大祚荣移居营州西河地方,各有所部。向东转移途中,在海城河地方,由于大祚荣“骁勇善用兵”,舍利乞乞仲象所部许多人，乞四比羽所部一部分人，投于大祚荣麾下，此即所谓“祚荣合高丽、靺鞨之众”（引文见《新唐书·渤海传》）。在此情况下，舍利乞乞仲象别无选择，将震国公“传子祚荣”的说法，无疑是对唐使的一种托辞而已。

**大祚荣回到“桂娄之故地”，建立了震国，其社会依托力量是哪个部？哪个族？**

神功元年（公元697年）冬，大祚荣回到阔别25年的“桂娄之故地”。此时“契丹附突厥”继续反唐。第二年（公元698年）8月突厥也起兵反唐，战争越打越大了。胸有雄才大略的大祚荣看到，他故地的3个部落联盟为了防备契丹、突厥来犯，重又组织起来了。3个部落联盟，一是黎州乌素固部之双河系部落联盟；二是慎州粟末乌素固部之柳河—大氏系部落联盟；三是黎州扶馀乌素固部之渤海靺鞨（雾海）—奢岭系部落联盟。这3个部落联盟之间，在军事、政治、社会、经济等方面的联系更加密切起来，为新国家的诞生做好了各方面的准备。震国顺应形势应运而生了。

**关于震国首都东牟山城的地理位置，长期以来就有几种说法。你认为在哪里？希望说得具体、详细一些。**

大祚荣最初筑城建都的东牟山在哪里？这个问题提得好。

个别外国人说，今延边朝鲜族自治州境内的布尔哈通河和嘎懒河之间的那道长冈就是东牟山。这是无稽之谈。世上同名地方很多，不可乱套。《辞海》（1979年版）“东牟”条写道：“古山名。为渤海大祚荣的根据地，一说在吉林敦化东北；一说即今吉林桦甸东北苏密城西老岭。”以上共3种说法。

我现在提出第4种说法。

大祚荣和将士们初来乍到，人生地生，所3个部落联盟中首先依归的只能是其父旧部柳河—大氏系部落联盟。那么，大祚荣占据筑城的东牟山只能在柳河—大氏系地盘内，又在"桂娄之故地"范围内。按当时当地人的地理知识，将柳河跟辉发河连起来叫做tung - gu（即柳河—大氏系之"柳河"）。"桂娄"是kir（吉林）的译音，即吉林哈达岭。据此推测，东牟山必在柳河—辉发河流域和吉林哈达岭之南这个范围内。而敦化东北及桦甸东北两地都在这个范围之外。

公元985年，辽国圣宗曾"驻跸东古山"。这个东古山，在三统河口下面不远，就是柳河—辉发河南岸支流蛤蚂河和独木河之间的那道山冈。我认定，这个山冈就是东牟山。

柳河—辉发河和浑江之间的分水岭龙冈山（唐称泉山，因多源泉而得名），它的东段，向北伸出一支余脉，插入蛤蚂河和独木河中间，并与之平行直抵柳河—辉发河边。这个余脉，在《清史稿》里名曰"圣音吉林"，其北端高阜名日"圣音吉林峰"。"圣音"、三统河的"三"，是对seerni的变读音"seerin"的译音（按东北VI音）。seerni，是沃沮—通古斯语，seer意为"源泉"，- ni是属格词尾。圣音吉林峰，意为"泉山（龙冈山）之吉林峰"。围绕圣音吉林的那两条河，蛤蚂河的"蛤蚂"（ham）和独木河的"独木"（dung-mu），也是沃沮—通古斯语。ham意为"紧捱"，蛤蚂河因紧挨圣音吉林而得名。dung意为"圆环"、"环形"，mu意为"水"，"独木河"是音译加意译，因环绕圣音吉林而得名。

mu（水）和gu（河），可以互通使用。有如黄河也叫黄水。东夏时候，布尔哈通河和曷懒河中间的东牟（dung - mu）山，也可以叫做东古（dung - gu）山，有渤海、东夏时代的东古城遗址可以佐证。在辽代，把独木（dung - mu）河叫做东古（dung - gu）河，再把这条河所环绕的圣音吉林叫做东古（dung - gu）山，是合情合理的。那么，在渤海时代，把独木（dung - mu）河所环绕的圣音吉林叫做东牟(dung－mu)山,也是顺理成章的。这道山岭,属吉林哈达(桂娄)地区,在柳河—辉发河边,是柳河—大氏系部落联盟的腹地,这里正是大祚荣“桂娄之故地”。

现在,我们依据辽国圣宗的行军路线,来证明这个问题。统和三年(公元985年),15岁的圣宗临朝,皇太后摄政,决定“以兵讨女直”。母子二人和军政大员,闰九月初五(丙子)从辽河出海口“行次海上”,在今营口附近登陆北上,再溯浑河东去,初九(庚辰)至“骆驼山登高”。“骆驼山”,唐称天门(大祚荣于697年全歼李楷固追兵处),今名英额门(inge,意为“母驼”)。圣宗母子在英额门(“骆驼山”)处理出征女直军机大事,然后尾随大军顺柳河—辉发河东去,27日“驻跸东古山”。这个记载,说明东古山在英额门之东,在吉林哈达岭南,在柳河—辉发河边。辽代,称圣音吉林为东古山,东古山因山下的东古(dung－gu)河而得名。既然dung－gu与dung－mu互为通用,那么,渤海时代将圣音吉林叫做东牟(dung－mu)山,这个说法是成立的,况且环绕圣音吉林的那条小河至今仍称dung－mu(独木,也可以音译为“东牟”)河,这是具有说服力的证明。

东征辽军将从北路溯东流松花江班师。11月丁丑,圣宗“诏以东北路兵马监军妻婆底里存抚边民”。这个记载表明,圣宗母子已从东古山先期到达了辽国东北路兵马司驻地泰州(今吉林洮安),以犒凯旋之师。至此,圣宗母子在东北按逆时钟方向转了大半圈。这一点有助于说明东古山在长岭以东,这一点也间接佐证东古山就是东牟山。公元985年,东牟山下的东牟(独木)河波光粼粼,东牟山上荒无人烟,东牟山城垣残壁断。少年圣宗驻跸此山,无非是想要玩一玩辽灭渤海之儿戏。

东山北端高阜荒凉,震国都城人们的生活有两难:一是无水,也无从凿井;二是狭窄闭塞,交通不便。所以,他们保留东牟山都城的同时,就近选择适当地方,即在桦甸东北苏密城西老岭建立陪都是完全可能的。

至于敦化一带,当时属于肃慎后裔胡里改部地方,这里离大祚荣的根据地相距辽远。“敦化东北”的地形,有利于古代兵家四出攻略。那里的古城遗址,可能是大武艺、大钦茂父子“拓展土宇”时的行宫,也算是旧国吧。

**关于“渤海”的由来,长期来一直说不清楚。你曾经说过,渤海是对雾海(河)的变读。你现有新的补充吗?**

有。我想纠正一点,还想补充一点。

我在一篇文章里确实说过渤海是对 uhai(雾海)河的变读。我现在觉得不全面,还有些武断。近来,我思考,唐代对东北少数民族地区的行政区划名称的命名上往往结合当地的民族、语言、地理特征,赋以具有中原色彩的文义。这个方法对汉族和东北少数民族双方都很方便,好记好传,称呼起来不诘屈聱牙。我想,“渤海”的由来,或许与此有所关联。

我仍然认为,“渤海”因 uhai 得名的说法是不会出差错的。但是,如果说 uhai 变读为 bohai 是不能成立的,因为这种说法不合沃沮—通古斯语的语音变化规律。这是我要纠正的一点。

有人说,大祚荣以渤海为国号是因受封于渤海郡之地。就我所闻,至今无人苟同此说。西汉、东汉设置的渤海郡,其辖境包括渤海西岸的广大地域。隋朝设置渤海郡,其地在沧州。唐朝没有设置渤海郡。大祚荣,与渤海湾西岸无缘。但是,此说也有一个引人联想的因素。现在,就“渤海”由来自 uhai(雾海河)这个说法进行讨论很有必要。

《新唐书·渤海传》记载:“开元七年(公元 719 年)祚荣死,玄宗遣使吊祭,乃册立其嫡子桂娄郡王大武艺袭父为左骁卫大将军、渤海郡王、忽汗州都督。”由这个记载可以推知,大武艺受封为桂娄郡王的时间与其父大祚荣受封为渤海郡王同期，即先天二年（公元713年）。而唐使张行岌与大祚荣、大武艺议定受封之事则在中宗即位之年（公元705年），是因“使命不达”才推迟至先天二年（公元713年）正式册立的。大武艺受封之地，明明写着“桂娄”二字。桂娄即吉林哈达岭，指吉林哈达岭以南地区，包括首都东牟山城及京畿之地。这就是说，早在705年以前，震国立国之初，大祚荣就离开首都和陪都，去从事唯有他才能办成的军国大事，而把都城、京畿、桂娄（慎州地区）交由大武艺来留守。这是一。《新唐书·渤海传》又记载：圣历中（公元698年～699年），大祚荣“遣使通于突厥”。震国使者赴突厥，必须走契丹道。《新唐书·渤海传》称“扶馀，契丹道也”。震国赴突厥使者走契丹道，必须经由扶馀（今吉林农安）。扶馀，在东牟山西北600里。这就是说，大祚荣为了通于突厥，早在699年就已离开东牟山城或陪都，北越吉林哈达岭，打通了至扶馀的通道。这是二。

大祚荣赖以建立震国的社会依托力量乌素固人的3个部落联盟中，有两个部落联盟分布在吉林哈达岭以北的雾海河、伊通河、饮马河流域。大祚荣必须离开东牟山地区，亲自到雾海河等流域，以自己的威望和雄才大略，统一双河系部落联盟和渤海（雾海）—奢岭系部落联盟，既可巩固国基，又能打通契丹道。这是三。

大祚荣自封震国王有违于唐朝，他又在天门全歼了唐朝李楷固大军，一旦局势安定，必遭唐朝挞伐，而陷于灭顶之灾。大祚荣对唐朝怀有后顾之忧。而东牟山地区，距唐朝安东都护府太近，只隔一道长岭。所以，他必须远离，到雾海河等流域，“恃荒远”，恃吉林哈达岭天然屏障，以维持国运。这是四。

公元705年，大祚荣在雾海河接待了唐使张行岌。张行岌为了“将加册立”大祚荣，把 uhai 这个河名带回唐朝。于公元713年，唐朝正式册立大祚荣时，把 uhai 用来作为爵号中的地名部分，并采用谐音之法，赋予了具有中原色彩的文义，而为渤海郡王，以示中央政府与这个地方政权之间的密切关系。这是我要补充的一点。

## 西渤海轶事

**你在前面提到西渤海，以往，没有听说有这么一个国家。西渤海最早见诸文字是在哪一年？请谈谈西渤海的一些情况。**

最早见之于文字是在公元 1087 年。《辽史·部族表》记载："大兴三年七月，西北部渤海进牛"。

西北部渤海立国的年代还不清楚。有迹象表明，他们立国之前，曾在贝加尔湖东岸的巴尔古津河流域住过一段岁月。在他们的南方，于 11 世纪，由于受到契丹的强大压力，突厥语族诸部发生了一起大规模的向西移民运动。西北部渤海便举部南迁，移居其地了。

公元 1012 年（辽国开泰元年），由于契丹的连年侵扰，突厥语族阻卜等不堪其苦，遂"沿边诸部皆叛"（见《辽史·圣宗纪六》）。辽国遣北院枢密使耶律化哥伐之。居住在贝加尔湖东南和色楞格河中、下游流域的突厥语诸部丢下农园、牧场，弃辎重遁走。有的徙往伏尔加河下游左侧流域（《辽史·耶律化哥传》），更多的部落向遥远的小亚细亚和阿姆河中、下游流域等地迁徙。西北部渤海人便先入其地为主，选占了色楞格河最大支流鄂尔浑河口右岸地区，并在河口左侧的塔勒浑（talguni 的变读音 talgun 之译音，该岛因鄂尔浑河口右侧小河 tal－gu 而得名）岛上建立首都，立起了撮罗子式的宫殿。《蒙古秘史》称"绰儿罕"房。"绰儿罕"是 coro-haan 的译音，沃沮—通古斯语，指圆锥形巨型房屋。"撮罗子"是

coroju（尖顶矗立式房子）的译音。

我仿照“西辽”国名，将西北部渤海名为“西渤海”。西渤海立国之初，是单一渤海人国家。不久，西渤海壮大成为以渤海大氏后裔为王室、由两个民族3个部落联合的部落联邦王国。

**“部落联邦”是一个新的提法，关于西渤海的两个民族、3个部落，具体情况如何？**

西渤海3个部落，首见于《蒙古秘史》第102节，记述了铁木真青年时代遭遇的一件事。时在12世纪70年末或80年代初，正值西渤海末代王朝。渤海族为一部，《蒙古秘史》写兀洼思篾儿乞惕，有如唐代的渤海球靺鞨《蒙古诸汗黄金史纲》（蒙文，1604年成书）和《蒙古汗统宝贵史纲》（蒙文，1663年成书）称“索伦之渤海”或“渤海索伦”。靺鞨族，《辽史》称女直、梅里急，《蒙古秘史》称篾儿乞惕。靺鞨族分为哈州部和乌第河部。哈州部，《蒙古秘史》称合阿惕。乌第河部，《辽史》写耶靓刮，《蒙古秘史》称兀都亦惕。乌第河部的主体是叶赫氏，《蒙古秘史》写也客（参见附录《满族名称沿革表》）。

据《蒙古秘史》第105、109节的记述，西渤海末代王朝时期，联邦尚王（cagaanhaan）是渤海族的答亦儿兀孙（daarirusun），他也是其本部之汗，但实力不强。

哈州部之汗，名曰答儿马剌。哈州部的故乡在哈州，《金史》写合里宾忒（halbint），元称哈喇巴图（halbant），今写库尔宾，黑龙江中游右侧河名，河口位于逊克县库尔宾村北。明清时期，称该地区部落为（黑龙江）虎尔哈部或库尔喀部，又称舍里部。虎尔哈、库尔喀、与胡里改为一名三译，朱舍里与肃慎属一名二译。哈州人、虎尔哈人、朱舍里人的早期故乡本在牡丹江流域，他们是肃慎裔部落。辽国开泰三年（1014年），北院枢密使耶律世良，在今乌兰巴托东面的巴彦朱日和一带筑招州城，曰绥远军，以女直户置。当契丹无力顾及之时，他们往西北方的哈腊、沙仁、挹娄（ir 或 iro）3 河流域迁徙，加入西渤海，而为哈州部。

乌第河部之汗，名曰脱黑脱阿。乌第河部，分布在色楞格河下游右岸和楚库河、挹娄河下游流域。他们本是辽国统和二十二年（1004 年）流配鄂尔浑河上游、图拉河下游，以及开泰初年（1012～1014 年）被强徙于鄂尔浑河上游等地方的女直部落的后裔。他们的早期故乡在鄂霍次克海西岸的乌第河流域。乌第河部曾于 1097 年向辽国要求“请复旧地”，表明他们是在此之前加入西渤海的。乌第河部，在 3 部中最为强大，而且以骁勇敢战闻名于周邻诸部。

统和二十二年流配的人家中，有许多渤海人。辽亡时，他们西迁博格达山脉西段北麓之十河地区，元初称 bekrin（buha－irni 的变读音，意为“渤海人”）部落，总共有一个千户。这个部落，善爬山，出美女。此部后来融合于维吾尔之中。

大概是在 1162 年最初的日子里，乌第河部叶赫氏之赤列都（脱黑脱阿汗之弟）和妻子诃额仑，从根河口和海拉尔河口之间的斡勒忽讷兀惕（此部名来自新开河干河床）地方返回西渤海途中，行至鄂嫩河地方。诃额仑在雪地上排尿，冲出了一个小坑。据《蒙古诸汗黄金史纲》、《蒙古汗统宝贵史纲》记述，蒙古之也速该看见那个尿坑，说“这女人必生好儿子”，便叫来两位弟兄，把诃额仑抢了去。这个记述暗示诃额仑怀孕有时了。几个月后，当树木枝叶蓬松、大地松软能够跳踏出“深沟”的季节，铁木真出生了。

蒙古和乌第河部是世仇。在铁木真的青、少年时代，铁木真的第三代堂叔，泰亦赤兀惕之首领塔儿忽台乞邻秃黑等，对他如同世仇部落之人，将他视同敌方俘虏，加以残酷迫害，进行奴役，而对铁木真的 3 个弟弟却很平常。乌第河部方面则竭力要把铁木真捉住带回去，对他的 3 个弟弟却不感兴趣。在铁木真心中，从此埋下了仇恨的种子。

**那时，西渤海的实力似乎强于蒙古。那么，西渤海亡于蒙古必定有深刻的社会原因，大致经过怎样。**

12 世纪中期，蒙古社会还比较稳定。12 世纪 80 年代，一个孕育已久的新兴社会力量即将拔地崛起。铁木真、扎木合、王罕之蒙古三部联军，长驱迂回，掩击西渤海。西渤海王朝，松散的部落联邦，一击即溃了。

铁木真、扎木合、王罕三人亲赴塔勒浑岛上，推翻了撮罗子式的“绰儿罕”宫，掳获了后妃宫女。

西渤海哈州部之汗，答儿马剌被俘。

铁木真将一个 5 岁男孩，作为造化（即福分，《蒙古秘史》写“扫花”，译为“人事”）献给了其母诃额仑。这孩子脚穿“奇哈米”（ciha－mi，《蒙古秘史》译为“母鹿蹄皮靴子”），身穿裙袍，上为反毛白皮（《蒙古秘史》译为“粉皮”），腰部接缝下接貂皮。这种裙袍正是渤海、金、东夏、索伦的传统男服款式。

尚王答亦儿兀孙，乌第河部脱黑脱阿汗，率所部顺色楞格河溃去，转移到呼伦贝尔，重建了西渤海政权。

元初，分布在呼伦贝尔、蒙古高原东北部、贝加尔湖东岸等地域的弘吉剌各部，一部分人是渤海立国前的移民，唐代室韦乌素固部、室韦亦塞没部、西室韦的后裔。他们按氏族、部落聚居，有属于自己的领地，有自己的政权和军队。他们长期以来与蒙古联姻，互通语言，友好相处。他们对蒙古新兴力量的崛起，对蒙古的建国斗争，采取了坚决支持的态度，并为之流血牺牲。他们对西渤海视同异邦。弘吉剌之另一部分人，是渤海亡国后的遗民。他们分布零乱，居住分散，虽有渤海大氏后裔，终不能形成集团势力。他们同情西渤海，但无能为力。

铁木真的建国斗争，得到了外祖父渤海（雾海）—奢岭系斡勒忽讷兀惕部落的支持，特别受到岳父特薛禅之弘吉剌双河系婆速忽儿氏集团的坚决扶持，他们各有强大的军队。铁木真还得到了其继父蒙力克（肃慎裔库尔喀部人）家族集团的全力支持。蒙力克的长子名曰帖卜，是大萨满，人称活神（《蒙古秘史》写帖卜腾格里。tenger 一词含二义，一义为“神”，一义为“天”）。他给铁木真上了“成吉思汗”之号。肃慎—沃沮语称正厢（房）、正副（位）之“正”为 cing，- gi 是由于正音而衍加的，cingis - haan 意为“至正之汗”、“最大之汗”。

西渤海亡国的原因很多，但是，弘吉剌社会内部的分离倾向，不管怎么说也是一个重要原因。

那时候，整个呼伦贝尔属弘吉剌诸部之地，伊敏—海拉尔河流域是其纵深腹地。西渤海尚王答亦儿兀孙的王府当在伊敏河中游东岸。乌第河部脱黑脱阿汗的驻地在海拉尔河中游南岸，今莫和尔图（为 muke - irtu 的异读）。根河流域的弘吉剌诸部也自成一个实力集团，以根河口的黑山头为其前沿军事重镇，以防蒙古来侵。

1204 年秋，铁木真进军呼伦贝尔。

伊敏河暴涨。乌第河部脱黑脱阿汗，列阵于伊敏河下游西岸，即今鄂温克族自治旗驻地以南之辉河口的达利苏林（daliisugu - rmin）地方（《蒙古秘史》称“合剌答勒·忽札兀儿之地”，hardaliiho - jaur），以背水决战。正在鏖战之际，西渤海尚王答亦儿兀孙乘船顺伊敏河（《蒙古诸汗黄金史纲》、《蒙古汗统宝贵史纲》称 unehen - murun，此名来自伊敏河上游维纳罕河，当时指伊敏河）而下，将其美丽温柔、聪慧过人的公主忽兰献给了成吉思汗。脱黑脱阿汗能不战败吗？他遂率一部人马西遁中亚。乌第河部民众，包括脱黑脱阿汗的家族和叶赫氏族，向东翻越大兴安岭，顺雅鲁河而下，至辽河上游地方，建立了叶赫国。

成吉思汗遣渤海人锁儿罕·奢岭之子沉白去解决黑山头(《蒙古秘史》称 taigal,台合勒,沃沮—通古斯语,意为“祭天之坛”)驻军。沉白和平改编该部。西渤海灭亡。

## 图腾和祖先崇拜

**对日本大学者百鸟库吉的“渤海为 goldi”之说,有人提出了异议,你有什么见解?**

我认为,百鸟库吉的这个说法,不能否定。

goldi(果尔德),在肃慎—沃沮语所有氏族、部落、民族的名称中,是最最古老的一个。

索伦传萨满教口头经典中有一则神话:

在一条大河附近,有一个大湖。大湖的日出方向,有个河口。河口水深,里面住着大蛇。蛇是天上来的,十五庹长,有两只犄角。在湖岸上,大蛇遇上留辫子的人,怀了孕,生了儿女。儿女生儿女,繁衍为索伦人。大蛇对儿女极好,但不跟他们说话,只跟萨满通话。

这似乎是一本难读的天书。我们解读得出结论,将会补充百鸟氏的说法,使其趋于完整。

大蛇能生育,是雌的。雌蛇跟人成婚生育,说明它是人,是以蛇为图腾的氏族的女人,而那个“留辫子的人”则肯定是男子。这个女人可以跟留辫子的男人婚媾,表明她不可以同剃发的男子婚媾。男子留辫、男子剃顶这种外部特征,便于由女子来决定可不可以与之媾的识别标志。婚媾大权掌握在女子手中，这是母权制，表明处于母系氏族制社会。那个女人之所以不可以与剃顶男子婚媾，是因为她自己就是男子剃顶氏族的女子，同一氏族的男女不准发生婚媾关系，这是氏族外婚姻制这个习惯法所规定的。索伦人称男子剃顶氏族为 goldi（gol 意为“中心”、“头顶心”，-diu 是构词尾），意为“剃顶人”。原来那条“大蛇”，本是男子剃顶的蛇图腾母系氏族的女子。索伦人就是这位 goldi 女子的后代。这位女子可能是功勋卓著的氏族首领，所以受到崇拜，身后被奉为神，成为索伦的始祖女神；其大蛇图腾也就随着升格为神，成为索伦萨满的主神。索伦人对其蛇图腾的同类，各种各样的蛇，持友善态度，保持着远古的图腾观念。一句话，索伦人就是 goldi。

一个世纪前，黑龙江下游，就有剃（顶）发赫哲和不剃发赫哲，保留着远古习俗。剃发赫哲就是 goldi，正好可以用来证明远古之 goldi 习俗。《蒙古诸汗黄金史纲》称渤海大氏后裔、西渤海末代尚王答亦儿兀孙为“索伦之渤海尚王”。《蒙古汗统宝贵史纲》称西渤海族为“渤海索伦”，称答亦儿兀孙为“索伦答亦儿兀孙”。俄国通古斯学家史禄国收集的达斡尔民间历史传说称，索伦人曾在大辽东方建立过国家。没别的可说，指的就是渤海。明清时期的“卦尔佳”、“卦尔察”，也是 goldi，是按满语发音来译音的。这些都在说明，日本大学者百鸟库吉的“渤海为 goldi”之说是深刻的，是完全正确的。

渤海是什么族？这个问题长期以来似明似暗。其实，在从唐至明用汉文和蒙文形成的历史文献中多有记载，我们缺少的是查阅和研究。百鸟氏的说法，对沃沮—通古斯各族史前社会的研究也有启迪作用。

# 东夏的浮沉

**金末，在东北各族社会大动荡的漩流中，一个名曰东夏的国家浮现出来了。东夏的国族是什么族？东夏又名大真、东真，是汉语名称还是译音名称？**

1215 年，蒲鲜万奴在辽阳建立了大真国。大真东迁图们江左侧流域后，改名东夏，又称东真。《高丽史》称其国族为“黄旗子”。“黄旗子”，朝鲜语训读为 honkijia。honki 即 ewen - ki 的变读音。- jia，意为“儿子”，有贬意，以下写“黄旗”（hlnki）。在东夏的图们江左侧流域，有许多高丽人和“黄旗”杂居，和睦相处。现在延边朝鲜族自治州境内有几条大小河流名曰红旗（honki）河或红旗子（honkijia）河，因有东夏国族居住而得名。

东夏、东真，既不是汉语名称，又不是译音名称，也不是“黄旗”语名称。这 3 种国名，是汉语文义、“黄旗”语训读、复数词尾译音三体合璧的名称，反映了蒲鲜万奴等的用心良苦，特别是命名“大真”的用意更是如此。

东夏、东真的“东”，属汉语文义，即东夷之“东”。东夏的“夏”，东真的“真”，是译音。东夏，用“黄旗”语训读为 sologusel。sologu 意为东夷之“东”（东真的“东”也训读为 sologu），- sel 是复数词尾，译音为“夏”。东真的“真”是 selni 的变体čen 的译音（sel 的变体有 šel、čel，ni 意为“人”）。东真，用“黄旗”语训读为 sologu čen。

大真的“大”，即渤海大氏的“大”。大真属译音名称。大真，用“黄旗”语训读为 daair čen，意为“大氏人”，可知有继统渤海王室大氏之意。

**东夏首都,有人说设在延吉,有的说设在珲春河板石村,还有说设在乌苏里斯克东南山上,你认为设在什么地方?**

我认为设在延吉西南,布尔哈通河南岸的东古城。后来,东夏曾迁都于乌苏里斯克东南50里的瑟布金山上。

对这个问题,现在认真考证一下。

《元史·太祖纪》称,1215年,"冬十月,金宣抚蒲鲜万奴据辽东,僭号天王,国号大真,改元天泰";1216年冬,"蒲鲜万奴降……既而复叛,僭号东夏"。这里透露出蒲鲜万奴离开了辽东。那么,蒲鲜万奴叛逃到什么地方去了呢?

《圣武亲征录》指出:"移于阿必忽兰……自称东夏王"。阿必忽兰(harba-ihurawun),即布尔哈通河与牡丹江上游右侧支流之间的分水龄,现在译为哈尔巴岭。

"布尔哈通",是borohotun的译音。《蒙古汗统宝贵史纲》指出:蒲鲜万奴迁到"borohotun城去了"。可见布尔哈通河是因此城而得名,那么此城必在布尔哈通河地方。

在布尔哈通河下游南岸,延吉西南,有渤海中京遗址。渤海中京,四面环河。沃沮—通古斯语称"环河"为dung-gu(东古)。由此可知,东古城即渤海中京遗址,boro hotun城即东古城。

东夏将首都设于boro hotun,称南京,其南京路治所也驻此城。渤海、金、东夏尚白。boro意为"白",hotun意为"城",可知东夏俗称其首都为"白城"。这不一定是赫哲民间历史传说中的白城,因为白家雀烧白城的事不曾在此发生。有人说,赫哲民间历史传说中的"白城",指的是金之白城。大家知道,这是断然不可能的,因为早在东夏立国前60年,即于1157年,金白城已被"夷其址而耕种之"。至于东夏迁都瑟布金山一事,在下文中顺便交待。

**蒲鲜万奴没有多大实力，但在短期内成倍地扩展了领土，是不是得到了蒙古方面的合作和支持？**

是的。他确实得到了蒙古方面的合作和许多支持。

东夏和蒙古曾有一次军事合作。《高丽史·高宗纪》记载：1218年，"十二月，蒙古哈真元帅率兵一万，东真完颜子渊率兵二万"（哈真，《元史》写"斡陈"），结成联军，从东夏腹地图们江南下，顺咸镜山阳，向西南迂回，包围了江东城（在平壤东），一举歼灭了契丹流寇。

东夏和蒙古，在对高丽的外交活动方面也进行过多次合作。从1219年至1223年，出使高丽，或劝降或索取贡品，东夏和蒙古组成联合使团4次，东夏单独组团一次，蒙古单独出使4次。

高丽于1232年致蒙古的国书中，追述13年前发生的一个问题。高丽国书称，1219年，斡陈元帅就遣使催索贡赋问题向高丽发出指令："道路甚梗，尔国必难于往来。每岁我遣使佐不过十人。其来也，可赍持以去，至则道必取万奴之境地。尔以此为约。"（《高丽史·高宗纪》）。这么一来，蒙古与东夏联合组成军政使团，向高丽催索逼取贡赋，可以使东夏成为事实上的第二上国。从此，东夏不仅觊觎高丽的北大峰山脉以东领土，同时将军事触角伸到了今朝鲜元山以南的日本海岸带，控制住从东朝鲜湾至西朝鲜湾一线以北的高丽半壁江山。1225年，东夏甚至将自己的文字"东真小字"推行于高丽，"使人教习小字之学始此"（《高丽史·高宗纪一》）。

蒲鲜万奴在这种背景下，不久便控制了东至日本海、北抵东流松花江、西达长岭、南到朝鲜咸兴海岸带等广大地区。其建制有3路：南京路、率宾路、开元路。其领土面积，与渤海相差无几。

在斡陈元帅的曲线扶持下，东夏的西北界与蒙古国弘吉剌之亦乞列思部落(分布于洮儿河、霍林河上,中游流域)相距不远了;东夏的西界与蒙古国弘吉剌部落(分布于西拉木伦河、老哈河左侧流域)之间只隔辽河上游平原。

东夏 honki 和蒙古之 honkirt 之间,在地理上如此接近,不能不引起蒙古皇室和成吉思汗的侧目。

**你在前面提到,蒲鲜万奴对蒙古降而复叛。成吉思汗对降而复叛的敌人向来进行严厉报复,甚至进行灭绝性的屠杀。蒙古对东夏则不这样,反而进行曲线扶持。原因何在呢?**

这不奇怪。

这不是出于策略,也不是权宜之计。成吉思汗也许不明真相。这完全出自蒙古元帅斡陈。

蒙古元帅斡陈,是特薛禅(成吉思汗的岳父,《金史》写忒里虎,“薛禅”是号,意为“智者”)之孙,按陈(成吉思汗光献翼圣皇后孛儿台之弟。《蒙古秘史》写阿勒赤)之子。特恭禅、按陈父子曾率领其部落和军队,出生入死地支持过蒙古的建国斗争,功勋卓著,倍受铁木真的尊敬和信任,所以斡陈元帅也格外受到重视。

特恭禅家族属弘吉剌双河系婆速忽儿(posugur)氏族。posug-ur(-r 是复数词尾)即蒲柴河,今称大蒲柴河(第二松花江上游右侧小支流,在长白山北),该氏族因大蒲柴河而得名。这个氏族似乎在渤海立国前移居呼伦湖西岸地区,唐代为室韦乌素固部。婆速忽儿氏族在起源上与蒲鲜万奴、蒲鲜氏族有缘。

蒲鲜氏,《金史》写仆散氏。仆散、蒲鲜是 posuni(posu 即蒲柴,ni 意为“人”)的变读音 posun、posan 的译音。蒲鲜(仆散)氏也因大蒲柴河得名。蒲卢毛朵部分布在曷懒河上游流域与图们江上游流域之间,因福洞村(poglur)、茂山(modo)而得名。曷懒河地方,是蒲鲜万奴的家乡。

蒙古斡陈元帅的将士都是 onkirt 人，他们进军东夏后发现，东夏的国族、蒲鲜万奴的将士都是 onki 人，在氏族、部落、民族方面有着共同的起源，语言相同便于交流思想感情。有许多 honki 将士会说高丽话，又熟悉高丽情况，蒙古（弘吉剌）出使高丽，进军高丽得到了他们的许多帮助支持。蒙古（弘吉剌）、东夏联军进入高丽消灭契丹流寇时并肩作战，结下了战斗友谊。

所有这些不能不影响蒙古元帅斡陈的思想和态度，使得他不忍心进行严厉报复。他进而有意宽容，有所回报，曲线扶持，这也是合乎情理的。至于斡陈元帅是否有过使 honkirt 和 honki 由联合而统一的初衷，史无记载。

1219 年，成吉思汗亲征赛拉夫—吐火罗地区，按陈、斡陈父子率领弘吉剌军队从征。从此，东夏和蒙古的关系恶化。按陈、斡陈父子在此次征战中战功赫赫。班师后，成吉思汗命令弘吉剌军民从西拉木伦河、老哈河领地迁出，长途跋涉移至狼山、阴山、鄂尔多斯、黄河河套等地。1232 年，封按陈为河西王，“以统其国族”。

**东夏和蒙古的关系恶化以后，蒙古将会一仍其旧取道东夏首都南京出使高丽，进军高丽。在此情况下，东夏可能发生迁都之事。如果发生了，你认为迁到什么地方去了？**

这个事，就我仅知，史无记载。但我认为，迁到乌苏里斯克东南 50 里的瑟布金山上去了。

成吉思汗西征，以三弟斡惕赤斤监国。1224 年初，蒲鲜万奴在致高丽的国书中宣告东夏与蒙古的友好关系已经破裂。国书曰：“蒙古成吉思，师老绝域，不知所存。讹赤忻（即斡惕赤斤）贪暴不仁，已绝旧好”（《高丽史·高宗纪一》）。

东夏首都迁移，似乎是在 1224 年至 1231 年发生的，这是有史料根据的。东夏与蒙古绝交后的第七年，即 1231 年，《蒙古秘史》

第274节记载:兔年(卯年,1231年),元太宗窝阔台"继此前远征女真、高丽扎剌亦儿岱弓箭军之后,随遣也速迭儿弓箭军出征了,并敕封他为卫戍主将"。先遣之札剌亦儿岱,本名曰撒礼塔(撒儿台),札剌亦儿是其部名。后援之也速迭儿,是契丹耶律留哥的长子,《元史·耶律留哥传》写薛阇。撒礼塔弓箭军是取道东夏首都南京向高丽进军的。《高丽史·高宗纪二》1231年秋8月的记载称"蒙古元帅撒礼塔围咸新镇、屠铁州"。咸新、铁州位于咸镜山脉南端与北大峰北端之间的交通要冲。这个记载足以证明撒礼塔是经由东夏南京路之地进军的,而也速迭儿则是从鸭绿江口一带攻入高丽的。在断交7年后,东夏与经由其腹地的蒙古军居然没有发生摩擦或战事,这一点正好说明东夏对其南京路已经失去控制。1233年,蒙古灭东夏时,只称"师至开元、恤平",而未提南京路。这一点恰好证明蒲鲜万奴此前某个时候已将东夏首都迁往他地,蒙古则和平占领了东夏南京路。东夏迁都之事肯定发生了。

那么,东夏将首都迁到哪里去了呢?

对解决这个问题,《蒙古汗统宝贵史纲》和《蒙古诸汗黄金史纲》提供一丝线索。1233年9月,元太宗命皇子贵由率军讨东夏。《蒙古汗统宝贵史纲》称:蒙古军渡海进军,渡海时,把万匹战马的缰辔系接起来,大声喊着渡过海去,围住了城寨。然后,在万只燕子的尾巴上系麻丝麻缕,在千只猫的尾巴上绑了棉絮,用火点燃,放回城寨里去了。燕子回巢,猫上房梁,满城起了大火,遂拿下了这座城寨。《蒙古诸汗黄金史纲》的说法,与上面基本相同。这座城寨就是东夏首都,蒲鲜万奴在此被擒,东夏灭亡。

对上面的记述,可以作出如下分析:1233年秋,蒙古军是从西向东进军的,东夏的南京和南京路没有海,他们用火燕火猫所破之城不是南京,也不在南京路。这是一。东夏立国所依托的民族honki(黄旗)主要分布在南京路和率宾路,而开元路多数为女真人。蒲鲜万奴此前已经失去了南京路,唯有率宾路可供迁都。这是二。蒙古进军东夏率宾路有南北两路。北路,顺绥芬河左岸天然通道可以迳抵双城子(乌苏里斯克)。而双城子没有海,可知蒙古军渡海所围之城不是双城子。这是三。南路,翻越珲春岭(乔尔纳亚山脉)春化山口,可以直达日本海阿穆尔湾。但是,要说骑兵泅渡阿穆尔海湾去围对岸古城(海参崴,即符拉迪沃斯托克附近古城遗址),是不能想象的。这是四。第五,沿阿穆尔湾岸边往北不远,便是绥芬河三角洲。在绥芬河口上面,有很宽的沙咀往北伸展,把绥芬河河道分割成许许多多的径流溪沟。每当雨季,这许多径流溪沟往往上涨6尺以上,没过两边的岸缘,一片汪洋大海。沙咀的东面是风景绝佳的瑟布金(sebjin,意为"欢乐、美好")山,上有古城遗址,北距双城子(乌苏里斯科)约50里。蒙古进军至绥芬河沙咀,正值秋汛期,绥芬河沙咀及其两岸,汪洋一片,大海无边。我认为,蒙古骑兵所渡之海是指绥芬河沙沮秋汛,蒙古骑兵所围之城就是瑟布金山上的古城,就是东夏新都东京。大家知道,东夏也尚白,东夏honki人称其新都东京为"白城"(borohotun),也是情理之中的事。

赫哲民间历史传说中所称白家雀,与《蒙古汗统宝贵史纲》、《蒙古诸汗黄金史纲》所记述的火燕火猫,其情节竟如此一致,不能认历史的偶然巧合吧。这个历史事件发生在绥芬河上。大家还记得,鄂温克族占塔尔氏族、赫哲族占塔尔氏族的祖籍在绥芬河上、中游流域。"黄旗"之占塔尔部的一些支系迁至混同江,因hekcel山(乌苏里江口东岸)而得名"赫哲"。

hek čel山,金称斡可阿邻(阿邻意为"山",女真语),斡可是hek的译音,今译赫可;-čel是沃沮—通古斯语复数词尾。赫哲即hek čel的译音。hek čel后面加上ni(意为"人"),在语流中变读为hek jen、hekcen,译音为"赫真"、"黑斤"、"赫金"。在hek后面加上ni,按其读音译为"斡康"、"哈康"等。额登喀喇(额登氏,史称不剃发黑斤)因阿只(edi)大山得名。在edi后面加上ni,变读为 eden,译音为“额登”。

金末的连年战争,使东北地区人口下降,民力用尽,财富耗竭。东夏虽然只存在了十几年,但是,各族人民得到了短期的一点安宁。元朝一统天下是潮流,东夏在这个时代潮流中沉默了。

我在关于鄂温克族源的论文里,曾间接涉及属于同语族、同语支民族的族源问题。他们的起源地如果说一东一西相隔万水千山,那是笑语,不是学术,不是科学。我多么希望,有人出头牵头,使东说西说碰头,好好切磋,相得益彰。

我在关于达斡尔(daa - ur)族源的论文里,曾直接涉及蒙古族、元代札剌亦儿的族源问题。青海省的土族,蒙古族称他们为 siroi - ur(siroi 意为“土”,ur 即兀惹)。我还认为,元代“札剌亦儿”,这个名称发生时的发音,当为 jajai - u。“蒙古”(mongol)这个名称发生时的发音,本为 man - ur(man 意为“大”,是肃慎—通古斯语族、匈奴—突厥语族、鲜卑—蒙古语族的同源词)。

如果东北大地有知,遍地生长的野玫瑰(ǰaam)将会开得更加鲜艳。肃慎—通古斯语族、鲜卑— 蒙古语族诸民族的起源地、发祥地都在我们东北地方。

# 附录:满族名称沿革表

## 肃慎—满语支先民群体

穴(ir)居部落挹娄房　　(ǰu)居部落“ǰu”——man ǰu——man

满洲　　满

ǰuse——　——　——ǰušeni

(še 是复数词尾)(ni 意为“人”)

| ir | muke - ir | 一音四译: | 一音四译 |
| --- | --- | --- | --- |
| (山野)挹娄 | 水(乡)挹娄 | 落组 | 肃慎 |
| | 一音四译: | 如者 | 女真 |
| | 勿吉 | 女直 | 诸申 |
| | 靺鞨 | 朱里 | 朱申 |
| | 梅里急 | | |
| | 篾儿乞惕 | | |

1. 挹娄与肃慎,(山野)挹娄与水(乡)挹娄,ǰuše 与ǰušeni,在名称发生上没有先后之分,译音上却有先后之别。

2. ir 和 ju,是满族名称沿革中的主干成分。man,阿尔泰语系同源词,意为“大”。在“满(man)”这个族名中,已无主干成分。现在,蒙古、达斡尔、鄂伦春、鄂温克等族,仍称满族为 man ǰu。

3. 拉施特称,merkit(篾儿乞惕,－t 是蒙古语复数词尾)也叫 mekirt。mekirt 即 muke－ir(水乡挹娄)的变读。朱舍里的“里”,表示复数词尾。ǰušeni 在语流中变读为ǰušen。

# 谈谈鄂温克族自治旗旗委书记图盟巴雅尔同志

**图盟巴雅尔** 鄂温克族，杜拉尔氏，1924年生于莫力达瓦达斡尔自治旗杜拉尔乡。在尼尔基读完小学，1942年留学日本长野师范学校。1946年参加革命，同年10月参加共产党，曾先后从事教育、公安工作。他于1958年调至鄂温克族自治旗工作，出任自治旗第一任党委书记。他具有较高的文化修养，通晓多种语言，善于团结各民族的同志一道工作，在鄂温克族自治旗创建初期投入了极大的热情，创造性地开辟了多项工作，显示了出众的才华。

1968年，他被迫害致死。

**满都呼（1995年8月10日在呼和浩特市的谈话录音）：**

图盟巴雅尔同志在我们鄂温克干部里是一位很优秀的同志。从文化程度来说，他是我们这一代文化水平较高的。他是日本长野师范的学生，是见过世面的知识分子。他的汉文和满文都挺好，还会日文、蒙文，也会讲鄂温克语、达斡尔语，在知识上他是占优势的。同时，这个人品质非常好。他的家庭出身不是很高，他的升学，据我了解都是社会赞助的。他很勤奋，善于学习，脑子也好。另外，他对鄂温克民族问题也很关心。有的鄂温克干部分配到鄂温克旗当旗委书记，就不愿说自己的鄂温克话，会也不说，有的时候在外面承认自己是鄂温克族都不高兴，这样的人有。对比起来说，图盟巴雅尔对鄂温克本民族热爱，很有民族自尊心。同时他又善于社交、善于联系群众，这个我有过感触。那时他当旗委书记的时候，我跟胡昭衡同志、杰尔格勒同志，还有当时的党委副秘书长张路同志一起到鄂温克旗去。他安排的活动很有条理，很礼貌，很有秩序，使你感到精神愉快。同时，他最大的特点是能团结人。当时，他那个班子里有两位副书记是蒙族，他和他们团结得很好，大伙儿都很尊敬他。他作为鄂温克旗的书记不仅称职，而且胜任。

我接触到有几件事：一个就是关于斯色仁泰叛国投修案件。那是1962年，我到呼盟检查岭北开荒，贯彻以牧为主的方针，封闭部分耕地。当时我和刘岚同志一起被分到鄂温克旗，正好辉苏木召开人民代表大会，要讨论贯彻岭北开荒封闭耕地的精神。图盟巴雅尔带上公安局长、妇联主任、供销社主任还有我们几个人到辉河去的。去了以后，人代会期间遇到一件事儿，有个苏木干部反映：有个叫斯色斯仁泰的，过去当过民政助理，现在是牧民。这个人骑上马往蒙古去，过边境后被蒙古哨所逮住，在那儿押了几天放回来了。回来以后，表面上谁也不敢接近他，好人接近他怕和叛国投修有牵连，成份不好的更害怕。实际上不是那么回事。晚间没有人了谁都去，好些人都问他："蒙古什么样？你都到哪儿了？"他成了一个神秘人物。官方既不敢抓他，也不敢接近他，束手无策。我一听，这牧民跑到蒙古后又回来了，就算他外逃是错误，回来不就是回头吗？第二，与其让他背后讲话，不如让大伙都听听，我们也都是人民代表，有一定的觉悟，不会上当受骗的。我说把他叫来让他旁听，叫他坦白交代，叫他讲一讲，究竟是怎么回事，给他消消毒。我当时这么一表态，图盟巴雅尔同志很慎重。他说："这个事咱们一定要慎重，行与不行再考虑考虑。"公安局长说："这个恐怕没啥事，回来了就属于人民内部矛盾。他一个牧民，又没去成，也不是被派回来的。"这样，就决定让斯色仁泰以旁听会议的名义到大会交待。他来到会上交待了怎么去的，去了以后怎么被蒙上眼睛。那时两国关系还算友好。他说蒙古加入联合国了，他去祝贺了，再就是看一看他们生活得怎么样。当时代表里有很多老共产党员，有人说："你一个鄂温克人代表谁去祝贺？你算老几呀？蒙古参加联合国和你有什么关系？你到底是什么目的？"把他批一顿。"你老老实实在家，再不允许你传播到蒙古的事情。"他也低头承认错误了，承认自己有罪，这事就了了。

回来以后，我向胡昭衡同志汇报了。那时，胡昭衡同志是自治区党委候补书记。他说："你们处理得很好，这个牧民去蒙古不一定是敌我矛盾，他自己回来承认错误，你们公开消消毒，叫群众了解他的本质，大家引以为戒嘛！你写个材料，咱们通报一下，以后类似这种外逃案件可以这样处理。"我就写了一个材料报上去了。从这件事上看，图盟巴雅尔同志既掌握政策，也很慎重讲原则。但是，"文化大革命"一来就有人到我这儿调查来了，说图盟巴雅尔同志是判国投修的头子，斯色仁泰案件是很重要的一条。所以，我为这个事做了证明，我说："图盟巴雅尔同志是胡昭衡恒同志表扬了的，而且我是代表上级工作组。当时我做的主，如果有责任现在也是我负主要责任，根本谈不上判国投修，我们还批判了判国投修的人嘛！"我给出了书面证明。当然后来也没听我的，继续批斗他……

图盟巴雅尔同志在鄂温克旗工作期间，我参加过一次人代会，发现这个人很勤奋，自己亲自动手写人代会报告，这我看见了，也提过一些意见。当时我说："旗委书记自己写报告是不多见的。"其次，他给我的印象是在工作中善于抓典型。在鄂温克旗，牧业上有几个典型，一个是西博大队，还有一个叫什么……我忘记了，他领着我参观过，那几个点儿还是刘少奇同志去过的地方。在牧业机械化方面确确实实是走在前面，在自治区也是走在前面。他调动布利雅特人的聪明才智和他们的技术优势，搞了很多拖拉机修配，打蓄草机，推广牛奶分离机，还有定居游牧，在全区都有很大的影响。当时，畜牧厅在鄂温克旗搞了一个机械化实验点，也发挥了实验点的作用。还有一件事,1958 年我受了批判,还没有处分,这期间没事干,把我弄到农业检查组到呼盟公出来了。那时正好鄂温克旗搞三八水库,我也参加了三八水库的建设,后来搞自治旗的成立大会,我也到了。我这个鄂温克人的代表人物已经挨了批判,戴了非正式的右派帽子,人不人鬼不鬼,大庭广众之下还不便出面。现在自己为之奋斗的自治旗成立了,还想看一看,带着这种矛盾心情来了。到了以后,图盟巴雅尔同志很热情,他说:"我当贵宾接待你呀,眼下看来不太合适,不接待你心里过意不去。所以就委屈点吧,你等着。"我说:"这个无所谓,我这个人有点满不在乎,斗是斗,吃是吃,你的处境我知道,我不连累你们。"我也暗示了,我说:"在鄂温克民族问题上,有了问题我好汉做事好汉当,咱们谁也没有瓜葛谁。"这样,那些大会仪式完了以后,晚间他在自己家里安排了一桌。但我很感激他,很钦佩他的为人,在那样情况下,有的人离我远远的,还有装不认识我的,这里确实有个水平和风格的问题。

图盟巴雅尔同志在推行区域自治过程中,在鄂温克旗创建初期,他的业绩是很突出的。在畜牧业生产上,在民族团结上,在培养少数民族干部上,还有处理民族关系上,包括斯色仁泰案件在内。他很掌握党的方针、政策,很稳健地处理问题,所以,应当很好地搜集他的材料。上次我说过,鄂温克旗成立四十周年的时候,应该给乌尼满都、图盟巴雅尔同志树碑立传。现在乌热而图同志搜集他这个材料,我说属于立传,很好。树碑立传的条件也够了。我认为在鄂温克自治旗,把第一任书记旗长树个碑是当之无愧的,因为他们的业绩很突出。这就是后人不忘前人开创的业绩,更好地继承他们的事业,更好地把鄂温克自治旗建设好。

**卓利格图(1995 年 8 月 23 日在呼盟宾馆的谈话录音):**

……当时鄂温克干部选得很准,图盟巴雅尔同志是选对了。

如果换了另一个人不一定给鄂温克自治旗打下那么好的基础。他能团结大多数同志，在群众中，特别是在牧民中，不论是鄂温克族也好，蒙古族也好，达斡尔族也好，威望还是很高的。1965年的大雪灾，我俩一起骑马走了一个多月，他给我的印象很深，我认为这个同志是党的优秀的干部。我现在一直这么认为，我们几个都不如他，我很敬佩这个干部。要是细说的话：第一，他有才干。他虽然没进过高等学校，但他的文化水平不次于大学毕业的。他是在日本的一个师范学校学习的，他的蒙文很快就过关了，能用蒙语讲话了，不光是口语，文字也能读了。他的满文也不错，日文也好。他的文化水准、他的知识面都是不错的；第二，这人心里有别人，有老百姓。他关心体贴别人，常把群众的问题记在脑子里。别人有了病，他拿上自己的药给他们治，需要送到什么地方，他就送到什么地方。"文革"期间保他的人太多了，只是旗机关有人整他，实际上老百姓绝大多数保他。他有这个群众基础，这个群众基础不是凭空来的，他为老百姓干了大大小小的事情。我俩一起下乡的时候，他起得很早，和牧民一起劳动，给牲畜喂草，帮着拣牛粪。在这种日常的劳动中，他轻松地完成了社会调查；第三，这个人对同事、对同志非常诚恳，诚实待人，甚至你有错误，他在一定的场合也要护着你，实事求是。他没有官架子，不论是上边的还是下面的干部他都平等相待，非常友好；第四，他在牧区生产建设上摸索出一套经验，思想也比较开放。比如草原机械化、牲畜改良、草原储草等等关键性的问题，都在他执政期间过了关。鄂温克旗的机械化程度是内蒙自治区一直承认的，那是多年积累提高的。他接受先进的东西比较快，而且很快就能付诸实现，往往是他亲自来抓。一般他是白天黑夜地领着干，不成功他是不离开的。可惜"文革"中他被整死了。他的结论是我去之后做的，当时还有说他是自杀的，一直下不了结论，最后定了被迫害致死。当然，鄂温克旗优秀的干部很多，但我同他们接触不多，印象不深，但对图盟巴雅尔同志印象太深了。我们一起下乡的时候,基层老百姓的名字他几乎都叫得上来,老百姓都很尊重他。主要是他对那个地方的群众有感情。他有责任感,热爱那里的老百姓,我看这是关键。

# 谈谈鄂温克族自治旗旗长乌尼满都同志

**乌尼满都** 鄂温克族，敖拉氏，1923 年生于莫力达瓦达斡尔自治旗后沃尔奇屯。1946 年 2 月参加革命，同年加入共产党。历任中国人民解放军班长、排长、连长、政治指导员、副营长、莫旗 43 团教导大队队长。他曾参加过全国解放战争（辽沈战役）和剿匪战斗。全国解放后，在莫旗、鄂伦春旗、鄂温克自治旗（包括原索伦旗）任公安局长、武装部长、旗委常委、旗长等职。

他是鄂温克族自治旗首任旗长，为鄂温克族自治旗的创立、筹建，以及鄂温克自治旗创建初期各项事业的发展做了奠基性工作，其贡献之大令人难以忘怀。

“文革”初期，他受迫害致死。

下面收录了部分同志的访谈。

**满都呼（1995 年 8 月 12 日在呼和浩特市的谈话录音）：**

乌尼满都同志是我们推荐的旗长，也是得到了当地广大鄂温克群众公认的。作为自治旗成立第一任旗长，他代表的是鄂温克民族的形象。他既是坚强的共产党员，又是鄂温克民族的代表人物。所以，他当选为鄂温克自治旗的旗长，大家都很满意。为什么我当时要推荐乌尼满都同志当旗长？从我这个角度看，我们是 1946 年西满军区干部学校同班同学，当时他被推荐为管理员。那年，我们到扎兰屯的时候，他这个人给人印象非常热心公共事业，谁有什么事，都积极地想办法帮助。他心地善良，很有同情心，所以大家一致推荐他当管理员。那时我们还是待分配期间，当时我们都知道他是鄂温克族，我俩用鄂温克语交谈。他文化不高，念了4年书，当过兵，受过军事训练，生活很有规矩，是很要强的同志。当时得到要成立鄂温克自治旗消息，他很高兴，听说以后奔走相告，还给我来信通告，到处传播这一喜讯。他曾经在鄂伦春旗当过公安局长，武装部长，从那儿调到鄂温克旗的。

从我和他接触当中，他每次到呼市只要有鄂温克民族的活动，都来参加，也提出自己的看法。最突出的一件事就是我们几个举办了有关建立自治旗的讨论会。我记得当时在自治区统战部举行的讨论会他也参加了。当时他积极提出自己的意见，说："咱们应该和鄂伦春、达斡尔族平等的建立自治旗，把自治旗搞好。"后来我起草了给自治区党委的意见书，事隔不久，鄂温克民族建立自治旗的问题即将得到上级批复的时候，他给我来过信。他说他们正在酝酿成立自治旗的具体事项，旗所在地应设在哪儿，人们的意见不一，孟根楚鲁还是南屯等等信息。他每次来呼和浩特市，几个鄂温克干部家他都要去，沙驼同志家、涂荣家、我的家、还有额尔敦巴图家。他按鄂温克人的规矩请安、问好，当了旗长以后也是这样，给大家留下很深的印象。

他当旗长期间，我没有和他下过乡，但是我到辉河的时候，我问过老百姓，老百姓非常称赞旗长乌尼满都同志的工作作风，我顺便和辉河的老牧民聊起这个事。他们说："我们那个旗长来了和我们促膝相谈，无所不谈，吃的喝的和我们一样。他还帮我们干活。每次他都用鄂温克语讲话，我们感到像亲人一样，根本感觉不到他是官儿，一点架子没有。"除了这个以外，我和李文精同志谈过。他过去是内蒙骑兵4师政委，这个4师驻防张家口、宝昌、查哈尔地区，我们俩比较熟。他知道我是鄂温克族干部以后同我说："过去我们连里有个鄂温克族连长，叫乌尼满都，作战非常勇敢，而且为人非常正派，人很善良，可惜这个人"文化大革命"中被整死了。”他说：“我在回忆录里写了他。”后来我偶尔翻阅他提到的回忆录，还读过那篇文章，有那么一段谈到乌尼满都同志，我现在记不清细节了。

乌尼满都同志当旗长期间，我去过那么一两次，他非常热情。特别是在我受处分期间，他对我非常同情，给我安慰，劝我不要气馁，不要悲观失望，并请我到家中做客，当时来讲对我是很大的安慰。所以，乌尼满都同志逝世后，我们都感觉到失去了一个鄂温克族的好干部，替他惋惜。我们现在很怀念乌尼满都同志。

**贺兴格（鄂温克族，原鄂温克自治旗政协副主席。1995 年 12 月 14 日在鄂温克自治旗他家中的谈话录音）：**

我是 1954 年认识的乌尼满都同志。1953 年我在辉苏木学校工作，那时他在旗武装部，下乡到了辉苏木，那次我认识了他。乌尼满都同志一直认为鄂温克民族是一个独立的民族。他到辉苏木后对鄂温克族干部非常热情，特意把我找去谈话。当时，他的想法是可以的话把我调到旗里去，我也同意了。后来，1954 年他真把我调到了旗里，任文教科副科长。当时，他是武装部部长、旗委委员，旗里安排鄂温克族干部他要提出自己的意见，鄂温克族干部的事由他来抓。

记得 1956 年盟里开了关于鄂温克民族的座谈会，当时我在原索伦旗统战部工作，所以也参加了这个会议。那时卓利格图同志是盟统战部长，由他召集那个会议，各部分的鄂温克都有代表参加。会上主要研究鄂温克民族是不是一个单独民族的问题。那是 1956 年末，到了 1957 年中央批准了鄂温克是一个统一的民族，1958 年鄂温克族成立了区域自治地方。从那儿开始，旗里的主要人物是乌尼满都同志，当时考虑的是配备鄂温克族领导干部问题。1958 年初，图盟巴雅尔同志调来了，陆续还有不少鄂温克干部充实到了旗里的各部门。1958 年成立了自治旗，图盟巴雅尔是书记兼代旗长，乌尼满都可能是1960年人代会上补选旗长的。他当选旗长不久，把我调到旗政府办公室当主任，直到"文革"为止，我一直在旗办公室工作。那时，他经常召开旗长办公会议，办公室主任也要参加。大事要在旗长办公会议上议定，所以"文革"以前集体领导的方式是体现得很好的。那时候宝日呼、宁布、巴达哈、塔温沙拉、巴特日桑还有我，我们这些人调来，都是乌尼满都他们上任以后安排的。

乌尼满都对鄂温克民族是有贡献的，特别是自治旗刚成立的时候，牲畜头数13万多，到了1968年达到了40多万。这不是小数字，每年增长3万多，10年当中增长了30多万。这说明他们的工作是十分出色的，对经济工作抓得很紧。

乌尼满都这个人对自己民族的事情很热情，对其他民族之间的团结，还有领导班子的团结都很注意，下了很大的功夫。所以，那几年自治旗政治上各民族团结一致，经济上稳步发展。

**本巴苏荣（达斡尔族，原鄂温克自治旗副旗长。1995年12月14日在鄂温克自治旗接受了录音采访）：**

我接触乌尼满都同志是从1963年开始，直到1966年，后来就是"文化大革命"了。他是1967年被迫害致死的。那3年当中我在畜牧局工作，主要抓生产，乌旗长抓全旗的生产。他这个人一年365天大多都在基层，下乡的次数多啦。下乡的时候，常常是早晨天黑的时候骑马出发，先到西苏木，在那儿领上一个干部，然后每一个牧点都要去。他可真是平易近人，能和牧民们谈到一起，见到牧民他先要问："生活有什么困难？挣多少工分？一个月吃的够不够？"有一次，我们下到了西博队，到了一个比较困难的牧民家，乌旗长看到这一家生活那么困难当时难过得哭了。他有一个习惯，下到了牧点，一般是不进牧民家，而是先在这一家的牲畜棚圈转一转。看看他们的棚圈里有没有牛粪，看看圈里垫的草多不多，然后动手把棚圈里的牲畜粪便清理好，再进这一家的毡包里，而这一家的主人早把奶茶熬好了，高兴地等着呢。

他的风格是任何时候都是自己亲自动手，亲自带领着干。另外，他的工作作风是充分发挥各科局负责人的积极性。他每次下乡回来，都把各科局的负责人召集开会，说在基层发现了什么典型、什么情况、什么问题，这些问题各科局应该怎么处理，当时就研究决定下来，没有拖拖拉拉的。

那时候，他的妻子病得很重，当时他在西苏木的一个蒙医那儿给妻子看病。当时，旗政府已经有了一辆小汽车，可他从来不用那辆车，而是自己走很远的路为妻子取药。有一次，我下乡回来路上正好在砖厂那一带遇见了他，他正走过来。我问他："你去哪儿了？"他说："我到西苏木取药了。"我问："你怎么不坐汽车去？"他说，"现在冬季生产很忙，我不能用车。"那么冷的天，他穿着毡疙瘩、长袍，走那么远的路是不容易的。

那时我是他的秘书，跟他下乡要带上钢板和铁笔，到了一个地方发现什么情况，他当时就让我写成材料，及时地发给各个工作点。

他的生活状况大家也是知道的。他上班的时候手指上还沾着白面，这是因为他的妻子病重，每天他要自己做饭，但他在这种情况下照常坚持工作。他的工作作风中有一种军人的习惯，那是很感动人的。

记得1965年那场大雪，乌旗长领我们在辉河开了抗灾现场会。那年冬天的雪太深，要套着爬犁下乡。另外，在西博还有一个冬营地抗灾指挥部，卓盟长在那儿蹲点指挥。记得那次乌旗长从辉河赶到了西博，连夜开会，开完会就分头下到了各牧点，那是连续作战。西博离南屯不远，作为旗长回一趟家不行吗？他的妻子病得那么重，孩子们又那么小，家里也真需要他来照顾。可他连续好长一段时间在牧点抗灾，一次也没回家。当时在好些事情上，好多细节上表现出了他的思想境界，回忆起来很让我感动。总之，他在鄂温克旗真是一个有威望的人。

1966年“文化大革命”开始了，那时我成份不好，什么组织也不要我。有一天，我去厕所时在路上遇见了乌旗长，当时他已经靠边站了，正在挨批斗。他把我叫到一边说：“本巴呀，现在牧业上牲畜怎么样了？你们还是要关心好哇，什么时候也不要忘了牧民的生活呀！”当时他自己的性命都保不住了，还在关心生产，关心牧民。这样的干部人民是不会忘记他的。

**僧格（达斡尔族，原鄂温克自治旗副旗长）：**

我是1958年当副旗长的，1962年以前一直是旗常委、副旗长。1962年郭兴泰同志当了副旗长，在那儿之前他是旗常委。这时乌旗长找我谈了话，他说，“郭兴泰同志是旗常委，现在来当副旗长，要排在你前面，不知你有什么想法？希望你能正确理解这个安排。”当时我说：“我没什么想法。”所以说他这个人很注意做人的思想工作，很关心他人。另外，他的工作习惯是很少在机关里呆着，一般都要下基层，机关由常务副旗长看家。下乡的时候他自己饲养骑乘的马，给马喂草、喂料，真是起早贪黑。当时，我们在乌旗长手下干得是很起劲的。他经常要召开科局长联席会议，旗长办公会议也是经常开的。他很注意听取同志们的意见，他也关心职工们的生活，可以说没有他不问到的事情。

……另外，他还有一个特点，他下乡一个星期以后，一回来，每次都要到各个科局去看看，问问这一段时间有什么事情，工作有什么进展。正因为旗里主要领导工作抓得细致，全旗的牲畜头数达到了43万头，现在也可能没有达到那个数字。当时的工作劲头真是了不得。

**鄂青海(达斡尔族,原鄂温克自治旗副旗长):**

……他是军区党组委员、鄂温克旗的旗长、武装部长。我和他在一起的时候是旗工业部长、旗委委员。他给我的印象是很平易近人。比如说工业上发现了什么问题,他主动找上你说:“部长,我给你汇报个问题,是你们工业上的事。”人家是旗长,和你说有个事汇报,这首先给你的印象是他谦虚和气。另外,他很体贴同志的困难。那时我家中人口多,布票不够用了。他听说了,第二天拿着自己的布票给我送来了,送给我20尺。不管这些布票是多少,使你感到他这个人体贴同志,帮助别人。记得我们工业部有台汽车,那时开车的司机脾气孬,有一次,孟克副旗长搭这辆车去开会,走了半路被司机撵下去了。事后,乌旗长把我找去了,他说:“你们那个司机还有这个事呢,把人家旗长在半路上撵下来,多不好!这事合适吗?以后要注意一下。”他用和气的语气同我说这件事,他是完全可以把下面具体的负责人找去直接批评的,但他用和气的语气同我谈这件事,说明他很注意工作方法。

我在辉河的时候,乌旗长去了。那时我在盟民委当办公室主任。乌旗长见了我说:“现在群众要求搞定居正没钱呢。”我下去同群众一接触,群众说别的没什么意见,盟里能不能帮我们解决定居盖房子的困难。我一听,说:“行吧,乌旗长和我说过这个想法。这个问题可以解决,我们民委一年的事业费80万,这个钱花没花出去还不知道,我回去看看,如果有的话给你们解决……”

**本巴苏荣:**

……这也说明问题,那个时候辉河是什么样的辉河,牧民生活相当的困难。那时蒙古包上都没有毡子,冬天要用芦苇把蒙古包围上。那样维持过冬,相当艰苦了。那时候能提出给辉河的少数民族定居,能提出这个思路,然后同你谈,真是了不得!

**鄂青海：**

……回去后我向盟里汇报，当时同意了，但经费只有46000元，我就把这些钱拿来了。这些钱还不够。当时想出一办法，就是公私合办，让牧民们自己也动手劳动，这样，就把房子盖起来了。乌旗长也来过好几次。最后那笔钱剩下6000元。我当时想：把这点钱拿回来呢，还是留在那儿？乌旗长说："鄂主任呐，牧民们已经干了好几个月，生产劳动上没得工分呀！你是不是考虑一下？"这说明什么问题呢？他处处想到群众的疾苦，想到他们的困难。后来，这笔钱给牧民们留下了。

**本巴苏荣：**

……他特别是在鄂温克旗的民族关系上处理得好哇。他本身是鄂温克族，把鄂温克、达斡尔、布利雅特、厄鲁特，各部分的关系都处理得很融洽，那是很不容易的。当时的民族关系也是很复杂的，但整个形势是很稳的。

**毕力格图(达斡尔族，原鄂温克自治旗副旗长)：**

那时，我家同乌旗长家是前后院，两家来往很密切。他最初在旗武装部，1958年成立自治旗当选第一任旗长，我是副旗长。我们俩常在一起下乡。他给我的印象是一个热心肠的人。他不分牧民、干部、大人、小孩，同样对待。由于他在群众中有很高的威信，头一次当选旗长就得了满票。

我记得，他下乡的时候一般是自己骑马走，没有带秘书的习惯。有两件事给我印象最深。那是打草的季节，我骑马下乡了，到了一个打草点，正巧乌旗长也在那儿蹲点。他说："你不要走了，今晚就在这儿睡吧。"那时小学生们都放了暑假，来打草点帮忙。晚上睡觉的时候，这些小学生吵了起来，这个要跟乌旗长睡，那个也想让乌旗长搂着睡。当时的细节给我印象很深，这些孩子们把乌旗长当成自己的家里人，也就是当成自己的父亲一样。还有一件事。那次我到了一个生产队的供销社，遇见我认识的鄂温克牧民夫妻，他们正在买东西。当时我有点奇怪问："你们都在这儿，谁在放你们的羊群?"这对夫妻说："我们的羊群是乌旗长在给我们放呢。"他们说："我们的小孩病了，所以乌旗长说，'我来给你们看羊群，你们送孩子看病。'这样我们放心地出来了，现在我们正要赶回去，好把乌旗长替下来，还要好好感谢谢他呢。"所以，乌旗长真是同群众打成一片，把群众的需要看成自己的需要。

他的工作作风也是十分认真的，那年要在山里开辟新的牧场，要烧荒。我和乌旗长一起去山里踏查，骑马走了十几天，一直在野外吃住。正好遇上连雨天，就披着雨衣在河边睡。那时谁也没有感到艰苦，感到受不了。后来开辟出了一大片新的牧场，把牲畜群从退化的草场迁过去了。记得开人代会或什么会的时候，基层牧民代表来的时候，都要给乌旗长带一些奶干、奶皮呀、还有肉干什么的。他们用这种方式表示对他的尊重，也可以说把他看成自己的亲人。因为他常下乡住到这些人的家里，和他们谈心，帮他们解决生活上的困难。

"文化大革命"中他被打成"反革命"、"走资派"，但他至死也没说不利于党的形象、不利于其他同志的话。他自始至终都表现得很有骨气，还有对党的忠诚。

**敖福德(鄂温克族，原鄂温克自治旗组织部长)：**

乌尼满都同志的一生可以说是真正的无产阶级革命家的一生。

他经常下乡和老百姓一起劳动，帮他们扫雪，喂牲畜……他下乡返回来的时候，下了马就和大家一起扫院子，连家都不回去。对干部们，特别是对少数民族干部们的培养下了不少功夫，费了不少心血。鄂温克旗大部分干部、老一点儿的干部都是他培养的。他这个人品性好，党性强，那真是没什么可说的。

他真是党的好干部，像他那样的人是不多的。

**玉林（达斡尔族，原鄂温克族自治旗政协主席）：**

……我年轻的时候经常跟乌旗长下乡，头一次下乡是到辉苏木，那次当天就到了，骑马走了280华里。那时图书记和乌旗长的马背上都驮着钱褡子，一边放的是行李，一边带的是马料。记得乌旗长经常给我们介绍解放战争的情况，在一起下乡一直很愉快。在那些日子里，他一次也没有特殊过，那时都在牧民家吃住，走的时候要把旅费的一部分留给住的人家。……1960年困难时期，有一次下乡，我在乌旗长家吃的午饭，给我印象最深的是，乌旗长把土豆皮都没扔，说现在是"瓜菜代"，这也不能扔。那次我们下乡走访了一户户牧民。当时他亲自动手帮助困难的牧民们分买来的玉米面，谁家应该分多少够吃，谁家孩子该上学了，生活上还有什么困难都想到了，他一直是亲自过问处理。……那时他身为旗长没有什么特殊的地方，他的家一直住在一座改造了的日本时期留下的旧房子，一住就是十多年，后来换了一间房子还是那么小。那个时候，要弄好点儿的房子不是没有可能的，也不是没有理由的，可他没有那样做。记得那时全旗只有一台小汽车，他从来不用私车，自己的妻子看病也从来不用公车。就是旗里的领导到海拉尔开会，有时也是大家一起坐车去。他身为旗长没有任何特权，他也从来不批评别人，主要是以身作则来影响周围的干部。他在这方面的事迹是不少的。

……乌旗长很注意培养本民族的干部，同时也注意培养其他民族的干部，特别是对苏木一级干部的配备特别注意。在一些薄弱的单位，都是派旗委委员兼那里的公社党委书记。比如，旗委副书记拉西苏荣到西苏木兼了书记，旗组织部长巴图也被派到基层抓工作。这样给基层的工作打了好的干部基础，工作一直抓到了嘎查，所以那一个时期全局指挥特别灵，生产呀，生活呀，上得特别快。

……那时乌旗长一直兼旗的武装部长,武装部的工作在那个时期同地方的工作配合得也很好,各苏木的武装部长们动员民兵搞劳武结合,促进了生产。那时候,苏木的牧民们还是有些散漫的,武装部用半军事化的方式管理他们,使他们的作风和习惯大有改观。另外,旗委从武装部转业的干部中分派一部分到各苏木当副书记,这样使当地干部和外来干部相互之间取长补短,使各地的经验得到了交流,所以生产稳定发展。

……那时我还年轻,对民族呀,民主呀这些概念都不清楚。民族区域自治法颁布之后,乌旗长亲自组织宣传,召集各族各界人士开会讨论。他向大家讲解各民族历史的渊源关系,做了好多融洽民族间关系的事情,使达斡尔、鄂温克、布利雅特,还有汉族的关系上上下下相处得都很好。尤其在民族干部的使用上照顾到各方面的平衡,大家在这一方面都没有什么想法。

……可以说,全旗方圆没有他没到过的地方。他对全旗的发展远景充满了信心。我不止一次听到他对鄂温克未来的描述,那真是充满感情。他爱护这里的一草一木,他每次下乡都要劝告牧民不要把牲畜在有林木的地方牧养。记得辉苏木前面那一片林带,他都不让牲畜群从那里过,甚至进入辉腾河牧场的牲畜的牧道,他都细心过问,告诫不要从这儿走,要从那儿走,以便让林带发展起来。

……自治旗筹备过程中,乌尼满都同志做了大量的工作。那时叶喜丹巴同志也从内蒙赶来,同贺其业图同志一起做专项调查研究,用了大约 3 个月的时间。乌旗长同他们一起做了很细的筹备工作。首先是同各方面的代表座谈,征求他们的意见,交流看法,最后取得了一致的意见。当时的工作量是很大的,争论也是不小的,阻力也是很多的,各种意见都有。在那种情况下,他自己主持座谈会,自己亲自做工作。如果没有他的威望,没有他那种工作热情是不可能在很短的时间取得统一的看法的。后来顺利地召开了自治旗的成立大会。正因为这样的工作基础,“文化大革命”前,全旗的生产出现了高潮,这方面的统计数字是有记录的。记得每逢开会,乌旗长一直在强调牧业的长远发展,强调要打下一个好的基础。那时制定了多项畜牧保护政策,摸索出一套办法,调动了牧民们的积极性。

……我最后见到他,是他隔离反省的时候,那时我也在反省。我们在外面的路上相遇,我问他:“乌旗长还行吗?”他说:“有毛主席健在,就不会有什么问题的,你不要害怕。”我们说了这样几句话就分手了。这是我见他的最后一面,那时他已经挨了批斗,自己的处境很不好,但他还是没有动摇自己的信念,还在劝导我们。

……现在,我下乡的时候,有时同牧民们谈起来,他们还在怀念图盟巴雅尔书记和乌尼满都旗长。说当年他们下乡来不是先进你的蒙古包,而是先看你的牲畜、看你的棚圈,问你的生活,问你的困难,然后才进你的包里……现在想起他们我还感动,如果现在我们用他们那种精神干工作,有现在这么好的条件,能做多少事情啊!

# 民族工作是一项长期而重要的工作

**涂　荣**　鄂温克族，涂可冬氏，曾用名涂荣巴图，1925 年 11 月 15 日（旧历）出生，原籍黑龙江省甘南东阳镇贵乐图人，后来搬迁到绰哈尔达斡尔族村子。11 岁至 16 岁在汗古尔河国民小学和博荣优级学校读书，17 岁至 20 岁入布西农业中学和扎兰屯兴安东省劝农场半工半读，学习农业技术。毕业后经莫旗开拓科分配到博荣努图克当农业技术员。21 岁（日本投降那年）当了国兵漏（勤劳俸仕队），到博克图西南沟剥桦树皮，9 月跑回家；22 岁在家种地；23 岁在莫旗土改工作队带动下参加了工作，之后当选汗古尔河村努图克努图克达；1947 年 9 月 15 日加入中国共产党。1948 年入内蒙党校学习；1949 年分配到内蒙古自治区政府民政部任科员；1950 年被选送到中国人民大学法律班学习；1951 年分配到内蒙古高级人民法院任实习审判员、机要秘书、人事科长；1954 年初调内蒙古党委组织部政法处任干事；1956 年 11 月调任莫旗人民政府副旗长、政府党组副书记、旗委委员、常委；1965 年 2 月参加呼盟盟委组织的猎区社会主义教育工作队，同年 10 月留任额尔古纳左旗政府副旗长兼满归鄂温克民族乡党委书记（旗委委员）。1967 年5 月至69 年6 月，在“文革”期间被批斗。1970 任额尔古纳左旗根河镇党的核心小组组长、旗生建部主任、旗革委会副主任、党组副书记、旗委副书记、旗政协主席。1987 年 6 月经内蒙党委同意办理离休手续。

1996年2月17日,他在根河市接受了录音采访。

（本文标题为编者所加）

据我父亲、哥哥、姐姐说,我们贵乐图人的祖先是从黑龙江北岸搬迁过来的,已经有了300多年的历史。我们这个部落的鄂温克人是一个比较小的部落村,这个部落村是否包括在嫩江南嘎卜卡的7个鄂温克自然屯中,我说不清楚。在贵乐图的东边是萨玛街鄂温克部落小屯(也是姓涂克冬),离我们村不远,只有几里路远,再往东是额尔肯河,那是同莫旗的交界处。贵乐图山虽然不大,山南坡长有各种树木,也有各种飞禽。我大哥说,他小的时候常爬上山顶,看见大大小小的鸟窝、鸟蛋。山的前边有个大水泡子,我们村子就在山西边不远的地方(我15岁时去过)。村的南边是嫩江,靠河套长着各种各样的树,特别是柳树连成一片,还有大片的沼泽地,也有大片的草原。村的西边和北边是几十里大面积的肥沃的土地和草原。

我们这个村10余户人家,很早就放弃了狩猎,主要生活方式是养些牛、马、驴、猪、鸡。家里养牛的多,有劳力的开荒种了小规模的庄稼,主要种燕麦、稷子米、荞麦,以解决口粮。由于人少地多,不必细作和施肥,采取今年种了这块,明年再种那一块,每年挣得一些口粮,也养成了轮种的习惯。那是一种简单的耕种方式,开荒撒种,春种秋收。收回的庄稼再用几头牛链在一起,七踩八踩就算脱粒,弄回家在炕上烤干,再用碾子加工,成了一年的口粮。那时是靠天吃饭,有的年头庄稼长得好,有的年头不好,遇上不好的年头口粮就成了问题。另外缺粮的时候,到嫩江和近处的大水泡去打鱼、钓鱼、叉鱼。有猎枪的人家打狍子、黄羊、野鸡、兔子、沙鸡、野鸭来维持生计。

那时,我们村子里经常发生各种疾病,特别是天花、麻疹、伤寒等传染病流行,所以人口并不兴旺。

据说，我们贵乐图的老爷爷兄弟3个，两个大的从了军，二老爷爷战死在沙场，后来大老爷爷当了官回来的。有年夏天，他请来了一个看风水的老先生，请他看了祖先的坟地，风水先生认为祖坟落葬的地点不好，提出迁坟的建议。大老爷爷听信了风水先生的意见，自己决定把祖坟搬迁了。同时也听信了风水先生的话，认为村子位置选得不好，选在贵乐图山的西面像个龙尾的地方，所以弄得村里的人生活都不安宁，常有病情发生。迁祖坟后，老人们认为这件事做得并不妥，因为当时发现棺木底下都是冰冻，迁坟反而破坏了原有的风水。过了一些年，在一个春天干旱的季节，突然从西边刮起狂风卷着大火，朝贵乐图村烧来，火烧光了东山的林木，随后冲进了村子。由于村里住户少，村边长的荒草都很高，再加风势过大，把全村的房子、仓库、院落都烧光了。传说这场大火把村里水井中的木楞和打水的桦皮筒、吊杆都烧掉了。多数人家连口粮和衣物都没抢出来。从此，村里人为了维持生计各奔东西，纷纷搬出村子，只剩我们一家。我父亲他们是最后搬出贵乐图的。

我们家搬到了绰哈尔达斡尔族村子。这个村子离贵乐图20余里地。父亲为什么要搬到这个村子？是投奔了一个亲戚，那是现在呼盟军分区的离休干部苏兴保的父亲家。在那儿落户不久，1925年旧历11月，我出生在这个村子。

从我记事的时候，家里穷得什么也没有，只有两间破草房，有块菜园地，没有自己的牲畜，也没有自己的土地。父亲靠给有钱人家做木匠活或者做些大轮车来维持一家人的生活。他有时还到诺敏江去放木排，挣点钱花。大哥给东阳镇大地主老芦二先生家扛大活，一直干了八、九年，后来他又给达斡尔族有钱人家扛大活。父亲和大哥一年挣的钱也养活不了一家的生活，当时吃的、穿的都不够。家里人口不少，有父母，还有一个有病的叔叔，两个哥哥和嫂子，3个姐姐。再加上家里人经常闹病，父亲和哥哥一年挣的血汗钱远远不能维持正常生活，家里经常喝稀粥加野菜，有时还要断顿。

我 7 岁那年，母亲得了伤寒病去世了。那年夏天雨水特别大，有一天河水猛涨，突然来了洪水，把绰哈尔村中间的小河东西岸边的房屋、菜园都淹掉了。由于河水猛涨把我们家房子淹了，水都上了炕，东墙也冲垮了，同时把院里的烧柴和一些东西都冲走了。我记得洪水是早晨过来的，水冲进屋的时候，父母亲把我们一个个背出去。当时整个村子都被淹了，没有地方可去。正在危难之时，来了一位善良的达斡尔族老人，他是毛乌根的父亲。他说："这水太大了，好多年没遇过，水还要涨的。现在被淹的人家不少，你们到我家住吧。我家人口多，咱们挤着住吧。"这样我们有了住处。对于这位老人家的恩情，我是永远不忘的。直到 1970 年夏季，我抽调到鄂温克自治旗工作，借此机会在南屯打听到毛乌根大哥家的住址，特意拜访了他，向他表示当年我们一家在绰哈尔被大水淹后，得到了他们一家的照顾，为此深表感激之情。我们全家一直没有忘记他父亲的救助之恩。我们被水淹的那几天，住的地方很困难，我的三姐和二哥去了大姐和二姐家避难。我们住毛乌根大哥家不久，母亲一定是又愁又急，染上了伤寒病。在当时这是个可怕的传染病，为防止把疾病传染给别人，父亲和哥哥黑天白天地整修被大水冲毁的房子，没等那房子干透就把母亲接回了家。

那场大水退下去后，小河里的鱼真不少。哥哥靠打鱼、钓鱼来维持生活。由于家里没钱给母亲抓药，只能请萨满跳神来维持母亲的病，结果母亲的病没有减轻，反而加重了。有一天，大哥要去河东找他给扛过活的东家借点钱。他找了一条船，要走的时候让我发现了。我哭着喊着要跟他去，觉得坐船很新鲜，最后他同意带我去了。那只小船是用一棵松木凿成的独木舟，要用木杆撑。小船划到大河中心，水流过急，再加上大树木太多，一个大浪打来，小船灌满了水。我怕得不行，急忙靠在大哥身边。这时小船翻扣在水里，我落在水中失去了知觉。事后才知道我紧抱着大哥的腿，随着他一起游到岸上。当时,河岸上不少人发现我们翻船落水,要下水搭救,并把大哥和我从水中拽出,将我放在高处,挤出灌进肚子里的脏水,使我拣回一条命。由于家里生活特别困难,没有钱买药给母亲治病,母亲的病一天天加重,过不多久就去世了。在我们万分悲痛之际,大哥也得病啦,真是雪上加霜。他在给母亲挖坟时觉得头昏眼花全身发热,回来就病倒了,也得了伤寒。父亲急得到处借钱求医,实在没有办法只好到大哥扛活的大地主老芦家。芦二先生发了善心给了药,还有一些粮食和钱。这样大哥的病经过两个多月的调养逐渐好起来。在大哥病重期间,邻居们怕被传染都不走动了,有的还要绕着走。只有我们的叔伯侄女名叫二美的,她们家生活也不宽裕,但看我们实在过不下去了,常送小米和稷子米来。我记得她站在窗外哭着要进屋,要看望我病重的大哥。大哥在屋里朝她喊,说什么也不让她进来,生怕她也被传染。那令人难忘的苦难之中相互关心的亲情深深地印在我的心底。她就是内蒙毛条厂厂长苏正学的母亲。

母亲去世后我更孤单了,整天哭啼啼的,外出去玩常受大孩子们欺负,回到家要看嫂子的脸色过日子。这样,我常到小河东找苏兴保玩。我们到河套里拣树枝,堆成一个大堆,然后慢慢地弄回来。前不久,我到海拉尔还在苏兴保家谈起童孩时在家乡的河套里,一边拣烧柴一边玩耍的情景。

我9岁那年春天,家搬到了鄂温克村子汗古尔河,这是投奔了大嫂的娘家。这个村子也有我母亲的亲戚,但他们日子过得并不好。我跟随大嫂在她娘家住了一段时间。那年父亲到诺敏河给人家放排木去了,大哥和二哥去嘎卜卡鄂温克村子帮我二姐家种地。他们干了两年,分得了一些粮食,回来的时候还牵来一头牛。那年,我们搬到表姐夫田锁柱家住。两个哥哥回到汗古尔河的第二年就和我大姐夫联手租种人家的地。大姐夫有一头牛,还有一点地。那一年雨水好,庄稼长势很好,这样我们的生活有了缓解,不再为吃的犯愁了。

在我12岁那年，大哥和大姐夫他们自己动手盖起了两间土房。就在这时，大哥提出让我去读书的建议。我很高兴，先到达斡尔族的老孟家学了几个月的满文，后来遇上东汗古尔河成立国民小学，就和村子里的敖忠善和瓦杰一起报名入学。当时我不懂汉话，流落到达斡尔族村子，所以鄂温克话是搬到汗古尔河后学的。那时我每天放学回来，要帮大嫂照看孩子，帮她做家务，这样我的学习成绩不算好。我在汗古尔河小学读了一段书，又和同学们转到莫尔丁、博荣学校学习，毕业后考入布西农业中学。

这就是我童年和少年时期的生活。回想起来，学校里的学习使我识了字，懂得了一些基础知识，多少明白了当时的时局，但对日本的殖民统治还没有真正认识，更谈不上什么祖国观念，还是稀里糊涂在黑暗的环境中过日子。

18岁那年，我从布西农业中学毕业分配到莫旗开拓科。但到开拓科不久，又被分到新成立的劝农场学习农业技术，这样19岁到了兴安东省劝农场学习。它建在扎兰屯西山根，教室和老师的办公室建在山坡上，有几个日本人和达斡尔、汉族教员。教员住的是砖房，学生住的是旧土房。这个农场的主要任务是培育良种、培养农业技术员，学期为两年。

20岁那年，也就是准备毕业那年，早春开学不久，学校组织学生上山砍烧柴，干了一些日子又让学生们送粪、修理农具，同时选黄豆、苞米的种子，还有少量从外地购来的小麦种。在选种时我们偷偷地把黄豆和苞米弄回来，在宿舍里烧着吃，好填饱肚子，怕日本人觉察出来，我们还在良种里掺了沙石。但在良种中掺假的事，拉种子的时候被日本教员发现了。当时他气坏了，大喊大叫，连声说“巴嘎”，接着又喊：“全体集合。”我们站成两排。他从前排开始打耳光，打得他手掌都疼了，然后让我们面对面地站着，互相打嘴巴（那叫协和嘴巴）。这更加引起我们对日本人的不满，开始在背后议论日本人,咒骂日本人。有的同学直言不讳地说:“日本人是来侵略中国、压迫剥削老百姓的。”有个阿荣旗的同学年龄较大,他叫张振环,我们同住一屋,每天晚上都听他讲故事。有一天他小声说:“你们听说没有?大山里有一支抗日联军,都是年轻人,背的枪都是新的,对老百姓可好啦。他们说日本人是侵略者,说他们要完蛋啦!”老张接着说:“去年夏天晚上,在我们努图克警察分队被端了窝,把他们的房子都烧了,枪都缴了,警察被教训一顿放回了家。还有格尼河那边一个公司的日本头头被装在麻袋里弄死了。”听了这些,我们都觉得很出气。从日本老师打我们的嘴巴后,农场的其他老师来给我们布置春耕生产,说后天就开始种地,先平整土地,种良种田。那天晚上,张振环同学和姓邓的同学在宿舍说:“咱们不给他们种地,明天晚上就回家。”在他俩的鼓动下大家同意了,第二天晚上九点钟同学们背上行装往扎兰屯车站走。我们走了一段路,到了雅鲁河准备过河。突然,从树林里出来4个日本关东军,持着枪喊我们站住。张振环同学和姓邓的同学过去说了几句日本话,日本兵过来摸了摸行李就放我们过去了。我们莫旗和巴彦旗的同学夜间上了开往嫩江的火车,我在拉哈站下车,走不远就到了家。回到家我怕父亲和哥哥生气,就说身体不好有病回来了,还说不想再念书了。我开始在家帮助种地。过了没几天,汗古尔河警察分所来了两个警察对我父亲说,“你儿子为什么随便跑回来?布西的警察署通知他回扎兰屯,不然要添麻烦。”我没把他们的话当回事。过了两天,那两个警察又来了,说再不回去,你儿子就到布西警察署吧。这下把我父亲和哥哥吓坏了,全家动员我回去。经过反复琢磨,怕这件事牵涉到家里人,我在第12天回到了扎兰屯。回到农场见到很多同学都回来了,只有张振环和姓邓的同学没回来。那年马马虎虎结束了学习,年底到莫旗开拓科报到,不久把我分到博荣努图克当农业技术员。

日本投降那年,我参加了国兵检查未能合格,成了国兵漏,被收入勤劳俸仕队到博克图西南沟剥桦树皮。莫旗去了几百人，实际上就是劳工。大队长是日本人，副队长是达斡尔人，名叫敖帮杰。下边分了几个中队，中队下面是小队。我挂了分队长的名。每人每天要剥一立方米桦树皮，活儿重，吃不饱也睡不好，工棚到处漏雨，劳工们怨声载道。大家免不了要偷工减料，消极反抗。干了一个月的时候，日本大队长下来检查，发现我们堆得高高的桦树皮有问题。他上去踩了几下就塌下去了，露出里面支棱的木头。这可把他气坏了。他踢了我们每人一脚，臭骂了一顿就走了。我们后来还是那样，干一点就休息，凑在一起东拉西扯，讲山里的故事，说抗日联军的事儿，还说日本人快完蛋了。直到那年的 8 月份，我们听到了准确消息：日本关东军投降了，苏联红军到了海拉尔。这可把我们高兴坏了，大家到处跑着喊着："日本人完蛋了！"大家情绪激昂，准备立刻回家。这时候，达斡尔族副大队长把大家叫到一起商量，最后决定集体行动，设法乘火车回家。我们到了西南沟车站没赶上最后一趟车，在车站等了 3 天。这 3 天中，苏联红军的飞机在车站附近扔炸弹，炸日本人军车，我们也被吓得乱跑。有几个见过世面的劳工说："你们穿黄衣服躲在车皮底下，没事。我们在上边戴着草帽，苏联红军知道是劳工不会扔炸弹的。"我们等了 3 天，博克图的火车终于来了，直到夜晚火车开动了。这列火车上有日本兵。火车开到扎兰屯车站，头上飞过苏联飞机，它没轰炸一直往南飞了。第二天早上，火车开到昂昂溪车站就不通车了，车站上都是日本兵。我们在那儿下车徒步往回走，路经齐齐哈尔北梅力斯达斡尔族村子，受到热情照顾，吃了一顿饱饭。第二天黑夜赶往甘南，回到了汗古尔河。回到家我就病倒了，闹了两个多月的伤寒病。

22 岁我一直在家种地。那年春天，我的同学从额尔根浅来汗古尔河，我提出同他一起去讷河干部学校学习，他表示赞同。我俩私下约定在当年的 4 月初去讷河，临行前帮家里好好干一些活儿。

我找个机会同父亲和哥哥商量了这件事，出乎我意料，他们不同意。因为我二哥还在布西街里内蒙古骑兵43团当兵，我要是走了，家里种地人手不够。但我还是坚持自己的主张，按约定的时间去了额尔根浅。可惜敖忠善的老爷也不同意他走，理由是现在形势很乱。敖忠善不能去了，我一个人没有伴儿不敢独自行动，只好回家了，在家种了一年庄稼。

23岁那年我在村里参加了工作。那年春天，莫旗土改工作队进入汗古尔河地区。工作队来了使我特别高兴，我积极主动帮助工作队做些工作，工作队需要有文化的年轻人帮忙。当时村里只有我和苏儒伦受过初等教育。我俩主动接触工作队，他们表示欢迎，这样我俩帮助做些宣传登记工作。不久，工作队开始宣传减租减息和互助运动，随后开始发动群众。那时，我家的生活有了改善，我动员父亲和大哥献出两头牛、一垧地（当时我家有6头牛，一匹马，10余垧地，农忙时雇过短工）。土改初期，我家被定为中农，而后期升格为富农。土改运动开始先把伪努图克达进行了斗争，分了他的家产。过不多久，工作队召开全努图克代表大会。会议上选举新努图克达时，我当选了，就这样我在本村参加了工作。那时，工作队长是阿其拉图同志，他多次找我谈话，培养引导我，了解我的简历和家庭亲属关系。他讲到什么是革命，什么是反革命，还有地主富农剥削老百姓的事实。当时，我回忆童年家境的贫寒，母亲因无钱治疗而去世的情景，父亲和大哥给地主扛大活终日劳累。他使我认识到是中国共产党领导中国人民取得了抗日战争的胜利，打倒国民党，解放全国人民。他还多次讲党的土改政策、有关党的知识及民族团结的政策，用事实说明加入共产党是光荣的，党员要听党的话，要把革命进行到底，解放全中国。我当时决心听党的话，申请加入共产党。不久，我和苏儒伦分别填写了入党志愿书，在东汗古尔河小学教室秘密进行入党宣誓。我的入党介绍人是阿其拉图和苏荣扎布同志。我虽然当了努图克达，还入了党，但思想上对革命的认识还是很粗浅，但在我心中立志要跟党走，要为党的事业而奋斗，好好地为人民服务。

1948 年秋接到了旗委通知，让我到内蒙古党校学习，学期 6 个月。在学习期间，听了乌兰夫同志讲授的内蒙古革命史，还有刘春等同志讲授的中共党史和社会发展史。这一段学习对我的理论知识和思想认识的提高起了很大作用，毕业后我被分到内蒙古民政部工作。不久，内蒙古党委决定选送一批年轻干部去北京进修，我是其中一员，这样我入了中国人民大学法律专科班，学期一年。

我是 1950 年 9 月入中国人民大学的。报到那天，全校员工准备参加国庆两周年的大游行。大学的本科生和专科生以及教职员工一千余人，清晨 4 点起床，6 点集合，经东四直奔长安街，编入整个游行大军，来到天安门广场。9 点钟解放军各兵种接受了毛主席、党中央的检阅，我们的方队紧随其后。我们走过天安门时大约是上午 11 点钟左右，当时我的心情特别激动，至今难忘。

记得 1950 年 10 月 2 日下午，中国人民大学召开了全校庆祝大会，党和国家领导人由校长吴玉章同志陪同前来参加活动，到会的有刘少奇、周恩来、董必武、宋庆龄等 10 余人。吴玉章校长讲了话。这一切对于刚刚步入大学校门的鄂温克青年学员来说，那种鼓舞和激励是可想而知的。

经过这两次系统、专业性的学习，我的理论知识有了提高，增强了为党的事业奋斗终生的决心。那时正当美帝国主义侵略朝鲜，我们全校学生积极参加了北京市组织的反美大游行，学生们积极主动要求报名参加志愿军。我们法律班的全体学生联名登记，我报的志愿是参加特种兵。但后来校党委作出决定，内蒙古来的学生不在考虑之列。虽然我们没有当成志愿军，但大家的热情转向学习和支援抗美援朝的实际行动中。我起早贪黑地学习，还把自己积攒下来的 210 元捐献了。

1956 年，内蒙古党委组织部决定调我到莫旗工作。我在莫旗工作几年后，又调到额左旗工作。所以说我的大部分时候都在做民族工作。

1965年初，按内蒙古党委的指示，呼盟党委组织了一支猎区社会主义教育工作队。这支工作队由副盟长卓利格图带队，召集了40多名干部，大部分是有民族工作经验的少数民族干部，分组进入额左旗，对鄂温克族猎民进行社会主义教育，以平息吉米德事件，做一些稳定局面、政治教育的工作，我是这支工作队成员。当时，工作队经过一个多月集中学习，我在工作队进入林区前赶到了。工作队纪律严明，实行“三同”，就是与鄂温克猎民同吃同住同劳动，要求以自己的行动感化猎民。因为鄂温克猎民不懂汉语，接触起来语言上有困难，而且有的猎民对工作队有怀疑情绪；对我们这些外来的鄂温克干部，有的猎民误认为我们是假鄂温克。针对这种情况，工作队要求队员实行“三同”，通过“三同”的形式接触猎民，交流感情。我们是1965年2月份进入林区的，首先在阿龙山召开了猎民大会。猎民大会上讨论了在敖鲁古雅建立猎民定居点的问题。大家认为敖鲁古雅这个地点比较合适，工作队派我和猎民老马嘎拉前去察看地形。当时察看的结果认为这个地址比较好，很平整，靠近激流河，建猎民村很理想。猎民大会后工作队分了组。我们小组由5人组成，到猎民依那建吉小组工作。这个小组的位置在满归北叫白马川克的地方。刚去的时候，卓盟长亲自带队前往，靠近猎民点时，我们按照民族习惯放了枪，随后听到对方回应的枪声。进了猎民点我们受到热情欢迎，猎民们把我们迎进帐篷（斜仁柱），让在玛鲁神的位置，摆上肉食和其它食品。我们递上带的礼品，讲明来意，这样开始了工作。

猎区工作队工作进行一年，临近结束时盟委决定让我留下来，任额左旗副旗长，兼满归鄂温克民族乡党委书记。当时，我同猎民已经有了一年多的接触，相互间有了较多的了解，也有了一定的感情。我很同情他们，认为他们朴实，吃苦耐劳，但他们的生活还是很落后、很原始的。针对这种情况，自己抱着改变猎民生活条件的愿望留下来了。工作队撤出后，我们主要抓了猎民定居点的巩固，重点进行猎民的思想教育，引导他们怎样改变落后的生活方式，怎样在新建的木刻楞房子里烧炉子、做饭。经过一段时间的工作，猎民们的生活基本稳定下来，开始适应定居和季节性游猎的生产生活。当时，我们有针对性地抓了文化教育、酗酒危害的教育，包括结核病的防治工作。对培养年轻一代猎民子弟的工作，我们也有计划地进行，为他们设立了上中学、读大学的目标。我们乡党委具体落实了选送上学的人选，比如将玛妮和郭士克送到北京中央民族学院附中；月拉和果士克送到海拉尔二中读书；何林在工作中学习提高文化知识，积极培养他入党；海青留在鹿场由赵英杰同志帮他补习文化，这些设想都兑现了。海青后来参了军、入了党，转业后回乡当了武装部长。这几个年轻人中果士克学习不错，他从海拉尔二中毕业后，当了工人，考上了吉林省工业大学，完成学业后拿着大学文凭回来了。这一期间，我们还建立了鹿场，筹建了皮革加工。

正当我们的工作全面铺开的时候，“文化大革命”来了。正值这时，上上下下有了要求成立集体经济的呼声。我们顺应这一形势，趁局势还没乱起来，在猎区工作队工作的基础上，在 1967 年 4 月，以猎民互助组为基础，成立了“东方红猎业生产队”，将猎民们的马匹和驯鹿做价入了生产队，使鄂温克猎民比原计划提前走上了集体化的道路。下面谈谈有关“文化大革命”的事情。

1966 年 11 月，我们民族乡的几位领导赵德春、敖宝迪带领几名猎民到根河、角刀木一带打猎。打猎的目的是为了改善猎民互助组的生活，完成旗委交办的向内蒙古 20 年大庆奉献礼物的任务。我们刚刚打了一个月，出师顺利。这时来了消息，让我赶快回去检查，说“文化大革命”开始了，书记和乡长还在逃避运动。这种情况下，我抓紧往回赶。路经根河时找了旗委布和书记（在内蒙离休)，我对他说："你交给我的任务已经完成，带来了不少个犴鼻子，还有一些飞龙，你看谁收下?"他说："现在'文化大革命'开始了，也不知道怎么发展。猎产品不要送来了，你们乡里留着过年用吧。"形势发生这么大的变化，谁也没有想到，这使我有些不安。回到乡里一看，我的大字报不少，说我是什么"反革命分子"、"叛国投修分子"，这些罪名都扣上来了。当时主要把我往乌兰夫黑线上拉，说他是内蒙古党校的校长，我在那学习了，自然也算是他一手栽培的，不然为什么从自治区直接派到莫旗当副旗长；第二，说猎区工作队是叛国投修组织，而留下我工作是为了叛国投修的便利；第三，说我是"内人党"的骨干分子，已经在莫旗民族地区完成了"内人党"的发展工作，有计划地转移到额左旗，在边境地区便于投修。一些人凭空捏造了这些莫须有的罪名，扣在了我还有其他一些民族干部身上。

回到满归的第二天，我开始了大会检查，检查自己对"文化大革命"的态度，后一时期逼你联系实际，要求检查的题目就大了。要我检查的是"走资本主义道路"的问题，我检查了自己的"民族情绪"。当时我经过很认真、反复地思考，也给自己上了纲、上了线，认为自己有严重的民族感情，具体表现是凡是涉及到鄂温克民族的事情，自己都积极、主动地去办。当时，追问我都办过什么，我记得列举了下面的事情：

那是在三年困难时期，莫旗杜拉尔乡的鄂温克族干部敖文廷拉马退社了，成了一件影响全旗的大事。当时他是杜拉尔鄂温克民族乡的副乡长。由于他的拉马退社，旗委常委决定开除他的党籍，撤消其副乡长职务。常委作出决定不久，我从内蒙开会回来了，听说这件事后，觉得有些不妥，找了当时的旗委书记苏常德同志。他在办公室一见我的面就说："你不在的时候我们研究敖文廷的事儿了。"我说："我就为这件事来找你。"苏书记说："看你有什么意见?"我说："对他的处分过重了。我认为他工作一惯认真负责，在群众中有威信，是一个工农干部。而从他的家庭生活情况来看确实有困难，工资收入不高，母亲和妻子都有病。在这种情况下生产队同意把他的马匹退还给他，让他自己处理。所以这样处分他我觉得过重了。我的意见是应该考虑他的具体困难和工作表现。”苏书记说：“一是他拉马退社；另外还把马处理到区外，这也是错误。”我说：“不管如何，对他的处理太重了。”苏书记问：“你的意见怎么处理他好？”我说：“是不是给他留党察看，不给他开除党籍的处分，这就给了他一条出路。”苏书记当时表示可以再开一次常委会议一议我的意见。过几天开常委会时，苏书记说：“老涂对处理敖文廷问题上有意见，请他把自己的看法说一说。”我在会上谈了自己的看法，常委们采纳了我的建议，对敖文廷的处理由原来的开除党籍改为留党察看，这样挽救了这位鄂温克族干部。几年后，旗委又撤消了给予他的处分。

虽然我在“文化大革命”中出于无奈检查了这件事，现在从回顾历史的角度看，莫旗党委在处理干部问题上是十分慎重的，特别是书记苏常德同志工作作风十分民主，很善于倾听一班人的意见，尤其是不同的意见，这一点给我的印象很深。我觉得自己在一些问题上、一些政治性的问题上出于民族情感、考虑到民族因素，更主要的还是从党的事业出发，从全局角度去判断，所以愿意坚持自己的意见，事实证明这样做对了。

另外，我在自己的检查中涉及的事情是包庇宾巴（宾巴的遭遇后面有专门章节）的问题。实际我同宾巴同志并不太熟，虽然他在土改前后、解放初期的错误一下子被定性为反革命性质。但我觉得他是鄂温克族同胞，同他有割不断的民族感情，同时认为他是鄂温克民族中难得的人才。那时，我在心里不同意对他那样严厉的判决，一直认为他没有反革命的动机，也没有那样的思想基础。我曾同满都呼同志谈过：“如果把宾巴救出来，以后他也许可以当作家，研究鄂温克民族的历史，我们是不是想办法挽救他？”

在这种思想的基础上，我向满都呼索取过为宾巴申辩的材料，向他的妻子也做过一些了解，还利用回家乡看望姐姐的机会到宾巴的家乡调查。在此基础上，我用鄂温克青年的名义给齐齐哈尔中级人民法院去了一封信，替他申辩，并在信上签了自己的名字。可以说在宾巴的问题上，满都呼同志和我都主动地尽自己的努力为他进行解脱和申辩。当时是反右时期，那个时期，为一个定性为反革命杀人犯的人申辩是要承担很大的政治风险的。

后来，"文化大革命"深入以后，内蒙有人专程调查核实这个问题，主要是想整满都呼同志。宾巴同志虽然蹲了20多年的监狱，我们同满都呼一些人的努力并没有成功，但通过这么一件事，还是可以看出鄂温克民族中还是有传统的，那就是在重大问题上民族内部是互相关心、爱护、主动关照的。虽说宾巴生不逢时，弄出了那件特殊的事情，犯了过失性的错误；又遇上那个特殊的年代，受到了极端的处罚，但我们鄂温克民族干部在当时的政治压力面前并没有沉默，对于不公正的处罚没有默认，还是把自己的声音，自己认为公正的声音表达出去了。这件事上满都呼同志做了很多工作。

后来"文化大革命"继续进行，我们的党委会仍然坚持，直到1967年7月份再也坚持不下去了。有一次，我和乡武装部部长何成福被弄到根河批斗。那几天，我想到在满归被批斗时猎民在外面放枪，那是鄂温克猎民的枪声。他们以放空枪的方式表达对形势的不满。就在那次让我想了一些事情，更多是担忧，担心在这样一种混乱局面中出些什么事情，或者说担心那些单纯、善良的鄂温克猎民被别人利用。这样，为了防止在鄂温克猎民中发生意外，我琢磨了五条纪律，征求了副书记的意见，找来开始对立的两派头头，谈到了我的想法，得到了他们的支持，这样就把这5条纪律实施了。这5条纪律是什么呢？一是猎民下山后要把猎枪交给派出所保管，上山时领取；二是任何人不得将猎枪转借他人；三是别人被批斗时不得在外面放枪；四是喝酒的时候不得把猎枪带在身边……还有一条我不记得了。这几条非正常时期的纪律对防止意外事件的发生起了约束作用，所以鄂温克民族乡在那个大混乱的年代，没有在枪支问题上出事儿，这也说明鄂温克猎民是很听话的，很讲道理的。记得阿龙山地区的两派曾有人利用猎民枪支的企图。得到这个消息后，我和另一位干部特地前往，直到发现确实没有人上他们的当才赶回来。

到了 1968 年就不妙了。那天黑夜，我在乡机关隔离反省，突然被满归地区群专指挥部的 4 个人叫出屋外，一出屋就被他们扭住，戴上了手铐，然后持枪推搡着押到群专指挥部。第二天给我戴上了 18 斤重的脚镣。家里人早上送饭的时候发现我不在那儿了，我妻子嘎娃急急忙忙找到群专指挥部。当时我最小的儿子绍英也跟来了，那年他才 6 岁，他当时看见我戴着脚镣，抱着我的腿就哭………我在那儿一共戴了 68 天脚镣，好在挺过来了。最让我难受的是和我一起关在里面的鄂温克猎民都戴上了脚镣。他们既不懂汉语，也不明白自己为什么要被关进来，又没有地方把自己想说的话说出来。他们是阿力克山德、杰士克、尼格来（鄂温克民族乡乡长、内蒙政协委员、人大代表）、依万杰洛果夫、老马嘎拉、大维格德，凡是关在里面的鄂温克人都被戴上了脚镣。杰士克和依万杰洛果夫两个人戴一副脚镣。他们被扣上“苏修特务”、“日本特务”的罪名逮捕的，有的戴了半年多的脚镣，直到放出来。这样对待普通的鄂温克猎民，现在回想起来真让我感到痛心，感到政治上的耻辱。逮捕我的罪名是“叛国投修分子”、“民族分裂分子”、“内人党骨干分子”、“富农分子”。当时给我戴了脚镣，白天黑夜地批斗，还要游街。隔了一段时间，我又被“旗挖肃指挥部”弄到根河，在监狱审讯了十几天。后来一些人变本加厉，严刑拷打，特别是 1968 年 12 月 15 日那一天，也就是所谓指定的法定逮捕日。那天晚上酷刑拷打得最厉害，进入了一种疯狂的状态。那天夜里我被打昏过去，一下子没气了，打手们是将洗脸水泼在我脸上才把我弄清醒。我一看自己的身体真要挺不住了，危急之中想了个办法。他们继续下手乱打时，我假装晕过去，一头栽在地上，一动不动。记得有个小个儿的说："这小子又昏过去了。"另一个高个儿的说："我看看。"说着，这个人叼着烟头走过来。我琢磨这个家伙要烫我，果然他用烟头按在我的鼻尖，我一咬牙挺过去了。他说："这个人不行了，把他拽到外面。"躺在外面的地上，我眯着眼偷看天上的星星，发现天就要亮了，知道自己挺过了关键性的一夜。

接下来的日子我一直挨批斗。这一时期有个间歇期，就是不知出于什么想法，他们把我和布和书记关在一个屋里，可能是便于他们看管和观察。这一待遇使我感到高兴，不再孤单了，我俩偷着交换看法，谈当时的形势。布和同志认为内人党这个事情不存在，他看得很准，人很坚强。他坚强的斗争精神也安慰了我，鼓励了我。同时，他在生活上也照顾我。他把家里送的饭让给我吃，自己吃得少，让我吃得多。在那半个多月的时间里，家里人以为他的饭量增加了，很为他高兴。这样我的体力有所恢复，精神上也平稳了。突然在一个夜晚，专案组又把我押出去逼供，白天黑夜地连续刑讯，最后把我折磨得迷迷糊糊，神志变得混乱，打手们也拖得疲惫不堪，他们最后要采取灌凉水的办法……那一段时间他们多用乱棒打，还有多种刑罚……对于我来说，那是不可抹去的痛苦记忆。在整个"文化大革命"过程中，我从 1968 年 4 月到 1969 年 6 月一直被关押、批斗、不定期地酷刑拷打，好在挺过来了，算是拣了一条命。

下面谈几点认识：

我是从旧社会过来的人，参加工作以后，党组织为了培养教育我，把我送到乌兰浩特的内蒙古党校学习，不久又送到北京学习，使我的文化知识和理论水平有了提高，我非常感谢党和政府的培养教育。由于党的政策好，我在几十年的工作中，从农区到林区，基本上完成了组织上交给的任务。1977 年 5 月 11 日,在根河镇发生特大火灾后,我受到了处分,被撤消了旗委副书记的职务。事后,我给黑龙江省委李立安书记去过信,向他申诉对我处分的不公正。我原本是负责分管野火的,并不分管城镇防火。火灾后应该承担旗委领导班子的部分领导责任,而不是主要责任,所以不应该给予我过重严厉的处分。不久,组织上撤消了我的处分。除此之外,我在任职期间没出过什么问题,工作是顺利的,勤勤恳恳,多次受过上级表彰和奖励。

我的工作得到了鄂温克民族干部的大力支持和热心帮助。比如,敖鲁古雅鄂温克民族乡的驯鹿畜群改良工作。1966 年我曾向内蒙古畜牧厅的满都呼副厅长求援,请他帮助解决可种植的牧草籽;他收到信后,很快发来了苜蓿草籽。收到草籽后,我们在敖鲁古雅南边的林地开荒,撒下了这批草籽。这些草籽长势很好,直到入冬前还是一片葱绿,下山的驯鹿非常爱吃。后来,敖鲁古雅乡在 28 公里处建了驯鹿试养点,也得到了满都呼同志的支持。卓利格图同志从猎区工作队撤回后,一直关心着敖鲁古雅鄂温克民族乡的繁荣和发展。他对猎民定居点的巩固、教育问题、卫生问题还有鄂温克民族的学生入学和深造都很关心,有些问题亲自过问。比如对某些大学生的培养,是他亲自同有关部门联系,具体落实的。我同卓盟长认识的较早,加上在猎区工作队相处一年,有了很深的友情。当我于 1970 年分配工作后,第一次到海拉尔公出之际,想到的第一件事就是去探望他。当时他还在隔离反省,我同赵德春、敖宝迪、杜瑞祥 4 人在夜间 12 点找到了他家(当时已搬出盟长公寓),敲门时把他吓了一跳,以为又来人提审他。一看是我们他很高兴,让进小屋里彼此问候,畅谈了当时的形势。为什么我要说起这件事,这说明他同我们鄂温克民族干部的友情和民族感情是很深的。

我在敖鲁古雅鄂温克民族乡工作多年,总结起来还是有一些工作上的不足,需要记取的。在工作初期,为解决鄂温克猎民的生存和人口发展问题,我曾宣布鄂温克民族的妇女不能同外民族通婚,要在本民族内部解决婚姻问题。后来猎民们提出一些意见,主要是本民族人口太少,在民族内部已经难以解决这一问题了。后来自己也认识到这一提法的不妥之处。针对具体情况,我同乡党委书记卜巨山同志研究,凡是鄂温克族女青年看中的小伙儿,无论是汉族还是蒙族,不管有没有户口,可以在敖鲁古雅乡落户。这样,敖鲁古雅乡的人口开始增加了,先后有20多名鄂温克女青年同外族成婚。现在仍有十几名鄂温克族男青年没有找到对象,主要是因为饮酒,还有一些其它原因。对于这样一些具体而特殊的问题,是需要积极采取措施的。

我在莫旗工作近10年中有一个感受,就是民族地区的工作必须要有本民族的干部。他们能更好地联系实际,同群众接触,能做群众的工作。那时,莫旗山区的鄂温克族猎民、社员有了什么事情都来找我,认为我是他们利益的代表,是为他们办事的。我自己也非常愿意为他们办事。所以我认识到在民族地区推出本民族干部是十分重要的。

我于1965年调离莫旗时,同旗委书记苏常德同志、副书记宝音同志、旗长额尔登扎布同志谈了自己的看法,并向他们推荐了乌嫩其同志,请旗委考虑由他出任副旗长职务。乌嫩其是讷莫尔鄂温克人,当时任宣传部副部长。他工作积极,很有魄力,还有深厚的民族感情,为人直率,坚持原则。后来,他当选了副旗长、人大副主任。一直到现在,莫旗的领导班子中一直保持着一个鄂温克族副旗长、一个人大副主任的位置。

在如何对待人的问题上,特别是那些同外界接触比较晚,对汉文化相对生疏的少数民族干部,确实存在很多让我们思索的问题。我为党工作40多年,在这漫长的岁月中,我的老伴嘎娃她关心我,支持我,数十年如一日,伴随我从内蒙调回莫旗,又从莫旗调到额左旗。她克服一切困难来支持我的工作，特别是在“文化大革命”期间她也受到我的株连，挨了批斗，被办了学习班，受了凌辱和歧视。在那难熬的岁月，她除了照顾孩子们的学习和生活外，还要为我的人身安全而奔波，去同军代表和专案负责人进行说理斗争。特别是“文化大革命”中停发了我的工资，每月只发 40 元的生活费，而家里小孩又多。在这种经济十分困难的情况下，她以顽强的精神度过了难关。她对我工作上和精神上的支持都是很大的，在这里我对她表示感谢。

**满都呼(1995 年 8 月 11 日在呼和浩特市的谈话录音)：**

在我们这一代里，涂荣是位突出的同志，也可以说是一个人物。从我俩的关系来说，从小就认识，因为他的姐姐在我们村里，又是邻居。他小的时候经常到他姐姐家去，他一去我们就在一起玩。那时到河边柳筒里弄些个木头做高跷，踩高跷玩。有时候打曲棍球，所以从小就认识。后来我们的接触是在解放战争以后。1949 年，我分配到内蒙古民政部工作，当时是一等科员，不久就是科长了。而涂荣同志党校毕业，还有一个达斡尔族是莫旗的，他们俩从党校毕业分配到民政部，到了我们民政科。那个达斡尔人好像分配到人事科了，不久得了结核病回了莫旗。涂荣同志当过努图克书记，是区一级的干部，到了政府工作是一等科员。他在我们科主要抓秘书工作，后来还有那顺乌力吉(自治区法院的副院长)。当时涂荣是党员，这位同志勤勤恳恳地工作，与人为善，谁有点什么事都帮忙。每天早晨来都扫房子，收拾办公室，谁有困难帮助谁。他的组织纪律性很强。这个人最大特点是不犯自由主义，对自己要求很严，不搞自私自利。

这里有个具体的例子，当时东部通辽地区遭了水灾搞捐献。那时内蒙范围很小，呼盟刚划过来，昭盟还没划过来呢，就兴安盟、呼盟这么一个范围，所以捐献了一批东西。那时也没有仓库，捐献的物品由涂荣同志管理，都是一些生活用品，如衣服、帽子、鞋、被子、褥子等。他把那些东西摆放得整整齐齐，很有秩序。有一天，他对我说：“好像一个狐狸皮帽子没了。”我说：“狐狸皮帽子哪能没有呢？怎么回事呀！”他在各个房间一转，看到副部长头顶戴的正是那顶帽子。他和我说：“那帽子他戴呢，那怎么办？”我说：“你看怎么办？部长戴着可不太好办。”他说，“那不行，这是群众纪律问题，不拿群众一针一线，部长带头拿帽子哪能行，我去要去。”他自己找了部长。当面一说，部长当时就脸红了，说：“是我路过门口，看这帽子挺好，一戴正好，所以就戴上了。这是违反群众纪律的，涂荣同志你提醒我很好，我接受批评。”他亲自把帽子送回去了，并表扬了涂荣同志。

另一件事是他的助人为乐。当时那顺乌力吉同志在我们科里是结了婚的，他娶的妻子是华俄后裔，她家是额尔古纳旗的，当时住在海拉尔郊区，没有过来。当时我们都是供给制挣工分，那顺乌力吉挣得很少。在这样情况下，那顺乌力吉妻子在海拉尔的生活很困难，接到呼市来他又没有机会回去。当时那顺乌力吉还有病，现在看来就是营养不良。这怎么办呢？涂荣同志提议借去海拉尔公出的机会，把他妻子从海拉尔接来，帮他弄个旧房子。当时涂荣还弄些东西什么的给那家带去，给了钱没有我不记得了。那顺乌力吉家属来了之后，有了困难什么的他经常去看望关照他们。后来那顺乌力吉的病逐渐好转了，不久他们一起到中国人民大学法律系学习去了，我和涂荣同志还介绍他入了党。

还有一个同志叫鄂耿海。这个人伪满国兵出身，达斡尔族，一喝酒就耍酒疯，甚至打他的老母亲，脾气非常坏，谁也劝不住。只有涂荣去他家，去劝架，去说服他，才能让他平息下来。后来他也把鄂耿海领到人民大学法律系学习，还介绍他入了党。从这点上看，他助人为乐，坚持原则，在同志们中间影响很大。

从人民大学回来，他分配到法院工作，我们就不在一起工作了。

另外还有一个故事。1956 年组织自治区民族访问团,抽了三少民族里的干部,其中就有涂荣同志,因为他懂鄂温克语。我们俩分到鄂伦春自治旗,我是分团团长,他是秘书。这里发生了几件事情:一个是我们分团里有个鄂伦春族干部叫葛根的,这个人一上车就喝酒,在餐车没完没了地喝,一会儿也不离开酒,喝完白酒喝啤酒,只有涂荣同志一次次出面,才能把他劝回来。特别是有一次我们住北京什锦花园招待所,外面下大雨,葛根喝醉酒回来,非得要往外跑。他躺在门外叫雨淋着。当时雨非常大,院里都积了水,他就在水里泡着,他说这样好受,说啥也不进来。人家招待所的人都害怕,这个人咋整呀,要死还是要活呀,是故意的还是发了疯,影响很不好。好多人都来看,谁也弄不回来他。还是涂荣同志出面用鄂温克语苦苦劝他,说了很多话才把他弄回来。一路上葛根同志就这么闹好多次。特别是在甘河,我们去乡下的时候也是下大雨,他喝完酒就往外跑,在林子里我们怕他出事,一个访问团团员万一出了事,迷路了,掉山沟里,掉水里,被野兽咬伤,我们都有政治责任。我虽是鄂温克人,在山林里没待过,所以每天要由涂荣去找,直到晚间才把他找回来。后来干脆他每天跟着他,等于是他的保姆,这样才保证路上没出事,我们大家都提心吊胆的。这样一个鄂伦春干部,我过去不熟悉他,有些话也不太好说。

有一次,我们带了一个放映机,还雇了十几辆大轱辘车。那时下乡除了大轱辘车外啥车也走不了,山里的雨水一下来遍地都是坑坑洼洼的。我们带了一架放映机,拉放映机的车没走多远就掉进河沟里,这就得抬呀推呀。那个放映员是个很有力气的摔跤手。他是牧区人不会游泳,就怕水,一看见水就吓坏了,所以他不敢下水。这就得首先有人领着他,只有涂荣同志带他下水,而他有力气,有时候一个人就能把车推上去。涂荣既给他在前面当向导,又下水帮他推车,一天里经常出现这样的事,非常辛苦。记得车上还有大夫，一个是中医大夫，老先生50多岁了；另一个是女大夫，她刚从医科大学毕业，不是内蒙古人，名叫郑懿兰，还是共产党员。我们走到阿尔拉、库如奇这一带，她就开始拉肚子，赶车的又是男的，她还不好意思让人家停车，说自己要下去大便。那大轱辘车十来辆，就像一列火车排成一队。车上装了很多慰问品，一直往小二沟方向走。那时鄂伦春旗所在地在小二沟。我坐在第一辆车上，两个大夫一辆车，涂荣同志和另一个副团长满达夫同志一个车。到了库如奇休息的时候，我发现我们住的老乡家房后有一件东西，一看好像是条裤子。我想起来了，这条裤子可能是郑懿兰的，她拉了裤子，扔在那儿了。回来之后，我说："老涂啊，你看一看后面那条裤子是不是那女大夫的？"他出去看了看，回来和我说，"是啊，扔到那儿了。"当时我啥也没说，涂荣自己把它拿到河沟里洗好，晒上。回来后他对我说："我给她洗好了。"我说："对呀，不洗她能有几条裤子穿呀？一天扔一条裤子，两天就没裤子穿了。"那时候买裤子还要布票呢。第二天，他把洗好的裤子给那个大夫送去，那大夫既感激又害羞。事后，我和女大夫说了："你不能吃中药了，你吃你自己带的药。"她说："行，我吃自己带的药。"她吃后才止住拉稀。

这是路上发生的一件事。后来我们从鄂伦春旗回来，在鄂伦春自治旗召开了几次座谈会，同当地的干部按不同民族分别开了座谈会。刚开完会，盟委统战部有位干部说："你们这是搞民族分裂活动，一样的干部为什么分着开，你满都呼到这里来搞什么名堂？"他不仅当面说我，还向领导反映。我说我们开座谈会是群众的要求，在会上我们也没讲啥呀，讲的也没超过访问团的范围。鄂温克族当时提的历史问题就是民族名称问题，怎么个叫法儿。因为人家达斡尔族都快自治了，快建州了，我们还没有自治，名称也没有。有人说叫索伦，有人称鄂温克，这事怎么办？达斡尔干部中也有说要建立自治州的。当时涂荣同志很坚持原则。他说服那个干部,指出他的看法不对。他又和我这个团长闹呀,这我一闹工作就不好开展了。他是代表盟委来的,半路要回去,说不参加你们的活动了。涂荣同志说服他留下,并说服他放弃那个意见,坚持下来了。

再一个就是宾巴事件。宾巴事件中涂荣同志起了很好的作用。涂荣同志本来不熟悉宾巴,过去他到我们村的时候,宾巴是在我们的前边住,只知道有这么个人。但从宾巴事件发生以后,他非常热心地挽救宾巴同志。一个是他从海拉尔往讷河去的路上,照顾宾巴的妻子孩子;另外,他没和我请示,独自到村里了解宾巴问题的情况。他还受宾巴家属的委托,为他整理上告材料。这在当时起了作用,因为嫩江地区中级法院曾把宾巴的宣判无期徒刑推翻过,准备重新审查,中级法院在给我的来信中也谈到家属有不同意见。涂荣同志惋惜宾巴的才干,为帮助他逃脱厄运尽了自己的努力,这在当年来说是需要政治上的勇气的。

后来涂荣同志到莫旗工作是我推荐的。实际上组织部很了解他,自治区组织部长苏雷同志征求过我的意见,我那时正在海拉尔。他说:“莫力达瓦要成立自治旗,以达斡尔族为主,另外还有几千鄂温克人,选个鄂温克干部去当副旗长,你看谁行?”我一听,正好当时涂荣同志还没任命处级干部,在组织部政法处任干事。我说:“涂荣同志非常适合,他是莫旗的干部,出来时间不长,这个人品质很好,为人正派,不谋私利,吃苦在前享受在后,善于助人为乐,勤勤恳恳地干工作,还有一定的工作能力,而且组织纪律性也很强。他当副旗长是非常合适的人选。”后来,组织上就派他去当了副旗长。

这以前还有一件事。他要走了,我们这几个鄂温克干部都不错,互相关心来往密切,一听说涂荣同志调动我们一起去欢送。其实也无所谓欢送,那时候请客送礼还没有钱,互相通知去看一看。当时有谁呢?有乌尼满都,他上这儿学习来了;有额尔敦巴图,可能有叶喜丹巴，好像有四五个人，我都记不得了。我们去了以后，涂荣同志打的散装白酒，弄了点猪头肉、花生米，弄点咸菜，按鄂温克人的规矩喝两盅酒，谈谈心。就在这时我提出："鄂温克民族问题开始解决了，涂荣同志去莫旗表明快成立自治旗了，不久也要成立鄂温克自治旗，这个基本上定了，趁这个机会咱们议论议论，看看鄂温克自治旗成立究竟谁当书记、正旗长，别的咱们就不说了，别的用不着咱们给推荐。"大家说这是一个好消息，就七嘴八舌说开了，有的说，"沙驼同志去吧，12 级干部还能参加盟委，往上能说话，往下能压住台子，鄂温克自治旗民族挺多的，挺复杂。"有的说："人家十二级干部不一定去。"有的提议卓利格图同志下去，有的说卓利格图同志在当盟委统战部长，也不一定去。有人也提了我，这时候我心里想：我根本就不能去。我当时是民政厅党组副书记，已经报副厅长了，就等着当我的副厅长呢，哪能去当旗委书记。其中还有我个人的想法，不愿意往下去，害怕。我就怕掌权，我知道自己最大的弱点是感情用事，有时候一高兴，脑瓜子一热就偏过去了，不该办的也办，不该说的也说，不该干的也干了，有的时候该干的不干，硬顶。另外我这个人好吃好喝，经常爱喝两盅，喝完之后爱发表议论，怕犯自由主义，犯组织纪律错误，所以怕下去独立工作。这样，我推荐图盟巴雅尔同志，这个涂荣同志知道。图盟巴雅尔同志在莫旗当公安局长，他很稳当，蒙汉文都挺好，鄂温克话也会讲，能联系群众。乌尼满都呢？乌尼满都那时是武装部长，经常到这儿来学习开会，来的次数比较多，他一来就到我们这儿家。沙驼同志那儿，还有我那儿，涂荣那儿，所以大家都比较熟悉。涂荣同志提出："老乌这个人品质很好，为人正派老实，干工作吃苦耐劳，在武装部搞业务不如搞民族工作。"大家意见比较一致，也没什么决议，这有什么决议的，大家议论建议嘛。因为确确实实统战部的马志新部长征求过我的意见，每次鄂温克干部安排，比如选个人民代表、政协委员什么的，他都征求我的意见，所以我习以为常，以为没啥问题。后来，这件事就成了我们在涂荣家开黑会，私下搞鄂克民族干部安排的一大罪过。整我的主持者认为这是从鄂温克干部内部揭发的，千真万确。后来问我有这么回事没有？我说是这么回事，那个鄂温克干部揭发的不错。当时处分我的时候说那是黑会，我说那不是黑会，我事先和统战部打过招呼的，事后我也给他们汇报过，你们调查去。那时候，谁给你调查，等到给我平反的时候去调查了，马志新同志已经调任宁夏回族自治区副书记，他写了证明说："我不仅一次征求过满都呼同志的意见，对鄂温克民族干部的安排他多次给我提出建议，具体建议我记不清了。"这样我平反没事了。当时如果定为黑会，涂荣同志也要被牵连。所以，涂荣同志对鄂温克民族问题是非常热心的，这点给我留下深刻的印象。

后来，我每次去敖鲁古雅只要有时间他都陪同一起去看看。有时他来呼市，对敖鲁古雅的事情也谈一谈，我们互相研究，该帮助解决的帮助解决。

我知道涂荣同志在敖鲁古雅乡、在这部分鄂温克人身上花了很大的精力、很大的心血，做了许多有益的工作。

# 在他身上体现了民族性格

## ——纪念叶喜丹巴同志

**叶喜丹巴** 鄂温克族，杜拉尔氏，1930年生，扎兰屯萨玛街人。1947年3月参加中国人民解放军，1948年2月加入中国共产党。1952年转业到地方工作后，先后在呼纳盟盟委、鄂伦春自治旗党委、内蒙古自治区民族事务委员会工作。1966年4月调任中共呼盟盟委机要室主任。他为人热情、直率、忠厚、富有民族责任心、积极寻求社会公正，勇于为之而奋斗。

1967年6月29日，在“文化大革命”中惨遭迫至死害，终年37岁。

编者分别采访了叶喜丹巴同志的亲属与生前友好，将谈话录音整理如下。

**满都呼(1995年8月10日，在呼和浩特市的谈话录音)：**

叶喜丹巴同志，我早在1947年就认识。那年我在军政干校第三队当指导员，他是我队的学员。当时队里有几个鄂温克学员，有后来在“文化大革命”中被整死的牧仁，包括武波远一些鄂温克族干部。当时表现比较好的都被送到各地去学习。叶喜丹巴同志是萨马街的鄂温克人，他为人正派、直爽、肯学习，给我的印象很深。那时已经介绍他入团，选拔一部分优秀学员学机要时，他被选送到东北机要学校学习，毕业以后搞机要工作，我没有机会同他直接接触了。后来我到呼盟盟公出时，他已经在呼盟盟委机要处工作了。听说我来了，他很高兴，有的时候说指导员来了，有的时候叫哥哥。

后来,他调到自治区工作。那时,他老母亲在世,是个典型的鄂温克老太太,我非常愿意和这个老太太聊天,只要有时间或者过年过节就去拜望老太太,给她请安,和她说鄂温克话。我那时比他们处级干部收入高一点,他们家庭人口多,当时还供叶喜扎木苏上中学,上大学,生活很困难。我就掏钱按鄂温克族的规矩给老太太敬酒,和老太太谈一些家乡过去的生活。几年过去了,叶喜丹巴给我的印象没有变,他还是像过去那么正派、待人诚恳、直爽得有啥说啥,对自己的同胞满腔热情。依我看,在他眼里鄂温克人中没有坏人,像武德秀那样犯了错误的,他也去关心、探望。只要乌尼满都来,他每次都要请到家里。那时他生活很困难,即使这样仍同鄂温克族干部群众保持密切的联系。后来他调到民委了,是大家推荐的,也包括我。我说:“这个同志搞民族工作很合适,他很能联系群众。”有一次,我问他:“你不怕人家说你民族情绪,整你呀?”他说:“那怕啥,鄂温克人不关心自己的事情谁去关心?我就不怕,我去民委。”他到了民委后,很想到鄂伦春旗去一趟。我当时也刚平反,恢复了13级,13级可以坐软卧。我手下有个干事叫特格西,这个人和叶喜丹巴是机要学校的同学,他在呼和浩特搞机要,他们俩都熟悉。那次特格西动员我说:“你这前辈儿就牺牲一次屁股吧!”我说:“你这是啥意思?”他说:“现在不坐卧铺不是百分之六十补给个人吗?咱们一起上鄂伦春走一趟。”那时我在农办,帮鄂伦春旗解决过猎民用的生产枪弹,但他们一直没给钱,可以去催帐,顺便考查一下民族工作,这样就把叶喜丹巴串联来了。这两人给我买了硬座,买硬座以后算计好了,这一趟不坐卧铺能补助多少钱,能买几只烧鸡,能买几瓶酒,能买多少香肠,这些都是特格西去张罗。他俩说:“你牺牲屁股填饱了肚子,行吧?”我身体挺好能坐得住,这样我们就出发了。一路上非常愉快,有说有笑,玩扑克,一会儿烧鸡、香肠,一会儿二锅头……那一路我们很愉快,也很难忘。

他这个人给我的印象是待人非常热情，一说是为鄂温克民族他是不怕掉脑袋的，也不怕戴帽子，他有这样的性格。后来他怎么调到呼盟去的我也不太知道，再也没有见面。所以这个同志非常可惜，还没来得及做更多的工作就牺牲了。

**武波远(原呼盟中级法院刑事庭庭长，副处级审判员，1995 年 12 月 12 日的谈话录音)：**

我和叶喜丹巴同志是在 1957 年认识的，在那儿，之前只是听说他在内蒙机要处工作。记得当我的一首诗《诺敏河我问你》在《内蒙古日报》发表后，他读到了那首诗，就兴奋得不得了。他认为鄂温克开始有诗人了，非得找到我不可。据说，他到海拉尔的时候多次找过我，那时我在法院工作经常公出，他没找到我。那时他和沙驼联系比较多，管沙驼叫舅舅。那年我去呼和浩特，他找到了我，那个热情劲真让人感动。因为什么？就因为我是鄂温克。我们一见面谈来谈去，知道我是沙驼的弟弟，当然也是他的舅舅了。但我们年纪相当，自然是以兄弟相待，这样更是密切了。

我每次到呼和浩特，他都把我请到家，谈的都是鄂温克民族如何振奋起来这一类的话题。那一时期我们经常通信，他很关心我的写作，经常问我写了什么，他一直鼓动我多写。……后来“文革”前夕，他从呼和浩特调到海拉尔，这个时候正是我倒霉的时候，他没有因为这个疏远我，还是同过去一样。反右运动中有些人对我的一点言论借题发挥，抓住不放，把我清理出了法院队伍。他对此很同情我，多次对我说，“不要着急，等一等能有办法。”他这样劝我，安慰我。那一段时间我不在法院了，常常下乡去劳动，这样“文革”前这一段时间我们接触的少了，因为他在机要部门，我没有主动去找他。后来“文革”来了，这一段痛苦的事情我就不多说了。总之，他这个人给我的印象是难忘的，也是很深刻的。他似乎有点单纯，加上热情，可以说是他的性格，除此之外他为人直率，心里容不得乱七八糟的东西，特别是对坏人坏事他是深恶痛绝的。他个人的生活也是很简朴的，我很钦佩他的人品。从本质上说他是一个淳朴的鄂温克人，对他的死当时我是很难受的，我这个人不愿哭，他死的时候我真掉了眼泪。

**那仁敖其尔(蒙古族，内蒙古林学院党委书记，1996年1月10日与在呼和浩特市的几位同志怀念叶喜丹巴同志的谈话录音)：**

我是1966年大学毕业后分到呼盟的。那时，叶喜丹巴同志调回呼盟的时间也不长，他爱人斯琴索布道同志同我在一个单位，都在盟文教政治部工作。这样，我有了认识叶喜丹巴的机会。最初他给我的印象是这个人很有耐心，用鲁迅的话说是有韧劲。后来，“文化大革命”开始了，他凭着自己对这个运动的理解，凭着自己的党性投入了运动，成立了一个组织，叫“四一五战斗队”。当时的运动席卷全国，谁也躲不过去，谁都要对党、对中央、对老干部有个态度。他们那个战斗队有十来个人，有五、六个民族，其中有汉族、蒙族、鄂温克族、还有朝鲜族，那些人都有个性，但大家对他很尊重，听他的话，可以说他以一种人格的力量和思想的力量把大家团结在一起。

第二个印象是他为人坦诚、坦荡、坦然。我记得他第一次到我家的情景，那时我父亲偶尔喝几盅酒，这样我在家也存点酒。记得他头一次到我家聊天，进屋后发现墙角床放瓶酒，他问我：“你喝酒吗?”我说：“不会喝酒。”他说：“你们家谁喝酒?”我说：“我爸有时喝点。”他说：“拿来我喝一点。”过去我们是不熟悉的，他有时去机关找他爱人，我们在机关见过几面。因为”文化大革命“彼此政治观点一样，这是第一次到我家，发现有酒就提出来喝。当时，我是非常高兴的，那时生活很困难，简单地弄了个咸菜，他一边喝，我俩一边谈起来。我举这样例子并不是说他爱喝酒，其实他对酒也没多大兴趣。我是说他的为人有一种非常坦诚、对人很信任的气质，对他这种性格我很羡慕的。“文化大革命”中，说我们是保守派，说他们那个“四一五战斗队”是少数民族组成的呀，说什么他们制造民族分裂呀，当时社会上舆论压力很大。那个时候他表现得非常坦然，坦然无惧，最紧张的时刻他也不在乎。

第三个他自信心很强。当然他的自信心不是盲目的，是出自他对真理的理解，对党的事业的不可动摇的信念。记得有一次，李兴唐同志被抓了，抓到牙克石去了。他对我说他要去救李兴唐同志。我说：“你刚回呼盟行吗？”他说牙克石武装部有个认识的。他还拉我去，我也跟他去了。到了牙克石一时找不到他认识的那个人，最后到了半夜才找到那位同志的家。那个人好像是鄂温克。那个时候形势很紧张，他俩一会儿用鄂温克话说，一会儿用汉语交谈。然后他对我说，他俩先出去一趟，让我在他家等着，我一直等到天快亮的时候，他俩才回来。叶喜丹巴很高兴，他说见到了李兴唐同志，说他很安全。还说他已经同武装部的同志谈妥了，不会出什么事了，这样我俩就回来了。还有一件事是“三人同盟”在博克图被抓了，他又去了一趟，是他独自去的，说他能把布特格其同志救出来。那个时候很紧张，虽说那次他没见到也没起作用，但他表现出挺身而出的果敢精神。

还有一件小事给我留下的印象很深。那时我参加各种社会活动，每天晚上回家都很晚。有一天半夜，我回家一看，有个人坐在我的床头抽烟，一看就知道等了我很久，而我的爱人正在床上睡觉。那个时候我爱人对他还不熟悉，翻过身一看，原来是他。他很安静地坐着，神态很坦然。我用这一我们最初交往的细节是想说明他的性格和心理，说明他为人的坦诚和自信。可以说在他身上很好地表现了鄂温克民族的文化心理和他的个性特征。叶喜丹巴的性格代表了鄂温克民族的本色，他是按照自己的民族性格对待别人。

最后，我简单说一下。我们一惯对战场上为别人而献身的同志视为英雄,在我看来,叶喜丹巴同志是为别人牺牲的。他要不是为了坚持机要工作者的原则,为了保护其他同志的话,照样可以活下来。当时他要是胡说一通出卖同志,出卖朋友,也不至于被迫害至死的。作为他的朋友,我们多年来没有机会用文章来纪念他,他又是在那样一种特殊情况下表现出勇气,为自己的信念而献身的。现在乌热而图同志要写纪念他的文章,我真感谢他,希望他好好写,把叶喜丹巴同志的精神和品格表达出来。

当时我们一起承受了磨难,用战场来作比喻的话可以说是难友吧。可是他死了,我活过来了,很长一段时间我是很动感情的。我一直没忘那天,他到皮革厂来找我,对我说,"你跟哥哥走吧,你要是跟我走,我们到了森林里就像插上了翅膀,谁也抓不着了。"当时我说:"我不能跟你走,我老父亲在家患病,我又是独生子,我走了谁照顾他呀!"那天我没跟他走,没想到他很快就被抓走,被打死了。所以,我在他的问题上一直很动感情。有的时候也想,我那天真要是跟他走了,他也可能不会被人打死,这样一想我的心里就很沉重。好在我也有一个宽慰自己的地方,当时我也并不是为了自己,我跟他说了,我要照顾老人。

这么多年了,我一直很想念他。

**那木吉拉(蒙古族,内蒙古经委副主任):**

前天,老那同志给我来了电话,说乌热而图同志来呼市采访,准备了解叶喜丹巴同志的情况,我听了以后很高兴。叶喜丹巴同志我们是好朋友,关于他的为人,他的思想境界,那仁同志概括得很准确。叶喜丹巴同志是"文化大革命"前夕调到呼盟的,刚刚几个月,过去我们不熟悉。那时我在农牧政治部工作,同老叶在一个办公楼上班,上下班经常见面。但他刚调来,"文革"前那段时间交往不多,"文革"开始以后,我们对形势的看法、对具体事物的看法、对具体领导同志的评价,在这些不可回避的问题上看法是一致的,所以由叶喜丹巴同志发起我们成立了战斗队。他是负责人,我也是负责人,我们这个战斗队人数不多,有十几个人,战斗队中大多数都是盟委机关的,也是盟直的,大家团结是很好的。我们当时认为自己坚持的观点是对的,是符合中央精神的。这样我们接触就多了,那时正常工作都放弃了,算是打起了派仗吧。老叶在几个方面给我印象很深,他有一种坚韧不拔的精神,有一种百折不挠的劲头。当时,我们的处境很难,社会压力很大,但叶喜丹巴同志一直坚持自己的信念,坚持自己的观点。他认为对的东西是不会改变的,要坚持到底的,尤其不会随着形势的变化而变化,在困难面前他不是那种止步不前的人;第二点,这个人胸怀坦荡,对同志开诚布公,对人从来不会兜圈子,那仁同志谈到的,我都是深有同感的;第三个印象,他算是个乐天派,或者说是乐观主义者。当时的社会上对我们的压力那么大,形势那么严峻,他从来没有愁眉苦脸过。什么半途而废呀,抬不起头呀,那都是在他性格中所没有的,他一直是那么乐观。他惨遭不幸以后,我们都是很动感情的,直到现在,我们每次相聚的时候,谈起他的时候都是很怀念的。

**奇达拉图(蒙古族,内蒙古民委处长):**

那时候我在呼和,我去呼盟的时候,官布扎布同志和叶喜丹巴同志已经不在世了,布书记在铁路医院人事不省……我到了之后,听到了呼盟的同志谈叶喜丹巴同志的事情。当时他在"四人帮"横行的严峻形势下,能够坚持自己的信念,真是令人佩服。如果他也像别人一样胡说八道就死不了,他是按自己的信念去斗争的。当时,我在海拉尔市的大街上看到了满街的大字标语,什么"415逃蒙集团头子叶喜丹巴畏罪自杀"等等。这是那些凶手在为自己开脱罪责,把一个盟委机要主任打死了,把一个盟委副书记打死了呀。叶喜丹巴同志死的太可惜了,他至死对共产党都是坚信不移的。如果叶喜丹巴同志健在的话,现在可以为党做好些事情,他是鄂温克民族的优秀干部。所以乌热而图同志要写好他，我也是非常高兴的。

**那仁敖其尔：**

……当时，他是抱着建设家乡、建设呼盟的心情全家从呼和浩特迁回海拉尔的，从大城市迁回小城市，这个思想境界也很说明问题。现在谁这样干呀，都想往大城市里搬……

**布特格其（蒙古族，内蒙古自治区人大常委会副主任）。**

叶喜丹巴同志是机要室主任。现在写他的事情我是赞同的也是支持的。感谢年轻的同志把这段历史搞清楚，整理出来，是有好处的，也是非常必要的。有利于全面地评价叶喜丹巴同志，这也是党和人民的需要。

我是 1966 年 5 月 4 日到的海拉尔，在此之前不认识叶喜丹巴同志，他也不认识我，呼盟的大部分同志也不认识我。我去的时候，街上的大字报开始出现了，也就是社会形势已经乱了，党组织已经失去了对局势的控制能力。这是当时的形势。至于叶喜丹巴同志究竟是一个什么样的人呢？这是非常清楚的，他是位好同志、好党员，是很好的机要室主任。在那个地方，盟里的、满洲里的往来电报呀，同边境口岸的联系呀，还有直接同中央的联系，包括密码在内都在那里面。因为我是盟的负责人，经常接触机要室，那里一般人是不让进的，包括盟委副书记在内也不让进。这就说明这个岗位非常重要。叶喜丹巴同志就是主管这个工作的，这样我开始了解了他。这个人究竟怎么样？他是经过干部审查、训练合格的优秀机要工作人员派到呼盟来工作的。这个工作一般干部是不行的，干这个职业有特殊的条件。他是党信赖的、是各族人民信赖的，包括鄂温克族人民在内，这是总的印象。当时对他的要求主要是看他对党怎么样。这一点，内蒙政治考核的时候已经认定了，他对党是绝对忠诚的，党把他派到这个位置工作是绝对信任的。那个时候我们和苏联的关系就不用多说了，不是什么好关系。我到那儿以后，边境上几乎天天有事，一般都是电报往来，所以说机要部门是非常重要的。

那时，开始传达、批判什么“反革命三家村”、“彭、陆、罗、杨反党集团”了，召集县团级干部传达，这些文件指令都通过机要室下达。当时，在不失机要原则的前提下，叶喜丹巴同志表露了对当时政治动向的忧虑、对那些无辜蒙冤的老干部们的同情，还有他对形势的不满。实际从个人角度讲，他与那些老干部没有什么关系，根本不认识，无非他认为他们是党的好领导、好干部嘛。也有的同志听了传达议论说，“说‘彭、陆、罗、杨’反党，我绝对不相信。”有人说，“那可是红头文件呀！”这位同志说，“红头文件我也不信。”叶喜丹巴同志因为负责机要室，首先接触这些文件，他个人态度是明朗的，这就是说他从一开始对“文化大革命”不是像一般常说的那样很不理解，很不得力，而他是理解的。理解什么呢？这场运动不是革命的，这一点他是清楚的，立场是坚定的，观点是明确的。因此，他认为党的干部要保护，不能滥杀、不能滥打，也不能乱斗、乱砸、乱抢，这样干算什么革命？从现在看，他的这种观点是对的，“文化大革命”是两个反革命集团指挥的，当时整个趋势就是这样。所以，叶喜丹巴同志认为盟里领导人中没有走资派，我赞成他的这种认识。叶喜丹巴同志表示过，盟委领导中没有走资派，当面对一些领导干部不是走资派被当成了走资派，不是反革命被打成了反革命，挨整挨斗的时候，他这样坚持党性的干部就不赞同了，开始斗争了。我是这样想的，在党遭到那样严重摧残的时候，作为共产党员无动于衷，这样的党员要他有啥用？两个反革命集团要把共产党搞垮，你却当“竹林七贤”，那能行吗？后来有了说法，叫“一碗水端平”。啥叫“一碗水端平”？林彪、江青反革命集团整大批干部的时候，你不站出来说“一碗水端平”。等两个反革命集团要完的时候，你才站出来说要“一碗水端平”，这是什么意思？这是我的看法，我的回忆录里要写上。所以，要把“文化大革命”同林彪、江青反革命集团分开，“文化大革命”就不存在了，就没有什么可讲的了。叶喜丹巴同志正是在这样一种复杂的形势下，在情况复杂的时候表现出对党的忠诚。

还有一个观点需要说一说，我在黑龙江公安厅的时候，反了三个月的派性，这方面接触的比较多一些。什么老保呀，造反派呀，这个派，那个派的，都是有些人封的。林彪、江青反革命集团说谁是造反派谁就是了。说谁是老保谁就挨整了，这个事情很清楚。我的看法是，作为造反派闹派性的话，起码要保护一批打倒一批，还要树一批，因此他们要夺权。当时是夺“三权”，掌实权嘛。叶喜丹巴同志没有这样的想法，更没有这样的野心。他写的大字报，他的一言一行，他的一举一动不存在这个问题。他无非是保卫党、保护这些老干部，也包括那些挨整的各族群众。因为他已经把各族人民同林彪、江青两个集团区别开来了。为什么他们垮台的时候，连不会喝酒的人都要喝上一瓶酒，家家户户庆贺？这说明早就有了这样的民心民意。叶喜丹巴同志没有夺权，他夺谁的权？机要室的权就在他手里。盟委的权他没夺，他也没去占领这个，占领那个，没搞“打、砸、抢”。他写过大字报，组织战斗队，那是听了毛主席的号召，中央左一个指示，右一个指示，后来修改宪法的时候才去掉了。问题不在写没写过大字报，问题在于写的内容和观点是什么。记得中组部、中纪委来人调查一些同志，说某位同志写过大字报。我说：“某某同志是写过，但那个时候让写，我看好些大字报的内容到现在为止还是正确的，不信可以找出来看看。”叶喜丹巴同志对党是这么一种信念，他对各族人民的感情是很深的，是无法用这一派那一派说得清的，他是站在各族人民一边反对两个反革命集团的。在那么严峻的局势下，他的共产主义的信念没有动摇，他组织过几次向中央去反映情况的举动，包括我在内都是他们安排的。其中的一次是安排我和官布同志去北京不是去苏联，不是去美国，而是到北京，向党中央反映“文化大革命”混乱的情况，不能这样搞！结果我们在半路被抓住了。事情虽然没有成功，那是另一回事。

叶喜丹巴同志是一个完全合格的机要室主任，就是在形势大乱的情况下，机要室的业务也没乱，保密的安全原则没有乱。所以说他是合格的机要室主任。这样他就要被两个反革命集团视为眼中钉了，要抓他，要杀他，这是在所谓的“支左办”的指挥授意下干的。他按中央的规定去要求保护，结果却把他推出来了，而且告诉他要抓他的人，他一出来就被他们抓走了，抓去不到两个小时就让他们活活打死了。对一个国家的机要人员不应该保护吗？这里不是保护的问题，是有意参与迫害他的问题。

另外，叶喜丹巴同志是坦诚的、直率的。就是在那种情况下，他冒着被抓被打的危险还去找军分区，军分区不就是"支左办"吗？还要报告呀，保护呀，这不是太直率了嘛。不过这样的直率也是可以理解的，因为你是军分区嘛，那个时候不信任军队还信任谁？我们最初也同军分区打过几次交道，后来成立了"支左办"，他们直起腰了，尚民找我们几次，让我和官布同志去，说要谈一谈。我和官布同志的看法一致，你是什么东西呀，我们跟你谈什么？不能去！这些情况叶喜丹巴图同志也知道，但他作为国家机要人员，按照国家的规定向军分区提出要求完全应该的。这样一个情景，还有他所有的行为说明他是一个坦诚的干部，一个优秀的民族干部。他的死是为党为人民的，不是你夺权我夺权，你整我我整你，也不是他被审查、什么“挖内人党”、“乌兰夫黑线”呀，他没有接触到这个，也涉及不到。那他为什么死的呢？我说了，他是在那个特定的环境下，为了党、为了人民而死的。我先原则性地说这些，希望你们多了解一些，同他的爱人谈一谈，同杜古谈谈。那时他虽然小，后来也了解了一些，还有呼盟的同志 也了解他。

我说这些了。

**乌云(蒙古族,那仁敖其尔的妻子,内蒙古党校图书馆副研究员):**

……那时候,叶喜丹巴同志常来找老那,有时老那没回家,他就等着,反正是一间小屋子,我俩就唠嗑。他说我们这一代是共产党培养的,对党要忠诚,对祖国要一不怕苦,二不怕死这一类意思的话,当然是心里的话。谈到他的家乡,他说,“我特别爱我的家乡。我的大儿子起名杜古,杜古就是故乡的故;老二叫杜林,杜林就是故乡的森林;第三个孩子叫杜清,杜清是故乡的水特别清;最小的孩子叫杜宏,意思是要把故乡建设好,像彩虹一样。”这是他给4个孩子起的名字。他同我说的时候很有感情,所以我一直记着他说的这些话。

**叶喜敖斯热(叶喜丹巴胞弟,原鄂伦春自治旗政协副主席,1996年1月24日在海拉尔接受了录音采访):**

我是扎兰屯萨玛街人,父亲叫杜明全,母亲的名字叫额尔敦塔娜。现在来说我们哥兄弟4个,大哥是叶喜丹巴,曾用名杜文德,他是1930年生人;我排行老二,1932年出生;老三叫叶喜达瓦;老四叫叶喜扎木苏,另外还有几个早逝的哥们儿。去世的有我的大姐,名字叫乌娜吉,她在世的话,该有71岁了。我还有个大哥,叫杜文长,他在世的话有69岁了。我大姐死的时候不到20岁,死于肺结核。大哥杜文长死的时候十几岁,那年他上了小学五年级,到外村参加运动会,回来的时候喝了凉水可能是炸了肺,也得了结核,不久就病故了。那时候,鄂温克人什么医疗条件也没有,得了病就要靠老天爷、靠萨满。我大姐病了之后,家里人让她当萨满跳大神,想因此躲过病魔。有一次她连续跳了一个月,因为她有病跳不动,但还是咬牙来跳,等萨满练得差不多了,她也不行了。我大哥患病之后，来了个蒙医，他给人治病的忌讳太多，病人不能吃肉，不能喝牛奶，好多东西都不让吃。我小的时候最可怜我的大哥，偷偷地给他吃东西。有一次被我妈妈发现了，硬是从他嘴里抠出来了，还打了我一顿。得了肺病的需要营养，不让他吃东西，他真受不了。我大哥人很聪明，他在小学的成绩一直都很好，经常是第一名，可他没有活下来。我姐姐手很巧，她的绣花在村子里是有名的，她临死前做的绣了花的鞋大约有 50 多双，我们兄弟几个就是穿着她做的布鞋长大的。我爸没有文化，那时候奸商很多，伪满的警察呀、官吏呀经常来欺负我爸，一般他们是利用鄂温克猎民没有文化，在以物易物的经济交往中，用记流水账的形式做数字游戏。我姐姐在世的时候，她能发现问题，跟他们一笔一笔地计算，抓住做手脚的把柄就和他们斗。记得村里有个郭记小铺，那个老板就很怕她，因为她敢在人多的地方抖落他们。我的其他几个弟弟大都是出生以后就死了。有个叫杜文宝，活了两年，他是不小心是把大碗热汤洒到了身上，就这点小伤感染了，夺走了他的生命。还有两个弟弟，一个妹妹，他们还没有来得及起上名字就死去了。这样，我们就剩下哥们 4 个，叶喜丹巴本来排行老三，这样成了大哥，我变成排行老二了。

在我的记忆里，他是 1930 年生的，比我大两岁，在萨玛街读的小学，那时候叫国民优级学校。小学毕业后人了扎兰屯师道学校，师道学校学期 4 年，他读了两年就"光复"了。我的哥哥学习上很用功，我们一块上学的时候，他每天早晨三四点钟起来到学校复习。到了晚上没有光亮，就自己举个蜡烛看书、做算术题，天天都是那样。他从小就好动，一点也不闲着，干活也是挺能干，劈柴啦，放牛啦，他都行。

萨玛街这个地方环境优美，四周环山，我们家住在山坡上面，前面不远有河套，那里有榆树、稠李子、山丁子，我们经常到那里采野果吃。我们的北山呢，整个山坡都长着榛子丛。山坡长榛子，山顶长的是大树，大多是柞木。萨玛街村西就是吉兴河，不远还有一个村子。我们村东有片榆树林，那里有一棵大榆树，村里人把它视为神树，年年要祭祀它。村里人祭祀的敖包在村北的山顶，每年的敖包会都在那儿开，全村的人都要参加，要磕头、添石头；有时还请来喇嘛念经。有一年，萨玛街北山着火，烧毁了大半个村子，有些人家受了灾，迁往阿荣旗了。

我父亲是猎手，他从小开始打猎，那时主要是打灰鼠，灰鼠能换来钱。冬季的时候他每天能打四五十只，所以老猎手很愿意带他去。除了打猎以外，家里还有两台大轮车，经常上山拉木头当烧柴；有时也到大山里拉松木、檩子、椽子到附近的蘑菇气、李三店去卖。家里有点荒地，有 1 垧 6 亩地，这是很差的地，在河套边还有 8 亩地。鄂温克人没有种地的习惯，一般是我母亲领着我和哥哥去种，春种秋收，基本上每年都没有什么收成。家里还养了五六头牲畜，饲养得不好，牛的品种也不好。我母亲是采集能手，她领着我们上山采榛子，最远要走八九十里的路，采榛子可以算上笔收入。到了秋季可采集的还有林地里的蘑菇、河套的山丁子、稠李子。而在夏季，哥哥领着我们在河边玩，游泳呀，钓鱼、摸鱼呀，还常烧苞米、烧黄豆吃。到了冬天，他领着我们套兔子、夹野鸡，他在这方面很有一套。反正他领着我们，我们跟着他。冬天父亲有时打回野猪、狍子，把仓库装得满满的，但家里的粮食常常是不多的。尤其到了春天就青黄不接了。到了那时，父亲到周围的村子换点粮食回来，去一次只能换回十几斤，仅够吃几天的。全家没有粮吃的时候就吃柳蒿芽，也用土豆充饥。柳蒿芽对鄂温克人来说是救命菜，有了它啥都不怕。家里因为孩子多，生活困难，哥们儿穿的都很破旧，大的穿完了，小的穿，小的穿完了，老疙瘩穿。我们身上免不了要长虱子，身上的虱子多了，冬天就把衣服冻在外面，冻透了再用扫帚扫。当时谁也没有衣服换，只好用这样的办法。

读小学的时候哥哥还领着我，那时我有点胆小。后来他上了中学，我也进了国民优级学校，这一年“光复”了。我记得很清楚，因为哥哥回来了，日本人投降了，苏联红军开过来了，大家要过太平日子了。到了1947年，哥哥参加了革命，是我们村里一个叫何庆海的先走的参了军。他回来把村里的十几个小伙儿领走了，有我的哥哥叶喜丹巴、哈赫尔。我哥哥到了乌兰浩特，入了乌兰浩特的军政大学，又到了齐齐哈尔东北军政大学。他到了齐齐哈尔军大以后就没有往家里来信。村里是1947年土改的，土改工作队里有哥哥的同学，一个是查干，还有沙格拉。沙格拉处长后来同我讲起过与哥哥同学时的情况，说哥哥没有被子，他俩盖一条毯子过冬。从他们那儿听到哥哥的情况，知道他参军了，但具体在什么地点不知道。1947年没有他的消息，到了1948年还是没有他的消息。1949年我也参加工作了，在扎兰屯派出所工作，1950年回到萨玛街当公安特派员。这一年家里收到哥哥的一封信，但有点奇怪，他对自己的工作单位和地点保密，只知道他在察哈尔。后来又来了一封信，是从锡盟寄来的。1953年我调到鄂伦春旗公安局工作，是那年六月份去的，最初搞普选，经常下乡。这一年我哥哥调回了呼盟，在盟委机要室工作。我这才明白了，他一直在搞机要工作。不久，他也调到鄂伦春旗工作，在旗工委当秘书，也就是办公室主任。工委办公室的工作他都抓起来了，办公室工作抓得有条不紊。鄂伦春旗是1951年成立的，党组织不健全，一直到1953年也没有完全建立。旗工委为了充实基层工作，派出了一批得力干部从事基层党组织建设。鄂永明同志到了大杨树努图克，叶喜丹巴到了诺敏努图克当工委书记，搞人民公社化试点。他到任后抓生产，亲自带领猎民进山打猎，解决猎民的生活问题。当时鄂伦春猎民生活都很困难，没有什么收入，他和努图克干部第一次领着猎民到外旗县打猎，很好地完成了公社化的试点工作。公社化以后，猎民村有了党支部，猎民的收入有了提高。他在那儿工作了两年，1956年调到内蒙民委工作。到了内蒙民委，他下乡的次数还是那么多，工作的重点还是呼伦贝尔。在此期间，他搞了猎区社教、农区社教，阿荣旗、莫旗他也常去。他的工作作风是吃苦在前，什么样的困难也无所谓。尤其在猎区，他同猎民打成一片，非常关心鄂温克、鄂伦春人，主动帮助解决他们生产生活上的困难，直到现在，很多人还记着我哥哥为他们做的事情。

杜·道尔吉就常说，那年他患了急病到呼和浩特求治，人生地不熟，遇上很多困难。他整个治病过程以及动手术，得到了叶喜丹巴的全力相助，到了今天他还在讲这件事。另外，玛尼十几岁的时候得了病，是我的哥哥把她带到呼和浩特，给她安排食宿，细心照顾她，为她治好了病。玛尼那时还不会讲汉语，她把叶喜丹巴当成了自己的亲叔叔，当成了靠山。现在玛尼当了科长也没忘记我哥哥对她的照顾。玛尼那儿还保留着她和叶喜丹巴的合影。她说，是叶喜丹巴叔叔照顾我，我才活了这么大。葛德宏的姑娘也得到了他的照顾。这个姑娘瘫痪了，在鄂伦春旗治不好，送到了呼和浩特医治。她在呼和浩特两三年的时间里，就是靠我哥哥的照顾，一切事情都是靠他来处理。实际上他可以不管的，因为姑娘的父亲还在世，也有其他的亲属，但他还是承担了这并不轻松的任务，尽了自己的责任和民族感情。

1964年我在牙克石搞四清，65年我哥哥特地来牙克石看我，这时他已经调回呼盟工作，家也搬来了。他的工作单位是盟机要局，任机要局主任。

1966年开始“文化大革命”了，当时的盟委领导都被打成了走资派，各派组织纷纷成立。他在机要局工作本来可以不参加政治运动，上级也有这样的规定，他是可以超脱一些的。但他看到许多优秀的领导干部被打倒，不光是从心理和感情上不理解，同时认为不能这样搞。他开始写大字报，表明了自己反对什么，支持什么，这样成立了“四一五战斗队”。他们的组织旗帜鲜明，主要是保护盟委的领导干部。记得盟委书记布特格其在扎兰屯被批斗，他亲自去扎兰屯掩护、转移,为了路上安全还借了扎兰屯武装部长的军装。还有一次,听说李俊潭同志在满洲里被批斗,他只身前往那里,同造反派交涉。当时他30几岁,在那样的局势下,有勇气挺身而出,奋不顾身,真是有魄力、有胆略。他的性格就是这样,看到不公平的事情就要站出来,绝少顾及自己的生命。他的行为被造反派视为眼中钉,非要除掉他不可,这样他们终于对他下手了。对他下手那天,他意识到了危险的逼近,找了呼盟军分区,说我是国家机要人员,应该保护。军分区已经有了派性,没有保护他。那天晚上七点钟他被抓走了,九点钟就被打死了,仅仅用了三个钟头的时间。那时我是鄂伦春旗的当权派,处境也不好,属于被打倒的对象,得到噩耗之后我不顾一切了,瞒着孩子到了海拉尔。我领我嫂子到公安处申诉,要求搞清楚哥哥的死因,而造反派为了掩盖罪行,硬说他是病死的。我跟他们申辩、斗争。一个很好的人,七点钟弄走了,九点钟就死了,什么病这么快?我们绝不相信他们的胡言乱语。不搞清楚哥哥叶喜丹巴的死因,我绝不回去。我们不停地找,一天连一天,天天去找。后来内蒙公安厅来了法医,名字叫斯日古楞,他说,“你要相信我,我不受任何人的影响,会正确下结论的。”他认真察看了冷冻的尸体,下的结论是:外伤性休克致死。对这个结论我们没有异议,哥哥叶喜丹巴确实是被他们打死的。他37岁就结束了充满精力的生命,过早地结束了正直的一生。

**叶喜扎木苏(呼盟政协副主席,叶喜丹巴胞弟,1996年1月在海拉尔市的谈话录音):**

我大哥突出的品格就是他的为人。应该说他是我们的好兄长,在家里是父母的好儿子。他对父母亲特别孝敬,是按鄂温克人的传统礼节孝敬老人,在这方面他是出了名的。我们的父亲是1958年去世的。父亲患病的时候我还小,才十二三岁。那是在大哥的家里,我记得大哥为了把父亲的病治好,整天跑医院,该想的办法都想了。母亲有病时也是这样,她动过手术,都是哥哥和嫂子来照顾,那孝敬的程度就不用说了。对我们这些弟弟来说,他是老大哥,我从小就得到他的关心和爱护。他希望我无论如何也要上学读书,这也是我父母的最大愿望。我大哥对我抱的希望最大。在我读小学的时候,他就常对我讲要有文化,要读好书。我上了大学的时候,大哥正好在呼和浩特工作,见我考上了大学特别高兴,对我的每一点进步都感到愉快。记得 1959 年我初中一年级的时候,在呼和浩特参加书法比赛得了名次,大哥和大嫂很高兴,奖给我一些零花钱,还给我买了一双崭新的冰刀。另外,在困难时期我得了病,那是在扎兰屯,正好大哥下乡到那里,我昏迷了一个多星期,是大哥细心地照料我。这些感动人的事情就不说了。我大哥去世多年了,他的朋友们、熟识他的人一直在怀念他,赞赏他的为人。说他对人特别热情,只要别人有困难求到他,甚至没求他,他自己知道了,一定要给予无私的帮助。我母亲在世的时候有一句话,那是一句谈到他的鄂温克话,翻译过来的意思就是:“他这个人遇见朋友有困难是肯把自己的裤子脱下来的人。”他对自己的民族的事情特别热心,对自己同胞特别好,这方面的例子是很多的。他对其他民族的同志也是这样的,他的朋友有汉族的、蒙族的、达斡尔族的,他的朋友很多。

他是党的好干部,对党忠心不二。记得他去世前同我有次谈话,回忆起他是如何走上革命道路的,为什么要参加革命。因为我们家庭是穷苦的家庭,要改变这个状况。他说他切身体会到共产党对少数民族就是好,他有这样的信念。我想,他这个信念贯穿了他的一生。他参军在部队就搞机要工作,他对机要工作特别热爱,这当然因为机要工作重要。搞机要工作的同志之间关系特别真诚,他从部队转业到地方后非要回机要部门不可。他在鄂伦春旗也工作过一段时间,当过旗委秘书、努图克达。他同猎民们一起生活,带领猎民生产,在山上给他们做饭、打灰鼠子。他在那儿学会了打猎，练了枪法。后来他调回内蒙民委工作，工作勤勤恳恳，经常下乡，帮了很多人的忙。他这个人有一个根本性的东西，就是时刻站在党的利益上去思考、去行动。在“文化大革命”关键时刻就看出了他的本色。我觉得以他的性格与为人，“文化大革命”这样一场劫难，他肯定要作出牺牲，当然多少年过去了我才说这样的话。对“文化大革命”他是不理解的，为什么那么多党的好干部都被打倒？他是在心里不同意的，所以才有自己的看法、自己的行动，去主动保护一些老干部。他这个人很倔强，自己认准的事情一定要干到底，没有回头的余地，所以才有那么悲惨的结局。但不那样做又不是他的性格，他要维护的是真理、是党的形象、党的利益。

# 讷莫尔鄂温克人的出色代表

## ——乌嫩其同志

**乌嫩其** 鄂温克族，萨玛格日氏，1929 年生，原籍黑龙江省讷河县第五保安村（都拉斯尔）；1947 年至 1948 年在莫旗诺敏中学读书；1948 年 10 月在校读书期间加入共产党，毕业后分到布特哈旗委工作。先后在布特哈旗团委、呼纳盟团地委、喜桂图旗团委、内蒙东部区团委、索伦旗团委工作；1955 年调任莫旗团委书记，曾任莫旗宣传部副部长、巴彦公社党委书记、尼尔基中学校长、莫旗科委主任、副旗长、旗人大常委会副主任。

1949 年参加了东北学生第一次代表大会，当选执行委员，同年出席在北平召开的全国学生第十四次代表大会。

他在领导基层护林防火工作中成绩显著，多次获得上级机关表彰。

他于 1986 年病逝。

本文整理的是部分同志于 1996 年 4 月 16 日的座谈录音。

**敖登褂（达斡尔族，乌嫩其同志的遗孀，原莫旗文化局副局长）：**

乌嫩其同志 1948 年从巴彦满都呼浅考入莫旗诺敏中学读书，那时他生活很困难。父亲去世了，在他读书期间母亲又病逝了，这时没人抚养他们，他的叔伯叔叔收养了他和他的妹妹。入中学不久，他成了学校的学习和政治活动骨干，并秘密加入了中国共产党。1949年初,诺敏中学合并到扎兰屯那文中学,他留在本校初中班。后来,他参加了全国学联代表大会,回来后当选为学校的学生会主席。1950年底,他毕业分配到布特哈旗旗委工作,先后在牙克石、扎兰屯、鄂温克旗团委工作,1955年调回莫旗工作。他的经历大体是这样。

我简单谈谈他的性格。他这个人工作上有一股干劲,只要组织上交给他的工作,他都要主动积极地完成。特别是在他任副旗长那一段时间,对他所分管的林业和护林防火工作抓得十分认真。他是个急性子人,发现谁在工作上有疏漏,马上就来火,发现谁的工作做得不好也要发脾气。可以说他在职期间对莫旗的林业工作做了自己的贡献,植树造林也花了很大的气力,有了一定的规模。在他离开副旗长位置后,仍抓了一年的防火工作,只要发现火情他立即赶到现场,不知道苦,也不知道累。

让我比较满意的是在他去世后,旗委对他的评价是很高的也是准确的,我很感谢组织上对他的关怀与培养。

**敖文祥(鄂温克族,原莫旗民族事务局副局长):**

1958年我同乌嫩其同志接触,他给我留下的印象很深。这个人工作热情高,为人好,愿意帮助身边的同志。他在乡下工作期间成绩突出。记得他在内蒙的一次大会上,曾作为优秀典型在大会上谈自己的工作,介绍怎样发动群众搞好生产的。他的工作作风是雷厉风行,因为雷厉风行难免有时急躁,发现谁有不对的地方,毫不客气地批评。后来他回到旗里宣传部工作还是保持他的一惯的作风,对同志特别热情,对民族的事情也很关心。他觉得鄂温克族人数少,还有些落后,需要加倍努力。他当了副旗长以后仍是那么谦虚。当时他主管民族工作,主管我们民族事务局,我知道他经常下乡了解情况、检查工作。他还分管全旗的林业,对违反林业政策的人和事及时地给予处理。后来成立了莫旗鄂温克族研究会,他当会长,对研究会的工作、对培养鄂温克族下一代问题、教育问题都是很关心的。大部分人都说乌旗长真干呀！也有人说他性格急躁,但他发脾气都是为了工作呀！他去世后,大家都很惋惜,怀念他。

**沙金寿(鄂温克族,莫旗人大常委会副主任):**

在我读小学时,敖登挂同志是学校的教导主任,乌嫩其同志是乡党委书记,那时我对他有点印象。后来我参加了工作,当了乡党委书记后同他的接触多了,通过接触了解了他的过去。从整体上看,他作为鄂温克民族的老同志、老领导,有自己的坎坷经历,那些坎坷经历是我们过去的政策造成的。后来给他落实政策恢复职务以后,他觉得自己的好时光不多了,要把失去的时间补回来,在他分管的林业工作上拼命工作,为莫旗的青山常在,身体力行,严厉执法。记得他每年都同乡镇政府签订造林责任状、防火责任状,那时其它地区还没这样搞,他率先在莫旗搞起来了。在他执政的3年,莫旗的林业“三包”很到位,管理很严,嫩江东岸偷烧柴的人也很少。他去世后,直到今天,莫旗的老同志仍在怀念他,说老乌头儿管林业的时候是莫旗森林保护的鼎盛时期。当时他分管民族宗教,为自治旗的民族团结和进步做了大量工作,特别是对鄂温克民族的团结与凝聚发挥了重要作用。比如,第三次人口普查时,恢复鄂温克民族原来的历史和名称,他做了细致的工作。现在哈达阳镇老杜家这一部分鄂温克人,是经过他的调查研究后,使他们确认自己的祖先是鄂温克人,然后改报了鄂温克族。他对两个鄂温克民族乡的发展也倾注了不少心血,现在我们回忆起来还是忘不了他。

当鄂温克族的老同志沙驼、满都呼提出要成立鄂温克民族研究会的时候,消息传来后,他积极地在莫旗范围内做工作,在旗委和政府中协调,最后在内蒙鄂温克族研究会成立的时候,莫旗派出了14人的很有规模的队伍参加了会议。回来后,莫旗随即成立了鄂温克族研究会,他既是发起者又是组织领导人。

开好人民代表大会是件重要的事,同时对鄂温克民族的相互了解、相互交往做了很好的楷模。比方说,鄂温克人分布是小集中大分散,还分雅鲁鄂温克呀、诺敏鄂温克呀、还有讷莫尔鄂温克呀,他为这几部分鄂温克人的内部团结作了很好的榜样。具体一点说,讷莫尔鄂温克除讷河的希望民族乡外,都迁到莫旗了,甘南已经没有鄂温克人了。现在阿荣旗有几个民族乡,但加起来的人口也没有莫旗的鄂温克人多。

在内蒙成立鄂温克族研究会时,有的同志对我们莫旗去的代表说:"你们连鄂温克话都不会说,还算什么鄂温克呀?"这句话把乌嫩其同志气坏了,他说:"我们作为鄂温克人虽然不会说本民族语言,可我们的骨头、我们的肉、我们的心,都是鄂温克,我们是鄂温克。咱们唱什么高调都没用,什么热爱祖国,热爱这个热爱那个,首先要爱自己的民族。鄂温克人不爱自己的民族,他就谈不上爱国,也谈不上国际主义。"这句话成了他的格言。我觉得这虽是他个人的看法,这一观点应该在各民族中提倡,各民族都要自尊自爱,由于他的这一思想,他对莫旗鄂温克族研究会的创立发挥了主导作用。同时,他在莫旗的机构改革中,为在旗领导班子中如何配备鄂温克族干部,同沙林才、阿拉尔图同志交换看法,沟通感情,为推进鄂温克族后备干部的到位做了大量工作。到1984年,莫旗党政领导班子中充实了4名鄂温克族人选,沙林才同志到了政协、阿拉尔图同志到了政协、满德同志到了旗委。乌嫩其同志到人大工作后,推举盖秀兰同志为副旗长人选,这样鄂温克族干部配备比较充实、合理了。乌嫩其同志确实为莫旗鄂温克族干部的培养与使用做了细致和扎实的工作。

**盖秀兰(鄂温克族,原莫旗副旗长):**

我来莫旗比较晚,但乌嫩其主任给我印象很深,有关他的消息最初是从我哥哥那儿听说的。我哥哥那时在满洲里工作,也是宣传部长,他常谈起乌嫩其同志,说莫旗有个乌嫩其。同他有了工作接触后,觉得他为人直率,有啥说啥,对你有意见当面就说。对了你就改,不对你自己去考虑,体现了鄂温克民族的性格。同时,他为人非常热情,主动帮助同志解决困难和具体问题。你要是有什么事想不通,他会找你谈,把你说得暖暖乎乎的,给你鼓劲,他有这样的口才。他办事果断,从不拖拖拉拉,行就是行,不行也要当面解释清楚。他本人很有文艺才能,各种大型活动他都积极组织和参加,把各种晚会办得热热闹闹的。听我哥哥讲,他很有工作能力。从他的工作业绩来说,当年他的宣传工作搞得很好。另外,他在学校和科委工作期间,我知道一些情况。那时我已经到尼尔基中学当老师,记得他当校长时每天去得很早,自己动手打扫办公室和走廊。到科委工作后主要是搞农副林水,要经常下乡,那一段时间也没少做工作。可贵的是,组织上分配他到哪儿,他在哪儿工作都很出色,现在看来这样的工作作风不多见了。

给我印象最深的是他抓护林防火工作。那时我在吴宝山当副乡长,当时那里自流人员大量涌入,这样北部山区毁林开荒现象严重,经常发生火灾。我看见乌嫩其主任经常深入现场指挥扑火,有时还要亲自打。他有时坐吉普车来,有时骑马来。由于他对莫旗山山水水非常熟悉,一说到哪儿着火了,他马上就知道在什么方位,应该怎么打,是早晨打好,还是晚上打好。1975 年的野火着得特别大,他坐吉普车直接开到火场来回指挥。当时是很危险的,汽车随时都有爆炸的危险,但他不管这些,显得指挥有方,在他的带领下扑灭了很多场野火。

他是莫旗鄂温克族研究会的创始人。研究会成立后他担任了会长,对鄂温克族的历史和文化遗产整理、挖掘做了很多工作。他很关心鄂温克族的教育、卫生事业的发展，每次下乡都要看看学校、医院，发现什么问题及时向旗委汇报。对鄂温克族的民族经济他也很关心，对怎样学会科学种田，他也帮助想了不少办法。研究会成立后，他积极组织鄂温克族干部活动，讲些民族的历史，加深民族间的感情，探讨怎样继承民族传统的问题，使大家心里热乎乎的。在他的带动下，我们加强了同邻近地区鄂温克族的交往，比如经常邀请讷河团结乡的、齐齐哈尔市的鄂温克族来参加活动，相互关系密切了。

在鄂温克族干部培养方面，他也做了不少工作。他经常向组织部分推荐鄂温克族中青年干部，比如沙金寿、涂玉亭、杜森林等。所以，在一段时间内，莫旗几大班子里都有鄂温克族干部代表。可以说，有了他这么个带头人，大家的精神振奋起来了，他为鄂温克民族的事业奔忙了一生。

# 寻找鄂温克人的灵魂<br>表述民族的声音

**乌热而图**　鄂温克族，涂可冬氏，1952年4月20日出生，童年生活在莫力达瓦旗尼尔基镇，在尼尔基试验小学读书。小学毕业后在尼尔基中学短期就读。1965年因父母工作调动转入海拉尔第二中学。1968年初中毕业后，来到使用驯鹿的鄂温克狩猎部落，同猎人们生活10年之久。曾多年从事狩猎生产，后任敖鲁古雅鄂温克民族乡干部，1980年调至呼盟文联从事文学创作。1981年入中国作家协会文学讲习所专修文学。1985年，在第四次全国作家代表大会上被推举为中国作家协会书记处书记。1986年应美国新闻总署邀请，参加在美国爱荷华大学举办的"国际写作计划"。1988年被评定为一级作家职称。1990年按个人意愿返回呼伦贝尔草原，在贴近自然的环境中读书、写作。1992年作为有突出贡献的专家享受国务院颁发的特殊津贴。现任内蒙古自治区文联副主席、呼伦贝尔盟文联主席。

他从1976年开始写作，目前出版的小说集有《七叉犄角的公鹿》、《乌热而图小说选》、《你让我顺水漂流》、《琥珀色的篝火》（日文版）、散文随笔集《沉默的播种者》等。从1981年起，他以描述鄂温克民族森林生活为背景的作品，连续多次获得全国奖。

他的大部分作品翻译成多种文字在国外出版。

下面整理的是1995年12月2日，他与一位朋友的谈话概要。

……你所持续不断描述的使用驯鹿鄂温克人的故事，与鄂温克民族整体有什么关系？

……你的这一问题有些复杂，一句话两句话讲不清楚。有好些人也对我提出过与此相类似的问题，认为我在文学兴趣上沉湎于敖鲁古雅这部分鄂温克人的生活，属于陷入局部而忽略了整体。当然，也有一些同胞从民族布局来理解我的写作，认为我的写作从一种文化意义上讲是在以敖鲁古雅这一小部分鄂温克人替代其他部分。当然，这是从民族文化的整体来考虑问题，也许他认为我的小说在给陌生读者留下特殊印象的同时，也在把敖鲁古雅猎民的生活方式塞给了他们；同时给他们的印象是：只有这样生活的人才是真正的鄂温克人。另外，也有一些长辈叮嘱我，要注意开拓新生活，开阔自己的视野，从一个相对狭小的天地中走出来。

我认为，这一切需要对文学有个正确的把握，包括对构成文学创作的基本构件的理解。按照人们的习惯思维，构成创作的基本要素无非是情感、想象力和生活经验。至于最后一点，也就是生活经验，对当代以创作为职业的人们来说，常常被视为创作的“材料”，这已经与以往的思维有些不同。那些基本的“材料”可能来自这样一种生活，也可能取自那样一种生活，但基本的规则是创作者要对攥在手中“材料”的质地、特性理解的深度足以达到无人企及的地步。

如果由我来分解自己创作要素的构成，可以分解的同样是那几部分，首先被提炼出来的是情感，这是小说创作中最主要的，不可以唬骗任何人的真东西。情感必须是实打实的，有一定的归属感。我坚信自己在小说中表达的情感属于整个鄂温克民族。从这个意义上讲，小说作品中的人物只是负载情感的载体。因为具有一般文学常识的人都会认同，生活在现实中的活人在短暂瞬间很难表现出文学作品中虚构人物那样饱满的情感，丰富多变的心理状态，进而蕴含人生的启示。有位同行的话说得很精辟：“需要用好几个生命来塑造一个人。”可以说，小说中的情感是从一个更大的空间中提炼出来的，只是附着在一个具体被选定人物的生存框架中。这样讲似乎可以说清楚一些。具体一点说，我的情感是由我的童年、少年，我的家庭环境以及莫力达瓦、嫩江岸边那多民族文化背景生成的，可以说这是一种敏感的、有清醒自我意识的、受多种文化交叉影响的情感。当这一情感与敖鲁古雅那古朴的生活相撞接时，熔炼出富有艺术性的，得以表达整个鄂温克民族意愿的情绪动力。比如，我在小说《七叉犄角的公鹿》中表露的对自然界中自由生灵的钦佩、敬畏、忏悔的姿态；在小说《琥珀色的篝火》中袒露的鄂温克民族与人为善的诚意；在短篇小说《你让我顺水漂流》中述说的是对整个民族传统文化前景的忧虑；在中篇小说《雪》、《丛林幽幽》里表现的是对大自然母体的敬畏……这些情感都是属于鄂温克民族整体，属于每一位有历史感的鄂温克人。小说写作的另一个要素当然应该提到创作者的想象力。这一想象力纯粹是个人头脑的产物，虽然这一抽象的软性物质从理论上讲同某一种生活，或者说客观的现实密不可分，但想象力毕竟以现实为依托源于个人的头脑，源于他的天性和文化积累，或许包括某种神秘的集体无意识。在这里想象力非常重要，对于创作者来说，或者对于他所赖以生存的民族来说都是同等重要的。记得一位拉丁美洲的作家提出一个问题："一个作家除去要求自己发挥想象力和提高语言水平，还能给自己的民族提供什么？"这是他向自身提问，同时也表明他对这一问题的理解与阐释达到了相当的深度。他说："一个民族如果没有想象力和语言还能存在吗？20 世纪的大量例子表明是不能存在的。当作家群体消失的时候，整个民族就失去了说话的能力。一旦失去了说话能力，也就失去了想象力……"

我非常欣赏这位作家的精辟见解。

最后需要提及的是生活经验，无疑也是写作过程中最为重要的核心部件，或者称其为用以创作的"材料"。这一"材料"必须是真实的、实在的、被创作者以情感之水浸泡过的，它同创作者的关系如同鱼与水的关系；对于创作者而言，它绝不是一条陌生的河，而是一条创作者已经在那河底畅游过无数次的生命之流。

我认为当这样几种因素粘合一体时就出现了虚构，由文字构成的虚拟现实构成一个新的现实。这是充满多种可能性的类生命状态，是“第二自然”，是“可能的存在”，它不再拘泥于狭小的空间，只要它品位纯正无瑕，自然而然归属于更大的生存群体。

这就是我对文学的理解，也是我对自身写作的解说。

……这是不是说，你仅仅满足于一名民族作家？

……我不理解你所指的“民族作家”含义是什么？严格说来，作家不是季节性迁徙的候鸟，无论他使用何种语言文字，不论他漂泊在何处，都在以自己的创作表述着一种文化上的归属感。美国有位作家名叫福克纳，他是位传统的白人，他一生都在写美国南方的一小块地域。后来他被人赞誉为“扎根大地的人”，是说他的写作有一种令人难忘的乡土气息，同美国南方那一片土地，那一段历史连在一起。我一直认为他是位令人尊重的地道的“民族作家”。

你的问题让我想起 1986 年我去美国的那次旅行。在那众多的文学同行参加的文学讨论会上，提出的问题是：文学是民族的还是世界的？这样一个讨论的题目与你的“民族作家”的话题有种联系。如果用简单的方式回答，在这里也可以套用俄国文学评论家的一句话，他的那句话是“……越是民族的，就越是世界的（大意）。”但问题并不是这么简单，一个民族作家也有可能或者说常常就是某一具体民族的作家，换一种说法，他就是一个地域性作家，他的作品向人们提供的东西未能超越地域的水准。也有一些作家，他们的作品向人们提供的东西、他们作品的影响力超越了地域，成为更多的人们所接受的精神财富。他的作品“不是向世界显示或者表明什么，而是要给世界补充某种东西。”这样的先例还是很多的。

那么其中的差别在哪儿呢?

在我看来首先是对人的认识。那些成功者对人的认识无一不达到一种令人折服的境界。他们对生活在其身边人们的状态感悟至深,由此提炼出人的生存的普遍性意义,或者将两点融汇在一起。

人类社会发展不论存在着多大的不同,但作为人的生存,人在生存中所面临的问题,就其基本点来说,不可避免地存在着一致性,比如生与死,欢乐与痛苦,忧伤与绝望,等等等等。所以在文学创作中,作者通过自己的作品提出的问题越带有人的普遍性,也就具有了超越地域限制的条件,越容易被不同民族的读者所接受。

……通过小说创作你想达到一种什么愿望?

……严格说来,小说的社会作用是十分有限的。过去我们的社会机制大大夸大了小说的作用,现在小说跌落到它应有的状态,也就是说只有那些对小说有兴趣的人才对小说感兴趣了。

另外,我们是一个多民族构成的国家,有一个主导性的文化,这个主导性的文化又同政治相联体,同时主导性文化所占的强度和实力与非主导性文化相比,特别在人口比例上差距如此之大,这就使非主导性文化易于处在被忽略和漠视的状态。我只是从文化现象角度看待这个问题的。这就造成民族间潜在的交往上的困难。民族间的交往和精神上的交融常常变成一种单向的冲击与浸透,而不是真正或平等意义上的双向的理解,至少这种双向的理解是困难的。特别是当某一种影响力变成单向冲击的时候,形成的是整体覆盖与全面湮没,造成的结果是障碍了一个民族自身文化的正常发展。这极有可能发生的文化现象无疑与我们一惯标榜的信念相悖。

有鉴于此,我在一个短文中提出了自己的见解,也可以说是我的愿望。这一段文字是这样的:“不同的文化群体之间,不同的生存个体之间内在的理解在当代社会已经成为人们的精神渴求,成为消除相互间无形隔阂的前提,成为文明与进步的一个内在标志。

文学对于加深人们相互之间的内在理解，以其真实感和形象性满足了人们超越时空的渴望，已经成为不可替代的食粮。”

这一句话代表了我的文学愿望，当然这一愿望偏重了社会学。

……你在一篇短文中谈到“小说是一种祭奠?”

……是的，我在日文版小说集《琥珀色的篝火》序言中有这样一句话，那句话的大意是“小说是人类对自身行为，包括那些曾经存在，还有即将成为过去的一切的祭奠。”我曾认为小说从某种意义上看，是对历史的形象性补充，而历史是行进性的，在它的行进过程中不可避免地要使自身成为过去，而成为过去的一切难免要被淡忘、曲解，变得陌生。所以，当我感觉到一个民族的心理在不同的时期发生不同的变化时，认定它是易于消散的。我在小说中捕捉那种有价值的心理，以便它使人们易于感觉到。当然与心理状态相类似的还有情感，在我看来它在文学上也有同等重要的意义，接近了被称为一个民族的“特质”的那样一种精神品性。我对这一些很有兴趣，因为它常常在干瘪的历史中隐身，使以往的历史看上去更像一个平面体。应该提到的是，不论在任何一个群体中，它一直以多种形式左右着人们的行为，成为一种价值观念和行为准则，进而成为不可忽视的无形力量。我希望这一潜在的能量浮现在地面，让它在一个宽阔的河床中平静地流淌。当然，我的这一段话也基于这样一个观点:过去之中蕴含着未来。

……你好像一直在追求着什么？具体一点说，你是怎么看待作家?

……这用一句话说不清楚，我只能借用自己喜欢的一句话来回答你:“作家有一些独到的思想和一个无法模仿的声音。”这句话是借来的，我很喜欢它。

人们常说到作家的职责是认识人，认识社会，同时也把自己融入了其中。这就应了一位科学家的话，他说:“我们其实都是未解之谜。”不知我说清楚没有。

# 研究自己民族的历史和风俗给我带来了快乐

**哈赫尔**　鄂温克族，哈赫尔氏，1927年7月出生在扎兰屯萨马街贫苦猎民家庭。1936年入萨马街小学读书，1942年小学毕业，1943年至1945年在家中打草、伐木、打猎。1946年9月在萨马街努图克任治安委员。1947年2月在扎兰屯参加内蒙古自卫军教导团机枪连。1947年6月随军南下，部队整编为内蒙古骑兵第1师通讯连，任通讯员。1948年7月再次南下，参加了辽沈战役，在辽沈战役中荣立三等功。后参加剿匪活动。1950年至1954年7月在乌兰浩特内蒙古工农速成中学读书。1954年9月从呼和浩特内蒙古军区政治部转业到地方，分配到呼纳盟民政处民族事务科。1956年调至呼盟民族事务委员会。1962年9月至1989年3月在鄂温克旗工作，先后在辉苏木党委、旗广播站、民政科、气象科、监查室、统战部、政协工作，历任科员、干事、苏木党委副书记、主任、科长、部长、副主席等职。1989年当选内蒙古自治区鄂温克研究会副会长。

他发表鄂温克族历史、语言、风俗方面的论文20多篇。

他是鄂温克族自治旗自治条例第一稿的起草人。

1995年8月29日上午，他在海拉尔市接受了录音采访。

……索伦、通古斯、雅库特3个部落都称自己为鄂温克，历史以来祖祖辈辈都是这样，这一点是肯定的。我小时候就这样自称鄂温克了，但后来老被其他民族叫索伦、通古斯什么的。

我1955年深入基层，那时在民政处，对鄂温克这个提法很留意的。我记得最先是在敖鲁古雅那部分鄂温克人中提出来的，《内蒙古日报》也登过。我一看，那儿也有鄂温克，他们先把鄂温克这个称呼提出来了。后来，鄂温克人里面有了议论，特别是满都呼、沙驼他们，在人代会期间提出过鄂温克族名称的统一问题。我记得是满都呼、昆德伊万、单金他们提出来的。单金是陈巴尔虎旗的鄂温克老人，活了100多岁，他的家我也去过，他也提过鄂温克3个部落的事，说3个部落就是一个民族。通古斯鄂温克自称是鄂温克，奇千的鄂温克人更是自称鄂温克，索伦这部分一直认为自己是鄂温克，尤其是猎区的。所以一直这样议论，我们的民族名称应该统一，统一称为鄂温克族。我是1954年回来的，以前的情况不太清楚，据说昆德伊万、尼格来他们提出过。我记得后来的座谈会是在1956年开的，那是在6月份，当时是在呼盟的交际处，也就是现在的民族饭店开的。参加会议的有18个人，通古斯、索伦、雅库特3部分都有人参加了，还有几位鄂伦春人，他们的名字我都记得比较清楚，有鄂温克旗的贺兴格，扎兰屯的是额勒根（他是我叔叔），莫旗的是敖文廷参加了，陈旗的是玛日克，奇千的有昆德伊万、尼格来，鄂伦春旗的是通古梅，我记得好像还有白雅尔图，都是头面人物；还有盟里的卓利格图。我是工作人员，给他们安排食宿。记录员是宝音巴图，那时他在统战部，他也是萨马街人。会议期间大家一致认为应把鄂温克名称统一起来。这样，3个部落一致同意恢复鄂温克族这个称呼，这不是成立一个民族，而是恢复自己原来的名称。当时的情况我在《鄂温克研究文集》第二集里作了介绍，写了那篇《关于鄂温克族民族名称统一纪实》。在我那篇文章里谈得比较多，我曾到呼盟档案馆找了一些材料，昆德伊万、敖文廷在会上都有发言，别人的发言没有记录，也可能是当时记录的关系。当时我坐下来一直在那儿听，对会议的进程很清楚。敖文廷说我们祖组辈辈都是自称鄂温克族。他是乌尼满都的弟弟，现在还健在，已经70多岁了。第二集文集出刊后，我给了他一份，他很高兴，我在文章中引用的是他当时的原话。民族名称统一之后，成立自治旗的问题提上议程。这时一部分达斡尔人有想法，提什么呢？说搞达斡尔、鄂温克联合自治旗；还有一些其他议论。自治旗成立的时候，我是从民委角度去的，当时协助鄂温克旗筹备委员会工作，同时向盟里汇报，就做一些具体工作。我觉得鄂温克自治旗成立对鄂温克族来说是历史上的一件大事，是一件大喜事。1956年是云勒吉在那儿当旗长，图盟巴雅尔是1958年派去的，他任书记兼旗长，成立的时候乌尼满都是旗长，就是这么个过程。我记得图盟巴雅尔书记在第一次成立大会的时候是用鄂温克语讲话的。他鄂温克语讲得比较流利，他们杜拉尔的鄂温克都会讲鄂温克话。乌尼满都到鄂温克旗比较早，1952年组建武装部的时候去的。

我对贯彻民族区域自治法、民族区域自治政策印象很深，我觉得鄂温克自治旗自治条例很重要。我在鄂温克旗工作期间，中央有指示，各民族自治地方都要搞自己的自治条例。这样，鄂温克自治旗也要有一个自己的自治条例。我参考了黑龙江杜尔伯特蒙古自治县的条例，写了第一稿，后来我们还到实地看了看，草稿大体上是效仿人家的，也结合了鄂温克旗的实际。完稿后交给人代会讨论了，原则上认为这篇稿还可以，上报给了人大常委会。现在这个稿已经改到第9稿了。起草工作最初我先参加的，后来宾巴也参加了，讨论的时候大家提了不少意见。后来人大常委会原则通过后，由敖福德、毕力格巴图和我到内蒙古去汇报。汇报后没有通过，自治区人大常委会的一位副主任说："内蒙自治区的条例都没出来，你们先定了，这样不行。"当时毕力格图说，"别的地方都出了，有好些自治县已经通过了。"这样就得把材料拿回来，算沟通了一次信息。据说，现在3个自治旗的自治条例都报到盟里去了，莫旗和鄂伦春旗的还搞得不错，鄂温克旗的在有些条款上有分歧，还要进一步修改。

在鄂温克族，我觉得干部的培养使用、干部的教育等工作总的来讲还是不错的。鄂温克旗3000多干部中鄂温克族干部过去有300多，现在更400多了，基层苏木一级可以说是民族化了。有的干部有工作能力能独立工作均毕业于大专学校，他们年龄也不小了，30多岁了。我们可是从20多岁就开始承担一些工作了，还独立去搞调查。从基层一步一步上来的干部当然更好，好开展工作，可就整个鄂温克干部队伍来说，干部数量还有待提高。我当统战部长期间，旗民委还没成立呢，为了培养民族干部，我们送学员到内蒙古大学、内蒙古医学院、内蒙古师大、内蒙古财院学习。我们当时输送了54名鄂温克干部，主要为了培养提高他们的素质。学习结束的时候我们还专门去慰问了，还带了一些礼品、锦旗，那4个学校我们都去了，对校方帮助我们培养鄂温克人才表示感谢。在我当统战部长期间到莫旗参加三十年大庆，遇见齐齐哈尔机械学院的一位达斡尔族老师，他说他们那儿要招生，我说："我们可不可以送一些学生去？"他回答："可以。"我回来便向旗里汇报了，旗委很重视，后来机械学院的书记院长都来了。要去的学生都考了试，他们留了50人。我记得那次旗里拿了9万多经费，后来我们还去慰问了。在那儿学习的学生分两个班，一个是大专班，一个是中专班。这两个班对培养鄂温克旗的干部起了很好的作用，后来都先后走上重要的工作岗位。后来，我们选送了一部分学蒙文的学生到中央美术学院蒙文班学习，他们进修了两年。总之要提高民族素质，在培养民族干部上下功夫是非常必要的。

内蒙古鄂温克族研究会的成立对鄂温克民族来说是件大事。一开始筹备的时候，我们的提法是效仿达斡尔族的学会办，最初考虑的名称是鄂温克族历史语言文学协会。后来沙驼同志提议往上报，经内蒙古自治区社会科学协会、内蒙古自治区党委宣传部批准,将它定名为内蒙古自治区鄂温克族研究会为好,大家很赞同这个建议,一致通过了。大家认为这个协会不受专科题目的限制,历史、语言、文学、经济等各方面都可以研究。这样,在研究会筹备期间提出了4名联络员,呼和浩特是满都呼、吴永智,呼伦贝尔的是哈赫尔、宾巴。1984年10月成立了鄂温克研究会筹备委员会,在呼和浩特宾馆召开,我参加了,宾巴他们也参加了,去的人不少。筹备会期间成立了一个委员会,主任是沙驼同志,副主任是满都呼、吴守贵、哈赫尔,底下有几个工作人员。筹备会研究了具体事项:如怎样选举代表、资金来源等等。这里鄂温克旗大力支持研究会的工作,一下去了20多人参加,莫旗去的人也不少,鄂温克旗带去了一些当地土特产。从研究会筹备到成立,我个人做了自己的努力。筹备会成立的时候我就是副主任,成立后,成了常务理事。后来在大雁第二次会议上,我又被补选为副会长。1985年我在政协就退到二线了,1989年办的离休手续,这一段时间我一直在做研究会的工作。我是从热爱自己民族的角度,对民族工作感兴趣来搞这个工作的。

另外,关于鄂温克文史、语言和风俗方面的论文我先后写了20多篇,大多数发表在《鄂温克研究文集》里面。重点的文章有《鄂温克族的哈拉毛昆》,这篇文章是在呼盟史志资料第一集中发表的,还有《清代鄂温克族的名将海兰察》、《雅鲁河流域鄂温克人的村落和地名》、《鄂温克人的饮食习俗》、《鄂温克人和鄂伦春人的族源关系》等等。

# 我从小生活在草原

**贺兴格** 鄂温克族，杜拉尔氏，1925年10月27日生于辉河苏木。1933年在辉河小学读书，1939年毕业；1940年入海拉尔国民高等学校，1943年毕业；1944年在北辉苏木学校教书；1945年4月被征当“国兵”，同年10月“光复”后1946年1月返回辉河。1954年任索伦旗文教科副科长、科长；1960年任鄂温克族自治旗办公室主任；1967年“文化大革命”中被隔离反省，1969年后释放、平反；1973年任教育局局长；1980年12月当选鄂温克族自治旗人大副主任；1984年任旗政协副主席；同年当选内蒙古自治区鄂温克族研究会副会长；1985年当选鄂温克族自治旗研究会会长，1990年离休。

他于1984年出版专著《鄂温克族语言词汇》，另编撰《中国民歌集成内蒙古卷》，曾获文化部、国家民委的奖励。

多年来，他用鄂温克语创作了歌词《跟共产党走》、《花朵一般的马群》、《夏营地》等，并用鄂温克语翻译了《彩虹》的歌词。

1996年4月5日，他接受了录音采访。

（本文标题为编者所加）

我出生在贫苦牧民家庭，父亲那一辈哥儿兄弟7个。辉河学校刚成立时我大爷就在那儿当教员，那是1927年。我父亲和几个叔叔给富裕牧户打短工，当时家庭生活并不宽裕。我5岁的时候母亲去世了,9 岁的时候有了继母,后来在我 17 岁的时候父亲也去世了,当时我读国高三年级。父亲一去世,就剩了我和妹妹两人,还有 20 多头牛,100 多只羊,五六匹马。父亲不在了,我当时就想退学,因为家里没人了。但我的叔叔不同意,他希望我继续读书,由他来照顾我的妹妹,这样我继续读书。1943 年我在国高四年级毕业。当时想上大学,但因为家里没有人了,所以回到索伦旗报名找工作。索伦旗文教部的人问我想找什么工作,我说我的大爷过去是教员,我想像他一样当教员。这样,索伦旗考虑了我的意见,把我安排在辉河学校当了教员。那时候校长是伊兴泰,他也是鄂温克人,后来在鄂温克旗政协成立时,他担任了名誉副主席。

1956 年,盟统战部召开了鄂温克族名称统一的座谈会,伊兴泰参加了,我也参加了,还有通古斯鄂温克的巴德玛,鄂温克旗方面参加的就我们 3 个人。那时卓利格图同志是盟统战部长,由他召集会议,各部分的鄂温克都有代表参加。会上主要研究鄂温克民族是不是一个单独民族的问题。我记得鄂伦春的代表也参加了,当时是杜古的父亲叶喜丹巴领他们参加会的。参加那个会的索伦代表说,我们不是索伦,我们是鄂温克;雅库特代表说,我们不是雅库特,我们是鄂温克;通古斯代表说,我们不是通古斯,我们是鄂温克;3 个方面的代表一致同意称自己是鄂温克,认为索伦、雅库特、通古斯等,都是别人给的称呼。这是 1956 年底,到了 1957 年中央批准了鄂温克是一个统一的民族。这件事在我的记忆里很清楚。

现在再说我当教员的经历。1944 年 9 月,我 20 岁了,还在学校当教员,教五六年级。按照当时的要求年满 19 岁的青年都要检查身体,合格的要去当"国兵",我也不例外。去旗里检查身体了,我身体合格了,身体合格就要去当"国兵",这没有什么办法,所以我在 1945 年 4 月份离开了学校当了"国兵"。小的时候,我与其他孩子的遭遇有些不同,5 岁的时候母亲去世了,这使我不像父母双全的孩子那么快乐,经常用自己的脑子想事情。我 9 岁上学后,比其他孩子用功,也经常劳动,所以我受生活环境的影响愿意学习、愿意动脑筋。当时我父亲对我要求很严,每天晚上回到家点上蜡学习。上小学时我的学习成绩很好,后来考上了海拉尔一中。在一中学习时,我很爱好体育,也喜欢美术,唱歌也可以,摔跤也不错。我参加过在扎兰屯举办的中学生运动会,我们学校拿了摔跤冠军。1943 年在海拉尔举办了中学生运动会,郭布库、敖登和我参加了,我们也拿了冠军。毕业后,1948 年在辉苏木敖包会上我得了摔跤第一名;到了 1956 年,鄂温克旗那达慕大会上我得了摔跤第四名。我爱好体育,也喜欢唱歌。这是我的大体情况。

我是 1980 年当选旗人大副主任,2 月份参加了全国少数民族教育会议。这个会议是教育部和中央民委合办的。在这个会上我做了发言,我说:"我是鄂温克族。中国只有一个鄂温克民族,人口不多。我们有自己的语言,没有文字,要学其他民族的文字。孩子上学后要学蒙文、又学汉文,可他们并不懂蒙古话,也不懂汉语,所以困难很多。我们已经成立了自治旗,但教育很落后,我们民族没有文化素质高的教师。我们虽然是人数少的民族,但我们还有大哥、还有二哥。我们的二哥是蒙族,有了什么困难先找二哥,也就是先找自治区。二哥解决不了的就只有找大哥了,汉族是我们的大哥嘛。"我这么一说,大家都笑了。内蒙教育厅的领导说:"行了行了,你有什么困难找我们就可以解决。"这样,在那儿就定下来了,让鄂温克旗选送 10 个中小学教师到内蒙古师范大学去学习,这件事回来就办了。

几年前,我出了一本书,这本书是《鄂温克族语言词汇》。在这本书里,我用国际音标记录了鄂温克族的语言,现在来看用国际音标记鄂温克语言是比较适合的。刚开始我用的是汉语拼音,但用它拼鄂温克语表达不清楚。当时我找了科委的主任,他是布利雅特的知识分子叫达喜,现在他调到自治区工作了。他说:"你应该用国际音标来注音。"我说:"我不懂国际音标。"他说:"我给你写。”这样他给我写了，后来我就开始学国际音标。我们一起合作的还有阿拉塔和其达尔图，他俩也不懂国际音标，我自己掌握国际音标后又教会他俩，然后一起动手工作。我们在鄂温克语词汇上注了国际音标外还注了汉语、汉语拼音、蒙语。为什么要用多种注音方式呢？因为我们现在小学和中学学的都是汉语拼音，孩子们都会汉语拼音，鄂温克语词汇上注了汉语拼音后他们学的容易，掌握得也准确。这样便于他们记住自己的语言。

我们写这本书的目的是什么呢？那是在1986年，鄂温克族研究会成立之后，我到莫旗、扎兰屯的鄂温克人居住区走了一趟，得到的印象是那几个地区的鄂温克族在语言上都是一样的，但是存在着地区方言上的差别，词汇上有许多借用其他民族语言。比如，在达斡尔族语言环境中生活的鄂温克人，借用达斡尔语就比较多；我们鄂温克族自治旗的借用蒙语词汇就不少，其他地区借用汉语词汇也挺多，有的地方的鄂温克人还不懂自己的语言了。所以，为了把鄂温克语言统一起来，让鄂温克人学会和记住自己的语言，我们开始写这本书了。

1990年我和涂景福同志到俄罗斯去了一趟，到了贝尔湖东面。那儿有一个鄂温克民乡，他们那儿的鄂温克人讲自己的语言，但同我们的语言有差别，在名词上要比我们的语言丰富。比如我们这边的鄂温克语称呼“大海”就没有专门名词，借用了达斡尔语或蒙语的“达赉”，可他们那儿就有称呼大海的名词，他们叫“拉—姆”，鄂温克人一听就知道这是古老的名词。其它名词大体一样。

1992年我们邀请俄罗斯的鄂温克人来访问，他们来了以后非常高兴，说你们中国的鄂温克人虽然少，但有自己的自治旗，旗长是鄂温克人，甚至在全国还有代表。我们介绍说，在内蒙古自治区、在全国政协都有鄂温克人的代表参加国家的正式会议，他们听了很羡慕，因为在他们那里是没有这样的情况的。所以，那次他们到呼盟来看看是很高兴的。

# 鄂温克母语是我们宝贵的财富

**朝 克** 鄂温克族,杜拉尔氏,1957年9月29日生于鄂温克自治旗。1982年2月毕业于中央民族大学民语系蒙古语文专业;1982年至1989年3月在中国社会科学院民族研究所从事满通古斯诸语的比较研究工作;1989年3月至1991年3月作为公费研究生到日本东京外大读语言学博士课程;1991年回国后在民族研究所继续从事语言研究。撰写了《鄂温克语简志》(同胡增益合著)、《鄂温克语基础汇集》(用日文在东京出版)、《鄂温克语研究》、《索伦语基础例文集》(同津曲、佐佐木合著,在日本出版)、《鄂温克语三大方言基础语汇集》(在日本出版)、《鄂温克语民间故事集》(同耐登等合著)等7本专著,发表68篇学术论文和10篇译文。《鄂温克语简志》荣获中国社科院1977至1991年优秀科研成果奖;《索伦语基本例文集》获1991年日本文部省科学研究成果报告书奖;《鄂温克语构词形式》一文荣获1986年中国社科院青年优秀论文奖;《汉语对鄂温克语的影响》一文荣获1987年中国社科院青年论文奖;《论日本阿夷奴语和阿尔泰诸语的代词关系》一文荣获1995年中国社会科学院青年优秀论文二等奖。

他于1992年8月被评为副研究员;1992年至1995年间连续4年被研究所评为优秀科研工作者。

1996年2月,他应邀撰写了本文。

## 一

“鄂温克”是鄂温克人的自称。除此之外，对于鄂温克人还有许多他称。关于鄂温克人的“鄂温克”这一自称有着不同的解释，其实该词是在鄂温克语基本动词词根“鄂沃”的后面，接上由动词派生名词的构词成分“恩克”而形成的“鄂沃恩克”一词。把“鄂沃恩克”根据语音符合条件和音节分合规则，用汉字转写“鄂温克”是很合乎原理的，不必赘述。但是，在这里有必要指出的是，鄂温克语动词词根“鄂沃”主要表示“下”、“降”、“落”等意思。从“鄂沃”派生出来的“鄂温克”则表示“下来者”的意思。要是把“鄂温克”一词跟鄂温克人当时的历史背景相联系，并且从语义学的角度去比较客观地分析，应该将该词称谓解释为“从深山密林中走下来的人”或“从山林中走向平原的人”等。过去，在有关历史书及民族学资料里均把“鄂温克”一词的意义说成是“山林中的人们”或“深山密林里的人”或“住在山林中的人们，等等。这些说法都是跟该词本义不相符的。对于一个名词的解释，尤其是对于一个民族名称的解说，仅仅是依据不太成熟的调查资料或调查对象去分析是不科学的。我们知道，一个民族称谓的来历往往是同该民族在历史上经过的某一重要时期或重大事件和变革有着密切关系。文字历史较长的民族可以较早地把这一切永恒地记入自己的史册，留给后人，作为证词。没有文字的民族会在较早期的时候，将所发生的一切用表示各种深刻内涵的图画刻在石头上，从此给后来人留下历史的证据。然而，也有的民族，无论在史册里，还是在石头上什么都没有留下，甚至在他们千百年的迁徙中，连他们走过的森林中、高山上、长河畔、平原上都没有留下什么痕迹，但这不等于他们没有历史，或者说他们不懂得历史。所有的历史，包括他们曾经越过的每一座高山、渡过的每一条河流、踏过的每一块土地，哪怕是一条细细的泉流，一座小小的山包，都永远留在了他们用心灵构筑的神话、传说、诗歌中，留在了用他们活生生的语言述说的历史里，并且一代又一代地传了下来。只要认真而细心地倾听他们对自己历史的讲述，乃至去欣赏已经成为他们精神世界一个重要组成部分的传说及神话故事，同时跟他们进行诚恳而耐心的交流，客观、科学地研究他们语言的内涵，就能够从中找到他们的历史，找到在他们的历史里出现的那些河流、森林和原野，进而还可以找到它们的名称以及这些名称产生的原因和真正的意义。或许正因为如此，要搞清楚一个民族的称谓，特别是那些用本民族语言命名的自称时，不仅需要全面系统地了解该民族与此相关的历史变迁、文化背景、心理结构等诸多方面，还应该具备语言学方面的基础知识，并对该民族语言有一定程度的认识。否则，会把一些名称弄错，尤其是将那些有着重要历史价值的称谓解释得不伦不类，让人看不明白，从而使人们对某一重要的民族称谓以及与此有关的历史产生误会。就拿“鄂温克”一词来说吧，其实鄂温克语里跟该词相同，在动词词根后面根据元音和谐规律接上像“恩克”、“安卡”之类的一套构词成分派生出来的名词有很多。譬如，在表示“擦”之意的动词词根“阿瓦”后面接上“按卡”这一构词成分，就会派生出表示“抹布”之意的名词“阿瓦安卡”；用汉字可以转写成“阿王卡”；还如，在表示“勺”、“抓”、“找”等动词词根“索浩”、“扎瓦”、“革勒”等后面接上“安卡”或“恩可”等构词成分，就会派生出来表示“舀子”、“把儿”、“寻找者”（或“乞丐”）等意思的“索浩安卡”（或“索横克”）、“扎瓦安卡”（或“扎王卡”）、“革勒恩克”（“革楞克”）之类的名词。鄂温克语中像这样在动词词根的后面接上“安卡”、“恩克”派生名词的现象是古老传统的构词特征之一。

日本著名阿依努语言学家知里真知保博士在他撰写的《阿依努语地名小辞典》一书中提到："每一个称谓的每一个音均有它的特殊意义，何况由诸多音相连而成的称谓的意义更为丰富和复杂。因此说，必须对该语言的语音和语义结构有了一个系统而全面的认识以后，才会对一个个称谓进行系统而清楚的解释。"我认为一个称谓是如此，一个民族的称谓更是如此。从这个角度讲，任何称谓的任何组成音素均有其一定的意义和组合规律。而由不同义素组成的称谓有它的特定目的、条件、原因以及社会因素。有的称谓包含着特殊的社会因素，有的则跟某一自然条件或环境有关系。在鄂温克民旗的诸多他称中就有许多与此相关的例子。作为鄂温克人的一个分支，通古斯鄂温克的"通古斯"这一称谓就很有意思。然而，对此问题却有许多滑稽的说道。其中有的说，"由于这部分鄂温克人每天拿着单面封皮的萨满鼓嗵嗵地敲个没完，所以俄罗斯人就称他们为每天嗵嗵敲鼓的通古斯人。"还有的说，"由于被称为通古斯鄂温克的鄂温克人喜欢吃猪肉，所以不吃猪肉的突厥人称他们为通古斯人。"因为，在突厥语中"通古斯"一词表示"猪"之意，也就是说这部分鄂温克人像俄罗斯人一样普遍吃猪肉而被突厥人称为吃猪肉的鄂温克人。诸如此类的解释都不符合通古斯鄂温克这一称谓的来历。通古斯鄂温克的通古斯一词是由于这部分鄂温克人曾经在俄罗斯的通古斯克河畔居住而得名的。再说，"通古斯克"这一河名与阿尔泰诸语中表示"清澈"之意的形容词"通古斯"、"通古勒格"似乎是同源。很显然，通古斯克河是指清澈的河。这样一来，应该把通古斯鄂温克解释为："生活在清澈河畔的鄂温克人。"

鄂温克人的一部分在历史上还被他称为雅库特鄂温克。而雅库特鄂温克的"雅库特"一词同俄罗斯雅库特自治州的雅库特是一回事。它们均来源于该州内的雅库特河，而该河的名称雅库特却来自"宝石"一词。突厥语里将宝石叫雅库特，被称为雅库特的河流盛产宝石,也就是说该河流是俄罗斯的突厥人大量地出产宝石的重要来源地之一。因此,擅长做生意的突厥人把该河流称为雅库特河,意思就是宝石河。后来俄罗斯人将雅库特河一带叫雅库特自治州。同样,居住在雅库特河畔的鄂温克人也被称为雅库特人或雅库特鄂温克人。这句话直译起来应该是"宝石鄂温克",意译的话应为"生活在出产宝石河畔的鄂温克人"。

过去还把鄂温克人分别他称为"红苦鲁"、红狐狸"、"栖林"、"特哥","索伦等。"在中国少数民族社会历史调查资料丛书《鄂温克族社会历史调查》中把"红苦鲁"说成是来自达斡尔语的"沙坨子"一词,同时,还说"红苦鲁"也有"野人"、"深山密林里的人"等意思。懂得鄂温克语的任何鄂温克人都知道,鄂温克语里将表面土层很薄、土层内含有百分之三十至三十五的沙粒,在薄而含沙的土层下面几乎都是沙石,个别位置还有袒露在外的沙子,并长有寸草和零星树木的,不太高,坡度又较缓的山丘叫"红苦鲁"(比较准确的汉字转写应该是"浩思考日")。因此,人们习惯上把居住在红苦鲁的鄂温克人称为红苦鲁鄂温克人,意思就是生活在沙性较强的山丘之上的鄂温克人。按理来讲,这没有什么奇怪的,大千世界里根据居住环境和条件来相互称呼的现象很多,就像我们今天把生活在城市里的人称为城里人一样。不过,将"红苦鲁"说成是达斡尔语的"沙坨子"好像不太合乎情理,而把"红苦鲁"跟"野人"、"深山密林里的人"之类的概念相提并论更是离谱了。只有那些不懂得尊重客观事实和语言科学的人,或者说是不懂得历史唯物主义的人才会如此信口开河。至于把"红苦鲁"转写成"红狐狸"则近似一种文字游戏,就像把达斡尔写成"大狐狸"一样,没有探讨的价值和意义。

有些书籍或资料中把鄂温克人他称为"栖林",并将该词解释为"生活在森林中的人们"或"林中人"等。如果仅从这两个汉字的结构含义去分析,应该是"暂时居住在林中"的意思。不过,

1981年11月由李有义教授主编出版的《世界民族研究文集》对“栖林”一词作了科学的阐述。他说,“栖林跟奇楞、奇勒尔、麒麟等同属一词,属于赫哲语,指赫哲中的一支系庞杂的氏族,黑龙江下游赫哲族四大氏族之一,现在富锦与同江往下至勒得利以上的赫哲人也叫奇楞赫哲。”看来,“栖林”跟鄂温克人和鄂温克语没有什么关系。也有人把鄂温克的一部分称为“特哥鄂温克”。这里出现的“特哥”是满通古斯诸语中均被使用的动词,主要表示“坐”、“住”等意思。如果依据该动词的本义去解释,“特哥鄂温克”应为“居住下来的鄂温克人”。至于这部分鄂温克人居住在什么地方,从“特哥”一词的表层结构很难看出来。然而,有人指出“特哥鄂温克”是指那些还在原来地方生活、没有从大兴安岭走下来、仍在深山老林里以狩猎谋生的鄂温克人。也有人说“特哥鄂温克”是表示那些额尔古纳河中下游居住的鄂温克人。这些粗线条的说法也许有它们某些合理性,但是否说得准确,尚需更进一步研究和考证。

在清代,多数鄂温克人被称为“索伦”,起初被称作“索伦”的只是鄂温克人,后来清朝政府建立索伦部时把鄂伦春人、达斡尔人以及一些蒙古人编了进来。但索伦部是一个以鄂温克人为核心的、由不同部族组成的军营的称呼。那么,“索伦”从何而来呢?为什么将该军营叫“索伦”呢?对此问题,历史书籍和有关民族学资料中有着各种各样的解释。有的说,“索伦”一词来源于满通古斯语言的“索利”这一动词词根,“索利”主要指“请”、“邀请”等意思。“索伦”是在“索利”后面接上构词成分的“讷”派生的名词,直译为“被邀请者”,意译是山林中请下来的人。不过,从语音演化规律和语音同化现象角度去考虑,在满通古斯语言乃至阿尔泰诸语言中很难找到像“索利讷”音变成“索伦”一类的变音例子,也难于从语言学或构词学中找到一个让人心服口服的理论来。也有人把“索伦”一词看成是蒙古语中“换”、“混淆”等词义的动词与

"索利"有关。提出该观点者的主要立足点是,当初清朝政府与鄂温克人接触时,鄂温克人恰好与鄂伦春人、达斡尔人、蒙古人、汉人杂居。由此,清朝政府及外界人就称他们为"索利么",意为"混居者们"或"杂居者们",后来,"索利么"又音变为"索伦"。可是至今为止,还没有一位蒙古语言学家论证或承认蒙古语动词"索利"接上"么"音变成"索伦"的规律或与此相关的观点和理论。可想而知,这种说法是不能成立的。也有人把"索伦"与早期通古斯部落中出现的叫做"索劳昆"的氏族联系起来讨论。也就是说"索伦"是"索劳昆"(也转写为"索罗共")氏族的后代,"索伦"是"索劳昆"一词的音变形式,或者说是另一种汉字转写法。据说,索劳昆氏族的"索劳昆"一词是由于这部分鄂温克人曾经居住在俄罗斯的雅库特自治州的索劳昆河畔而得名。索劳昆河意为直流河,不过,对通古斯诸民族历史有一定程度认识的人会知道,被认为索劳昆氏族的鄂温克人是较后时期从俄罗斯的雅库特自治州用驯鹿迁徙而来的、人数不太多的鄂温克氏族。当时被称为"使鹿鄂温克"或"鄂温克的使鹿部",后来才被清朝政府编入"索伦别部"。可想而知,"索伦部"是出现在"索伦别部"之前的。再说,鄂温克氏族索劳昆氏族人数很少,而且主要生活在额尔古纳河右岸广袤的森林里,用驯鹿长年游猎。他们的主要生活用品以及狩猎工具来自俄方。他们常常到俄罗斯境内用自己猎获的珍禽异兽与俄商以物易物,换取生活用品。所以说这部分鄂温克人与俄罗斯人接触的机会要比其他人更多一些。而且他们均有较深的俄语功底。他们接触清朝政府的时间要比索伦部的鄂温克人晚得多,如此说来,"索伦"来自"索劳昆"氏族的称谓是不正确的。除此之外,对"索伦"一词还有诸如"射手"、"上游人"、"住在山林中的人们"、"住在河上游的人们"之类的解释,甚至有人把"索伦"一词同朝鲜人的"索伦高斯"联系起来讨论。我认为这都是无稽之谈,不值得一驳。其实,"索伦"一词的来历没那么复杂和久远。我们首先承认“索伦”是鄂温克人诸多他称中的一个，是清朝政府对鄂温克人的一种称谓。“索伦”一词是满语，表示“顶梁柱”、“柱子”等多义，该名词是由满语的基本动词“索劳”派生而来的。动词“索劳”主要含“顶”、“逆”等意思。具体一点讲，在动词词根“索劳”后面接上构词成分“讷”而成的“索劳讷”一词，按照满通古斯语言的语音结合规律结合音节组成原则，应该用汉字转写成为“索伦”比较合适，因为该词是属于双音节词。为什么清朝政府当时称鄂温克人为“索伦”呢？对此问题我们可以从清代的诸多历史资料和书籍中找到答案。简单地说，由于当时鄂温克官兵英勇善战，所向无敌，为清朝政府统一版图立下汗马功劳。因此，清朝政府对鄂温克官兵十分器重，就称他们为“索伦”，称赞他们是对国家的巩固起到柱子一样作用的人们。后来，清朝政府成立索伦部时，把鄂伦春人、达斡尔人和一些蒙古人一同编进该部，从而更加壮大了索伦部力量。随着清朝统治阶级的衰败，鄂伦春人和达斡尔人先后从索伦部这一称谓中摆脱出来，到最后“索伦”一词又单独留在鄂温克人身上。直到1957年中国政府根据鄂温克民族的意愿，取消历史遗留下来的对他们的多种他称，正式恢复“鄂温克”这一称谓。总之，历史上对鄂温克人有过各种各样的他称，对于这些他称又有各种各样的解释和说法，对于这些解释和说法也有过不同的理解和评价。然而，多少年来鄂温克人始终坚定不移地自称“鄂温克”，对于各种他称从来都没有认真对待过。在他们看来，鄂温克人就是鄂温克人，没有必要为这个天经地义、从祖先那里一代又一代传下来的称谓作更多的解释。别人对他们如何称呼是别人的事情，舌头长在人的嘴里，爱怎么说就怎么说，跟鄂温克人没有什么必然和内在的关系。但是，在任何一个朝代，任何一个时期，他们都没有忘记告诉子孙后代，他们是鄂温克人，让孩子们牢牢记住这一永远使他们感到骄傲和自豪的自称。如同每一个人都非常爱护和尊重自己的名字一样，每一个鄂温克人都非常爱护和尊重自己的称谓。鄂温克人像爱护自己的眼睛一样爱护“鄂温克”这个自称。因为这3个不平凡的字象征着他们从高山密林走向平原、从平原走向大海、走向未来的辉煌历史，也是代表鄂温克民族走入世界民族之林的唯一法定称谓。

## 二

鄂温克语属于阿尔泰语系满通古斯语族通古斯语支。鄂温克语同我国境内的鄂伦春语、赫哲语、锡伯语、满语；蒙古族语支的蒙古语、达斡尔语、东部裕固语、土族语、东乡语、保安语；突厥语族的维吾尔语、哈萨克语、柯尔克孜语、撒拉语、乌兹别克语、塔塔尔语、西部裕固语；俄罗斯东西伯利亚和远东埃文基自治专区、雅库特自治共和国、布利雅特共和国、哈巴罗夫斯克边疆区、滨海边疆区、萨哈林州、堪察加州、马加丹州等地的埃文基语、埃文语、涅基达尔语、那乃语、乌利奇语、奥罗克语；蒙古人民共和国的巴尔虎地区的查嘎登语；日本北海道地区的阿依努语、乌依勒塔语以及日本语、朝鲜语；美国和加拿大等地的爱斯基摩语、印地安语；甚至土耳其语、土库曼语、吉尔吉斯语、鞑靼人语、楚瓦尔语、雅库特语、卡拉卡帕克语、嘎嘎乌孜语、图佤语、哈卡斯语、卡拉依姆语、哈拉基语等诸多语言均有千丝万缕的关系。也就是说鄂温克语的关系网横跨亚洲、欧洲和北美洲。或许正因如此，国内外专家学者对鄂温克语的研究越来越感兴趣，关于该语言的研究也越来越受重视。在近几年的时间里，美国、德国、日本、荷兰、英国、法国、意大利、俄罗斯、澳大利亚、加拿大等国家的专家学者多次到鄂温克人居住的地区进行了田野考察和语言调查，收集了大量有科学价值和说服力的第一手资料，从而使鄂温克语研究，或者说鄂温克研究以崭新的形象登上国际学术舞台，并且成为世界人文科学研究领域里一项不可缺少的内容。

鄂温克语在语音、词汇、语法等结构方面同鄂伦春语、埃文基语、埃文语、奥罗奇语、乌依勒塔语、查嘎登语等最为接近；另外，跟赫哲语、那乃语、乌利奇语、乌德盖语、奥罗克语、涅基达尔语、锡伯语、满语（还有女真语）等的关系也十分密切。鄂温克语与蒙古语族诸语言及突厥语族诸语言的关系也密切和久远。相比之下，蒙古语族诸语言与鄂温克语之间的关系要比突厥语族同鄂温克语的关系更亲近。鄂温克语与日语、朝鲜语、阿依努语、爱斯基摩语、印地安语等之间产生的关系，往往涉及到语言的深层结构及语义学和语源学。鄂温克语是有形态变化的语言，不同的形态变化可以表示不同的语法意义。不同的语法意义也就是通过在某一个具体词后面接缀的不同形态变化来表现的。

鄂温克语的使用者绝大多数是鄂温克人和蒙古人，汉人中也有一部分使用鄂温克语。然而，在鄂温克人当中精通或通晓达斡尔语、蒙古语、汉语的人很多，而且越来越多。相反，鄂温克人中使用本民族语言的人却开始减少。据 1986 年至 1988 年中国社会科学院进行的中国少数民族语言使用情况的调查报告，鄂温克人中只有 77.8% 的人在使用本民族语言。尤其在黑龙江境内的鄂温克人对本民族语言的使用率只达到 32% 左右。

鄂温克语分三大方言，第一方言叫辉河方言。使用这一方言的人口很多，约占总人口的 90%，主要居住在内蒙古自治区呼伦贝尔盟鄂温克族自治旗、莫力达瓦达斡尔族自治旗、鄂伦春自治旗、阿荣旗、扎兰屯市、黑龙江省讷河县、嫩江县以及新疆维吾尔自治区伊犁等地区；第二方言叫莫日格勒河鄂温克语，使用人口占鄂温克人的 8% 左右，他们主要居住在内蒙古自治区呼伦贝尔盟陈巴尔虎旗、鄂温克自治旗锡尼河东苏木和孟根苏木等地；第三方言是敖鲁古雅河鄂温克语，使用人口占 1.5%，居住在内蒙古自治区的根河市、鄂伦春自治旗境内。

鄂温克语三大方言之间存在着一定的差别，语音方面的差别比较突出，语法方面也有一些差别。语汇方面的差别主要表现在：第一方言区里有关农业、林业、牧业方面的词语比较丰富；第二方言区内关于牧业、林业的词语十分发达，可是与农业相关的词语不太多；第三方言区内更多的是狩猎业和林业词语。比较而言，第一方言区和第二方言区之间的差别比较小，这两个方言区的鄂温克人完全可以使用各自熟悉的方言直接交流。不过，有时也遇到一些难懂的词语，这种情况下他们往往是借助蒙语解除谈话中的语言障碍。因为，第一方言区和第二方言区的鄂温克人当中绝大多数与蒙古人杂居，而且历史十分悠久，在他们共同生活和生产的漫长岁月里，鄂温克人自然而然掌握了蒙古语。蒙古语也成了他们除了本民族语言之外的第二交流工具。他们使用蒙古语与周围的蒙古人进行交流，偶尔也同懂得鄂温克语的蒙古人用鄂温克语交谈。然而，第一方言区的莫力达瓦达斡尔自治旗、阿荣旗、扎兰屯市等地的鄂温克人基本通晓达斡尔语和汉语，很少有人精通和懂得蒙古语。另外，鄂伦春自治旗境内的鄂温克人不怎么理解蒙古语，除了使用本民族语言，他们还可以使用鄂伦春语、达斡尔语进行交流。所以，第一方言区的鄂温克人与第二方言区的鄂温克人之间的交谈遇到语言障碍时，只能请兼通达斡尔语、汉语及蒙古语的鄂温克人来处理语言交流中的困难。

第一方言区和第二方言区的鄂温克人与第三方言区的鄂温克人进行交流时，由于彼此方言差别较大，常常难以沟通。有时候很难用各自熟悉的鄂温克语对话，再加上第三方言区的鄂温克人除了母语之外，大多数人只懂得汉语，很少有人懂得蒙古语、达斡尔语等语言。在这种情况下，他们只有用汉语来解除交流中的语言障碍。有时，他们之间的谈话全部使用汉语进行，尤其是在青少年当中，这种现象十分普遍。

鄂温克人是一个善于适应环境和各种生活条件的民族,在他们看来,人的主观愿望再好也很难改变客观存在的现实,人只能本能地遵循客观规律和社会现实,去充分发挥自身的优势和聪明才智。鄂温克人对一种新语言的认知态度以及所掌握、使用的过程也是如此。因此,人们都称赞鄂温克人有语言天才。鄂温克人几乎都掌握着两种以上的语言,其中绝大多数人懂得三种或四种语言,甚至还有懂得五种或六种语言的人。许多鄂温克人都是从小不知不觉地学会了母语之外的好多种其他民族的语言。所以,他们对所掌握的语言都很熟悉,使用起来也很流利。譬如说,内蒙古自治区的扎兰屯市、阿荣旗、莫力达瓦达斡尔族自治旗、鄂温克族自治旗巴彦嵯岗苏木以及黑龙江的讷河县、嫩江县等地的鄂温克人,除了懂得本民族的语言外,几乎都懂得达斡尔语和汉语,也有一些人懂得蒙古语。中、老年人在自己的家中使用母语交流,偶尔也使用达斡尔语或汉语、蒙古语交谈,而青少年中使用达斡尔语或汉语的现象比较突出。根河市、鄂伦春自治旗的鄂温克人中的绝大多数,在母语之外掌握了汉语或鄂伦春语。

不懂或不太懂本民族语言的大都是青少年和儿童。他们中也有一些人只懂汉语,这使孩子家长和一些中老年人不得不使用汉语与他们交流,结果导致了更多的人对汉语的使用越来越熟练。

内蒙古自治区鄂温克自治旗的伊敏、南辉、北辉、锡尼河东、孟根楚鲁等苏木以及陈巴尔虎旗的鄂温克人除了熟悉本民族语言外,几乎都懂蒙古语,还一定程度地掌握着汉语。他们往往与本族人讲母语,同蒙古人讲蒙语,同汉人讲汉语。当然也有一些不懂汉语的中老年人。特别是像陈巴尔虎旗和鄂温克旗的中老年人,虽然同时掌握着本民族语言和蒙古语,但是懂汉语的人不是太多。这些地区的青少年虽然也都懂得本民族语、蒙古语,但他们之间使用蒙古语交谈的机会要多一些。另外,参加工作的鄂温克青少年汉语程度还是比较高的,他们同汉族接触时常用汉语对话,不过有时也遇到语言障碍。

由于鄂温克族没有自己的民族文字，他们的孩子到了入学年龄可以自愿到汉语或蒙语学校读书。内蒙古自治区鄂温克自治旗、陈巴尔虎旗等地的鄂温克儿童上蒙文学校读蒙文的多一些。他们在学校里也习惯使用蒙古语，当然，在他们之间也有使用母语的时候。这两个地区的鄂温克儿童中上汉文学校的人要比读蒙文的人数少得多。读汉文的绝大多数是城镇里的鄂温克人的子女。黑龙江省讷河县、嫩江县以及内蒙古鄂伦春自治旗、莫力达瓦达斡尔族自治旗、根河市、阿荣旗、扎兰屯等地的鄂温克族儿童基本都上汉文学校，读蒙文学校的几乎没有。这些地区的鄂温克干部也都懂得汉文汉语，他们在工作中大都使用汉语汉文，有时也使用达斡尔语。他们几乎都失去了使用本民族语言的能力，其中绝大多数鄂温克人同时掌握着达斡尔语、汉语等语言，在不同的环境里使用不同民族的语言。

随着我国科学技术的迅猛发展，随着鄂温克人求知欲的日益增强以及自身文化素质的不断提高，使祖先用生命相传下来的古老的鄂温克语面临无情的选择。那些还未成年的鄂温克为了求得知识，为了求得将来的生存，全心地投入到其他先进民族的语言文字组成的知识世界里，从而不断地被其他民族语同化。在这一客观存在的现实面前值得我们深思的是，在让孩子们用其他民族语言文字更好地掌握文化知识的同时，让他们不要失去本民族语言能力的问题。

任何一个民族都十分珍惜和爱护自己本民族的语言。对于一个民族来讲，语言是个非常重要的组成部分。每一民族都有发展和使用自己民族语言的自由和权利。自从人类诞生以来，这个世界上不知产生过多少民族，不知产生过多少种民族语言。但到今天有的民族以及民族语言已经被完全同化而消失得无影无踪，甚至那些在人类历史上产生很大影响、对于人类的发展和进步起到很大作用的民族语言也默默地消失了。相反,有的民族则从其他民族那里不断地汲取最有时代意义和未来价值的成分发展和丰富自己民族的语言,使他们的语言越来越有生命力,越来越完美。以英语来说,其中有大量的来自法语、德语、意大利语等语言中的借词,使英语变得更加活跃。还有,日本人也不断地从英语、汉语、朝鲜语等方面借入新鲜术语,从而使日语变得更加丰富。

在这某些语言已经被同化或消失、即将被同化或消失,某些民族语日益发展和强大的时代,我们的祖先把完好无损地保留下来的鄂温克语交给了自己的后代,这的确让人感到自豪和骄傲。鄂温克语是我们祖先在漫长的社会生活实践中用他们全体的灵性和智慧共同创造出来的。它的语音结构是那样地和谐整齐;语汇内涵是那样地丰富和自然;语法系统是那样地精炼而合理。有人说,"鄂温克语的音韵就像从自然中产生的柔美而抑扬顿挫的音乐;鄂温克语的词汇是属于大自然又归于大自然的一个包罗万象而尽善尽美的活词典、活语库;鄂温克语语法是在太阳、月亮、星星以及山、水、草木之间产生的一个十分严实的思维规则和组合原理。"

鄂温克语里包含着鄂温克人诞生以来所接触的所有物质世界和被他们创造出来的全部精神文明,它是鄂温克人智慧的结晶、知识的宝库,也是人类文化财富的一个组成部分。多少年来,鄂温克人的祖先们把他们这一精心创造的文化财富完整地传给后代,同样也留给了人类共同的今天。然而,谁又能说清楚,在漫长的历史长河中,祖先们究竟遭遇过多少灾难和死亡,经历多少坎坷和艰险。今天人们接触到的鄂温克语是那样的和谐悦耳,富于活力,包含着来自自然界的纯真无邪、深刻哲理的思维概念,充满着鄂温克人对生活的无限憧憬和不屈不挠地追求未来的信念。鄂温克人就是用这种纯朴美好的语言教育了一代又一代人,培育了一个又一个具有崇高情操和品德以及远大理想的将军、科学家、作家、艺术家、政治家和哲人。严肃地讲,它孕育出一个幽默、文明、智慧、理性而具有创造力的鄂温克民族。在科学技术突飞猛进、人类文明走向一体化的今天，鄂温克人面临从未遇过的无情挑战。这种挑战使他们世世代代相传的古老语言受到空前的冲击和影响，鄂温克语处于被同化的境遇，这是让人感到惋惜和忧虑的事情。不过，历来尊重事物发展必然规律以及客观事实的鄂温克人默默地承受着来自内心深处的伤感，为了使孩子们更好、更快、更多地掌握新时代的科学技术；为了让子孙后代在日益激烈竞争的社会空间生存，求得更理想的生活；为了让鄂温克人为将来的人类进步和发展作出更伟大的贡献，他们让孩子使用发达民族的语言文字去学习文化知识、科学技术，并希望自己的孩子尽快掌握和利用所有能够利用的现代化工具，用鄂温克人的头脑和思维进行伟大的创造和发明，从而使鄂温克人的文明变得更加灿烂辉煌。我想，更多人一定会记住鄂温克人的无私和博爱、聪明和智慧、勇敢和无畏。与此同时，鄂温克人用最大的努力发展和充实本民族的语言，使本民族的语言仍像过去一样，为人类的文明发展史作出应有的贡献。作为一个从事鄂温克语研究的本民族语言学家，我坚定地相信，鄂温克语同以往一样，能够为人类的进步、为社会的发展发挥自身的价值和作用。同时，我忠诚地祈祷鄂温克民族语言永远不要从这个星球上消失，希望鄂温克语永远活在我们中间。

## 三

鄂温克人有自己的语言，没有文字。鄂温克语一直到今天还被十分完整地保留着，一直作为鄂温克人的主要交流工具而存在。但由不于同的时代，受不同的文化、教育影响，鄂温克语里被注入了一定数量的外来语。例如，在清代鄂温克人中有相当数量的人学过满文,民国时期有一部分人学了日文,也有一小部分人学过汉文和蒙文,林区和农区的鄂温克人学的都是汉文。中华人民共和国成立直到60年代,牧区的鄂温克人几乎都学了蒙文,而林区和农区的鄂温克人学的都是汉文。不过,从70年代开始连牧区的鄂温克人中也有了懂汉文的学生,并且逐渐增多。所以,在早期鄂温克语里存有不少满语借词,后来又借入了一些蒙语的畜牧业词汇,以后又借入了许多汉语的新词术语。尽管鄂温克人在不同时代使用不同的文字和语言,接触过不同的文化,他们还是十分完整地保存了自己的那最有价值、富于独到之处的传统文化。因为他们的文化同他们漫长的历史、同他们生存繁衍的巍峨山峦、奔腾的江河、茂密的森林、辽阔的草原、富饶美丽的黑土地,同与他们相依为命的牛、马、羊、驯鹿、猎狗以及给他们提供了丰厚生存条件的大自然和大自然中的所有动植物均有密不可分的关系。俗话说"一方水土养一方人",美丽富饶的大自然养育了有着无限想象力和创造力的鄂温克人。

鄂温克人自古以来十分虔诚地崇拜大自然,他们认为大自然是人类的母亲,是大自然创造了人类,人类是大自然的宠儿。人类自身的力量是无法与大自然抗衡的。也就是说,大自然的力量远远超出了人类所具有的力量。所以人类自身无法征服大自然,只能顺应自然的规律去安排自己的生活。人应该适应千变万化的自然环境,并主动而积极地与大自然合作,爱护自然界的所有生灵。过去,当自然灾害来临时,鄂温克人尚未进入文明时代。就是说,鄂温克人刚刚开始从感性的角度认知大千世界,对许多变幻莫测的自然现象产生极强的神秘感,进而怀有恐惧。当时,他们无法对雷鸣、闪电、风暴、雷击、火山、彩虹、山洪、地震等自然现象和自然灾害进行合理解释,他们只是感性地认为这一切十分神奇、万分可怕,是人类在某一方面违背了大自然的规律,惹怒了它,或者说是人类在某一时刻无故侵害了自然界的某一生命(包括动物、植物），因此大自然以自己的方式向人类进行报复。这是鄂温克人中以万物有灵论为主导的萨满教信仰产生的历史背景和思想基因。鄂温克人信仰的萨满教认为，世上万物都有灵性，人不可伤害任何有灵性的生命，如果你伤害了任何有灵性的生命，就会得到应有的报应。同时，还认为上天父亲和大地母亲在创造人类之时也创造了世间万物。所以，人类和世间万物都是上天和大地的孩子，谁也不可彼此伤害，他们在上天和大地面前是平等的。人为了求得必要的生存，从世间万物中需求什么的话，必须求得上天的同意，还要求得每一所需对象（必需品或必需物）之神灵的同意，然后才能去从事应有的活动。否则，这些有灵性的世间万物受到伤害后，就会到上天那里告状，上天就要无情地惩罚那些伤天害灵者。在鄂温克人看来，无论是人类还是任何动植物，各自有自己崇拜的神，而这些神往往来自某一灵性的世界，它担负着保护和管理某一灵性世界所有生命的重任。只有该灵性世界之神，才能代表所有生灵与上天接触或对话，其灵性物通过神来保护自己。譬如说，山神是山里所有灵性物的代表者，也是它们的保护神；水神是水中所有灵性物的代表者和保护者；萨满则是所有灵性物的代表者和保护者。因此，人们遇到什么麻烦和灾难以及伤天害理的事情就请萨满，让萨满帮助他们、解救他们，让萨满代表他们向上天或其他神灵请罪，求得宽恕。

鄂温克人认为萨满是一个神通广大、能力非凡、力大无比、助人为乐、求得安宁的象征。尤其是萨满用舌头舔烧红的铁器，用一双赤脚踏过燃烧的火灰，用刀割破舌头而吐出鲜血，几天几夜不吃不喝地跳神等等神奇能力，都在鄂温克人的精神世界孕育了莫大的神秘感和信任感，使他们无可怀疑地认为萨满并非凡人，是上天创造的代表人类灵性的神人。因此，他们崇拜他、信仰他。

鄂温克人的萨满教是在万物有灵，也就是在多神论的基础上产生的，是人类最早的宗教之一。鄂温克人的萨满教信仰是以自然崇拜,动物图腾崇拜,祖先崇拜为核心的,有着诸如天神、太阳神、雷神、风神、雨神、山神、林神、火神、奥蔑神(小孩神)、玛鲁神(祖先神)、吉雅奇神(牲畜神)等等。除此之外,还有诸如对彩虹、土地、月亮、北斗星、启明星、银河、闪电、树木、森林、山火、熊、鹰、天鹅、喜鹊、马、羊、鹿骨、狍子、熊、图腾之类的崇拜和崇拜仪式。而且,每个神和崇拜物都有其特定的象征体和祭祀仪式。鄂温克人中产生的这些崇拜物或神均有其奇异的来历。但从宏观角度分析,每个崇拜物和神的产生都与人们曾经面临的灾难有着必然关系。在鄂温克人的生存哲学里,万物有灵之论占据着相当重要的位置。他们认为,人们面临的任何一场大灾难都与某一神灵有关系,只要求得神灵的帮助,人才能获得生存。例如:他们在山上打不到猎物,去求山中野兽之神"白那查";干旱季节就求雨神、天神;当牲畜受灾时去求牲畜神"吉雅奇"等等。鄂温克人在萨满祭祀中所用的物品主要有野兽肉、牲畜肉、奶食品、面食品及烟酒等。

鄂温克人以多神论为主的萨满信仰虽然没有像所谓主流宗教那样著有经书,但却有着约定俗成的特定曲调、词汇格式以及叙述内容,也有着一代又一代用口头传下来的固定语句。萨满信仰虽然没有所谓主流宗教那样的教堂和礼拜日,但有着以敖包、奥米那楞等神地为核心的固定活动场所,并有以正月初三、四月十五等为纽带的一系列特定活动日。同时,在萨满的产生、萨满的数量、新旧萨满的传承、萨满葬礼等方面均有特殊的教义信条、清规戒律和祭祀制度。一般来说,鄂温克人的每个氏族都有一个萨满。在早期也有过氏族首领兼任萨满的现象。鄂温克人的萨满中有女性,也有男性,相比之下,早期女萨满比男萨满多一些,在晚期男萨满比女萨满多起来了。鄂温克人的老萨满死后的3年时间内,一般要在老萨满的儿女或近亲中选出一人当新萨满。不过,也有与老萨满没有血缘关系的人当新萨满的现象。新萨满必须使用本民族上一任萨满留下的神衣、神帽、神鼓等。这里指的神衣、神帽,就是萨满在举行各种宗教活动时披戴的特制衣帽。这种衣帽的构造十分奇特,上面挂满表示各种意象的铜、银、铁、骨头等物品制成的多种多样吉祥物。神鼓是指萨满用来驱邪招祥的主要用具。

总之,萨满教作为一个自然宗教有其独特的精神内涵和结构形式,有着自己的存在价值和历史意义。在任何一个历史时期或社会阶段中,任何民族和个人都有其合乎那一时代和社会的精神依靠或由物质材料构成而又非物质性、具有神奇功能的、不为自然规律所制约、有着奇特意念和能影响并感化自然事物的精神体。这种精神依靠,或者说精神体达到信仰的境界,从而使他们虔诚地去敬畏和崇拜。萨满世界作为鄂温克人的原始信仰,曾经为鄂温克人解决当时社会意识形态中遇到的疑难问题,解救过身临困境感到生活迷惘、朦胧的人们,并为鄂温克人生存的社会组织稳定,生存所必需的精神平衡,以及日常生活的安宁发挥了重要作用。萨满不仅是鄂温克人在神奇世界寻求精神安慰的对象,同时也被看成能够治病救人的神者。鄂温克人无论谁患病都请萨满诊断病因,萨满常常通过跳神念经等方式为患者治病。或许正因如此,鄂温克人十分崇拜和敬重萨满。明末清初,鄂温克人的萨满走向兴盛时期,尤其在清代中期鄂温克人的萨满达到鼎盛。不过到民国后期,由于战乱,鄂温克人的萨满受到很大影响,萨满人数下降。尤其在举世瞩目的十年浩劫中,鄂温克人的萨满受到空前洗劫,处于濒临绝境的程度。到 1979 年全国范围内幸存下来的鄂温克萨满不到 10 人,而且都已病魔缠身,魂不附体。1979 年之后,一些老萨满的身心创伤虽然得到一定程度的愈合,但是他们很少举行仪式或参与活动了。

关于鄂温克人最早的图腾,有人说是太阳,有人说是熊或鸟等。从宗教发展史角度去分析,鄂温克人中最早产生的图腾应该是太阳,随后出现了熊或鸟等动物图腾。鄂温克人叫太阳为“喜温”。由于受太阳图腾的影响,他们把所有的光都看成是太阳图腾的神灵，进而崇拜。因此鄂温克人把太阳和自然界中产生的所有的光称作“喜温”。其实，鄂温克语里早就有了表示光之意的“伊兰”一词，然而，当时以太阳为图腾的鄂温克人很少用“伊兰”指光。后来，随着太阳图腾的演化，用“伊兰”指光或光线的现象才多了起来。另外，到目前为止以狩猎为生的一部分鄂温克人对熊还是十分崇拜，并保持着一系列对熊的崇拜和禁忌。例如：他们猎到熊后给熊敬烟、磕头、假装哭泣，还将熊头和熊骨及五脏用桦树皮捆好放在树上进行风葬。还有莫日格勒地区的鄂温克人一般把鸟看成自己的图腾。由于对鸟十分敬重，就给它敬烟、敬奶食品、敬鲜牛奶、磕头等。同时，绝对禁止猎杀图腾鸟。除此之外，鄂温克人中还有蛇图腾，动物皮张图腾，雷图腾等。随着历史的发展和社会的进步，鄂温克人的宗教信仰也发生了很大变化，到后来出现了受鄂温克人广泛崇拜和信任的由以人为替身的萨满。

鄂温克萨满有着相当成熟的功力，禁忌信条十分严格，有着一定程度的自然神学理论以及较为系统而完整的法规、戒律和祭祀制度。被广为崇拜而神化了的萨满之出现，充分说明了鄂温克民族宗教的发展。但是，鄂温克人的萨满早在不同的历史时期也受到过不同宗教信仰的干扰和影响。譬如说，属于索伦部的鄂温克在清代受到了佛教的影响，使他们中出现了相当数量的在信仰萨满的同时也信仰佛教的双重信仰人群。尽管他们在灵魂深处信仰着萨满，但又迫于当时社会环境和佛教势力的强有力影响，不少鄂温克人信了佛教，并且有人当上喇嘛。不过，许多鄂温克喇嘛是名义上的喇嘛，他们在佛教堂内进行修行或参加佛教活动的机会是有限的。其中，许多人身为喇嘛，内心却仍深深地信仰着萨满。所谓雅库特鄂温克人也迫于俄罗斯人宗教势力的影响和压力，曾经在信仰萨满的同时，接受了信奉耶稣基督为救世主的东正教。在他们看来世间的万物都是有灵性的，而有灵性的万物与天主有着神秘关系。而人类从始祖起就开始杀生，毁灭自然物，触犯了天主的意愿,并在罪恶的世界里度过苦难人生,这时只有信了上帝以及上帝之子耶稣基督,才能逃离罪恶获得光明。雅库特鄂温克人认为萨满和东正教并不十分矛盾,因此同时信仰东正教和萨满似乎合情合理。但相比之下还是把萨满看得比东正教重要一些。他们当时有这么一种说法:“萨满是本民族的,而东正教是其他民族的。”所以,他们从事宗教活动时往往让萨满来主持。例如,举行葬礼时,先让萨满跳神,而后根据东正教的礼仪在死者的墓地插上木制的十字架。还有,通古斯鄂温克人的萨满世界曾经受到佛教和东正教双重影响。也就是说,在当时的通古斯鄂温克人中出现了不少信仰佛教和东正教的人,有的人还同时接受了这三种宗教。然而,他们还是同样绝对地把信仰萨满看成是最重要的宗教活动和宗教信条。他们都是在某一强大的社会压力和政治势力影响下信奉佛教和东正教。不过,在通古斯鄂温克人中信佛教的人要比信东正教的人多,东正教所产生的影响也没有佛教那么大。

总之,其他宗教在不同时期不同程度对鄂温克人的萨满世界产生影响,然而在鄂温克人的精神信仰中所起到的作用是微乎其微的。曾经当过喇嘛的一位鄂温克老人非常坦诚地告诉过我,“我当了那么多年的喇嘛,到现在还没有搞清楚喇嘛教的真正意义,我还一直认为喇嘛和萨满区别不大。”由此可见,在过去的岁月里,鄂温克人是那样虔诚而执着地信仰了萨满。尽管他们曾经受到过其他宗教的影响,那只是基于信仰萨满这一精神世界。而那些来自他方的宗教势力很难冲破在鄂温克人精神世界里经过几千年历史自然形成的、已经属于他们自己的富有特殊内涵和独到之处的信仰,鄂温克人的精神世界是成熟完整的。

# 四

鄂温克人崇敬和欣赏大自然,是富有、博大无私的大自然养育了他们,并给予他们丰富的情感、美好的希望、创造梦幻般未来世界的智慧和力量。所以,鄂温克老人常常对子孙们说:“人类必须尊重大自然,要和大自然和睦相处,千万不能随心所欲地毁坏大自然,否则人类难以生存和繁衍。”自出这一缘故,鄂温克人无论男女老少都自觉爱护自然界的一草一木,一山一水,他们从不为超出一般需求的欲望去毁灭性地掠夺大自然。不论是谁,若是走进森林,来到鄂温克人居住的村落就会见到这样的场面,在鄂温克人的房门前往往堆着只够烧十天半个月的木柴,而这些木柴都是森林自然淘汰的枯木。这或许会使初来的客人误认为鄂温克人不善于劳动,生活没有长远安排,不懂储存和积累。可是当你用自己滚烫而诚挚的心与他们交流时,你会惊奇地发现,你的想法是那样肤浅,你会感到鄂温克人淳朴而又善良,人类在早期文明所创造的精神产物是何等接近真理和理性。或者说那是人类在早期文明时代孕育的美德。鄂温克人将这一切看得那样重要,甚至放在比自己生命还要重要的位置。这究竟是什么呢?让我们听一听一位鄂温克老人的述说。他说:“我热爱大自然,大自然实在太富有了,它用博大的爱和无私的奉献默默地养育一代又一代的人。而人类变得一代比一代贪婪,一代比一代更残酷地毁灭大自然。我们生活的世界曾经是那样的富饶、美好和安宁。无论是南方还是北方,无论是森林还是平原,到处是花草、树木,到处是飞禽走兽。那个时候几乎没有暴力和战争。不论是人与人之间,还是人与自然之间都是那样的友好、和睦。后来,人们学会了占有,他们的占有欲从一草一木发展到一山一水，直至那里的高山，那里的河流，那里的飞禽走兽，想把一切变成自己的个人财产。就这样，人们为了满足日益膨胀的欲望，开始了永无休止的战争与冲突。人们在互相争夺大自然中的财富的时候，给自然界带来了创伤和破坏。他们似乎忘记了毁灭大自然实际上就是毁灭人类自己，战争给人类留下的是一个伤痕累累的自然环境，给后人的生存带来困苦和灾难。甚至自然环境开始丧失养育人类的功能，出现大批失去家园的难民。他们到处流很，寻找接纳和养活他们的家园。

“就拿我们曾经作为摇篮的大、小兴安岭来说，现在野生动物越来越少，许多珍奇动物濒临灭亡。森林面积一天比一天缩小，人们不仅砍伐大树，连小树和树根都不留下。过去生活在森林里的人们，就像森林里的卫生员，一般捡那些被自然淘汰的树木当柴烧。现在的人们就是烧火也挑好木柴使用，他们砍完了大树去砍小树。如果放在我们身上，为了烧火死活也不能去砍下那些活生生的树木。那时，我们也没有储备烧柴的习惯，只是为了预防万一，在门口弄些可以烧四五天的破木柴。这些破木柴平时还不用，平时烧火用的柴火都是当天从林子里拣来的，遇到风雪天或家中有事才使用门口那些破木柴，以后再捡来放在门口备用。储备十天半个月的柴火，那是后来的事情。不过，我们是绝不会将活着的绿树砍下来做烧柴的，更不会像有些人那样把活生生的树木劈成木柴，在院子外垒起又高又长的围墙。我真无法理解他们为什么会如此贪婪，竟然让那活生生的绿树变成几年、十几年也烧不完的柴火围墙。如果是为了以后生活方便，或者将来孩子们生活方便的话，我认为根本不值得这样做。与其给孩子留下一堆日益腐蚀的烧柴，不如给子孙后代留下一片永远葱绿的森林。就是说为了今后的生活，也要有远见地保护森林，把那些更好更有生命力的林木留给后代，让绿色永远不要从我们身边消失，永远为我们后代造福，让人类永远有一个绿色的幸福乐园。”

鄂温克老人的述说,这么说浅显而富有哲理,不论谁听了都会感觉到鄂温克人具有来自大自然、回归大自然、与人类永恒哲理一致自然观,有富有理性与有远见的生存思想。

鄂温克人不止是这么想,也是这么做的。不论他们生活在森林还是平原,他们总是像爱护自己的眼睛一样爱护使人迷恋的自然环境。他们常说,美丽富饶的自然环境才会陶冶和培育出崇高的思想品德和美好的理想。因此,他们从不由于个人的某一欲望去破坏自然环境及生态平衡,也从不到处乱扔垃圾废物。过去,他们不仅自己这样做,看到别人乱扔的垃圾也要挖个坑埋进去。在他们看来,到处乱扔垃圾,不仅给环境带来污染,而且会给牲畜和野生动物带来灾难和痛苦。如果它们踩上碎玻璃,吃了废塑料或其它工业性垃圾会受到伤害,甚至死亡。就在这样一些细节问题上,鄂温克人也同自然界万事万物联系起来思考。

还有,鄂温克人在搭游牧包和仙人柱时,想到的也是尽量不破坏自然环境,常常是一个住处只住十天半个月就搬迁到另一新的住处。他们认为如果在一个地方住的时间太长就会自然影响该处的环境。这是因为人们生活所需物质太多,抛弃的废物垃圾也不少。当他们从此地搬迁到彼地时,便把所有的灰烬连同其它生活垃圾埋到土坑,就连他们烧火用的土坑,盖游牧包或仙人柱时留下的孔洞也统统埋好,并将周围打扫干净,然后放心地搬走。他们除了保护自然环境之外,还担心牲畜和野生动物在人住过的地方无意受到伤害,比如失足踩到碎玻璃,踩土洞导致骨折等等。鄂温克人如此善待大自然里的任何生命对其生死存亡考虑得那样细心,做得那样严肃认真而完全彻底。无论在森林还是在平原,如果没有鄂温克人告诉你的话,你很难找到他们曾经居住过的地方,哪怕是刚刚搬离的地方。这与他们对居住环境的爱护有着必然关系,他们在一个地点居住的时间总是很短暂,离开后没有多久,这块土地上便会重新长出鲜花和绿草,一切又恢复到原来的样子。

另外,鄂温克人对火的使用十分谨慎。在防火季节他们从不带火上山,上山打猎时从不使用火枪之类的易燃性武器,到了防火期他们会自觉停止上山打猎活动。生活在森林或原野上的鄂温克人,在防火期遇到大风天气,要停止烧火做饭,靠吃那些事先准备好的干粮或野生食物度日。如果大风连续几天几夜,他们将一直坚持到大风过去之后再点火做饭。那些吸烟的人也绝不吸烟,实在忍受不住,以口含烟来过瘾。口含烟是鄂温克烟民在漫长防火期里发明的一种“防火”烟,具体一点说,口含烟是将晒干的烟叶搓成碎末,然后把烧好的木灰按三分之一的比例掺入其中,并用浓糖水和白酒拌匀的一种特制烟。当吸烟者烟瘾上来时,取出一点含在嘴里,等烟瘾过后吐出来扔掉。还有,鄂温克人搬迁时必须把刚刚烧完的灰烬浇上水,埋入土中。他们不论是一个人上山打猎还是携家带口搬迁,首先想到的是处理好灰烬的问题。即使在严寒的冬天,他们也不会将灰烬和垃圾不加处理就离开,他们会想各种各样办法,处理好一切后才离开。鄂温克人就是这样从老者到儿童,从小事到大事,时时刻刻想到如何与自然界所有生命和睦相处,保护好自己生存的自然环境,一代又一代的幸福生活。

# 鄂温克人的传统音乐具有代表我们民族身份的意义

**乌日娜**　鄂温克族，何音氏，1963 年出生。1983 年毕业于内蒙艺术学校呼伦贝尔盟分校，毕业后在呼盟歌舞团当独唱演员，1984 年考入原中央民族学院音乐舞蹈系。1988 年毕业，获文学学士学位，并留校从事声乐教学工作。现任中央民族大学音乐系声乐讲师、中国少数民族声乐学会理事、中国音乐家协会会员、中国中央电视台特邀演员、中华全国青年联合会委员。

她多次参加全国性声乐大赛，在文化部、中国音乐家协会、中央电视台等单位举办的声乐大赛中获奖。她先后赴蒙古、美国、日本演出，并多次参加春节联欢会演出。曾在中南海、人民大会堂、钓鱼台为党和国家领导人与各国贵宾演出；并在《天堂之路》、《呼伦贝尔情》、《欢迎您草原的客人》、《内蒙古好》、《芊芊碧叶情》、《鄂温克风情》等影视片中录唱歌曲。

1996 年 4 月她应邀撰写了本文。

有位黑足印第安音乐教师曾说："我们的音乐是我们所有事情中最重要的。"在西方这句话具有深刻的含义。在某种角度上，这句话的内涵对我们鄂温克族音乐人来说有相同的意义。对于一个没有文字记载的少数民族而言，民歌是人民群众口头创作的"百科全书"，它几乎涉及到民族的历史、社会生活、政治文化等各个领域。在鄂温克人的传统文化中，音乐是最宝贵的精神财富。

作为一名本民族的音乐人，对于近几年我们老一辈歌手的相继过世，民族风俗习惯的改变，古老民歌面临失传的危险，不能不感到关切。因为民歌的重要作用是代表着我们鄂温克人的文化，是我们文化传统的一部分，所以我感到应该采取必要的措施保护。任何一个民族的传统，文学、艺术、习俗是组成它的主要因素，它是一个民族共同心理素质的根本来源。在一个民族的凝聚力中，传说的继承是一种基本动力，如若离开自己的乡土文化天地，那得以保存民族文化的传统便成为许多人民族身份的特征。这个问题在当今现代文化冲击下，已经使更多的人越来越清楚地意识到，特别是经历外来文化渗透、挤压，使一些人面临丧失民族身份的境遇。作为保护和发展文化的措施，鄂温克研究会第三届会员代表大会，恢复了鄂温克民族古老的节日——“瑟宾节”，从中可以看出弘扬本民族传统的决心，以便突出鄂温克民族的特质。我不认为这样一些举措是对文化、外来艺术的漠视，我们仅仅在强调我们自己的文化身份。

鄂温克人曾从非鄂温克文化的成果中获得教益，但我们仍须维护我们自己的文化身份。也许有人会问这是不是矛盾。人们必然要结合学习其他民族的文字来扩充知识、发展本民族文化。我们学习其他民族文字，是因为我们没有自己的文字，但我们有自己的传统，我们不需要“引进”外来文化替代我们的文化。我们没有文字用于记载历史，但在我们的民族发展过程中，形成了一整套独特的社会传统、思想意识。我们需要重新发现力量，特别是传统民间音乐的特性和优势，以便发展它。发展民乐的可行途径是继承其特有的民族风格，在此基础上创作出更富有特色的新民歌。如果我们自己都不重视本民族的民间音乐，便谈不上保护它、发展它。在传统音乐方面，更多人不会赞同那“融合”的趋向，对于各类艺术的发展，党的政策历来是坚持“百花齐放、百家争鸣”的方针，而不是单纯推进，“融合”，事实上很难做到。失去特点的最终变得单调、一统，难以区别。或许有人强调不同文化之间你中有我、他中有你、我中又有他，就是丧失自我的开端。

在祖国民族乐苑，盛开着各种民族音乐的鲜花，它们各具异彩，争奇斗艳。党号召各民族从事文化艺术的工作者要“弘扬优秀民族文化”。这对我们而言，就是如何继承本民族优秀文化传统，使之适应新时代的要求，更好地为社会主义、为人民服务，这是一个既有历史意义又有现实意义的大问题。为继承和发展民族民间音乐，我们应该解放思想、明确认识，认真行使自己的权利，抢救濒于失传的民间传统音乐。一些生长在城市或偏爱城市生活的人们更倾向于流行音乐或所谓的通俗歌曲，认为那才是最好的、最现代的艺术。但我们多数的牧民、猎民、农民，他们生活在辽阔的草原、茫茫的大森林和边远的山区，他们是民族民间音乐的热爱者，他们在情感上同民间音乐共生存。

我认为继承和发展民族民间音乐的措施之一是加强民族传统教育，使更多人真正认识到民族音乐的美学价值、民族身份价值和人文价值，增强民族自尊心、自信心，以正确的信念去接受传统民歌，自觉地传播民歌。

不能夸口说我们已经懂得和掌握了其他民族的音乐，但每一个民族音乐工作者首先要自问：“你们本民族的音乐是什么？”同样，其他民族也需要理解我们的民族音乐。

总之，继承和发展民族音乐不是单一的艺术问题，它是与政治文化相关联的问题。不管如何，发展民族音乐必须同我们民族文化的复兴联系起来，要做到此，对传统音乐人文价值的重新认定是非常必要的。我们应及早树立民间音乐人、民音乐的意识，它表达的不仅是我们的情感，而且代表着我们鄂温克民族的身份，是一个民族进步的记录与象征。

# 谈谈我们家族的萨满

**何秀芝** 鄂温克族,何音氏,1934年生于布特哈旗萨马街一个双重世袭的萨满家庭(其祖父与外祖父均为萨满)。1952年参加工作,曾任小学教员、副教导主任、教导主任、副校长、广播站副站长、文化局副局长等职。

著有《鄂温克族民间故事》(由杜梅整理),并发表有关鄂温克族民间文化的论文《鄂温克民族的风俗礼仪》、《关于图腾崇拜的探讨》等。

1996年1月22日,她在海拉尔市接受了录音采访。

我从小生长在萨满家族,姥爷是有名的萨满,人称他为"洪萨满",现在说是有特异功能的萨满,他能预测未来。去世后,我表哥继承了,他的功能没那么大了。他在土改以前始终从事萨满活动,在1980年去世。我曾去参加他的"敖米那仁"仪式,也就是祭祀仪式。同样是萨满,我爷爷的功能不大,但他也没少给人治病。他死了以后,我姑姑继承了,她死于解放那年。我姑姑始终没有很好地跳起来,按照鄂温克话说她是"布图萨满",她没有给人公开治病,也没举行过"敖米那仁"仪式。至于萨满活动之外,还有一种"那米仁"活动,我母亲是"那米仁",我奶奶是"那米仁",我姐姐也是"那米仁"。"那米仁"神和跳大神的萨满神不一样,一个是浑路,一个是清路。清路是不杀生的。"那米仁"不杀生,只是求一些娘娘神治病，比如天花呀、水痘、麻疹啦，都是“那米仁”治病。治病的时候至多杀一只白色的鸡，或者供一些水果、点心、牛奶、奶皮子之类的东西。所以，可以说我们家人几乎都有点儿神职活动。我就在这样的环境中长大。对萨满的这些事情，虽然后来成为了干部，又入了党，有些事情还是解释不了，有些东西好像确实存在。

我们老何家本家有个叫何宝明的，他也是名人，是懂满文的旧知识分子。他的“敖米那仁”仪式我参加了，我表哥的“敖米那仁”仪式我也参加了。我是在孟克甸长大的，在那儿我见过散珠乐（我的一个姐姐）的出师萨满活动。还有一个叫白雅拉的，她的“敖米那仁”仪式我也参加了，那些事情活生生的，我现在还记忆犹新。另外，萨满的除鬼仪式我参加了4次。除鬼仪式特别神秘，其中给我除鬼一次，给我姐姐除鬼一次，给我婶子除鬼两次。当时我10岁左右，有些事情记得清清楚楚。比如，我表哥“敖米那仁”仪式的时候，我有七八岁的样子。那天晚上表哥正好降神呢，师傅萨满请的是代福祥的姑奶奶，她叫“花萨满”，是位很有神通的萨满。这老太太个头儿很高，歌儿唱得也好，跳起舞身子骨真轻，有60多岁了，可她穿着一百多斤重的萨满服跳大神，好像穿的只是一件布衫。那天晚上我表哥正跳大神，窗户纸“啪”地一声像打雷似的裂开了一道长口子，几乎同时我表哥晕倒了，人事不省。我母亲惊呆了，马上找原因，究竟是哪个神没请呀，总算想起来了，是达斡尔神没请。“敖米那仁”仪式每个神都要请的，那次因为师傅萨满是阿荣旗来的，不太了解萨玛街的萨满还有达斡尔神，达斡尔神还要降临附体。我家人把这个情况和“花萨满”说了，“花萨满”一边叨叨咕咕，一边轻轻地敲鼓，我表哥才清醒过来，开始“给沙仁”了。还有一次，那也是晚间跳大神，我表哥跳着跳着神灵附体了，他脸色煞白，人就像一根棍似的，直挺挺的，什么也不知道了。接着开始呻吟，豆大的汗珠从他身上滴下来，他那声音那模样都像人临死前的样子。我父母猜出来了，说这是我姥爷“洪萨满”的神灵附体了。可为什么要表现得这么痛苦呢？说过去我姥爷在世的时候给人治病治得太多了，不该救的人、一些要死的人，他也救过来了，救的人太多萨满本人是不得什么好的。确实，我姥爷家已经没有男人了，就剩女人了。

我姥爷什么都能预测，但能预测未来的人应该使自己有个好结局吧，但他最后也没给自己找一个好的终结方式。这就引出一个故事。那是我姥爷死的那一年，他领着我大舅一人套一挂马车到山里拉原木。拉完原木往回走的时候，下了一个山坡，姥爷对大舅说了，“你在这两挂车中卸下一匹最好的马，骑上跑，不管你身后出了什么样的动静也不要回头，快马加鞭往回跑。过了3天之后，你来收我的尸体。你不要用棺材装，把我架到一根柱子的木头上就行，别忘了把我的鼓挂上，你不要把我拿到村边去埋。”我大舅虽然不忍心撇下父亲，但没法违抗他的话，他的话就是神灵的声音。大舅刚跨上马背，姥爷一拍马屁股，那匹马飞跑步也没停。大舅骑马跑下山坡，刚过山梁，就听见身后喊杀一片。那是大股土匪的声音，他们看见了大舅骑马在跑，朝他放了好几枪，但没打中。过了3天，大舅按姥爷嘱咐的地方到山里找尸体，果真找到了，姥爷中了枪弹死了。大舅想：“哪能把父亲扔在山里呀，多孤单呀，也没有人来这么远的地方给他烧纸。”这样就把姥爷的尸体运到了村边。村边没有树，不能按姥爷的遗愿把他的尸体架到四根柱子的树上，而是把他埋在村边。所以，表哥的能量和功力远不如姥爷。现在，我所奇怪的是，每当姥爷的神灵在他身上附体的时候，表哥总呻吟不止，就像一个受了枪伤的人临死痛苦挣扎的样子。

表哥个儿头不高，挺瘦的，从小身体就不好，他的萨满服是轻型的，但也有一百来斤重，别看他平时弱不禁风，但来神的时候跳得轻飘飘的。他一直跳到土改，土改以后不再请萨满跳神了，萨满服也毁了。毁了以后他还偷偷地留着萨满服后背的大铜镜，把萨满服装在皮口袋里捆好，高高地挂在仓库的棚子上，里面的一个铜镜经常发出丁玲玲的响动。表嫂觉得萨满服上的衬布还能用,就把衬布拆了,给她的孩子做了衣服。萨满服上的飘带不能做什么,她就让二表哥去烧。二表哥烧了以后,第二年上山打猎便被火烧了,手上的筋都抽巴了。家里人把这些事联系在一起,挺后悔的,觉得不该那样处理萨满神服。

表哥和我爷爷的萨满服真是漂亮。萨满服头饰上的角,代表蛇神或龙神的犄角,还有用铜鹰做头顶饰物的,它代表神灵的神通。萨满服的两肩上还有两个布鹰,也代表萨满与神灵传递信息的能力。说到我家的萨满服,是在日本人投降第二年卖给了达斡尔萨满,当时的报酬是一头奶牛。而制作一件萨满服必须要花3年的时间,做活儿再快的人也要干3年。通常服饰上的铜铃、铜镜都是加工特制的,代价都是一头牛两头牛。我母亲绣萨满服最精细也有耐心。

姥爷死得很惨,但他活在世上的时候给人治病很神奇,留下的故事很多。有一次扎旗的蒙古人来请姥爷去治病,姥爷跟来请他的患者的孩子说:“你爸爸死期到了,我看你这么孝顺,走了这么远的路来请我,我要去一趟。你听我说,我能让他在三五天之内像好人一样,这几天你可以好好孝顺你爸爸,但我要说走的话,你一点也不能耽误我,马上把我送回来。”小伙子答应了。姥爷到了以后,一试身法,那重病的老头儿果然好了。他唱着好来宝,用家里好吃的东西款待我姥爷。过了几天,到了事先约好的日子,姥爷说:“这回我可要走了。”那家人立刻套上马车送姥爷,走了一段路,过了个山坡,姥爷说:“那个老头死了。”就这么一句话,那个老头儿就在家咽气了。我姥爷就这么神。

还有一件事,是我们亲戚之间治病的事情。那年我姨父家的孩子病了,他们就这一个孩子,病得特别重。他赶了200多里路请姥爷来了,还没到的时候,姥爷已经知道了,他告诉家里人远方的亲戚要来了,你们准备一下。家里人开始准备了,姨父也到了,他诉说了孩子病情，姥爷答应连夜去给治病，并说不要着急，他一到那孩子病就能好。姥爷是骑马去的，那是走夜路，他的马头上有个月亮似的光亮在马头前引路，那马一步也不停，一溜小跑，两百多里路走了半夜就到了。到了地方一看，那病重的孩子已经好多了，正睡觉呢。而此之前，家里人眼睁睁地看护着孩子，挺了几天，人也累了，孩子的妈妈似睡非睡之间，看见从给姥爷供神灵的炕桌上跳出一只猫。那只猫个儿头很大，毛色像老虎的花纹似的，它围着孩子转了3圈，还闻了闻，然后就在供桌旁消失了。孩子的妈妈被吓了一跳，好一会儿，她才醒悟过来，这是姥爷的神灵过来了。姥爷常说的神灵是两只老虎、两条龙。孩子的病好了，涉及人命的病被大萨满给治好了，一般要给萨满回报一头牛，要不然萨满的神灵不满意。孩子病好了，可孩子的爷爷觉得是亲家之间不应该，所以他们啥也没给。这样姥爷回来就病倒了，是他的神灵不让了。他派我舅舅去姨父家，向他们去要祭品回来祭神。舅舅走了两百多里路到了姨父家，这回是姥爷的亲家舅气了，他觉得亲戚之间不应该要东西，不给他还派儿子来要，挺不讲情面，就把一头正吃奶的小牛犊牵了出来。我舅舅恭恭敬敬把小牛牵了回来。姥爷一看特别寒心，他对天施法，说这头小牛正吃奶，不应该杀它，杀吃奶的动物是罪孽，但我没有办法，我的神灵折磨我几天了。他对天起誓后，用那头小牛祭神了。祭神后，姥爷的病好了，但姨父家的孩子又病了，又请姥爷去了一趟。

我再谈一下姥爷去齐齐哈尔、富拉尔基治病的事。那次是达斡尔人来请他，姥爷去了。每次他去的时候自己都知道这次应该带萨满服，还是不带萨满服。遇上给重病的人看病，他都要带上萨满服。那次，他带上了萨满服，是捆好拴在车上的。到了那儿以后，把病人治好了。回来的时候他坐的是双套马车，可走到半路他坐不住了，发现有什么跟着他。当时他自言自语说："可惜呀，我把萨满服捆在车上了。"他的意思是说，身上的法力一时发挥不出来。随后，他嘴里念念有词，把两个手指头并成尖指，对准那匹拉帮运马，嘴里吹一声口哨，那匹马当时就死了。他用猎刀把套绳割断，撇下那匹死马继续赶路。到家的时候是第二天的傍晚，快进大门的时候，我舅舅迎上去，把大门拴卸下来，马车直接进到了院里。当时院子里正有一头奶牛反刍，姥爷又做了一个尖指，尖指指向那头牛，嘴里吹声口哨，那头奶牛倒地也死了。后来，他解释说，那个地方有 7 个达斡尔萨满，这 7 个达斡尔萨满先后都给那病人治过病，但谁也没治好，可这病人却让远来的鄂温克萨满治好了，他们觉得太丢面子，同时也不允许有人超过他们。所以 7 个萨满的神灵跟上了姥爷，想把他在半路上害死。没想到姥爷把他们害人的锋芒指向了那匹拉帮套的马，让那匹马替他去死了；到家门口的时候，他又一次躲过了他们的加害，让那头奶牛去替死了。那 7 个萨满的神灵害人不成，自己也受了伤，为首的那个萨满不久就病倒了，临死的时候留了句话，说这回我的萨满不能在自己氏族传下去了，我要到鄂温克萨满那里当他的神灵。他一死，姥爷这边就知道了。他一琢磨，这个达斡尔萨满要来入伙了。于是，姥爷的萨满神灵里又多了一个达斡尔神灵，这个达斡尔萨满带来的神灵里还有一个抱孩子的女人，关于那个女人还有一段故事，这里就不说了。

一直到 1980 年，表哥去世前，那些神灵的画像都在。后来，我回了趟老家，问过我表嫂，那些神像的下落。我表嫂说："哎呀，你们家都没人啦，于是你表哥的萨满也没人接了，安葬他的时候，我祷告了一下，说你都把它带到阴间去吧，就都放在了他的棺材里了。"

这些就是有关姥爷和表哥当萨满的传说。

# 鄂温克使鹿部落之子

## ——何　林

**何　林**　鄂温克族，给力克氏，曾用名马嘎拉格，1940年出生在大兴安岭北麓激流河一带。1948年至1953年在山里打猎；1953年至1959年在额尔古纳旗奇千民族乡小学学习；1960至1961年担任奇千小学教师；1965年至1973年在额尔古纳左旗鄂温克民族乡工作，任干事、团委书记、革委会副主任；1973年至1992年8月先后任敖鲁古雅鄂温克民族乡党委副书记、乡长、乡长兼额左旗政协副主席、呼盟政协常委。他是使鹿鄂温克的政治代表，1992年8月10日，因休克性肺炎在根河市病故。

1996年4月，根河市孔繁志同志应邀撰写了此文。

1940年7月15日，何林出生在大兴安岭激流河畔一个猎民家庭。一个新的生命诞生，给本来人口较少的给黑克氏族无尽的欢乐。但谁也没想到就是这个小生命，日后成为使鹿鄂温克族从原始社会末期走向社会主义社会的又一个带头人。

何林从小跟着父辈一起牵驯鹿、钻密林，游猎在茂密的森林，吃兽肉、穿兽皮、住“撮罗子”，练就了顽强的斗争精神和战胜艰难困苦的决心。

原始森林，原始生活，物竞天择，适者生存。每天跟野兽打交道的何林，驯鹿奶、野兽肉没有把他养育成体壮如牛的男子汉，但他学会了如何寻找猎物，怎样找回走失的驯鹿，怎样哺育仔鹿，并成为优秀的小猎手。

新中国的诞生给何林带来了走出森林，接受教育的条件。1952年党和政府在奇千乡为使鹿鄂温克人建立了民族小学，何林弃猎入学，开始了新的生活。

13岁的小何林，开始并不懂得什么是学校，从深山老林走进教室，好像从一个世界走进另一个世界。黑板、课桌、粉笔……这在别的孩子眼里再普通不过的了，在何林眼里是那么新鲜，都想摸一摸，看一看。使他头痛的也是最感兴趣的是，当老师用鄂温克语讲明白了拼音字母，不认识的汉字他就能念出来了，在他幼小的心灵里这是多么不容易的事情。于是他上课听、下课练，终于学会了用汉语拼音认字的本事。有了汉语拼音做媒介，使他很快学会了汉语。到小学毕业时，何林已经能用流利的汉语和其他民族同学进行交谈了。从小在山里野惯了的孩子，一下很难适应学校的正规生活。何林身在学校，可对山里的一切记忆犹新，清晨缕缕炊烟伴着奶香飘向蓝天；傍晚围在篝火旁听老人讲"莽猊"的故事；喷香的烤鹿肉香气扑鼻令人乍舌；追赶野兽累得气喘嘘嘘……每当想起那快乐的时光，他就盼望早点放假，也只有那时他才能重温梦境一般的生活。

小何林在学校的几年里渐渐地长大了，学到的知识越来越多，懂得的道理越来越深。他想到社会的进步，人类的文明，没有文化是不行的，使鹿的鄂温克如果停留在"刻木记事"的阶段，就摆脱不了愚昧和落后。于是他决心从事教育工作，利用已经具备的双语优势，为鄂温克人多培养一些有知识有文化的新人。

党和政府为使鹿鄂温克人培养了以何林为代表的具备了基本文化知识的青年，并在他小学毕业后安排他在学校任教。

## 二

随着使鹿鄂温克人定居敖鲁古雅，何林走上了乡领导工作岗位。他认真贯彻党的民族政策，努力发展民族经济，积极宣传“谁也离不开谁”的思想，带领各民族群众团结一致建设家乡，连续多年被评为市级优秀共产党员，多次受到上级的表彰，群众称他是敖鲁古雅鄂温克民族乡民族团结的带头人。

敖鲁古雅建乡之后，改变了使鹿鄂温克人单一的民族成份，在仅 1500 人的小社会里就有蒙、汉、达、鄂等 6 个民族。何林认识到民族团结是敖鲁古雅民族乡发展的基础。他坚持民族平等，处事公平，不徇私情。1983 年春天，有几个鄂温克猎民青年和一家汉族居民打架，互相指责其民族，打得不可开交。何林知道后，立即赶到现场制止和批评了本民族的几个青年。接着问明情况，实事求是指出双方的错误，对他们进行了民族团结的教育，结果双方各自做了自我批评，言归于好。

1985 年，庆祝敖鲁古雅鄂温克民族乡成立 20 周年时，民族贸易商店进了少量的彩电，人们争相购买。有人说全部卖给猎民，何林同意，他深入下去调查，优先供给部分猎民，又照顾了其他民族同志。有一次，市政府分配给这个乡两名工人转正指标，不少人猴眼巴巴地盯着，有的还请客送礼，何林都拒绝了。他按政策办，把乡里的临时工逐个排队，最后给了表现好的一个汉族和一个蒙族同志。1983 年春节，敖鲁古雅发生打死人案件，个别人认为是汉族打死了鄂温克人，是民族矛盾。何林批评了这种看法，认为是个别人的问题。外地民族和外来民族都应一视同仁，加强团结。敖鲁古雅是结核病多发区，猎民得病后实行公费治疗。何林多次向上级反映同在一个地区，不管是哪个民族的群众得了结核病都应享受公费医疗，这样敖鲁古雅乡才能留住人才。应该说，何林这一主张是正确的，是思想解放的，是有利于工作的。

猎民出身的何林深知猎民在山上的艰苦，为了改变冬不遮雨的居住条件，他到狩猎营地征求猎民的意见。随着时代的发展，“撮罗子”围布不断更新换代，帆布代替了桦树皮，塑料替换了帆布，“撮罗子”换成了帐篷，活动板房替代了帐篷，居住条件不断改善。一到忙季，何林和猎民同吃、同住、同劳动，找驯鹿、接鹿羔、锯鹿茸，阉驯鹿，真是晴天一身汗，雨天一身泥，哪里忙，哪里就有何林的身影。1986 年夏季，我陪同北京大学学者考察猎民生产、生活，正赶上何林带领工作组在山上帮助猎民锯鹿茸，只见他和猎民一样逮鹿、锯茸，大汗淋漓。1988 年为了接待一次重要会议的代表，正赶上驯鹿不在营地，我和何林驱车 20 多里才找到驯鹿群。回来时我们赶着驯鹿，遇上了瓢泼大雨，一路钻树林，蹚河沟，上山坡，走沼泽，等把驯鹿群赶回营地已是晚上 9 点多了。我们又累又饿，谁也不想动弹，何林又忙着为我们生火做饭。

1982 年 7 月的一天，山上发生了一起伤亡案件，何林带领有关人员立即奔赴现场。他抱着药品箱坐在汽车里，箱内的药水滴了出来浸透了他的裤子。他头晕眼花呕吐不止，大腿内侧灼伤，疼痛难忍，行走困难。同志们都劝他坐车回去。何林考虑到山上情况紧急，案情真相不明，还是救猎民要紧。于是他咬牙坚持步行 20 多里山路，直到现场处理完毕，才同意让同志们送他回乡。结果他大腿内侧感染，卧床治疗半个多月才好。何林说：“我为群众办事是应该的，自己受点苦算不了什么。”

驯鹿是使鹿鄂温克人的经济支柱，发展驯鹿是发展民族经济的关键。1982 年何林作为乡长积极实行生产责任制，推行驯鹿饲养包干到组的办法，调动了猎民生产的积极性。1984 年进一步完善了驯鹿承包到户的责任制，每个劳动力分得 30 头驯鹿，猎民每人每年从收入1000元增加到1400元。经过一年多的实践证明，这种承包生产责任制确实可行：驯鹿增多，猎民收入增加，在全乡出现了第一个万元户。通过认真清点核对，上年仔鹿成活170头，纯增98头。这一承包的结果从根本上打破了在饲养驯鹿方面的“大锅饭”，解决了驯鹿作价入社18年徘徊不前的局面。老猎民拉吉米一家5个劳动力承包152头驯鹿，一年后增加到204头，仅饲养驯鹿一项收入达6956元。加上其它猎副业收入5124元，全年12080元，成为第一个万元户。其他猎民收入也都有大幅度增加。从一种“大锅饭”的局面转变到承包到户，说起来很简单，实行起来，却不是一件容易的事情，这里饱含着何林同志辛勤的汗水。他挨家做工作，走遍了猎民的4个营地，行程几百里；他访遍了每个“撮罗子”，做了几十个猎民的思想动员工作；他召开猎民大会，与猎民一起讨论承包方案，每个细节都想到了。记得1984年4月11日那天，何林冒着大雪到玛克辛姆营地，在大雪中奔走了很久，直到下午好不容易赶到营地，正巧玛克辛姆出猎，他一住就是好几天，帮他找驯鹿，清点头数，并一头头在驯鹿身上打印记。

敖鲁古雅民族乡的驯鹿是我国驯鹿的唯一种群。由于数量小，近亲繁殖，出现了种群退化，体质下降，不仅影响数量的增加，也影响质量的提高。1985年，何林请根河市科委邀请全国知名专家学者到敖鲁古雅专门研究发展驯鹿的问题。与会同志对驯鹿的科学管理、选配、提纯复壮、驯化放牧、疾病防治以及进一步完善生产责任制提出了许多宝贵建议，使何林进一步认识到科技是第一生产力的道理。1987年，全国人大副委员长费孝通来敖鲁古雅考察，何林提出从俄罗斯引进驯鹿的要求。何林于1988年9月赴苏联考察驯鹿时说：“去年全乡鹿茸收入4万多元，平均每户1000多元。农牧业部组织这样一个考察团，体现了党和国家对鄂温克猎民的关怀，我一定不辜负党和国家的期望，努力发展养鹿业。”考察回来后，他着手落实引进驯鹿和冷冻精液的工作。

以狩猎和饲养驯鹿为主的生产方式是使鹿鄂温克人传统的经济。随着大兴安岭的开发,野兽逐渐减少,传统观念受到挑战。何林作为一乡之长,从实际出发,不断修改和制定生产方针,从以猎业为主到饲养驯鹿为主发展到多种经营,使民族经济不断发展。

1978 年,在上级的支持下,何林动员职工建起了木材综合加工厂,安排猎民子弟参加生产。到 1981 年有了厂房 250 平方米,职工 27 人,汽车两台,油锯一台,火锯一台,年收入 9 万余元。实行承包责任制以来,这个厂生产年年有发展,1991 年产值达 90.7 万元,利润 32.1 万元。有了经济效益后,加工厂关心鄂温克猎民,每年无偿支援饲养驯鹿 4 万元,作为发展民族经济、提高猎民生活的资金。这个厂成为敖鲁古雅乡的主要经济支柱。

1988 年,在何林的领导下,敖鲁古雅乡又与辽宁省西丰县参茸加工厂达成联营生产鹿茸片的协议,3 年使猎民的收入翻了一翻。猎民尝到了多种经营的甜头,全乡各族群众积极参加多种经营,有的人承包了园田地,有的跑起了运输,养殖户、种植户、民族工艺加工厂、副业队不断涌现……多种经济成分的增加,生产门类不断扩大,人们生活水平不断提高。

在山上饲养驯鹿的猎民,在山下有了宽敞明亮的住房,全部实现了免费医疗、免费看电影、免费接受教育,彩电、冰箱、洗衣机开始进入猎民家庭,老年人还可以在敬老院安度晚年,使鹿鄂温克人过上了稳定的生活。

## 三

凡是到过敖鲁古雅的人都说,敖鲁古雅是个美丽的地方,山清水秀。的确,如果你到敖鲁古雅就会发现,这里的建设是按照林区城镇,民族特点、民族经济文化发展的需要和内地先进经济结构规划的,布局集中、紧凑、合理,生产生活设施齐全。这里凝结着敖鲁古雅乡历届领导与各族群众、也包括何林同志的汗水和劳动。

就拿1985年兴建民族学校教学楼来说。从立项到预算,设计、施工,每个细节何林同志都亲自参与。尤其在施工的日子,施工队早晨上班他也赶到现场,缺资金他去跑,缺设备他帮助联系。为让孩子们早日住进宽敞明亮的教室,他耗费了精力。在敖鲁古雅精神文明中,何林从治理脏、乱、差抓起,协调各单位齐抓共管,带领全乡猎民及职工群众发扬艰苦创业精神,不计报酬,义务劳动,修建起公路8条,共计1800米;挖排水沟8条,计600米,植树2000株。他还发动群众集资成立了卫生队,定期处理垃圾。

敖鲁古雅地处偏远,文化生活匮乏,何林多次召开会议筹划成立文化中心站,抓住乡庆20周年的契机,首先改建了"爱民文化站。"这二层楼房里设有广播站、电视差转台、陈列室、老干部活动室馆、阅览室和游艺室。猎民们看电视入了迷,高兴地夸何林为他们办好事。

使鹿鄂温克人历史上缺医少药,结核病一直成为阻碍人口健康发展的难题。何林十分重视医疗卫生事业,1973年建立乡结核病防治院后,何林和医院大夫共同研究医疗方案,解决山上送医送药山下行走困难的病人登门治病问题。针对猎民缺乏卫生知识,何林有时还按点到病床前为患者喂药。由于领导重视结核病的防治工作,在广大医务人员的努力下,敖鲁古雅结核病从1965年的发病率23.6%降至1982年降为9%。

几百年来,使鹿鄂温克人饱受无文化之苦,只有语言没有文字,刻木记事,使用符号语言,多么期望有自己的大学生和一代有文化知识的青年。何林也正是亲身经历了的无文化的青少年时代,深知读书识字后给工作带来的便利。所以何林对搞好教育情有独钟。敖鲁古雅办起民族学校后,他想到山上猎民子弟上学在家无人照顾的困难,倡议开办寄宿学校、幼儿园,同时在猎民中开展扫盲工作。在80年代搞的调查结果表明,猎民中有80%以上的人能懂简单的汉文,90%以上的人能用汉语交流对话。

使鹿鄂温克人文化遗产大部分存在于口碑文献中,何林非常珍惜和注意挖掘这些宝贵遗产,积极倡导组建鄂温克族研究会,并担任副会长。专家学者每次来挖掘整理古籍时,只要他有时间一定亲自陪同上山,到猎户家为客人当翻译,提供线索,方便其工作。我从80年代初开始利用工作之便,上百次去敖鲁古雅,收集整理《敖鲁古雅的鄂温克人》一书的有关资料,书中许多内容得到过何林同志的帮助,他亲自为我提供猎民猎取灰鼠皮情况。书出版之后,他对我说:"全家大人小孩都看。"

何林在敖鲁古雅乡作为党委书记、乡长可谓权倾一身,大事小情要拿主意,定决策,但也有解决不了的问题。他开展调查研究,积极探索使鹿鄂温克人和全乡的发展道路。1990年,他与他人合作撰写长达15页的题为《关于敖鲁古雅鄂温克民族乡问题初探》的调查报告。这篇调查报告在社会上引起广泛的注意。

何林在工作上严格要求自己,虚心向其他民族干部学习,向先进地区学习。1991年6月何林参加了市里组织到山东的考察。在山东他看到了改革开放以来的巨大变化,深有感触地说:"我们和山东相比差距太大了,只有进一步解放思想,深化改革,开拓工作,才能迎头赶上。"

早在1965年,猎民定居选择乡址时,便有人主张猎民生产特殊,建乡定居应远离居民区。何林不同意这种意见,主张建乡定居离其他民族村镇近一些。这样才能很好地向先进民族学习,才能增进各族人民的团结友爱。

何林从一个普通猎民走上领导岗位,他要求自己做到:不以当地民族干部的身份谋取猎民的猎产品和珍贵药材。有些同志要求他弄的东西,只要猎业队有他都是按价购买;对一些紧缺商品,他不去抢购，也不去走后门；烧柴自己上山拉，不用公家汽车拉烧柴，不用公家油锯截木头。何林有个内弟经常酗酒闹事，他多次严厉批评和处理，但他并不改过，结果走上了犯罪道路。当公安机关处理他时，何林坚决支持并代表亲属在逮捕证上签了字，同时还主动做其他亲属的思想工作。何林这样做维护了法律的尊严，不仅没有伤害民族关系，而且增强了民族团结。

何林在60年代当干部不久，“文化大革命”便开始了。在极其复杂的运动中，何林心有定数。他自己不搞也劝阻其他人的过火行动，坚持实事求是的原则，并以乡团委书记的身份做猎民的工作，坚持抓革命促生产。那几年民族乡没有发生过两派群众的武斗事件，鄂温克猎民没有停止过生产。由于何林在“文化大革命”中的正确表现，1968年他担任了乡革委会副主任。

何林以革命利益为重，不计较个人名利和得失，他先后担任敖鲁古雅民族乡副乡长、乡长、党委书记、书记兼乡长。由于工作需要，1987年开始他担任副书记、乡长的工作。他服从组织分配，毫无怨言。根据何林的工作表现，组织上任命他为根河市政协副主兼盟政协常委。

## 四

每一个人都有自己的事业和家庭。何林在事业上是一个好带头人，在家里是一个好丈夫、好父亲。他和月拉结婚后，互敬互爱，工作上相互支持，生活上互相帮助。从小在森林里长大的孩子谁也不会理家务，就连生火做饭这些日常生活的小事也得从头学起。每天早起做饭，为了不耽误工作，生一顿熟一顿，随便吃点什么就上班。星期天，夫妻俩有时背上猎枪，回归大自然重温森林之梦。

他们仿佛看见茫茫林海，驯鹿成群，漫山遍野的炊烟，是从猎民“撮罗子”里冒出的兴旺之火……

多年的夫妻生活，多么盼望添人进口。但不知什么原因，他们膝下却始终没有亲生的儿女。可他们的侄儿侄女却成为他们家庭的重要成员。何林像照顾自己的儿女一样关心他们。1970 年何林的哥哥坤德去世后，何林承担起对侄女何秀娟的养育义务，直到她学业结束分配工作。

80 年代初，他的内弟被劳改，家庭生活困难。何林夫妻把不满周岁的侄子索伟接到自己家中抚养。索伟姐弟两人给何林全家增添了无尽的乐趣。

80 年代末，他的内弟果士克因病去世，内弟媳坎达也在同一年病逝。教育抚养索松、索峰、索山这 3 个孩子的责任自然由何林承担起来。不同的家庭、不同年龄的人组成又一个新的家庭，在何林的主持下生活得十分融洽。

使鹿鄂温克人长年游猎在深山老林，自然环境艰苦，气候恶劣，与野兽打交道危险极大。由于历史的原因，生产生活保持着特殊的方式，造成这个民族非正常人口死亡过多，鳏寡孤独人口增多。何林把老年人妥善安置在敬老院，孤儿安置在寄宿学校，又承担起帮教一些有生活能力、缺乏自制力青年的工作。像雅日曼、景山、达西、景岩，他在生活上关心他们，在生产上帮助他们，在经济上支持他们自立。

提起何林在家庭、在生活上这些事情，没有一个人不翘起大拇指称赞他们夫妻。在使鹿鄂温克人口极少的部落，出现一个像何林这样优秀的好干部，真是难能可贵。

# 谈谈我们的前辈

**宝迪扎布** 鄂温克族,其布沁努特氏,1954 年 6 月生于陈巴尔虎旗;1975 年毕业于扎兰屯农牧学校;1979 年 5 月调到陈旗鄂温克苏木兽医站工作,后任站长;1984 年 5 月任鄂温克索木副索木达;1986 年任索木达;1986 年 12 月加入共产党;1990 年 11 月调任陈巴尔虎旗副旗长;1993 年 11 月任旗委常委、纪检委书记;1995 年任旗政协副主席、旗统战部部长。

1996 年 6 月 6 日,因时间仓促,他在海拉尔市接受了短暂访。

很不巧,我要公出,对你所要采访的问题没有什么准备,时间紧了一点儿,所以简单谈一谈。

先谈谈巴·玛日克同志。

我 1977 年参加工作后,于 1979 年调到陈旗鄂温克苏木兽医站工作。当时玛日克同志已经是索木的党委书记,我在他的领导和培养下工作了几年,所以说,我对他的印象是从那个时候开始的。如果让我用几句话概括他,我认为应该说玛日克同志为鄂温克的繁荣和富强、为鄂温克苏木各民族人民生活水平的提高、为鄂温克族青年干部的培养花了心血,作出了很大的贡献。为什么这样说呢?给我印象最深的事情是 1979 年开始筹备鄂温克苏木 30 年庆祝大会的时候,苏木成立了筹备领导小组,然后玛日克同志去自治区汇报。那次汇报的内容是鄂温克苏木的 30 年大庆,还有

“文革”期间鄂温克苏木干部和群众被摧残的情况,需要落实政策问题。经过那一次努力,得到了自治区领导和有关部门的重视,下拨了一大笔经费,其中包括落实政策的经费。“文化大革命”时期鄂温克苏木是重灾区,“挖肃运动”中有100多人被触及,30多人被迫害致死,所以苏木的落实政策也是个大问题。通过玛日克等苏木领导同志的耐心工作,使受害的干部和家属在政治上恢复了名誉,在经济上得到了补偿,从而稳定了人心,促进了生产。

鄂温克索木成立于1953年,一直没有举办过庆祝大会,所以30年大庆就显得十分重要。那次大会从1979年就开始筹备了,筹备工作很充分,很有成效。一切准备就绪后按期举办了。到会的来宾很多,有自治区民委的领导、呼盟的领导,还有各民族乡的领导都来了。会议期间的组织、安排、接待工作,由玛日克同志牵头,整个大会很成功,玛日克同志的威信也有很大提高,受到了群众的拥护。

第二年,也就是1984年的机构改革中,玛日克同志作为苏木书记发挥了重要作用。那次的主要任务是将原来的公社管理委员会改为人民政府,将原来的生产队改为嘎查。这里有大量的工作要做,也需要培养、提拔一些年轻的民族干部,玛日克同志一直亲历亲为做的很出色。过了两三年,玛日克同志调到旗里工作了。

还有一件事情需要说一下,1983年、1984年鄂温克苏木推行了草牧场有偿使用,牲畜作价归户,草场归牧户经营、使用。草场的所有权在生产队、使用权在牧户,这是草、畜双承包,也是一项政策性很强的工作,而在历史上从未做过这样的工作,要把集体的经济分到每个牧户,把草场固定到户。玛日克同志作为苏木的党委书记,带领干部下基层,蹲嘎查,用了两年多的时间逐步落实了这项工作。这两件大事,一个是机构改革;一个是草、畜双承包,在他的领导下搞得很顺利、很成功。

其实,玛日克同志没上过学,连小学都没念过,他是参加工作后自学成才的。后来他连工作报告也能自己用蒙文写了，他的汉文程度也有了一定的提高。他对自己学习文化、政治，还有学习掌握领导能力几个方面要求都很严。在他的领导下我工作了多年，深深地感到玛日克这位前辈很有领导能力，政策水平也很高，对身边的干部和职工很关心、很爱护，这些都是他优秀的品格。

后来，组织上看他在基层工作很辛苦，就把他调到旗政协当了副主席，然后又到旗人大当副主任。

但他为鄂温克苏木所做的一切大家是不会忘记的。

下面谈谈我的父亲。

我的父亲名字叫宝音图，他出生在贫苦牧民家庭，很小父母就去世了，他是跟着舅舅长大的，当时住在鄂温克旗东苏木靠近维纳河一带。他是1946年参加工作的，那是有人说他懂点俄语，就让他去驻扎兰屯的苏联红军司令部当翻译。最初他还害怕，但还是去了，有个叫伊万的陪他去了。这个人现在还活着，可能有80多岁了。那年我父亲刚十七八岁，会讲一点俄语的口语。当时在扎兰屯关押了一些带家眷的日本人，经常有一些当地的没有孩子的少数民族去要日本人的小孩。日本人战败了被关在一起，也不愿把自己的孩子托养给别人。这些事情上，有时让我父亲去当翻译。实际上当时也没有什么事情，他经常陪着司令部的人玩扑克，这也算当了一年的翻译。一年后，苏联红军撤走了，临走时他们对我父亲的工作是满意的。当时的兴安北省的省长对我父亲说："小伙子，你任务完成得很好，翻译得很好。"这样把我父亲送到兴安军政大学的短期班学习。在那里学了几个月，结业后回到索伦旗民政局工作。

后来，土改开始了，他被派到牙克石一带参加土改试点，还把他送到呼和浩特学习了两个月。等他学习回来，土改工作有了变化，有些政策进一步明确了，在牧区不搞土改了，也就是不划阶级、不分、不斗。在此之前，他好像还在白音查岗当过一个时期的教员。大概在50年代，他调到盟公安处工作。在盟公安处工作期间，他被抽调专门做苏侨的回国动员宣传工作，因为他懂一点俄语。那是1957年至1958年间，他经常下到那吉、特尼河一带，动员和组织苏侨回国，把他们一批一批地送到满洲里，这些人大部分去了澳大利亚。这个工作他搞了几年，后来打民族右派开始了，有人说他是民族分裂分子，叛国……因为那几年他经常同苏联人打交道，加上他一参加工作就给苏军司令部当翻译，他还懂点日语，于是这就成了问题了，硬说他是日本特务、苏联特务。1959年的民族右派还没打完，“四清”社教就开始了，紧接着是“文化大革命”，1966年鄂温克苏木第一被抓的就是他。

听我父亲讲，1952年他同满都呼、吕光天同志一起搞了鄂温克民族的社会调查。后来，他还参与了额右旗、喜桂图旗、陈旗的边界划分工作。他经常说“373坐标”在哪儿，3个旗的边界是怎么个走向，常同我谈起这件事。搞了鄂温克族的社会调查后，我父亲参与了鄂温克民族乡的筹建工作，那是1953年之前。

“文化大革命”中他被打成了苏修特务、日本特务、民族分裂分子，戴在他头上的帽子太多了，从1966年至1973年，他一直没有被解放，谁也不敢解放他。后来王允廷当副书记的时候表态了，说他是搞公安的，过去是组织上派他去搞苏侨工作，又不是他自己去干的，怎么就成了苏修特务了呢？这样，1973年他才被解放，得到了平反。

他是1976年当的鄂温克苏木的副主任，到了1979年筹备苏木30年大庆的时候，我父亲同玛日克一起去自治区办这件事。为什么要让他去呢？因为他在自治区有不少兴安军政大学的同学，所以事情办得很顺利，上边给补了不少的钱。回来后，用这笔资金，把“文革”群众受的损失都补发了。“文革”中把牧民的房子、车、马都给分了，还把人家的银碗、银鞍子都没收了，这些都作价补发了。

鄂温克苏木的30周年大庆,满都呼同志给予了很大的支持,还有自治区扶贫办的哈迪同志,他们协助找了自治区的领导,找了巴图巴根同志,还有朋斯克同志,他们当时都是自治区的副主席,这样问题就解决了。后来,苏木先后建起了文化站、办公室、医院、粮站等。这些设施建起来后,1983年搞了大型的庆祝活动。庆祝活动结束后,我父亲刚好58岁,他自己提出了离休的申请,组织上批准了。1989年,我父亲因心脏病突发病逝了。

# 附录文史资料之一

## 内蒙古党委关于索伦、通古斯、雅库特民族统一名称和推行区域自治问题的决定

关于索伦、通古斯、雅库特民族统一名称和推行区域自治问题，经内蒙古党委会议研究作如下决定：

一、索伦、通古斯、雅库特民族统一为鄂温克民族问题，是这几个民族内部的事，无须政府批准。只要这几个民族绝大多数人民及其领袖人物同意，不致因统一名称而引起民族间不团结，可由这几个民族的代表性人物的座谈会讨论决定，报呼盟人民委员会并转内蒙古自治区人民委员会备案即可。

为了民族团结，呼盟委应在这些民族的干部和人民中进行充分的酝酿工作，只要他们认为统一的时间到了，条件成熟了，呈报备案即可。备案后由内蒙人民委员会通知各机关、报社等，今后这几个民族统改为鄂温克民族。

二、统一在索伦旗按原有的旗界建立鄂温克民族自治旗（居住在其他旗内的索、通、雅族按聚居情况可成立民族乡）。旗界问题，因涉及到陈、索两旗牧场问题，如将特尼河苏木划入索旗，可能在行政管理上不便，同时势必造成陈旗的牧场缩小，蒙民必然会有意见，这样对民族团结不利，因此我们认为旗界以不变为宜（据了解特尼河苏木原属索旗，后划入陈旗，应查明当时划的原因，现不划回有无困难亦应研究）。对于陈旗境内居住的索伦、通古斯民族群众自愿要求搬往索伦旗的，索、陈两旗人民委员会应多方面给予方便，以便满足他们要求实行民族区域自治的愿望。但亦不必

由政府动员他们搬家。

三、索伦旗建立鄂温克自治旗的筹备工作应积极进行。有关干部配备问题应由你们考虑解决，如需由上边调派时可提出报告。

四、民族名称统一和建立自治旗问题务必要在党内外干部和群众中，特别是先在党内做到认识一致，以免在执行过程中，发生类似莫力达瓦旗建立达斡尔自治旗因党内干部和干部的认识不一致而发生不执行党的决定的错误问题。

你们在接到这一通知后希即速讨论布置工作并将你们讨论的意见及工作进行的步骤作一报告。

内蒙古党委

1957年3月8日

## 附录文史资料之二

# 关于在索伦、通古斯、雅库特等族人民群众中进一步酝酿统一改称鄂温克民族名称的通知

内蒙党委最近就索伦、通古斯、雅库特统一称为鄂温克民族名称问题做了决定。决定中指出"索伦、通古斯、雅库特民族统一称为鄂温克民族问题是这几个民族内部的事,无须政府批准。只要这几个民族绝大多数人民及其领袖人物同意,不致因统一名称而引起民族间不团结,可由这几个民族的代表人物的座谈会讨论决定。报呼盟人民委员会转内蒙古自治区人民委员会备案即可。"

根据决定精神,我们认为统一民族名称问题,必须掌握搞好民族团结,有利于发展生产,在祖国建设事业更好地发挥他们的积极性的原则下进行。为了慎重起见,各有关旗党委应加强领导,派较强的负责干部到这些民族聚居的人民群众中和干部中广泛的座谈讨论,争取他们的意见。方法上应先党内后党外,酝酿成熟后呈报盟委和盟人委,由盟人民委员会统一整理上报内蒙备案。

随文发去呼盟民族事务委员会关于统一鄂温克民族名称向内蒙的请示意见,供你们组织座谈讨论参考。

中共呼伦贝尔盟委员会

1957 年 5 月 22 月

关于索伦、通古斯、雅库特等族统一称为鄂温克族的问题，各级党政从来是很重视的。为了正确解决这一问题，曾进行研究讨论和向各该少数民族群众征求过意见。1955 年 7 月盟召开座谈会，专门研究讨论过这一问题，(55)会民社字第五十号报告在案。1956 年盟派干部随同内蒙访问团深入少数民族聚居地区进行访问和座谈，广泛的征求了“索伦”、“通古斯”、“雅库特”等族人民群众、干部及代表性领袖人物的意见和希望。

为更慎重的解决民族名称问题，最近在民委扩大会议期间，召集各有关民族的代表性人物进行座谈，听取了他们的意见和要求。兹将座谈会情况和群众反映的意见报告如下：

参加座谈会的少数民族共有十八人，其中"索伦"族九名，“雅库特"族三名，"通古斯"族两名，鄂伦春族四名。他们来自莫力达瓦、布特哈、阿荣、索伦、陈巴尔虎、额尔古纳、鄂伦春等旗。

这次座谈会由盟委统战部乌部长亲自主持的。在座谈会上，“索伦”、“通古斯”、“雅库特”等族代表性人物纷纷发表了自己的感想和意见：

“索伦”族敖文廷说：据老年人说“索伦”这个名称是满族对鄂温克族的称呼，我们民族内部却都称为鄂温克，其他民族偏偏叫我们是“索伦”、“宏恩库热”、“通古斯”、“雅库特”等等。我们的历史、语言、宗教等都是一样的，我们认为把鄂温克民族名称统一起来是很必要的。涂景福说：“索伦”、“通古斯”、“雅库特”等名称都是异族给起的，这是清朝、帝俄时代给我们的称呼，居住在各地的鄂温克族因居住分散，虽然方言有点差别，但语言上基本上是一样的。从各方面来看，我们是一个民族，所以统一称为鄂温克族是完全正确的。可是因为我们鄂温克族没有文字，缺乏历史记载，很难找出确切的历史根据。

“通古斯”族巴达玛说：据老人说，我们鄂温克族从前由黑龙江迁移到苏联西伯利亚，很早以前以狩猎为生，是一个很勇敢的民族。据说"通古斯"族的名称,是俄罗斯人冠称的,蒙古族称我们为“哈密勒根”。但我们“通古斯”族内部都自称为鄂温克,因此,把“通古斯”名称改为鄂温克族,我个人是没有意见,我想我们鄂温克人民都会欢迎,没有反对的。

“雅库特”族昆德依万(民委委员)说:我们鄂温克和俄罗斯人接触得多,因此被称为“雅库特斯克”。但本民族不承认自己为雅库特,实际上我们根本不是“雅库特”人,本民族内部都称为鄂温克人。1945年由苏联来过真正的雅库特人,我们不懂他们的话语,同年从苏联又来几个鄂温克人(军官),他们说的话,我们都能听懂,因此证明我们不是雅库特人。俄罗斯人误称我们为“雅库特”,但我们民族内部始终没有改变自己的名称,而是自称为鄂温克人。过去,日本帝国主义统治时代实行民族离间政策,我们只听说有“索伦”人、“通古斯”人,而没有听说在中国境内还有鄂温克人。解放以后,在共产党的民族政策的光辉照耀下,我们各民族之间接触来往频繁,互相知道了居住在各地区的鄂温克人,增强了民族内部的团结,这时候民族名称的统一是完全应该的,我们没有意见……先后十二人发言,意见类似。

座谈结果,与会人员一致同意将“索伦”、“通古斯”、“雅库特”族统一称为鄂温克族,其根据理由是:①语言相同,都通用"鄂温克"语,由于历史上长期被分割,加上没有本民族文字,在方言上稍有差别,但基本语言是一样的。②经济和生活习惯先前都是一样的,过去都从事游猎生产。近百年来,由于历史原因,互相来往很少,生产、生活方式有些不同,但经济特点和生活习惯基本上相同,目前仍遗留着共同的风俗习惯。③“索伦”、"通古斯"、"雅库特"等民族宗教信仰相同,他们都信仰"萨满"教。④该三个民族的居住地域相邻,分布在兴安岭两侧的林区(猎区)、山区和牧区。

根据上述情况,“索伦”、“通古斯”、“雅库特”等族从历史上看就是一个民族，现在这三个民族人民群众都要求统一称为鄂温克族。根据该族人民共同愿望和要求，我会意见：应当允许这“三个”民族统一称为一个鄂温克族，这样会具有现实的、重大的政治意义，不仅能够加强民族内部团结，建立友爱、互助的新的民族关系，同时也有利于发展生产，推动各项工作。鄂温克族人民必将发挥更大的爱国热情与劳动积极性同全国各民族一道共同建设社会主义社会。

以上是否妥当，请速审批。

# 后　记

我搁置了创作,腾出一年多时间编撰这部以个人自传为主的文史类读物。

编辑过程奉行的原则是:最终定稿的文字保持个人口述语气与写作风格,以达到被采访者满意的标准,同时符合历史真实。被采访者以积极姿态予以合作。

本书以录音采访为主,然后整理出书面文字;部分章节及个别选题由被采访者本人撰写,大部分篇目标题为编者所加。

《内蒙古党委关于索伦、通古斯、雅库特民族统一名称和推行区域自治问题的决定》一文,由呼盟档案馆提供,附录在册。

前期录音的文字整理工作,得到呼盟文联刘文同志帮助。

至此,向热诚关心和大力支持本书出版的众多朋友和有关部门表示衷心的谢意!

编　者

1996 年 6 月 18 日